“十三五”国家重点出版物出版规划

现代游艇设计和应用

（第 2 版）

[新加坡]薄　林　编著
韩端锋　阎学琳　主审

哈爾濱工程大學出版社
Harbin Engineering University Press

内容简介

本书比较全面、完整、翔实、系统地介绍了现代游艇设计的全过程，其内容主要包括：①游艇的分类、设计；②游艇主要参数的选择、艇型的分类和航速的估算、型线的设计、游艇的总布置、机舱和油水箱布置、进排气系统布置等；③游艇建造材料的选择、性能计算、结构设计和细节设计；④游艇重量的基本分类、初步估算和详细计算；⑤游艇性能的估算；⑥游艇的艉隧道和附体设计。

本书也介绍了游艇设计和建造中常用的几种试验：船模水池试验、倾斜试验、实艇试航以及动态不稳定性试验。此外，还给出了几个附录：ISO 游艇结构建造规范（节选），B 系列、高恩（AEW）、高恩－勃立尔（KCA）图谱的数学表达式。最后，本书简单介绍了另一种可以估算高速游艇阻力性能的方法——卡梅（CAHI）法。

本书可作为游艇设计和建造人员的参考书。

图书在版编目（CIP）数据

现代游艇设计和应用／薄林编著．—2 版．—哈尔滨：哈尔滨工程大学出版社，2020.9

ISBN 978－7－5661－2776－1

Ⅰ．①现…　Ⅱ．①薄…　Ⅲ．①游艇－设计　Ⅳ．①U674.910.2

中国版本图书馆 CIP 数据核字（2020）第 164994 号

选题策划　史大伟　薛　力
责任编辑　薛　力
封面设计　博鑫设计

出版发行　哈尔滨工程大学出版社
社　　址　哈尔滨市南岗区南通大街 145 号
邮政编码　150001
发行电话　0451－82519328
传　　真　0451－82519699
经　　销　新华书店
印　　刷　哈尔滨市石桥印务有限公司
开　　本　787mm×1 092mm　1/16
印　　张　25
字　　数　655 千字
版　　次　2020 年 9 月第 2 版
印　　次　2020 年 9 月第 1 次印刷
定　　价　89.00 元
http://www.hrbeupress.com
E-mail:heupress@hrbeu.edu.cn

序

随着我国船业走向国际市场，游艇业也逐步发展起来。近十余年来发展尤为迅速，目前，游艇制造企业约有120家，分布在全国30个省市区，产品在国内外都有销售。以“娱乐船和运动船的建造和修理”项目所进行的统计表明，2003年，规模以上的该类企业有17家，其销售收入为3.78亿元；2013年，企业有54家，销售收入达到49.28亿元，企业数增长了3.2倍，销售收入增了13倍。近几年，在有关政策的支持下，国内游艇的销售呈现大众化趋向，钓鱼艇、摩托艇及中小游艇需求增加。有的游艇制造企业还建造了不少公务艇和边防艇。不同国家和地域对游艇的需求也存在一定差异，美国游艇的销售量全球第一，但以中小型游艇为主；欧洲却偏好大型和豪华型游艇。我国游艇建造业面对国内外地域广大而又多种需求的市场，游艇的设计和建造水平特别是设计水平与国际先进水平相比仍有不少差距，对游艇进行创新型设计，打造中国品牌，需要造船人的努力，因此我向有志于从事这方面工作的读者推荐这本书。

本书的作者是哈尔滨工程大学（当时的哈尔滨船舶工程学院）1977级船舶工程专业学生，毕业后从事船舶工程方面的工作，之后以优异的成绩考取全额奖学金，自费赴英深造，选择游艇业作为终身从事的领域，并在新加坡一家著名的美国游艇公司任首席设计师。

作者有着30多年船舶特别是游艇设计和建造方面的经验，参考了大量的国外资料，前后花费6年的时间写成这本《现代游艇设计和应用》，在国内还从未见过同类的书籍，2013年出版的《船舶设计实用手册》只在总体分册中提到3种快艇船型。这本书对游艇的设计和建造具有很高的实用价值，目前，也可以作为游艇设计手册来使用。

全书共分10章，有348个图表、407个公式、132个参考资料还有7个附录，几乎包含了游艇设计整个过程所需的资料。全书不仅提供了现代游艇设计的一些设计准则，也给出了众多的计算公式和设计图表，还介绍了几种非常有用的试验规程，更为可贵的是，书中列举了大量的设计范例，对读者的理解和应用很有参考价值，所留的作业也独具匠心。作者在前言中指出，游艇设计中很重要的外型设计和成本核算在此书中很少涉及，我想，外型设计很大程度上取决于船东，成本核算很大程度上取决于市场形势和船厂，也不算什么瑕疵。

我相信本书的出版将会为我国现代游艇设计再上一个台阶，为我国游艇产业的创新发展做出贡献。

2015年12月

再版前言

本书2016年出版后，受到广大读者欢迎的程度，出乎意料。三年多来，接到许多读者的电邮，大家除了对本书给予很高的评价之外，也指出了书中个别的漏错之处，还希望再版时能见到更多的内容和示例。在此，作者对每位读者的厚爱表示衷心的感谢。

不少人觉得对于游艇的总体设计和性能计算，本书的内容已经相当丰富，也非常实用，但对于有关游艇轮机和电器方面的设计就涉及太少，并建议本书再版时能多增加这方面的内容。本人完全赞同读者的意见，并为此积累了一些资料，也曾想过另编一本《现代游艇的机电设计》作为本书的姊妹篇。但由于自己不是这方面的专家，对游艇机电设计的了解也不是很深，所以就一直没敢动笔。为此作者在这里向这些读者表示抱歉。

本次再版增加和修改了大约40千字。全书更动的内容大致如下：

1. 第2章的改动较大。主要表现在：(1)增加了关于各种艇型航速与兴波关系的论述；(2)增加了一个估算普通排水型游艇航速的公式；(3)增加了另一个用于半滑行、全滑行游艇的航速估算公式。除了艇重和主机功率之外，该公式也考虑了艇长的影响；(4)在选取横剖面的形状时，增加了一些有关普通V型艇剖面的内容。

2. 第3章中主要增加了发电机冷却和排气系统的基本构成、安装要求等内容。

3. 第4章的改动也较大。包括：(1)在玻璃钢材料构成中增加了添加剂的内容；(2)在玻璃钢性能的计算中，增加了设计弯矩和剪力的计算公式；(3)完整地给出了夹层板的计算示例；(4)增加了结构件的计算示例。

4. 第5章主要修改了各类重量所占的比例，将原来不尽合理的固定比例改成了一个变动范围。

5. 第6章改动的内容主要在6.4游艇的稳性标准一节，因为该标准在这几年变化较大，其中主要的变化是增加了积水区内自由液面对游艇整体稳性的影响。

6. 第7章改动不大。主要是增加了一段游艇在最佳航行纵倾角下为什么阻力最小的解释。

7. 第8章增加了如何选择对转螺旋桨参数的内容，也对螺旋桨的设计流程做了较大的修改，从而使得编程更加容易。

8. 第10章主要是增加和修改了防溅条设计的部分内容。

9. 附录中增加了附录G，介绍了一种计算高速游艇阻力和功率的简单方法——CAHI法。

本书能够再版发行，全靠广大读者的大力支持，作者对此铭记在心。谢谢大家。

编著者　薄林

2019年2月

前　　言

游艇是一种集航海、运动、娱乐、休闲、商务于一体的水上高级运载工具。随着现代生活的日渐富裕,购买豪华私人游艇的富豪也越来越多,拥有游艇不仅使他们有了一个水上休闲、娱乐、商务、联谊活动的高级场所,而且也成了一种身份地位的象征。

现代游艇大约起始于20世纪50年代初。在60年代中期,国外游艇的设计和建造发展迅速,80年代走向了它的辉煌时期。此后,随着世界经济的发展和危机,游艇制造业也时起时落。2007年的金融危机对国外游艇工业的打击,直至现在也没有完全恢复过来。

改革开放以来,国内游艇业的发展非常迅速,似乎有一种大跃进的趋势,呈献一派"欣欣向荣"的景象。其实,与国外游艇业相比,国内游艇业无论是在设计建造、产品质量、售后服务等方面都存在不少问题,特别是在游艇的研制、开发和设计方面,在国际游艇市场上自创的品牌不多,需要走的路还很长。现在,国外人们一提到"中国制造"的游艇,其固有成见就是:虽然便宜,但质量不行。

中国游艇业的出路在哪里?"走出去才有路"。就人均拥有游艇的比例来说,国内市场好像潜力不小,但从国人的生活习惯、游玩文化等考虑,却无法和外国相比,实际上国内的市场并不很大,也不太成熟。而国外游艇市场大多数集中在北美、欧洲、澳洲、中东和日本,其中主要是美国,占世界市场的65%左右,其次是欧洲,约占25%,其他地区占10%。

但如何才能走出去呢?我以为,只要把上述那种成见变成"虽然便宜,但质量还行"就成,进一步,如果能变成"虽然便宜,但质量很棒"则更好。此处的质量指的不仅仅是建造质量,更多是指设计质量。遗憾的是,由于国内缺乏游艇设计和制造方面的高端人才,也少有自己的核心技术,这使得游艇的产业升级换代受到制约,很难跨上一个新的台阶。怎么办?除了短期从国外引进少量的人才和必要的技术外,根本的办法应该是:在国内游艇设计和制造方面培养自己的高端人才,掌握自己的核心技术。本书的撰写目的就在于此。

本书主要是为有志于从事现代游艇设计的大学高年级学生、研究生以及正在从事现代游艇设计的初级设计师编写的,假设读者已具备了足够的基础和专业知识,本书对此就没有多做介绍。如果读者需要,可参考有关书籍。

虽然本书比较翔实、系统地介绍了现代游艇设计的全过程,但对游艇设计的两项重要内容:外型设计和成本核算却很少提及,这主要是自己在这两方面不擅长之故。另外,书中的有些内容也属于自己的一家之言,不一定正确,如果读者有不同看法,欢迎提出宝贵意见。编著者电子邮箱:bolin_007@yahoo.com,责任编辑电子邮箱:cbbjs@126.com。

编著者　薄林

2015年6月

致　　谢

不知不觉间，如今已在造船界摸爬滚打了 33 年，其中有 10 年时间在国内武汉 701 研究所从事水面舰艇的设计和研究。1992 年，去了英国继续深造。毕业后，来到新加坡一个美国游艇制造公司从事豪华私人游艇的设计和制造工作。说来自己十分幸运，在 701 所工作时，就受到陈裕师、沈昌炎等研究员的多方关照，受益匪浅。后来，又在美国游艇制造公司有幸和游艇界的两位顶级专家 Bruce 和黄源斌一起共事，又学到了许多。在此谨向以上几位表示衷心的感谢。

另外，还要感谢两位快艇研究和设计大师：唐·布朗特（D. Blount）和丹·沙维斯基（D. Savitsky）。虽然我们素未谋面，但从他们众多的研究报告、学术论文中获得的知识，不仅在本书中得到广泛引用，而且在工作中也解决了许多实际问题。如果本书还有点价值的话，那也是因为他们的成果有价值。

在本书成书的过程中，张启泉研究员级高工、薄利峰工程师、薛力编辑帮助收集了许多宝贵的资料。哈尔滨工程大学韩端锋副校长和某研究所的阎学琳研究员多次审阅全书，其认真负责、一丝不苟的态度，才使本书的质量有了保证。更值得一提的是哈尔滨工程大学副校长魏潾教授，没有他的促成，书稿很可能还躺在抽屉里。难能可贵的是中国船舶重工集团公司前总经理、中国造船工程学会现任理事长黄平涛前辈用点睛之笔为本书作序。对于他们无私的帮助，本人感激不尽。

最后不能忘了感谢自己的家人：夫人 Celia 高、女儿薄婧和子娟，还有女婿 Bevin 和外孙女 Anya（安雅）。正是薄婧和 Bevin 的提议，我才在 6 年前开始本书的写作。因为白天要工作，只有在晚上、周末、节假日才有自己的支配时间，为此，夫人承担了家里的全部家务和小女儿的学习辅导，使我能全身心地投入到此书的写作上。开心果安雅的笑脸就是最好的充电器，每当累了和她玩玩，疲劳就顿时消失。正是家人背后默默地支持、鼓励和奉献，我才能坚持下来顺利结束这次 6 年的长征。

编著者　薄林

2015 年 6 月

目　　录

第1章　游艇设计绪论

1.1　概　　述

游艇是一种集航海、运动、娱乐、休闲、商务于一体的水上高级运载工具。随着现代生活的日渐富裕，购买豪华私人游艇的富豪也越来越多，拥有游艇不仅使他们有了一个水上休闲、娱乐、商务、联谊活动的高级场所，而且更是一种身份和地位的象征。

现代游艇大约起始于20世纪50年代初。在20世纪60年代中期，得益于玻璃钢(FRP)复合材料在游艇界的应用，游艇的设计和建造在国外有了质的飞跃。经过近20年的蓬勃发展，游艇工业在20世纪80年代走向了它辉煌的顶峰。此后，随着世界经济的发展和衰退，游艇制造业也开始起起落落。特别是2007年的金融危机给了游艇工业沉重的一击，直至现在才有点起色。但危机之中也可能蕴藏一些转机，在国外游艇业不景气的时候，也许正好能给国内游艇业的发展带来机遇。

的确，前些年，国内游艇业的发展势头很猛，各地纷纷抢占"码头"，特别在沿海、沿江地区更是出现过一股热潮，大有大干一场的架势。但近几年，这种发展势头受到了较大的遏制，目前正处在一个调整阶段。在国内游艇业的发展过程中，从业者一定要保持头脑的清醒，要认识到与国外游艇业相比，国内发展的时间还比较短，仍然处在一个初创的时期，无论是设计建造、产品质量还是售后服务等方面都存在许多问题。另外，国内制造厂家虽然不少，但缺乏有效的行业管理，大部分是各自为战，真正在国际游艇界知名的并不多。特别是在游艇的研制、开发和设计方面，很少有自创的品牌能在国际游艇市场上争雄，国内游艇业需要走的路还很长。希望国内游艇界的同仁不要只在国内市场上争一日之长，更要在国际市场上拼出一片天地，真正改变国外对"中国制造"游艇的固有成见——便宜，但质量不行。

国外游艇市场多数集中在北美、欧洲、大洋洲、中东和日本，其中主要是美国，占世界市场的65%左右，其次是欧洲，约占25%，其他地区占10%。同时，美国也是游艇设计和建造最发达的国家；而欧洲，特别是意大利的游艇在设计和造型方面有其独到之处，颇受消费者欢迎。

国内的游艇市场还没有成熟，在国际市场上所占份额也很小。最重要的是缺乏游艇的设计和制造人才，没有自己的核心技术。这极大地制约了游艇行业的发展，游艇行业很难跨上一个新的台阶。本书就是想在培养游艇的设计和制造人才方面有所裨益。

游艇设计的未来会着重于"绿色环保"，最有可能应用于游艇的减碳措施大概会是燃料电池加电力推进。此外，太阳能在游艇上的应用也会更加广泛。

本书的内容主要涉及中小型单体玻璃钢游艇的设计，究其原因，并不是其他种类的游艇不重要，只是因为当今这类游艇应用最为普遍而已。

1.2 现代游艇的分类

现代游艇的用途各异,分布甚广,再加上各种个性化的设计,真可谓百花齐放、种类繁多,要给出一个精确的分类还真不容易。如果一定要分类的话,可按下列几个方面来分:

1.2.1 按尺度大小分类

游艇的大小一般按总长 L_{oa} 来分类,大致可分成:

(1)小型($L_{oa} \leqslant 12$ m)

小型游艇是游艇界的普罗大众,其设计和建造都比较简单,一般都是批量生产,价格也相对便宜。尺寸稍大一些的小型游艇会在甲板下面配备 1 ～ 2 个简易住舱和盥洗室,艇主或客人可以在艇上住宿、用餐、娱乐,但尺寸较小的游艇则仅有少量座位,只适用日间游玩。这种小型游艇最受青年或游艇初涉者的欢迎,如图 1 - 1 所示。

(2)中型(12 m $< L_{oa} \leqslant 24$ m)

中型游艇是游艇界的中产阶级,也是主力军。这种游艇的设计和建造都比较讲究,装潢华丽,造型漂亮。尺寸小一些的游艇也有批量生产的,但大一点的游艇都会根据客户的要求采用个性化的设计,这种游艇价格很贵,但其性能优越,装备齐全,有驾驶室、沙龙(Salon)、飞桥甲板,有的还设置软篷或硬顶(Hard Top)。艇上一般配备有 2 ～ 4 个舒适住舱(包括主人舱和客舱)、1 ～ 3 个盥洗室、1 个厨房,有的还有专用办公室、船员专用舱,这种游艇可以在海上航行较长的时间,是真正“玩家”的最爱,如图 1 - 2 所示。

图 1 - 1 Azimut Atlantis 10 m 运动游艇

图 1 - 2 Ferretti 21 m 豪华游艇

(3)大型(24 m $< L_{oa} \leqslant 32$ m)

大型游艇是游艇界的贵族。这种游艇的设计和建造都很讲究,一般会根据客户的要求采用个性化的设计,装潢也有专门的室内设计师设计。这种游艇的价格昂贵,其性能更加优越,装备更加高级,一般有 2 层及以上的上层建筑,有 2 个驾驶室、多个沙龙或会务室、多层甲板,一般配备 4 个或以上的豪华住舱和 3 个或以上的盥洗室、多个厨房、专用办公室、船员专用舱,可以长期在全球的海上航行。大型游艇是富豪们显示身份的最佳产品,如图 1 - 3 所示。

(4)超大型($L_{oa}>32$ m)

如果说大型游艇是游艇界的贵族,那么,这种超大型游艇就可称为皇族。超大型游艇的设计和建造都非常讲究,当然其价格也极其昂贵,不是普通人可问津的,在此省略不提,如图1-4所示。

图1-3 Lazzara's LSX 28 m 豪华游艇

图1-4 Arion 37 m 超豪华游艇

1.2.2 按用途分类

如果按游艇的用途来分类,粗略可分成:

(1)高速运动型

高速运动型游艇包括水上运动快艇、高速赛艇等。其尺度较小,速度很高,为了减小高速航行时的空气阻力,甲板一般为敞篷式,造型呈流线型,运动起来让乘客有"飞"的感觉。

(2)休闲商务型

这型游艇的尺度不一,功能齐全,内装豪华,造型各异,其配套设施根据游艇的豪华程度可按功能或根据客户的需求来设计。这种类型的游艇既可以用作家庭的休闲娱乐,又能作为朋友聚会的地方,还可当作商务联络的场所。其中,休闲型游艇比较在意家庭氛围,配备有豪华的主人舱、客舱、盥洗室、厨房,也有驾驶室、沙龙、飞桥甲板、前后甲板,还有电视、音箱、卡拉OK等多种娱乐器材和最先进的科技设备,有的还设置办公室。商务型艇除了与休闲型相似外,更要注重设计的品位,配备有专用会务室。

(3)出海钓鱼型

顾名思义,出海钓鱼型游艇除了有若干舒适的住舱、盥洗室以及必要的航海设备外,还有完整的钓鱼设备,其主要特征是驾驶室处于最高位置便于观测,后甲板高度较低,并离水面很近。

(4)综合用途型

这型游艇兼具休闲、商务、钓鱼等多种功能。

1.2.3 其他分类

其他分类包括:

(1)按艇体材料来分有木质材料、金属材料、玻璃钢材料等;

(2)按推进系统来分有风帆推进、传统轴系推进、Z形传动推进、舷外挂机推进、喷水推进等;

(3)按速度高低来分有低速(排水式)、中低速(高速排水式)、中速(半滑行式)、中高速(滑行式)、高速(全滑行式)等;

(4)按价格档次来分有经济型、中档型、豪华型、超豪华型等;

(5)按艇体数量来分有单体艇(Monohull)、双体艇(Catamaran)(图1-5)、三体艇(Trimaran)(图1-6)等。

图1-5 双体游艇

图1-6 三体游艇

1.3 游艇设计过程

1.3.1 简介

游艇的设计是游艇产业链中非常重要的一环,也是目前我国游艇产业最薄弱的环节之一。

虽然游艇业是造船行业的一个新的分支,但游艇的设计与普通船舶的设计却有很大的差别,主要区别在于普通船舶的重力由浮力来平衡,一般航行在速度较低的排水速度内,其设计多注重经济效益。而游艇多数航行在半滑行或全滑行速度范围内,作用于艇上的力为静浮力和水动力的组合,受力更为复杂,其设计十分讲究,除了要考虑一般的性能外,更注重艇上乘客的舒适性、娱乐性、私密性以及安全性,因此,对控制艇的摇摆运动、振动和噪声更为严格。此外,对艇的外形设计(美观、大方、有特征)和内装设计(舒适、艺术、有特色)也要特别重视。

1.3.2 设计要求

客户提出的要求是游艇设计的基础,当设计师接到任务后,首先要评估一下它的可行性,从专业角度给出自己的意见。并不是客户的所有要求都能满足,如果只是一味地迁就他们的某些不尽合理的要求,最后就无法成功地设计出真正优秀的游艇。所以,一个优秀的设计师首先要学会技巧性地说“不”,并要向客户做出合理解释,切忌为了拿到合同什么都答应,不然就得“吃不了兜着走”。另外,游艇的设计不要期望每个方面都能达到“最优”,重要的是懂得取舍,学会权衡,一个综合性能优异的设计才是“最佳”设计。

游艇的设计要求会因客户个人的喜爱而有很大的区别:有的客户追求时尚,喜欢刺激;有些客户喜欢古典,享受休闲;有些要求功能单一;而另一些则要求用途多样。林林总总,不一而足。但是不管怎样，在游艇的设计要求中都会有下面的几项：

(1)游艇的总长 L_{oa}(m)和其他尺度的限制。游艇的总长常由其价格决定，而其他尺度的限制多与航行区域有关，比如与水深有关的最大吃水，与桥高有关的最大艇高等。

(2)游艇的满载排水量 Δ(kg)，这也是一个决定游艇价格的因素。

(3)游艇的燃油装载量(L)和淡水装载量(L)。

(4)游艇的最大速度(kn)、巡航速度(kn)和经济航速(kn)。

(5)游艇的外形要求和内装要求。

(6)游艇的舱室要求，包括住舱、盥洗室的数目、厨房、驾驶室、沙龙等。

(7)游艇的结构设计，建造材料与特殊工艺等。

(8)游艇的主要设备，如主辅机、舵机、减摇装置、电气电子设备等。

有的游艇客户还会对稳性和适航性提出特别的要求。

1.3.3 设计过程

在游艇设计过程中，设计师常会用到设计螺旋(Design Spiral)。不同的设计师采用的设计螺旋可能不尽相同。图 1－7 是其中一种。

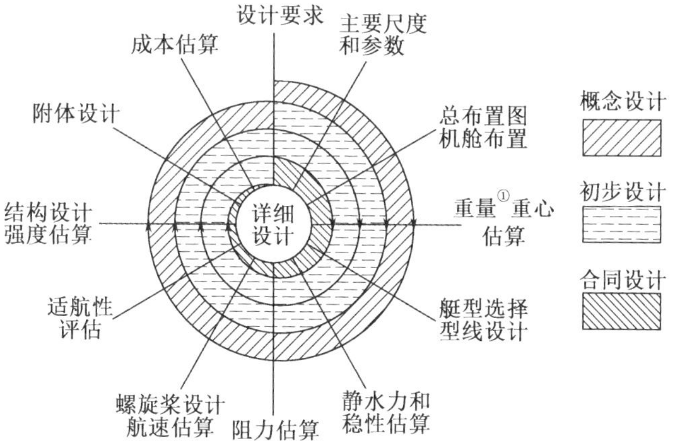

图1－7 设计螺旋之一

在设计新艇时，并不一定非要严格遵循图 1－7 中的顺序，可以根据不同的要求和不同的设计阶段来灵活调整。如果是旧艇改造，其中的某些步骤也可省略。

从图 1－7 设计螺旋可以看出，在接到游艇的设计要求后，一个设计师通常会按下面 3(或 4)个设计阶段来开始游艇的设计。在设计的各个阶段，只要发现新艇的任何一项性能不能满足要求，或者是满载排水量离目标太远，就得考虑重新设计或更改客户的要求。

1. 概念设计(Concept Design)

在概念设计阶段，游艇设计师需与游艇客户、建造公司共同协商，对所要设计建造一条什么样的游艇达成一个基本的共识。在此阶段如果能选到一条或几条与新艇要求相近的母型艇，常常会有事半功倍的效果。

① 这里的“重量”是船舶行业的习惯用法，在此书中“重量”表示“质量”。

此阶段涉及的内容主要包括:

(1)参考统计值或母型艇资料初步给出新艇的主尺度、艇型参数和排水量。

(2)根据客户的要求以及流行趋势绘出几个新艇的侧面外形轮廓、简单的总布置、机舱布置草图,并列出一些主要设备(主机、发电机等)的清单。

(3)参照母型艇的资料或用近似公式来初步估算游艇的重量和重心,并要留有足够的设计裕度。

(4)初步决定艇型,并绘出简单的型线侧面、平面、舯部、艉部剖面草图。

(5)用一些近似公式或按图表初步估算游艇的基本性能(如阻力、推进、航速、稳性、适航性等),并根据对性能的影响而权衡选取各种参数。

(6)初选可能的建造材料,绘出简单的结构设计草图。

(7)粗估建造成本。

此阶段的要点是:

(1)按初步选择的主尺度、总体布置的草图分配好甲板的面积、内部空间的体积。

(2)绘制几幅具有吸引力的外型草图。

(3)统一权衡艇的建造材料、推进系统、重量重心等以取得最优的组合性能。

实际上此阶段就是把基本的设计框架定下来,防止在以后的阶段出现颠覆性的问题。如果完成一个循环后结果比较满意,而且也得到客户的认可,就可进行下一阶段的设计,但是,若发现达不到客户的要求,就得重复进行。如果经过几次反复后还是无法达到,就得向客户解释清楚,并和他们协商尝试改变设计要求。

2. 初步设计(Primary Design)

这是游艇设计的主要阶段。此阶段首先要把艇体型线、艇体和上层建筑的结构、主机数量、功率、减速比、推进器尺寸、油水箱的尺寸和位置、发电机容量、加热/通风/空调容量、机械设备、电气电子系统、厨房设备、家电等决定下来,然后,进行重量和重心、静水力和稳性计算,以确保新艇有足够的稳性。接着,要预测新艇的性能以确定是否可取得最大的设计航速、巡航速度下的续航力,也要检查新艇的适航性及结构,以确保风浪中艇上人员不会感到不适,游艇本身的强度和刚度也要足够。

此阶段涉及的内容主要包括:

(1)初步确定新艇的主尺度、艇型参数和排水量。

(2)初步确定新艇的造型、艇型,绘制比较准确的二维、三维型线图和外型设计效果图。

(3)绘制比较准确的侧面外形图、总布置图、纵中剖面图、舯剖面图机舱、轴系、艉舵、油水箱布置图,并给出比较详细的设备清单。

(4)完成初步的内装设计,绘制内装设计效果图。

(5)按选定船级社的规范进行强度计算和结构设计,绘制比较准确的构建图(Construction Drawing)、FRP铺层图(Lamination Drawing)、结构图等。

(6)比较详细地计算游艇的重量和重心,并留有一定的设计裕度。

(7)应用本书所学内容计算新艇的基本性能——阻力、推进、航速、续航力、稳性、适航性等,有些客户还会在此阶段要求进行船模水池试验以验证艇的阻力等性能。

(8)比较详细地计算建造成本。

此阶段可能需要多个循环才能把设计方案确定下来,一旦得到客户的认可,此后修改的机会就比较少,所以,在此设计阶段一定要充分论证,解决所有重大的技术问题。之后,就可开始进行合同设计和详细设计。

3. 合同/详细设计(Contract/Detail Design)

这是游艇设计的最后阶段。合同设计的对象是客户,而详细设计主要是针对游艇的制造商。如果游艇的设计是由制造商委托,二者可合二为一。在这个阶段,对新艇的基本要求,像艇的性能、建造质量应该有清晰的规定,或在图纸上明确地表现出来。此阶段的设计内容和初步设计的基本相同,只是加了更多的细节并深化而已。除此之外,还要准备一份关于艇体、轮机、电气电子系统、舾装、内装的详细建造说明书和一套详细的施工图纸。

1.3.4 主要计算书和绘图一览表

游艇的设计不是游艇设计师一个人就可以全部完成的,它应有一组专家配合才行,这些专家包括外型设计师、内装设计师、结构工程师、轮机工程师、电气工程师等,但游艇设计师一定是这个组合的核心,他除了要有扎实的基础知识,比如静力学、阻力与推进、适航性能、结构力学、噪声与振动等外,还需要有足够的游艇设计经验和很强的分析、解决问题的能力。游艇的设计最终会体现在为客户提供的计算书和绘图资料中。这些资料可能因人而异,下面的内容仅供参考。

1.4 游艇设计资料

1.4.1 计算书(表1-1)

表1-1 主要计算书

	名称	格式	备注
1	静水力计算和曲线	Excel	用专门软件,如 Maxsurf,Rhino 等
2	形状稳性力臂计算和曲线	Excel	用专门软件,如 Maxsurf,Rhino 等
3	结构和强度计算	Excel	参考第4章
4	重量和重心的计算	Excel	参考第5章
5	初稳性和纵倾计算	Excel	参考有关资料
6	完整稳性计算	Excel	参考第6章
7	艇体阻力和有效功率计算	Excel	参考第7章
8	螺旋桨设计和航速计算	Excel	参考第8章
9	轴系振动计算		由主机供应商提供
10	破损稳性计算		主要针对大型游艇

1.4.2 设计图(表 1-2)

表 1-2 主要设计图

	名称	格式	备注
1	艇体型线图	2D,3D	2D 型线图包括型值表
2	艉隧道设计图	2D,3D	包括形式、尺寸、位置等
3	上层建筑型线图	2D,3D	包括一些细节,如转角半径等
4	总布置图	2D,3D	包括内部舱室、沙龙、驾驶室布置图
5	外部侧视图、甲板平面图	2D,3D	包括水线以上的侧视图、甲板布置图
6	构建(Construction)图	2D,3D	包括隔舱尺寸、地板高、层高等
7	机舱、油水箱布置图	2D,3D	包括机舱内设备、油水箱设备等
8	舵、轴系布置图	2D,3D	包括舵、桨、轴支架、轴、主机等
9	艇体铺层(Hull Lamination)图	2D,3D	包括艇底、艇侧 FRP 铺层等
10	艇体结构图	2D,3D	包括纵向、横向结构尺寸、铺层等
11	上层建筑铺层图	2D,3D	包括甲板室、飞桥甲板的铺层等
12	上层建筑结构图	2D,3D	包括甲板室、飞桥甲板的结构等
13	主机安装图	2D,3D	包括主机的撑脚、固定背板等
14	油水箱设计图	2D,3D	包括油水箱的材料、尺寸等
15	主机舱进排气布置图	2D,3D	包括进气、排气口尺寸,消音器等
16	游艇外部效果图	2D,3D	如艇的甲板和侧面图
17	游艇内装效果图	2D,3D	如艇的甲板室和舱室布置图
18	其他细节图	2D,3D	如甲板和艇侧连接等

1.4.3 试验说明书(表 1-3)

表 1-3 主要试验说明书

	名称	格式	备注
1	倾斜试验	Excel	参考第 5 章
2	船模试验	Excel	参考第 7 章
3	实艇试航	Excel	参考第 8 章

第2章　游艇的艇型设计

2.1　概　　述

在开始游艇的艇型设计之前，设计师必须详细了解客户对游艇的要求：

（1）游艇的用途。比如，该游艇是为休闲娱乐，还是商务洽谈，是为单纯钓鱼，还是多种用途。

（2）游艇的性能。包括设计航速、巡航速度、续航能力、稳性级别等。

（3）航行的区域。是远海或近海、沿岸或内湖。

（4）游艇的尺度和造价。是大型豪华型、中型实用型，还是小型简易型。

游艇的主尺度和艇型参数对游艇的性能影响很大，其中，主尺度更是关系到建造的成本，如果尺度太大，成本就会太高而无法承受。所以，在选择游艇的主尺度和某些参数时不仅要考虑其性能，而且也要核算其建造成本，两者都要兼顾，不可偏颇。实际上，在很多情况下，客户对游艇的尺度大小、艇型种类、布置形式等已经有了初步的想法，设计师的任务除了尽量满足客户的合理要求之外，也要从专业的角度给出自己的意见。

现代游艇按其航速的高低可分成5类：

（1）普通排水艇；

（2）高速排水艇；

（3）半滑行艇；

（4）滑行艇；

（5）全滑行艇。

各类游艇都有自己的特点，设计师首先需要根据客户的要求，搞清楚新设计的游艇属于哪一类，然后再进行设计。如果能选出一个适合的母型，那将会事半功倍。

游艇的艇型主要分成3种：

（1）圆舭型；

（2）尖舭型；

（3）混合型。

在选择最适合的艇型时，考虑的性能应包括静水中和波浪中的速度、阻力、运送效率（Transport Efficiency）、适航性、淹湿性、操纵性、静态和动态稳性等。但是，要使某种艇型各项性能都优越有些不切实际，一定要懂得权衡取舍，在特定的情况下选出最佳的艇型。

不仅游艇的主尺度会影响到性能，而且其型线的影响会更大，特别是横剖面、纵剖线、舭部折角线以及舭部斜升角，它们更直接关系到游艇性能的优劣。即使只是局部型线的改变，其影响也不可低估。实际上，单就游艇的性能来说，其设计的重点就是型线的设计。

游艇设计师不仅要掌握技术,也要懂点艺术,还要要些"权术"——权衡之术。既不要只片面追求单项性能最优,也不要期望每项性能都佳,要仔细权衡,适当妥协。最终,一型综合性能较优的游艇即为成功的设计。

艇型设计的一个捷径是:为新艇找一个好的母型。

2.2 主要设计参数

2.2.1 简介

普通船艇主尺度和艇体参数的选择一般着重于最佳的性能、最大的有效载荷、最好的经济回报等。与此不同,游艇主尺度和艇体参数的选择虽然也考虑艇的性能,但更多集中在艇的舒适性和建造成本方面,比如更大的内部空间、更多的甲板面积、更先进的航海设备、更华丽的舱室布置、更低的噪声和振动,以及更低的价格等。所以,单就其性能而言,这些尺度和参数的组合并不一定最优。游艇设计师的主要任务就是在满足客户舒适性、低成本等要求的基础上,尽量使游艇保持较好的性能。

如果要设计出一条性能和舒适性都比较优秀的游艇,大型游艇的设计相对容易一些,中小型游艇的设计反而比较困难。在现实中,常常是客户已经有一个布置草图,主要尺寸也大致确定,他们总是把中小型游艇的宽度加大,以便尽量增加舱室面积,另一方面,为了减少造价,他们又严格限制艇的长度。这样,对游艇的性能来说,其长宽比就不是最佳。所以,在中小型游艇设计中,设计师的施展平台不是很大,并不能像设计其他快艇那样,按最佳的性能选择设计参数。但不管怎样,对游艇的设计师来说,了解其主尺度和参数对性能的影响还是非常必要的。

2.2.2 主尺度和艇体参数

如图 2-1 所示,在游艇的设计中,有如下常用的主尺度和艇体参数。

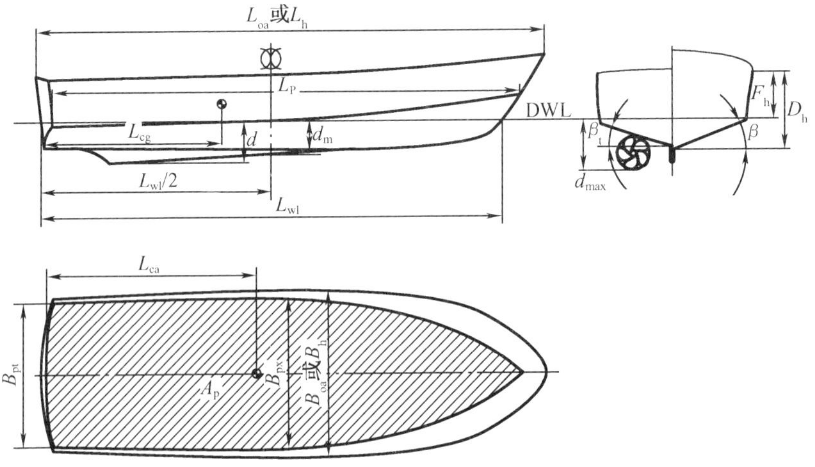

图 2-1 主尺度和艇体参数示意图

1. 主尺度和排水量

L_{oa}——艇体的总长度,(m);

L_h——艇体长,(m);

L_{wl}——满载排水量下游艇的静止水线长度,常当作设计水线长,(m);

L_p——舭部侧投影线长,(m);

L_{cg}——艇重心的纵向位置(从艉部量起),(m);

L_{ca}——舭部折角线和艉板线投影面积中心的纵向位置(从艉部量起),(m);

B_{oa}——艇体的最大宽度,(m);

B_h——艇体宽,(m);

B_{wl}——满载排水量下游艇静止水线的最大宽度,(m);

B_{px}——舭部最大宽度,(m);

B_{pt}——舭部艉板宽度,(m);

d——满载排水量下艇的吃水,(m);

d_m——艇舯部的吃水,(m);

d_{max}——最大吃水,(m);

D_h——艇体的型深(不包括中龙骨),(m);

F_h——干舷高,从设计水线到舷边线的垂直高度,(m);

Δ_L——轻载排水量,(kg);

Δ——满载排水量,常当作设计排水量,(kg);

∇——满载排水体积,(m^3);

A_p——舭部折角线和艉板线所围的水平投影面积,(m^2);

A_x——最大水下剖面面积,(m^2);

A_t——艉板水下面积,(m^2)。

2. 尺度系数和艇型参数

L_{oa}/B_{oa}——艇体长宽比;

L_{wl}/B_{wl}——水线长宽比;

L_p/B_{px}——舭部长宽比;

$L_{wl}/\nabla^{1/3}$——瘦长度系数;

C_p——纵向棱形系数;

$A_p/\nabla^{2/3}$——面积载荷系数;

A_t/A_x——艉板水下面积系数;

L_{cg}/L_{wl}——重心相对位置系数;

β——舭部斜升角,(°);

β_t——艉板舭部斜升角,(°);

$\tau_{1/4}$——1/4 艇宽纵剖线斜升角(参见图 2-2),(°);

τ——艇的航行纵倾角,(°)。

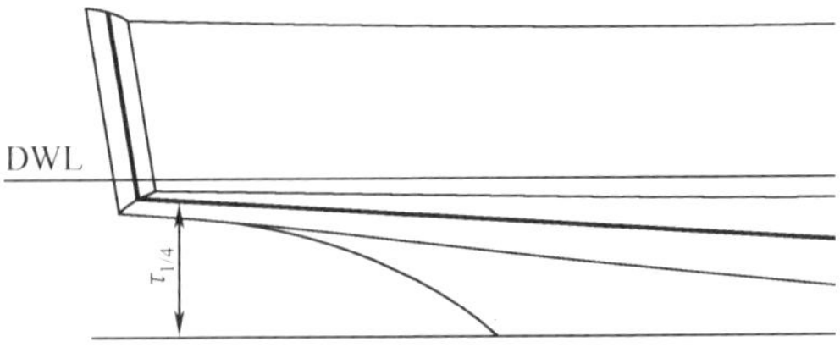

图 2-2 艇的 1/4 艇宽纵剖线斜升角

3. 有关性能的参数

在本书中,将游艇的几个速度段定义为:(1)低速,指普通排水速度($F_L \leqslant 0.4$);(2)中低速,高速排水速度($0.4 < F_L \leqslant 0.65$);(3)中速,半滑行速度($1.5 \leqslant F_V \leqslant 3.0$);(4)中高速,滑行速度($3.0 < F_V \leqslant 4.5$);(5)高速,全滑行速度($F_V > 4.5$)。

V_0——艇的航速,(kn);

V——艇的速度,(m/s);

F_L——艇长弗氏数,$F_L = V/\sqrt{gL_{wl}}$,在低速、中低速下使用;

F_V——体积弗氏数,$F_V = V/\sqrt{g\nabla^{1/3}}$,在中速、中高速下使用;

F_B,C_V——艇宽弗氏数,$F_B = C_V = V/\sqrt{gB_{wl}}$,在高速下使用;

$V_0/\sqrt{L_{wl}}$——速长比。

2.2.3 主尺度和艇型参数对性能的影响

主尺度和艇型参数对游艇性能的影响并不是单独的,它们互相关联,往往牵一发而动全身,所以,在选择其中一个参数时,要和其他参数一并考虑。下面是一些对游艇性能影响较大的主尺度、尺度系数和艇型参数。

1. 主尺度的影响

(1)设计水线长(L_{wl})

在游艇设计中设计水线长非常重要,它不仅影响到艇的性能、布置,而且会影响到艇的价格。一般来说,在其他参数不变的情况下,增加设计水线长度对低速、中低速、中速艇的阻力有利,但对中高速、高速艇的阻力反而变差。就艇的布置来说,设计水线越长越好,但其价格也会高很多。

(2)游艇的宽度(B_{wl})

它主要影响艇的稳性。由于游艇对布置的特殊要求,与其他类型的艇相比较,其相对宽度要大得多,所以,游艇的稳性一般没有问题。问题是宽度较大的艇,其适航性较差,中低速艇的阻力较高。但在中高速航行时,宽度较大对阻力反而有利,原因是底部展弦比加大,艇滑行起来就更加容易。然而,在高速度($F_V > 4.5$)下,宽度较大的艇其空气阻力也较高,对总阻力不一定有利。

(3)艇体吃水(d)

它对游艇性能的影响不是一个设计重点。主要考虑的是航道水深的限制,也要考虑和推进器的配合。

(4)型深(D_h)

型深一般从内部空间的净高着手，并和游艇的外形相配。

(5)排水量(Δ)

排水量对游艇的性能影响最大。众所周知，排水量越大，阻力就越高。对于普通排水型艇，常会用到一个对阻力性能影响较大的纵向棱形系数 C_p。但对于中速以上的游艇来说，该系数 C_p 就不再适用。人们常用面积载荷系数 $A_p/\nabla^{2/3}$ 来测量艇底载荷的大小。假如一条艇的其他参数相同，其面积载荷系数越小，代表底部载荷越大，该艇的阻力也就越高。因此，单就性能而言，当然希望艇的排水量不要太大。但从客户的观点，想装更多的设备也合情合理，所以，需要做适当的权衡，给出一个各方都能接受的排水量设计值来。

2. 尺度系数的影响

(1)瘦长度系数($L_{wl}/\nabla^{1/3}$)

图 2－3 为瘦长度系数对阻力的影响。

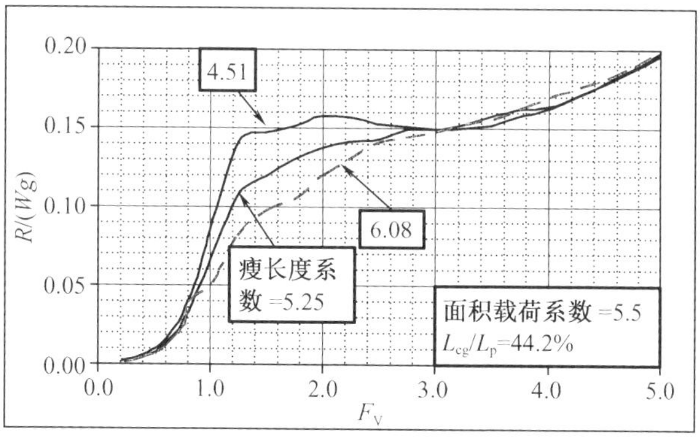

图 2－3　瘦长度系数对阻力的影响[1]

在中低速、中速范围($1.0 \leqslant F_V \leqslant 3.0$)内，该系数对阻力性能的影响很大。瘦长度系数越小，其阻力比 $R/(Wg)$ 就越大，阻力峰也越明显。所以，在该速度范围内，要设法减小艇的排水量。但在中高速($F_V > 3.0$)段，其阻力比 $R/(Wg)$ 反而会随瘦长度系数的减小而有所降低，不过并不明显。值得注意的是，当 F_V 在 3.0 左右时，阻力比几乎为常数，说明此时它与瘦长度系数的关系不大。在图 2－3 中，R 是艇的裸体阻力，Wg 是艇的重力。

(2)长宽比(L_{wl}/B_{wl})

L_{wl}/B_{wl} 的影响与瘦长度系数有点类似。一般来说，L_{wl}/B_{wl} 越大，在中速以下航行时阻力性能越好，此时，增加 L_{wl}/B_{wl} 对改善艇的性能有利。但随着速度的提高，其影响力也越来越弱，在中高速($F_V > 3.0$)下，对阻力的影响不大。另外，如果排水量一定，增加 L/B 可以减小游艇在波浪中的冲击加速度。

(3)面积载荷系数($A_p/\nabla^{2/3}$)。(参见图2－4)

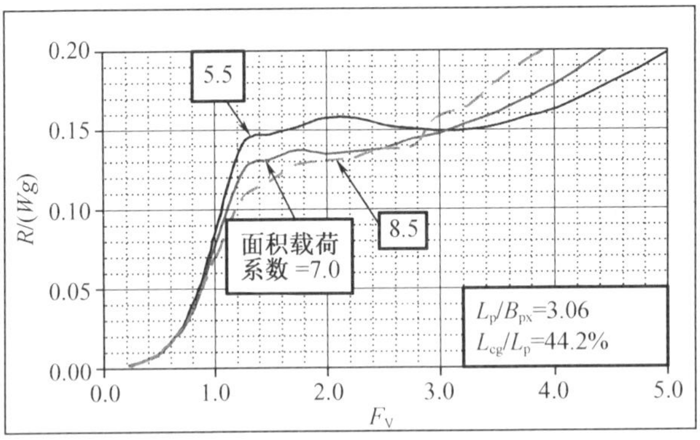

图2－4 面积载荷系数对阻力的影响[1]

当长宽比不变时,该系数对阻力的影响在中低速、中速段($F_V \leqslant 3.0$)与中高速段完全不同。在中低速、中速段,面积载荷系数越小,其阻力比越大。但在中高速段,情形正好相反,该系数越小,其阻力比也越小,此时,艇的阻力主要取决于面积载荷系数而不再是瘦长度系数。

(4)重心相对位置系数(L_{cg}/L_{wl})

该系数对游艇的阻力性能也有重大的影响(参见图2－5)。

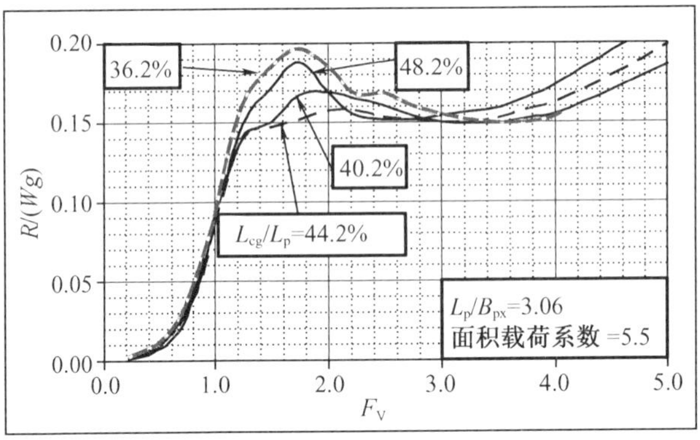

图2－5 重心相对位置系数对阻力的影响[1]

由图2－5可知,重心位置太靠前或靠后都不利于游艇的性能。就静水中阻力而言,游艇的重心纵向位置在不同的速度范围内其最佳值也不同。在低速下,它的影响不是很大,但在中低速、中速范围内,它的影响非比寻常,特别是在阻力峰值附近,阻力的差别可达30%以上。在中高速下,重心位置靠后有利于减小艇的湿表面积,其摩擦阻力自然也会减小。由于在此速度范围内,摩擦阻力是游艇阻力的主要成分,所以,重心后移可降低艇的静水总阻力。

从适航性的观点看,重心位置靠前,有利于减小艇在波浪中的冲击加速度,低速下波浪中阻力的增值也较小,但在中速范围内,波浪中阻力增值却会加大。值得一提的是,游艇的重心位置太靠前,在中速、中高速下有可能引起动态横向不稳定的问题。

(5)艉板水下面积系数 A_t/A_x

在不同的设计速度下,该系数的取值差别很大。在低速下,艉板水下面积一般等于零,以便艇底的水流能顺畅地返回水面。在中低速下,该系数也比较小,如果该系数太大,水流会在艉板分离,这样,分离产生的负压力会使艇的阻力增加。但在中速、中高速下,艉板水下面积要大得多,目的是使艉部水流尽快分离,增加艇底的动升力,减小其航行纵倾角,从而降低游艇高速航行时的阻力。

3. 艇型参数的影响

(1)舭部斜升角(β)

游艇在静水中的阻力会随舭部斜升角 β 的加大而增加(参见图 2-6),在中低速下,β 的影响不大,但随着航速的提高,其影响显著增加。在中高速时,当舭部斜升角从 10°增加到 20°时,其阻力增加达 16%。如果此时航行纵倾角较小,其阻力的增值会更大。总而言之,斜升角的增大不利于艇的静水性能,这主要是其湿表面积较大的缘故。

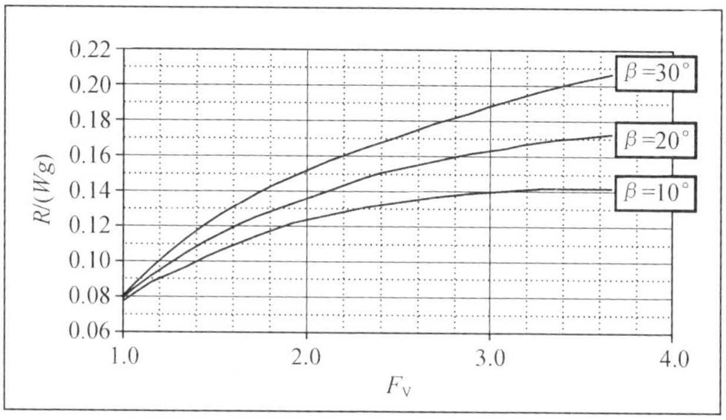

图 2-6 舭部斜升角对阻力的影响

在适航性方面,增大斜升角对艇在波浪中的性能却非常有利。当航行纵倾角 τ 相同时,舭部斜升角 β 越大,艇在波浪中的冲击加速度和阻力增值就越小,失速也越少(参见图 2-7)。在波浪中,β 较大的游艇,其总阻力不一定会比 β 较小的高。

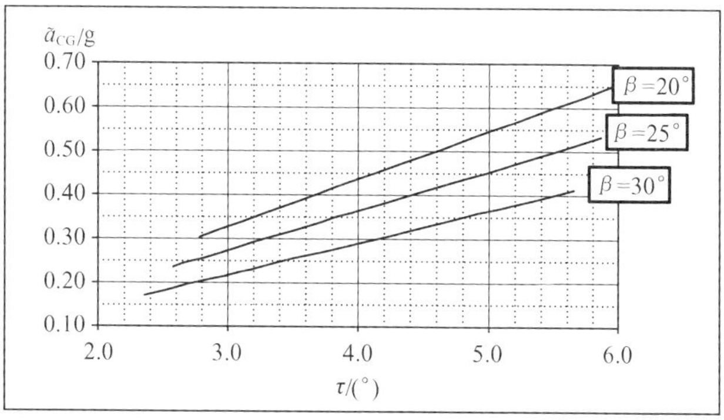

图 2-7 舭部斜升角对冲击加速度的影响[2]

(2)1/4 艇宽纵剖线斜升角($\tau_{1/4}$)

这是游艇设计中常用到的一个设计参数(参见图2-2),它代表一条游艇可能达到最大航速的潜力。一般来说,该斜升角越小,其潜在的最大设计速度越高。换言之,如果设计速度越高,所选择的1/4 艇宽纵剖线斜升角也就越小,反之亦然。

4. 航行纵倾角 τ 的影响

(1)航行纵倾角 τ 随航速的变化(参见图2-8)

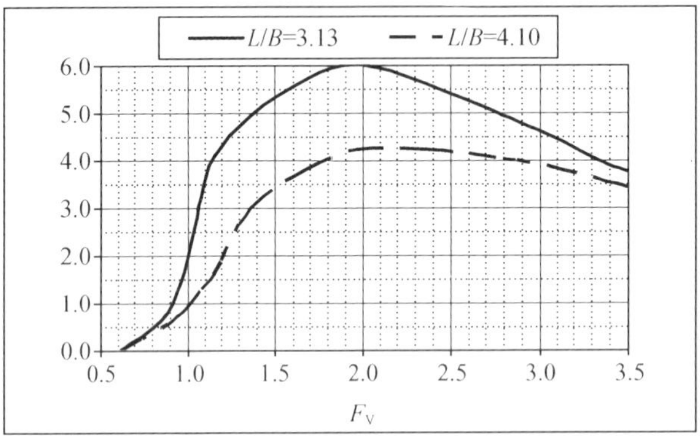

图2-8 航行纵倾角随航速的变化

现代中速、中高速尖舭型游艇的航行纵倾角是影响其性能的重要因素之一。它会随着航速的变化而改变。在低速下,该纵倾角一般很小,随着航速的增加,纵倾角会迅速增加,在某点(一般在 $F_V=1.9$ 左右)达到最大值,同时,阻力也会急剧增大到阻力峰值。如果游艇的设计没有问题,在更高的航速下,该纵倾角会逐渐减小。最大纵倾角以及阻力峰的大小与长宽比 L/B 有关,两者都会随 L/B 的增大而有所下降。

(2)航行纵倾角 τ 对阻力的影响(参见图2-9)

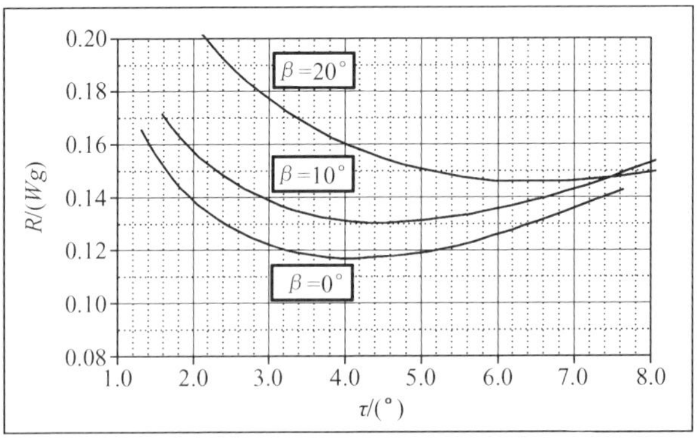

图2-9 航行纵倾角对阻力的影响

由图2-9可知,航行纵倾角 τ 对阻力的影响很大,不管是在静水中还是在波浪中,游艇的阻力都与航行纵倾角 τ 有密切的关系。在静水中,存在一个最佳航行纵倾角,此时,游艇的阻力最小。大家知道,动升力系数与速度的平方成反比,在中高速、高速下,游艇的动升力系数很小，相应的航行纵倾角也减小，该角常常小于最佳值，所以，将重心后移或改变纵剖线的形状来适当增加该角对减小艇的阻力有利。

当游艇的航行纵倾角小于最佳角时，摩擦阻力较大，兴波阻力相对较小，总阻力会随纵倾角的增加而减小，但航行纵倾角大于最佳角时，正好相反。最佳航行纵倾角的大小与舭部斜升角有关，后者越小，最佳航行纵倾角也越小。此外，艇的航行纵倾角也与其载荷有关，载荷越高，航行纵倾角就会越大。

而在波浪中，当航速较低时，游艇的阻力增值会随着航行纵倾角 τ 的减小而减小，但在中速时，却会使阻力增值加大。在中高速时，其对阻力增值的影响变得很小。

(3)航行纵倾角 τ 对适航性的影响

游艇在波浪中的冲击加速度与其航行纵倾角 τ 成正比，减小该角能有效地减小冲击加速度(参见图2-7)。在游艇设计中，只要控制好航行纵倾角，减小波浪的冲击加速度并不难，但太小的航行纵倾角也会带来其他问题，如飞溅、动态横向不稳定等。

2.2.4 主要参数的选择

在游艇的设计中，应主要考虑下列一些主尺度和艇体参数：

1. 主尺度和排水量

作者收集了400多条不同尺度(L_{oa} =7～23 m)、不同航速(F_V =0.9～4.25)单体玻璃钢游艇的有关数据，给出了一般中小型游艇轻载排水量 Δ_L，L_{oa}/B_{oa}，B_{oa}/d 的大致范围(参见图2-10～图2-12)，并将 Δ_L，L_{oa}/B_{oa} 回归成几个简单的公式供大家在设计时参考。如果新设计艇的有关数据在这些图表的范围内，说明这些数据比较合理，否则就要仔细检查。

(1)游艇的总长 L_{oa}

总长 L_{oa} 是游艇设计中首先需要确定的尺度，它决定了艇的布置和造价。为此，首先简单勾勒出主甲板上下舱室的布置草图，检查甲板的面积和舱室的体积能否满足要求，由此可基本确定游艇总长的下限，而客户的预算价格以及停泊区的尺寸又规定了其上限。如果客户已经规定了艇的总长，用这些草图也能知道给定的总长是否合适。一旦有了游艇的总长，满载水线长 L_{wl} 和舭部侧投影线长 L_p(=(0.90～0.98)L_{oa})就不难确定。

(2)游艇的总宽 B_{oa}

总宽 B_{oa} 一般根据舱室容积和总布置来确定，甲板以及舱室的面积规定了总宽的下限，而航行区及停泊区的宽度又规定了其上限。如果没有特别要求，可参照一些统计数据(参见图2-10)或按式(2-1)来先求得游艇的长宽比，然后，就可初步给出艇的总宽 B_{oa}：

$$L_{oa}/B_{oa} = 0.0771 L_{oa} + 2.135 \quad (10\ \text{m} \leqslant L_{oa} \leqslant 24\ \text{m}) \tag{2-1}$$

一旦有了总宽 B_{oa}，游艇的水线宽 B_{wl} 和舭部最大宽度 B_p(=(0.82～0.95)B_{oa})也就可以基本确定。由图2-10可见，游艇的长宽比相当小，所以，稳性一般没有问题。但是，其阻力性能就不是这样，除了中高速时的阻力尚可之外，其他速度下的阻力都比较差，特别是在阻力峰附近更是如此。

从图2-10可知，游艇的长宽比数据较有规律，有随艇的总长增加的趋势。

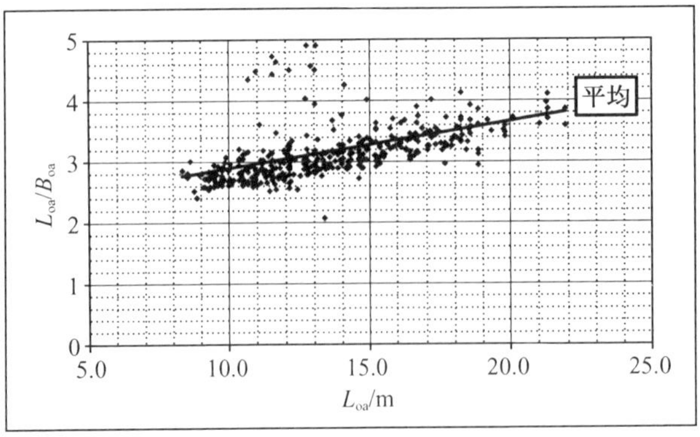

图 2-10 中小型单体游艇 L_{oa}/B_{oa} 的统计数据

(3)艇的吃水 d

艇的吃水大多要考虑到航道、码头水深的限制，所以，没有一定的规律可循。图 2-11 是中小型单体游艇 B_{oa}/d 的统计数据，数据非常分散，无法给出一个可供使用的近似公式。

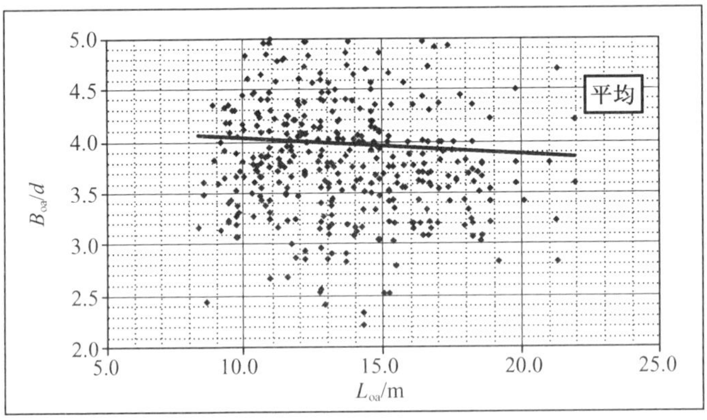

图 2-11 中小型单体游艇 B_{oa}/d 的统计数据

从图中可以看出，在游艇的总长 L_{oa} 等于 10 ～ 24 m 的范围内，平均吃水比 B_{oa}/d 在 3.80 ～ 4.10之间。如果没有特殊要求，先参考艇的总长 L_{oa} 求得平均 B_{oa}/d，然后，再由总宽 B_{oa} 求出艇的吃水 d。

(4)排水量 Δ

游艇的用途各异、需求不同，再加上各个厂商的建造方法千差万别，导致游艇的排水量差异很大(参见图 2-12)。

如果无其他资料参考，轻载排水量 Δ_L 可用下列近似公式来估算：

$$\Delta_L = 2\,500(L_{oa} - 10.0) \quad (\text{最小}) \quad (10\ \text{m} < L_{oa} \leqslant 24\ \text{m}) \tag{2-2}$$

$$\Delta_L = 2\,740(L_{oa} - 8.16) \quad (\text{平均}) \quad (10\ \text{m} < L_{oa} \leqslant 24\ \text{m}) \tag{2-3}$$

$$\Delta_L = 3\,117(L_{oa} - 6.60) \quad (\text{最大}) \quad (10\ \text{m} < L_{oa} \leqslant 24\ \text{m}) \tag{2-4}$$

那么，在游艇设计中究竟如何用这些公式比较合适呢?

作者建议先用式(2-3)计算出轻载排水量，然后按游艇的类型和速度乘以一个修正系

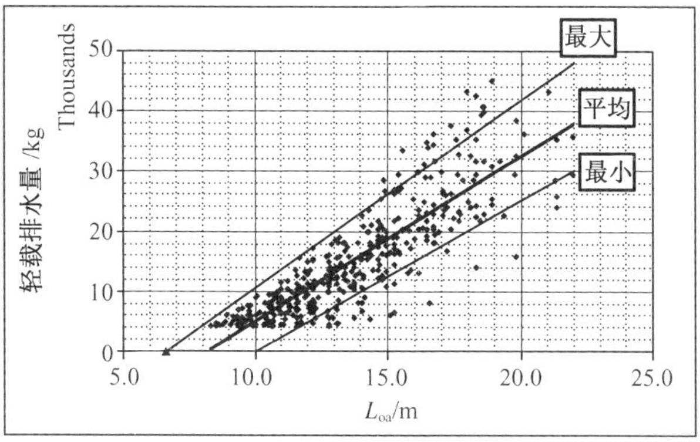

图 2－12　中小型单体游艇轻载排水量 Δ_L 的统计数据

数 K,但要注意,修正后的轻载排水量要落在最小、最大的范围内。

对于轻型高速艇,K 可选在 0.7 ～ 0.9 之间;

对于中型中速、中高速艇,K 可选在 0.9 ～ 1.1 之间;

对于重型中低速艇,K 可选在 1.1 ～ 1.3 之间。

游艇的满载排水量 Δ 可用下式估算:

$$\Delta = \Delta_L + W_V \tag{2-5}$$

式中,W_V 为可变动载荷(kg),包括燃油、淡水的重量,艇上人员和供应品的重量等。

(5)型深 D_h

型深 D_h 主要从游艇内部舱室的净空高度来考虑决定,只要内部舱室允许,就要尽量减小型深,以减少艇的排水量并降低艇的重心。

(6)游艇的干舷 F_h

图 2－13 给出了半载条件下艏部干舷的粗略参考[2]。

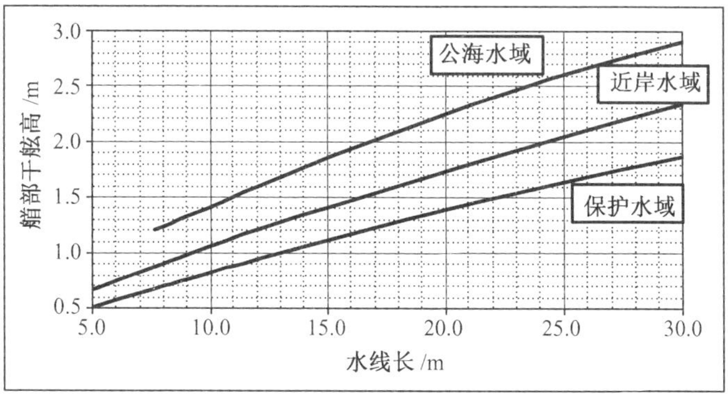

图 2－13　游艇艏部干舷参考

干舷高度 F_h 的选择与游艇的航行区域有关,它主要取决于对艇淹湿性和整体外形的要求。同样,在许可的情况下,尽可能减小干舷的高度,除了降低重心外,还可减少受风面积,从而减少游艇的空气阻力。然而,其最主要的功能仍然是减小艇的淹湿性。为此,设计师常常会把游艇的干舷和适量的外飘结合起来以达到目的。

2. 重要的艇体参数

(1)瘦长度系数 $L_{wl}/\nabla^{1/3}$

在给定游艇的水线长 L_{wl} 和满载排水量 Δ 后,瘦长度系数 $L_{wl}/\nabla^{1/3}$ 就能确定。游艇的瘦长度系数越大,在中低速、中速时的阻力就越小,但在中高速、高速下的阻力较大,所以,最好不要大于6.0。游艇常用的瘦长度系数在4.0～6.0之间,一般取5.0左右,如果小于此值,需要检查艇能否越过阻力峰。

(2)长宽比 L_{oa}/B_{oa}

一般来说,游艇的长宽比随艇的总长呈上升的趋势,大部分游艇的长宽比在2.5～4.0的范围内,远低于其他类型的艇。可参见式(2-1)和图2-10。

游艇的长宽比小,其航行纵倾角和阻力的峰值都非常明显,如果能适当增加长宽比至5.0,就可大大降低艇的阻力峰值以及峰值前后的阻力,也可改善其适航性,比如,减少波浪中的冲击加速度、失速以及纵摇等。所以,当给定排水量时,在考虑总体布置和稳性的基础上,设计师应尽量增加游艇的长宽比。

(3)面积载荷系数($A_p/\nabla^{2/3}$)

游艇的面积载荷系数($A_p/\nabla^{2/3}$)在5.0～7.0之间。该系数越小,在中低速、中速时的阻力就越大,所以最好要大于5.5,不然,在阻力峰值附近的阻力太大,起飞不易,飞溅也太大,还可能引起游艇的动态不稳定,但在风浪中的运动加速度会减小。舭部折角线和艉板线所围的水平投影面积 A_p 一般在(80%～86%)L_pB_p 之间。

(4)重心相对位置系数(L_{cg}/L_{wl})

游艇的重心相对最佳位置(从艉部量起)与艇的设计速度有关,一般来说,艇的航速越高,重心的最佳位置越靠后。在中高速以上的艇,其航行纵倾角一般小于最佳值,所以,重心后移有利于阻力的减小。下面是不同设计速度下重心最佳相对位置的参考范围:

①低速排水型艇($F_L \leqslant 0.4$),重心位置在(47%～50%)L_{wl}之间;

②高速排水型艇($0.4 < F_L \leqslant 0.65$),重心位置为(43%～47%)L_{wl};

③半滑行艇($1.5 \leqslant F_V \leqslant 3.0$),重心位置为(40%～45%)$L_{wl}$;

④滑行艇($3.0 < F_V \leqslant 4.5$),重心位置为(35%～43%)L_{wl}的范围内;

⑤全滑行艇($F_V > 4.5$),重心位置为(30%～40%)L_{wl}的范围内。

(5)艉板水下面积系数 A_t/A_x

对于低速排水型游艇($F_L \leqslant 0.4$),该系数一般取0;对中低速艇,该系数在0.35以下,对于中速和高速艇,可控制在0.50～0.90的范围内,不要大于0.95,以免随浪航行时出现甩横(Broaching)。

(6)舭部斜升角 β

舭部斜升角 β 的取值与游艇的航行区域有关。在风平浪静的水域,该值可取小点,以利静水中的阻力。如果游艇需航行在风浪较大的海域,要适当增加该值,以改善艇在风浪中的性能。

根据统计数据,舯部斜升角 β 一般在15°～25°之间。艏部(1/2站)的取值主要考虑艇在波浪中的冲击、飞溅等,可取在50°～60°之间。至于艉板斜升角 β_t,一般小于舯部。一条艉板斜升角 $\beta_t=12°$、艏部斜升角 $\beta=50°$的游艇,如果航行纵倾角 τ 可控制在4.0°左右,其阻力性能和适航性都会不错。

(7)1/4 艇宽纵剖线斜升角 $\tau_{1/4}$

该角的大小取决于艇的设计速度,对低速排水型游艇($F_L \leqslant 0.4$),该角可取7°左右。当游艇的设计速度达到滑行速度以上($F_V > 3.0$)时,可减小到2°以下,甚至到0°。当艇的速度在排水速度($F_L > 0.4$)和半滑行速度($F_V \leqslant 3.0$)的范围内时,可根据航速进行内插[3]。

3. 航行纵倾角 τ

该角不属于艇型的设计参数,实际上是许多参数共同作用的结果。它的大小会大大地影响到艇的性能。作者的经验是如果能控制游艇的航行纵倾角 τ 在3.5°～4.0°之间,艇的阻力会大大降低。所以,在游艇的初步设计阶段,就要选择合适的重心纵向位置和1/4 艇宽纵剖线斜升角 $\tau_{1/4}$,使艇的航行纵倾角能落在这个最佳范围内。

在游艇航行时有两种装置可以有效地控制航行纵倾角 τ:压浪板(Trim Tab)和阻流板(Interceptor)。另外,如果试航后发现该角太大,还有一种减小它的简单方法:在艇尾底部加楔形板(Wedge)。具体内容请参看第10章。

选择游艇的主尺度和艇型参数时,必须考虑它们对游艇各项性能的综合影响。一个好的设计必须在这些性能(像阻力、稳性、适航性以及内部容积)之间做出妥协。例如,如果只考虑游艇的适航性,舭部斜升角 β 是越大越好,但如果要同时考虑艇的静水阻力,该角就不能太大。即使单就阻力而言,在不同的速度范围内,所选择的尺度和艇型参数也不会一样,例如,对航速较低的游艇,希望选择较大的长宽比,而对高速游艇,这样的选择就不一定合适。

在众多的主尺度和艇型参数中,游艇的排水量和重心位置尤其值得注意,不仅因为它们对游艇各项性能的影响很大,而且它们也是设计和绘制游艇型线图的基础。

如果客户已经规定了游艇的总长 L_{oa},其他尺度如总宽 B_{oa}、轻载排水量 Δ_L 等用上面所学内容就可大致确定。为了使大家有一个基本概念,我们给出一个选择主尺度和艇型参数的假想试例——“海豚号”游艇供大家参考。

例1:

已知:

客户打算订制一条名为“海豚号”的游艇,其设计要求如下:

(1)艇的总长 L_{oa}:16.33 m;

(2)航行区域:沿岸海域,吃水无限制;

(3)住舱:主人舱一个,客舱2个;

(4)两台主机,每台功率为746 kW;

(5)最大航速:34 kn,巡航速度:27 kn;

(6)燃油量:3 500 L;

(7)淡水量:700 L;

(8)艇上人数:10人。

结果:

主要参数的选择见表2-1。

表 2-1 主要参数的选择

艇的总长 L_{oa}	给定	16.33	m
艇的舭部长 L_p	给定	15.34	m
设计水线长 L_{wl}	给定	14.92	m
游艇长宽比 L_{oa}/B_{oa}	式(2-1)	3.39	
艇的总宽 B_{oa}		4.81	m
艇的宽吃水比 B_{oa}/d	图 2-11	3.95	
排水量修正系数 K		1.0	
游艇轻载排水量 Δ_L	式(2-3)	22 386	kg
游艇的可变载荷 W_V		4 675	kg
游艇满载排水量 Δ	式(2-5)	27 061	kg
瘦长度系数	$L_{wl}/\nabla^{1/3}$	5.01	
体积弗氏数 F_V	$V/\sqrt{g\nabla^{1/3}}$	3.24	
艉板舭部斜升角 β_t	考虑适航性要求,取	14.9	(°)
重心相对最佳位置 L_{cg}/L_{wl}	考虑航速较高,取	0.41	

2.2.5 主尺度的优选

如果客户没有规定游艇的主尺度,而是给了一个大致范围,我们就可按初步的主甲板上下舱室的布置草图来确定游艇总长的下限,再根据客户的预算价格以及停泊区的尺寸确定其上限。同样,我们也可以用甲板以及舱室的面积规定总宽的下限,航行区及停泊区的宽度规定其上限。有了总长 L_{oa}、总宽 B_{oa} 的上限和下限,再分别假定 $A_p/\nabla^{2/3}=6.0$,$A_p=83\% L_pB_p$,$L_p=0.94L_{oa}$,$B_p=0.89B_{oa}$,我们可推导出下列游艇排水量与总长 L_{oa}、总宽 B_{oa} 的关系式:

$$\Delta=40.35(L_{oa}B_{oa})^{1.5} \tag{2-6}$$

在总长 L_{oa}、总宽 B_{oa} 的上下限范围内,给定游艇一系列的 L_{oa} 和 B_{oa},用式(2-6)可求出相应的排水量。然后,再计算对应这些尺度和排水量的性能,如游艇在静水和波浪中的阻力、静止和航行时的稳性、适航性等,从而可选择出最佳的主尺度和设计参数。

作业

作业 1:选择满足下列设计要求的游艇的主尺度和艇体参数:

已知:

艇的总长	$L_{oa}=19.6$	(m)
设计水线长	$L_{wl}=17.9$	(m)
舭部长	$L_p=18.4$	(m)
最大航速	$V_{max}=31$	(kn)
巡航速度	$V_c=25$	(kn)
航行区域:	沿岸海域,吃水无限制	
住舱:	主人舱 1 个,客舱 3 个	
燃油量:	4 000 L	
淡水量:	1 000 L	
艇上最大人数:	10 人	

主要参数的选择：

艇的总宽	B_{oa} =	(m)
艇的吃水	d =	(m)
设计排水量	Δ =	(kg)
重心相对最佳位置	L_{cg}/L_{wl} =	
艉板舭部斜升角	β_t =	(°)

2.3　游艇的航速分类和估算

2.3.1　简介

理论上，当客户对游艇的尺度、性能提出的要求合理时，应该有某一类游艇能满足这些要求。但实际上，有时会出现错选的情形，比如，有人在普通排水型艇上换装大功率主机，试图增加航速让艇滑行起来，结果徒劳无功。也有人在高速滑行艇上改装小功率主机，目的是减少耗油率从而增加艇的续航力，最后得不偿失。凡此种种，都是因为对各类游艇的特点不太清楚。为此，我们有必要了解，一种类型的艇只适合在一定的速度范围内使用，反过来，在不同的设计速度下，需要选择不同类型的艇。

当今游艇的分类还比较混乱，尚没有一个统一的类型划分标准。下面的划分只是参考有关资料并结合作者个人的经验给出的一个大致范围，并不能作为一个标准使用。

2.3.2　游艇按航速分类

在现代游艇设计中，单体游艇按航行速度大致可分成5类，如图2－14所示：

(1)普通排水艇(Displacement Hull)；

(2)高速排水艇(High Speed Displacement Hull)；

(3)半滑行艇(Semi-Planing Hull)；

(4)滑行艇(Planing Hull)；

(5)全滑行艇(Fully Planing Hull)。

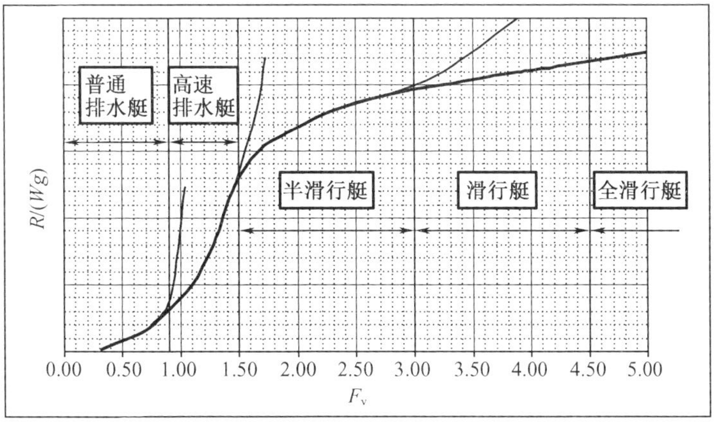

图2－14　各类游艇航速分类示意图

实际上,除了普通排水型和高速排水型艇的边界比较明确之外,其他各类游艇的边界并不是一条完全清晰的线,而是一个模糊的带。不过,为了简洁方便,我们就把这个模糊带缩减成一条线以供参考。

游艇在平衡状态下航行时,不仅其重力等于静浮力和动升力之和,而且其重心也位于静浮力和动升力的合力位置。随着速度的增加,在静浮力减少的同时,动升力相应增加,航行纵倾角也不断加大,在越过其峰值后,如果速度继续增加,航行纵倾角会逐渐减小。

1. 普通排水艇($F_L \leqslant 0.4$)

大家应该比较熟悉这一类型的艇。现在使用的普通船舶多属于此类。

这类艇的重力完全由浮力支承,吃水、纵倾变化很小。当速度很低时,总阻力也很小,其中主要是摩擦阻力。但随着速度的增加,兴波阻力所占比例迅速升高。当艇的长度弗氏数 F_L 接近0.4时,其生成的横波波长与艇的水线长大致相等,好似艇就完全静置于两个波峰上一样,此时的兴波阻力是如此之大,结果使得这类艇的航速很难进一步提高,即达到了排水型艇难以突破的速度上限,简称"排水速限"(Hull Speed)。在达到这个"速限"时,如果选用普通排水型艇型即使艇上的装机功率再大,其航速也不会增加多少。究其原因,主要是:(1)所增加的功率主要消耗在生成更大的横波;(2)艇首急速抬升的同时,艉部也加速下沉。下沉的艉部会使水流严重分离,这将导致艇的阻力急剧增加,从而使得功率的增加变得没有意义,这就像硬要普通类型的飞机越过"声障"一样困难。

这类游艇的设计速度一般选在长度弗氏数 F_L 等于0.3附近,此时,艇产生的横波波长是水线长的0.57倍,其波幅和兴波阻力都比较适中。

影响这类艇最重要的尺度系数是长宽比 L_{wl}/B_{wl} 和纵向棱形系数 C_p。典型的纵向重心位置 L_{cg} 在(47%~50%)L_{wl} 之间。这种艇型很少用于现代游艇。

2. 高速排水艇($0.4 < F_L \leqslant 0.65$)[4]

鉴于普通排水艇很难突破"排水速限",另外一类高速排水艇就应运而生。这类艇一般航行在长度弗氏数 F_L 等于0.4~0.65的速度区域。在此范围内,浮力除了支承艇自身的重力外,还得抵消艇航行时底部产生的吸力。这样,不仅艇不能被抬升,而且还会下沉一点。最初,下沉量随着航速的增加而加大,达到最大值后,会逐渐减小,直到在某一点时再一次回到原点。之后,假若艇的形状合适,其重心会开始抬升,并向半滑行艇过渡。

当这类游艇突破"排水速限"加速航行时,横波波峰被甩向艇艉后方,游艇的航行纵倾角迅速加大,相应地,兴波阻力系数也会随艇速的提高而急剧增加,在长度弗氏数 F_L 等于0.5附近,该系数达到峰值,此时,横波波长大约是水线长度的1.57倍,好像游艇是行驶在一个倾斜的波面上一样。在越过峰值之后,兴波阻力系数迅速下降,而航行纵倾角的增速在某一点达到峰值以后,也会逐渐减小。在整个高速排水速度范围内($F_L = 0.4 \sim 0.65$),兴波阻力在总阻力的成分中占绝大部分。

从图2-14可知,与普通排水艇相比,高速排水艇在高于"速限"的航速航行时,其阻力要比前者小得多。由此可见,在该航速($0.4 < F_L \leqslant 0.65$)内,这种高速排水艇非常合适。但是,在更高的速度下,其阻力也会急剧增加,这类艇就变得不再合适了。

影响这类艇最重要的参数是瘦长度系数 $L_{wl}/\nabla^{1/3}$,该系数越大,艇的阻力就越小。其次是艇的长宽比 L_{wl}/B_{wl}、纵向重心 L_{cg},但在 $F_L = 0.60$ 附近,L_{cg} 对艇的性能影响反而很小。另外，在 $F_L \leqslant 0.50$ 时，纵向棱形系数 C_p 也有影响。但在 $F_L = 0.65$ 左右，其影响变得很小。典型的纵向重心位置 L_{cg} 在（43%～47%）L_{wl} 之间。这类艇型主要是用于大型豪华游艇（Mega Yachts）和排水量较大、航速较低、耗油率小、续航力长的拖网式游艇（Trawler）。

3. 半滑行艇（$1.5 \leqslant F_V \leqslant 3.0$）

设计在这个速度范围内的艇为半滑行艇。这类艇的主要特点是水流不仅从艉部而且也从舭部完全分离，所以，艇型一般为尖舭艇。

在半滑行速度范围内，游艇的水线长不再是影响性能最重要的参数，而且水线长随航速变化太大，所以，长度弗氏数 F_L 不再适用，一般用体积弗氏数 F_V 来代之。这类艇的重力由浮力和动升力共同支承，当 F_V 等于 1.5 左右时，动升力很小，浮力占支配地位，随着航速的提高，艇的静浮力逐渐减少而动升力不断增加，此时，航行纵倾角也随之减小。当该弗氏数达到 3.0 时，动升力已经超过了静浮力[5]。

在此速度范围内，兴波阻力在总阻力中仍占非常大的比例，只是所占比例随艇速的增加而有所减小，相应地，摩擦阻力所占比例会逐渐增加，但与前者比起来仍然较小。

影响这类游艇的重要参数除了艇的瘦长度系数 $L/\nabla^{1/3}$ 和艇的纵向重心位置 L_{cg} 外，舭部斜升角 β 与艇的性能也有很大关系。典型的 L_{cg} 在（40%～45%）L_{wl} 之间。艇的航速越高，L_{cg} 越往后移。这种艇最适合各种用途的中小型游艇，是私人游艇界的主力军。

4. 滑行艇（$3.0 < F_V \leqslant 4.5$）[6]

航行在这个速度范围的艇为滑行艇。其重力主要由动升力支承，浮力所占比例较小，所以，艇型的设计着重于如何有效地提高其动升力。艏部的形状与静水阻力关系不大，但对适航性有所影响。

在这个速度范围内，艇的兴波阻力在总阻力中所占的比例缓慢下降，与摩擦阻力相差不是很多，都在一个量级内。

当 $F_V < 3.0$ 时，瘦长度系数 $L/\nabla^{1/3}$ 的增加对阻力有利，但当 $F_V > 3.0$ 时，其对阻力的影响变得很小。F_V 在 3.0 附近时，对阻力的影响可忽略。

除了艇的纵向重心位置 L_{cg} 和舭部斜升角外，面积载荷系数 $A_p/\nabla^{2/3}$ 和舭部最大宽度 B_{px} 对这类艇的性能影响也很大。典型的 L_{cg} 在（35%～43%）L_{wl} 之间。这类艇除了适合小型高速运动型游艇外，也适合中小型高速多用途游艇。

5. 全滑行艇（$F_V > 4.5$）

在这个速度范围航行的艇为全滑行艇，其重力几乎完全由动升力支承，浮力所占比例很小。

在此速度范围内，艇的摩擦阻力已经超过了兴波阻力，所以，减少湿表面积是考虑的重点。

同滑行艇一样，除了艇的纵向重心位置 L_{cg} 和舭部斜升角外，面积载荷系数 $A_p/\nabla^{2/3}$ 和舭部最大宽度 B_{px} 对艇的性能也有重要的影响。典型的 L_{cg} 在（30%～40%）L_{wl} 之间。这种艇适合小型高速运动型游艇和各种赛艇。

图 2－15 是现代游艇的类型设计参考图。

如果已经知道游艇的设计水线长和设计航速，只要参考图 2－15 就可马上知道该艇究竟属于哪一类型。比如，客户要求设计一条水线长等于 15 m，最大航速为 34 kn 的游艇，由图

2-15 就可查出,该艇应为典型的滑行艇,所以,在设计该艇时,就应该使其具有滑行艇的特点。

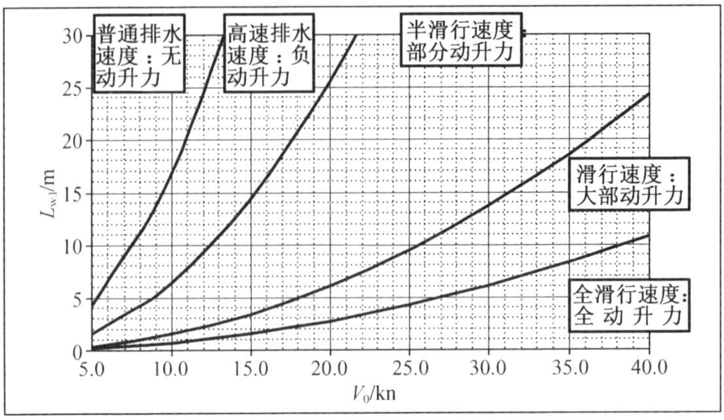

图 2-15 游艇的类型设计参考图

2.3.3 游艇的阻力比较

我们曾经指出一种类型的艇只适合在一定的速度范围内使用。但究竟是为什么呢?设想一下,如果要使一辆重型卡车能取得赛车的速度或反过来让赛车具有重型卡车的载重量,那会是怎样一种情形?大家一定觉得不可思议。同样,游艇的设计也不例外。图 2-16 为各类游艇在不同速度区域内的阻力比较。

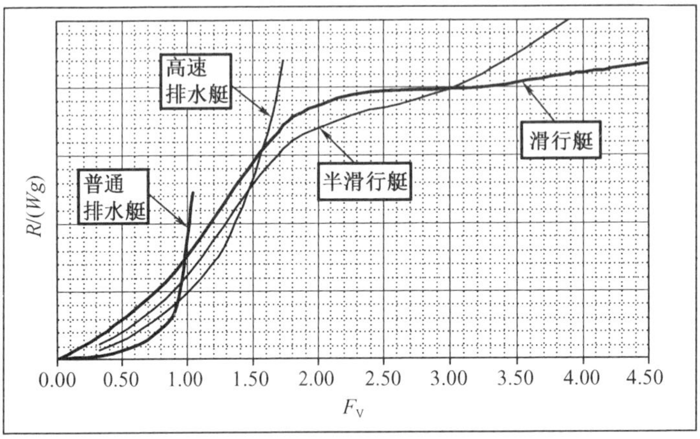

图 2-16 各类游艇相应的阻力曲线

由图 2-16 可见,在低速时,普通排水型艇的阻力最小。在中低速时,这种艇的阻力急速上升成最高值,而高速排水型艇的阻力反而最低。但在中速时,这类艇的阻力增加也很快,半滑行艇最适合。在中高速时,就阻力而言,滑行艇是唯一的选择。

2.3.4 游艇的航速估算

游艇的航速与其尺度、排水量以及装机功率关系密切。在中低速下,水线长是决定游艇航速的主要因素。而在中速、中高速时，艇的排水量代替水线长成了影响速度的主要因素。

1. 普通排水艇（$F_L \leqslant 0.4$）[3]

$$V_0 = 16.352\sqrt{L_{wl}}(P_S/\Delta)^{1/3} \tag{2-7}$$

式中　V_0——艇的航速，(kn)；

Δ——满载排水量，(kg)；

P_S——总的轴功率，可取 $0.95P_B$，(kW)；

P_B——总的主机功率，(kW)；

L_{wl}——设计水线长，(m)。

2. 高速排水艇（$0.4 < F_L \leqslant 0.7$）[7]

$$V_0 = 131.7\sqrt{L_{wl}}(P_S/K_L)^{0.621}/\Delta^{0.708} \tag{2-8}$$

式中　K_L——修正系数。

$$K_L = 1.12 - 0.004\,8\,L_{wl} \leqslant 1.0 \tag{2-9}$$

3. 在不同航速（$1.0 < F_V \leqslant 4.0$）下的滑行艇

图 2-17 为美国 62 和 65 滑行艇系列在不同航速下、不同瘦长度系数时艇的阻力/重力值，可用来粗估滑行式游艇在给定航速下的阻力，也可在给定主机功率时用来估算艇可达到的航速，还可用来分析瘦长度系数对静水阻力的影响[8]。

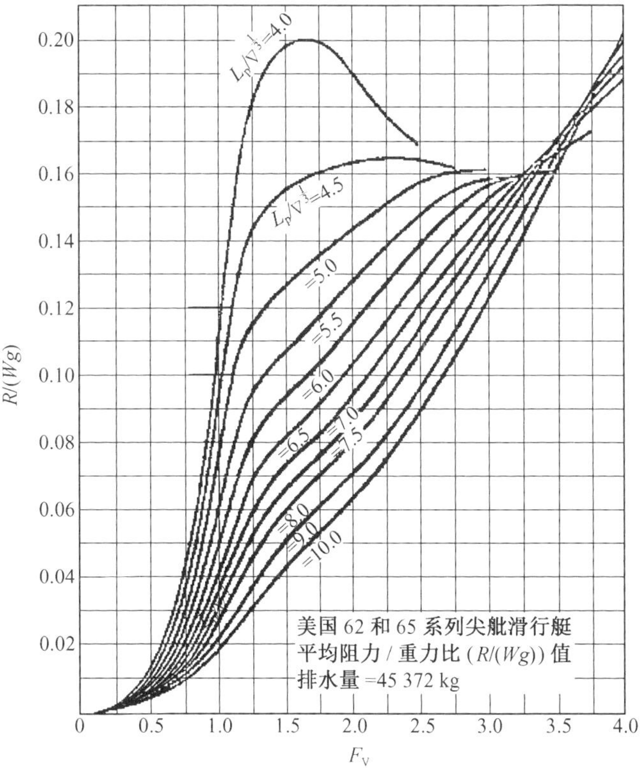

图 2-17　美国 62 和 65 系列的阻力曲线

粗估滑行式游艇在给定航速下的阻力比较简单,而反过来估算游艇可达到的航速就不那么容易。我们接着例1来估算该艇的航速,请看下例:

例2:我们继续例1的要求和选择的参数,估算该艇的设计航速。

已知:"海豚号"的游艇的参数如下:

设计水线长——L_{wl}	14.92	m
舭部长——L_p	15.34	m
排水量——Δ	27 061	kg
主机功率——P_B	746	kW
瘦长度系数——$L_p/\nabla^{1/3}$	5.152	
螺旋桨数——Z_p	2	
流体密度——ρ	1 025	kg/m^3

结果:(见表2-2)

表2-2 计算航速

游艇航速 V_0/kn	假设	28.0	30.0	32.0	34.0	36.0
游艇速度 V/(m/s)	0.514 4 V_0	14.4	15.4	16.5	17.5	18.5
体积弗氏数 F_V	$V/\sqrt{g\nabla^{1/3}}$	2.66	2.86	3.05	3.24	3.43
阻力/重力,$R/(Wg)$	由图2-17可得	0.157 9	0.159 8	0.161 1	0.160 7	0.159 7
裸体阻力 R/N	$R/(Wg)\times\Delta\times9.81$	41 910	42 417	42 763	42 659	42 394
附体阻力* δR/N	$(0.005F_V^2+0.05)R$	3 584	3 850	4 122	4 367	4 608
总阻力 R_t/N	$R+\delta R$	45 493	46 267	46 885	47 026	47 002
计算有效功率 P_E/kW	$R_t\times V/1\,000$	655	714	772	822	870
粗估总推进系数 OPC	假设	0.55	0.55	0.55	0.55	0.55
计算主机功率 P/kW	P_E/OPC	1 191	1 298	1 403	1 495	1 583

*参看第7章式(7-81)

设计航速由图2-18可得34.1 kn。

初步估算如果装2台功率为746 kW的主机,该游艇的航速为34.1 kn,可以满足例1中客户的要求。

4.半滑行艇,滑行艇

在估算半滑行和滑行艇的航速时,如果母型艇与设计艇的艇型和长度都相差不多,可用一个非常简单的公式——Crouch公式来进行[3]:

$$V_0=C/\sqrt{(\Delta/P_S)} \tag{2-10}$$

式中,C 为艇型常数。

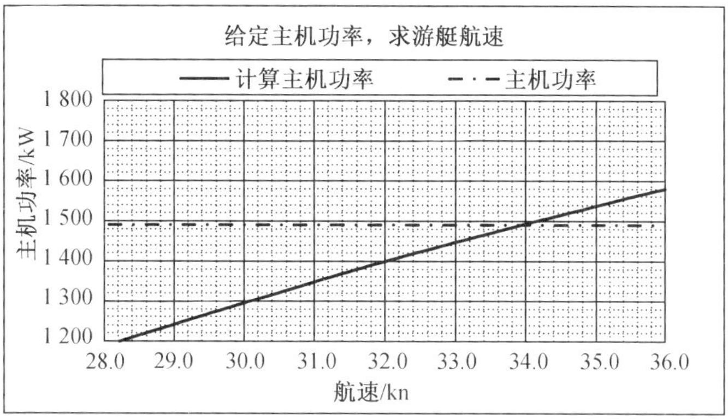

图 2－18 估算游艇可达到的航速

该常数是估算航速的关键，作者根据一些统计资料和自己的经验，给出了具有不同推进系统的游艇在不同速度范围内的经验常数，在没有母型艇资料的情况下，可以用来估算设计艇的航速，见表 2－3。

表 2－3 艇型常数 C 的经验值

	重型半滑行艇	中型滑行艇	轻型滑行艇	推进系统
适用范围	$F_V<2.0$	$2.0\leqslant F_V\leqslant 3.0$	$F_V>3.0$	
常数 C_1	～117	～133	～148	常规 *
常数 C_2	～125	～142	～159	先进 **

* 常规推进系统指传统的斜轴直线形传动和 V 形传动系统。

** 先进推进系统指常规推进之外的系统，如 IPS、Zeus 和喷水推进系统等，它们的总推进效率较高（详情参看第 8 章）。

如果有母型艇的试验资料，可以根据式（2－10）先求出母型艇的艇型常数 C，然后，用该常数作为设计艇的艇型常数来估算航速，其结果更加准确。

如果设计艇与母型艇的艇型相似而艇长相差较多，这时我们可以用下列 Campbell 给出的 Crouch 修正公式[9]：

$$V_0 = C_c(L_{wl})^{1/4}/\sqrt{(\Delta/P_S)} \tag{2-11}$$

式中，C_c 为艇型修正常数。

$$C_c = C/(L_{wl0})^{1/4} \tag{2-12}$$

式中，L_{wl0} 为母型艇的设计水线长（m）。

在应用上述 3 个公式时要注意，设计艇与母型艇的艇型、附体以及推进系统要基本相同，否则，即使艇型完全一样，如果推进系统不同，上述公式也不适用。

作业

作业 2：

已知：与作业 1 相同。

利用作业 1 的结果，计算该艇在最大巡航速度下的有效功率。

2.4 型线设计

2.4.1 简介

在现代游艇设计中,主尺度、艇型参数等变量固然重要,但这些变量并不能精确地描述游艇的形状。其实,游艇的形状对其性能有着更大的影响。假设2条尺度和系数都完全相同的艇,如果艇的形状不同,比如其中一条是圆舭型艇,而另一条是尖舭型艇,两者的性能会有很大的差异。更有甚者,即使是艇型相同,比如,都是尖舭型艇,其尺度和系数也一样,如果艇的型线不同,其性能也会有很大的差别,当然,其设计也会完全两样。

那么,究竟如何来判断2种不同艇型的游艇孰优孰劣呢?我们可用一个衡量指标——运送效率(Transport Efficiency)E_T 来做出判断。该运送效率考虑了艇的排水量、航速及推动该艇所需要的功率,可表示成:

$$E_T=(\Delta V)/(102P_S)=OPC/[R_T/(\Delta g)] \tag{2-13}$$

式中 Δ——艇的排水量,(kg);

V——艇的速度,(m/s);

P_S——总的轴功率,(kW);

OPC——总推进系数(见第8章);

R_T——艇的总阻力,(N)。

游艇的 E_T 越高,代表此艇的总体性能越好,反之则越差。

图2-19给出了在不同航速时判断各种游艇运送效率 E_T 的曲线。由图可见,当游艇在体积弗氏数 $F_V=0.9\sim1.9$ 的范围内航行时,圆舭型艇的效率最高;但在更高的速度下,尖舭型艇更好些。另外,如果游艇航行速度较低,双体型艇并不合适采用尖舭型艇。图中的尖舭、圆舭以及双体型艇的曲线分别代表各自的理想运送效率。实际上,由于游艇的设计并不追求最佳性能,所以,其运送效率并不是很高。一条新设计的游艇,如果取得理想效率的75%就相当不错,但不要低于60%。

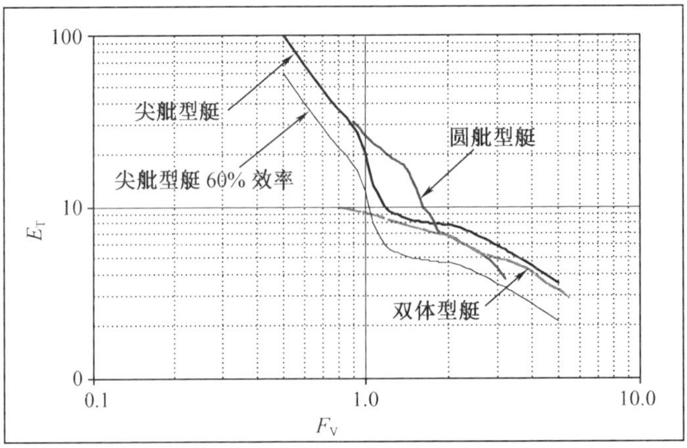

图2-19 运送效率曲线图[10]

2.4.2 主要艇型的选择

1. 艇型的分类

游艇的艇型主要分成 3 种。

(1)圆舭型艇

圆舭型艇主要指连接艇底和艇边的舭部呈圆弧形状的艇。该型艇在高速航行时舭部可能产生负压力。其典型的剖面形状如图 2－20 所示。

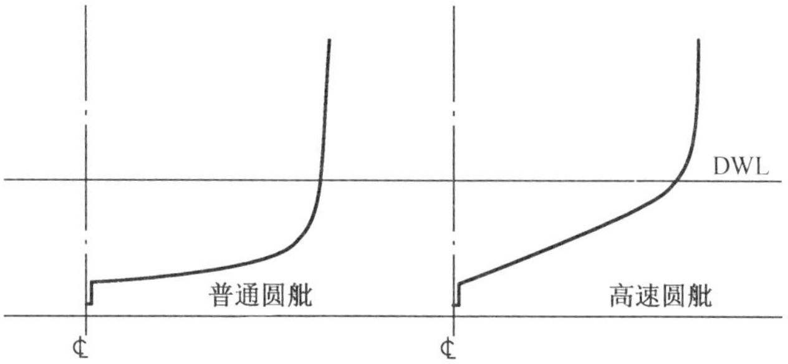

图 2－20 典型的圆舭型艇剖面形状

(2)尖舭型艇

尖舭型艇的艇底和艇边之间有一明显的尖舭连续贯穿全艇。该尖舭的主要功能是促使水流从舭部尽快分离。其典型的剖面形状如图 2－21 所示。

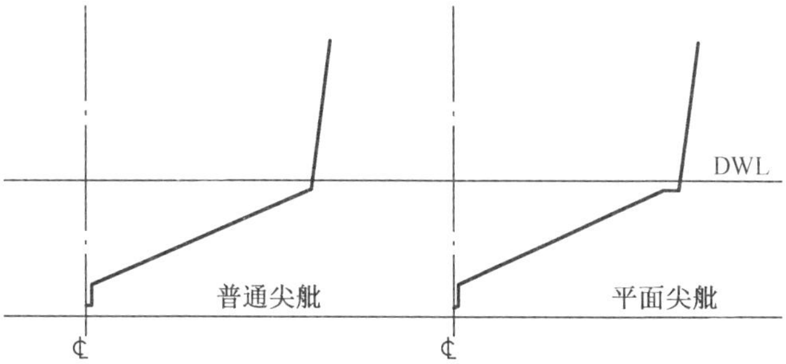

图 2－21 典型的尖舭型艇剖面形状

另外一种较常见的尖舭型艇为双舭型艇,有上下 2 个尖舭连续贯穿全艇。下舭一般较窄,航行时艇的长宽比较大,可降低中低速、中速下艇的阻力,也可改进艇在波浪中的适航性能。上舭较宽,可改善低速下的横稳性。其典型的剖面形状如图 2－22 所示。

尖舭型艇又可有普通 V 形和深 V 形之分(参见图 2－23),它们的区别主要是舭部斜升角的不同,与前者相比,后者的舭部斜升角更大一些。我们一般把舯部斜升角大于 20°的艇称为深 V 形艇,这种艇有良好的适航性能,非常适合于海上航行,但在静水中阻力较大。

(3)混合型艇

混合型艇是圆舭型艇和尖舭型艇的杂交。混合方法主要有 2 种,其一是艇艏部类似于圆舭型艇,随着向艉部移动,舭部的圆弧半径逐渐减小,在接近艉部时变成尖舭。这样,除了能避免圆舭型艇高速航行时艉部下沉的问题外,也增加了艇的航向稳定性。这种方法多

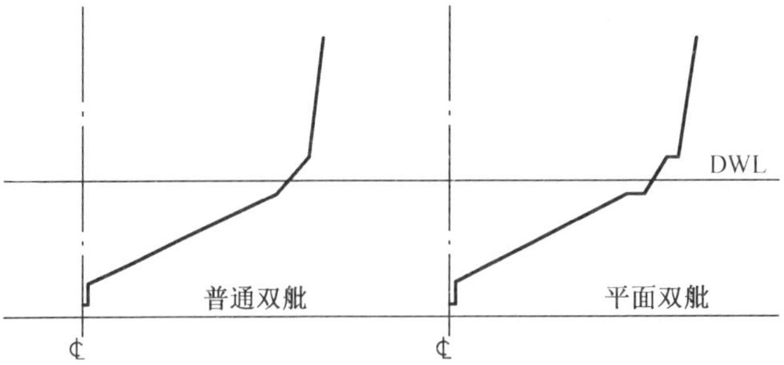

图 2－22　典型的多舭型艇剖面形状

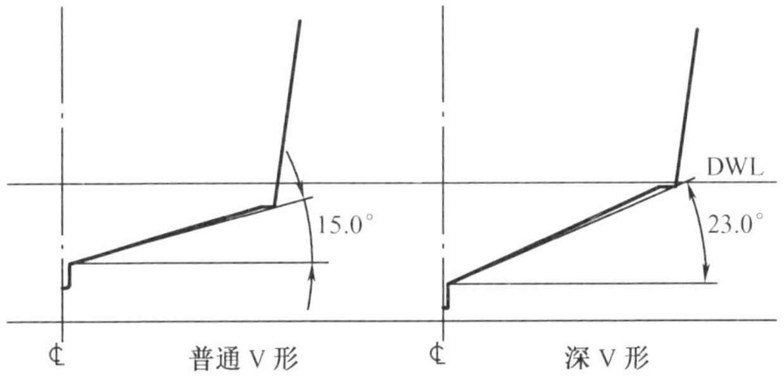

图 2－23　普通 V 形和深 V 形艇剖面形状

用于改善高速圆舭型艇的性能。另一种组合正好相反,艇艏部为尖舭型,向后逐渐过渡为圆舭型,其优点是航向稳定性、动态稳定性都比圆舭型艇好。

2. 各类艇型性能比较

在选择游艇的艇型时要考虑许多因素,下面是各类艇型的性能比较。

(1)静水阻力(参见图 2－24)

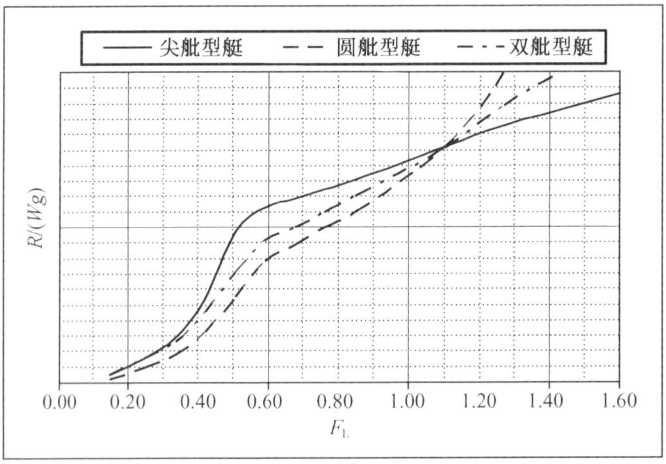

图 2－24　圆舭、尖舭、双舭型艇的阻力比较[11]

当游艇在静水中低速航行时，如果艇的尺度相同，圆舭型艇的阻力比尖舭型艇要小很多；与此相反，当游艇在中速以上的速度航行时，尖舭型艇的阻力更小。

(2)适航性

当游艇以中低速在迎浪中航行时，如果艇的长度相同，圆舭型、尖舭型艇的适航性相近；当游艇在顺浪或艉斜浪中航行时，尖舭型艇总是优于圆舭型艇；当游艇在横浪中静止或以低速航行时，尖舭型艇的横摇阻尼都比圆舭型艇的大(参见图2－25)，所以，其横摇更小一些。而且，由于底部较平坦，尖舭型艇更容易安装减摇装置。

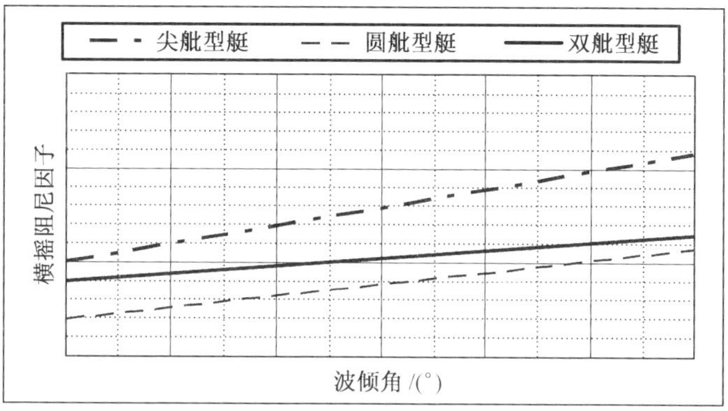

图2－25　圆舭、尖舭、双舭型艇的阻尼比较[12]

当游艇的速度和波速接近并顺浪航行时，圆舭型艇更容易出现甩横现象。

就游艇的淹湿性来说，无论在什么情况下，尖舭型艇总是优于圆舭型艇。

(3)承载能力

当游艇的长度相等时，尖舭型艇的承载能力更大，超载后吃水变化也较小。

(4)其他

当游艇在中高速航行时，尖舭型艇的航向稳定性、动态稳定性都优于圆舭型艇。

3. 艇型的选择

艇型的选择没有一个固定的标准，可根据客户的要求并参照表2－4选择。

表2－4　两种艇型的选择参考[13]

性能因素	艇型选择		
静水阻力	$F_L \le 0.4$	$0.4 < F_L \le 1.1$	$F_L > 1.1$
	圆舭型艇	两者均可	尖舭型艇
适航性	两者均可		
淹湿性	尖舭型艇		
超载能力	尖舭型艇		
动态稳定性	尖舭型艇		
航向稳定性	尖舭型艇		
运送效率 E_t	$F_V \le 1.8$		$F_V > 1.8$
	圆舭型艇		尖舭型艇

从表中可看出,当设计重点是在低速下的静水阻力或运送效率时,圆舭型艇应是最佳选择,但在艇的设计速度较高时,最好选择尖舭型艇。如果设计主要考虑的因素是动态稳定性和航向稳定性,那么,尖舭型艇就是更好的选择。不管怎样,当 $F_L \leqslant 0.4$ 时,总是选用圆舭型艇,而在 $F_L > 1.1$ 时,毫无疑问,尖舭型艇是设计师的首选。在 $0.4 < F_L \leqslant 1.1$ 时,就要根据其他因素做出适当的抉择。

虽然上述艇型的选择给出了一个大致方向,但由于现代游艇的设计航速越来越高,对于多数中小型游艇来说,其航速已在高速排水速度以上,所以,各国游艇绝大多数选用尖舭型。至于大型游艇,虽然其航速较高,但由于相对速度(F_L)较低,几种艇型都有。由于篇幅所限,下面我们只着重介绍尖舭型游艇的型线设计。

2.4.3 型线对性能的影响

图 2-26 是一条假想游艇的型线图。在型线图上,设计水线一般取满载时的水线,并按其长度分成十等份,该等分线即为 0 ~ 10 号站线。如果水线或纵剖线的曲率变化较大,可在站线之间再加 1/2 站线。此外,游艇的型线图还包括主尺度、排水量以及一些其他重要的细节等。通常艇体型线由三视图组成。

(1)侧剖面视图　主要给出艇的侧面轮廓,包括舷边线、艏柱线、艏脚(Forefoot)线、龙骨线、龙骨底线、折角线(面)侧投影线、艉板线、纵剖线等。其中,对游艇的性能影响最大的是折角线和 1/4 艇宽纵剖线,其次是艏脚线及中龙骨与艇体的交线。中龙骨的设置主要是为了保持艇航向的稳定和保护推进器,其他舷边线、艏柱线、艉板线等外型轮廓线主要跟艇的造型有关。

(2)横剖面视图　主要包括艇的横剖线、折角线(面)横向投影线、最大横剖面、艉板轮廓等,由于艇体左右对称,一般右边只显示 0 ~ 5 站的横剖线,左边为 5 ~ 10 站的横剖线。艏部、舯部和艉部横剖线的舭部斜升角是影响游艇性能的重要因素,艏部干舷的高低和外漂的大小对艇的淹湿性关系很大。

(3)水线面视图　主要给出艇的各条水线,其中,设计水线的形状最为重要。该视图也显示舷边线和折角线(面)水平投影线。

在现代尖舭型游艇的型线设计中,对性能有较大影响的主要是横剖面、纵剖线、水线面以及舭部折角线的形状,下面将会一一介绍。

1. 横剖面形状

在现代游艇的设计中,大部分艇横剖面的形状都采用 V 形或深 V 形。这两者的主要区别是后者的舭部斜升角要大一些,主要是为了改善游艇在风浪中的性能,所以,更适用于在风浪较大的海域使用。而普通 V 形艇由于舭部斜升角较小的缘故,其静水中的阻力性能更好,因而,在风平浪静的水域比较适用。

V 形游艇的横剖面形状有许多种,可大致分成:(1)凹形剖面;(2)凸形剖面;(3)直线剖面;(4)倒钟形剖面;(5)平面舭剖面;(6)碗形剖面。(参见图 2-27)。

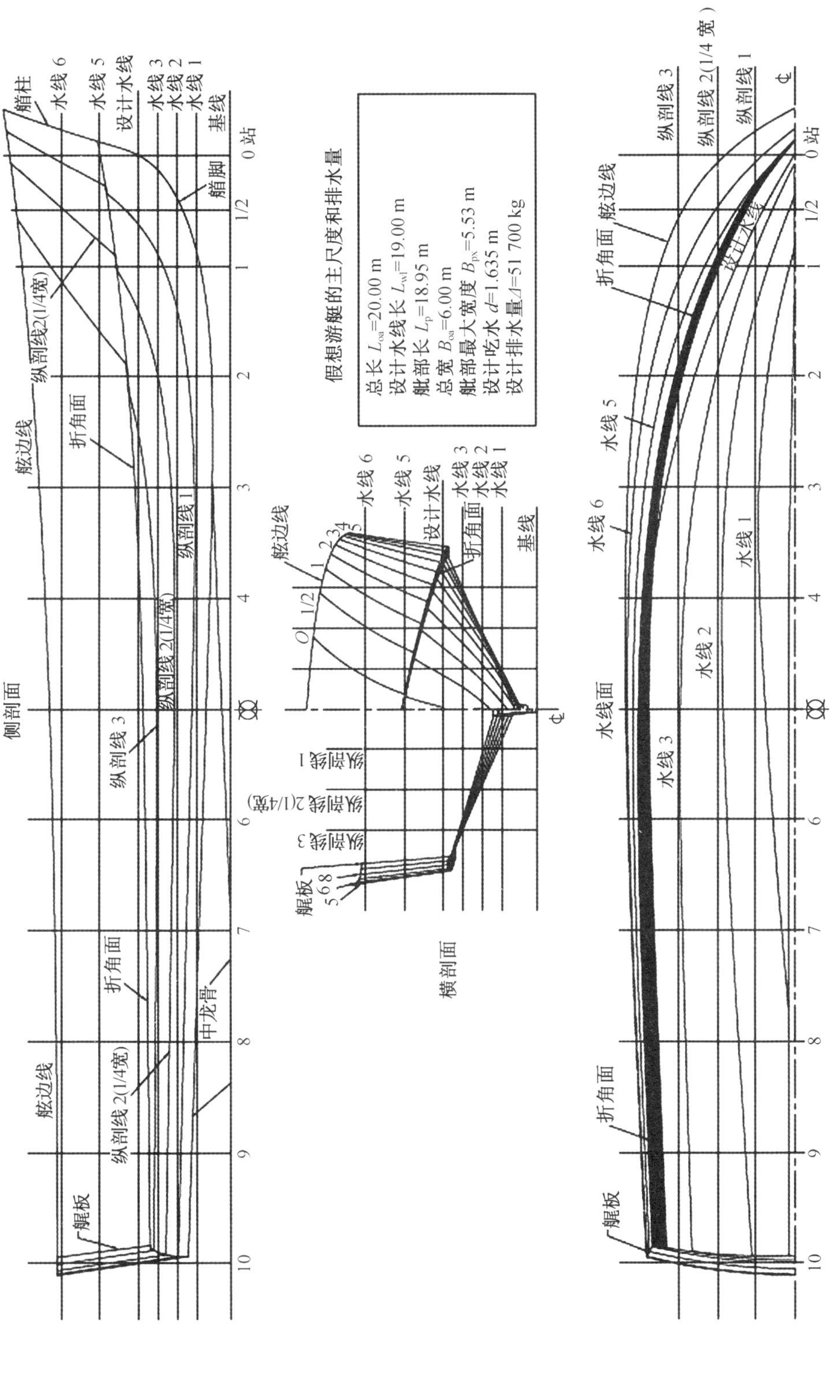

图 2-26 典型的游艇型线图

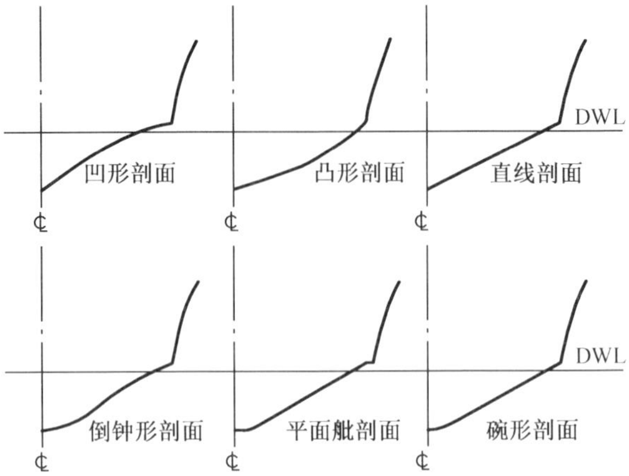

图 2-27 尖舭型横剖面形状

(1)凹形剖面

凹形剖面在舭部的水流容易分离,平波能力较强,在静水中动升力较大,但在波浪中容易发生砰击,而且砰击力相对集中,对结构的设计是一个挑战。所以,在海浪中航行的现代游艇很少采用这种剖面形状。

(2)凸形剖面

相对于凹形剖面,凸形剖面正好相反,不仅不容易发生砰击,而且即使发生,其砰击力也容易被稀释。这种剖面的主要问题是水流不易从舭部分离,甲板上浪的概率较大。

(3)直线剖面

直线剖面介于以上两者之间,主要优点是成形简单。

(4)倒钟形剖面

倒钟形剖面是凹形剖面和凸形剖面的有效组合,摈弃各自的缺点,取它们两者各自的优点,在现代游艇设计中比较常见。

(5)平面舭剖面

平面舭剖面与倒钟形剖面的功能有点类似,但可以提供更大的动升力,水流分离更彻底,飞溅程度也减小,所以,现代中高速、高速游艇大多选用这种剖面。但它有一个明显的不足,就是在停泊或航行时,舱内常常会听到波浪拍击平面舭时发出的噪声。

(6)碗形横剖面

碗形横剖面正好可以弥补平面舭剖面的不足,但它的飞溅程度比较大,有时为了减小飞溅,需要在艏部加防溅条。

在选择横剖面的形状时,一定要同时考虑舭部斜升角 β,它是横剖面形状设计中最重要的一个参数,该参数的选择不仅会影响到艇的阻力性能,而且对艇的适航性也有决定性的影响。具体来说,对适航性的影响主要是艏部斜升角。该斜升角越大,艏部(1/2 站附近)的冲击加速度就越小。但也不能太大,一般取在 50°～60°之间。至于舯部和艉板处舭部斜升角的选取,则与设计侧重点有关。如果主要是为了减少阻力,该角舯部取 15°～20°,艉板处取 5°～10°。如果重点是适航性,舯部可取 20°～25°,艉板处取 15°～20°。若想二者兼顾,艉板处取 10°～15°为宜。

在设计横剖面形状时也要考虑其在中心线附近的形状。对中高速、高速游艇，该处应设计成圆弧状，这样，对艇的滑行性能有利，这就是平面舭剖面、碗形剖面较受欢迎的原因之一。

2.1/4 艇宽纵剖线

我们知道，现代中高速尖舭型游艇的航行纵倾角是影响游艇性能的一个重要因素，而该纵倾角与舯后纵剖线的形状关系很大。在众多纵剖线中，最具代表性的是1/4艇宽纵剖线。

舯后部纵剖线的不同形状会改变艇航行时水流的压力分布，使得艇的航行纵倾角产生变化，从而严重地影响到游艇的阻力。当艇的设计弗氏数 $F_L>0.4$ 时，纵剖线通常从7站开始到艉板处一直保持直线，这样有利于水流在此完全分离，避免产生负压力而增加艇的阻力。在更高的设计航速下，艇的纵剖线会从6站甚至舯部就开始向后拉直，艉板的浸深也会更大。

舯前部纵剖线的形状对游艇的动态稳定性有很大的影响。纵剖线在舯前部的形状一般是曲线，该曲线向前呈上升趋势。如果一条游艇的纵剖线在艏部1/4水线长的地方曲率太大，当艇以中速、中高速航行时该处就可能产生负压力而引起动态横向不稳定。另外，若靠近艉部的纵剖线出现内凹的情况，也可能在出现类似的结果。

在游艇型线设计中，常用一个设计参数，即上面提到的1/4艇宽纵剖线斜升角 $\tau_{1/4}$，来衡量一条游艇可能达到的最大航速。该斜升角 $\tau_{1/4}$ 指1/4艇宽处后部纵剖线与设计水线之间的夹角（参见图2-2）。一般来说，在一定的航速范围内，该夹角越小，其潜在的最大设计速度也就越高。反过来说，如果要求的设计速度越高，所选择的夹角就应该越小，所以，该夹角的大小取决于艇的设计速度。对低速排水型游艇（$F_L\leqslant 0.4$），该角可取7°左右，当游艇的设计速度达到中速、中高速时，该角可减少小到2°，甚至取0°[3]。但是，如果要设计一条高速、超高速游艇，该夹角就不易太小，以免航行纵倾角过低而产生过大的阻力和引起动态横向不稳定。

此外，纵剖线靠近艉部的形状对游艇的性能影响也很大。艉部纵剖线的局部形状如图2-28所示分成3种：(1)完全平直；(2)局部下压；(3)局部上翘。

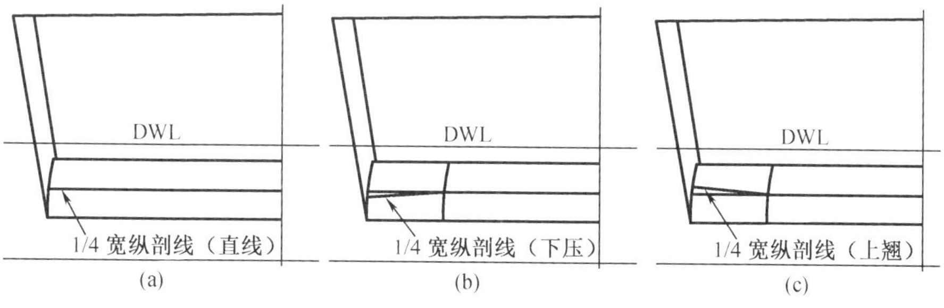

图2-28 纵剖线近艉部的形状[14]

它们对性能的影响表现在:

(1)静水阻力

艉部局部纵剖线各种形状对游艇性能的影响主要来源于航行纵倾角变化。在中低速、中速时,航行纵倾角一般太大,艉部纵剖线局部下压可使其减小,对阻力有利;当速度达到中速、中高速时,平直的纵剖线较优;在中高速、高速时,航行纵倾角又太小,艉部纵剖线局部上翘可使其靠近最佳航行纵倾角(4°左右),阻力较小。

(2)适航性

当艉部纵剖线由局部上翘向局部下压转换时,游艇的纵摇幅值会减小,而且,这种下降有随速度的增加而加剧的趋势。此外,垂向加速也会随着这种转换而减小[15]。

(3)动态稳定性

减小艉部纵剖线的局部下压或增加其局部上翘都会改善游艇的动态横向稳定性,在较低速度下,艉部纵剖线的局部形状影响不大,但在高速下,就要考虑它们的影响。

一般来说,当游艇的设计航速低于半滑行速度($F_V<3.0$)时,多选择艉部局部下压的纵剖线以减小过大的航行纵倾角;但在设计航速很高($F_V>4.5$)时,选择艉部纵剖线局部上翘以增加航行纵倾角,反而对艇的性能较有利。不管是下压或上翘,都不可过分,过度的艉部纵剖线下压可能使得阻力增大,飞溅增加,动态横向稳定性变差,相反,艉部纵剖线上翘太多,也有不利的影响。

3. 舭部折角线形状

折角线的形状不仅影响到游艇的外观,而且也影响艇的性能。它的高低、宽窄与舭部斜升角有直接关系,而舭部斜升角对游艇性能影响很大,所以,选取折角线的形状在艇的型线设计中占有很重要的位置。游艇舭部折角线(面)的形状参见图2-29。

(1)在侧剖面图上的形状

折角线在侧剖面图上的形状对艇的外观和性能有直接的影响,而且对不同航速的游艇,其影响也不一样,所以,在设计折角线的形状时,不能千篇一律,要有所区别。中低速游艇的折角线在艏部的高度较低,给人以沉稳、优雅的印象。而中高速游艇却不同,其折角线在艏部升高,给人一种飘逸欲飞的感觉。

在设计折角线的侧面形状时,首先要考虑的是折角线与设计水线交点的位置。该位置会随设计航速的不同而在一个范围内前后变动,变动的范围一般在3～5站之间。其次是折角线与艏柱的交点高度。速度越高,该交点就越高,折角线与设计水线交点的位置也越靠后。这主要是考虑到中高速艇所受的砰击较大的缘故。而对于中低速艇,折角线与艏柱的交点较低,其与设计水线的交点位置比较靠前,这样,可在较低的速度下就获得较大的动升力,有利于减小艇的阻力。另外一个需要考虑的是折角线在艉端的形状,有2个参数要注意,一个是折角线艉端在设计水线下的浸深,另一个是艉端折角线与水线的夹角。中速、中高速游艇的浸深相对较大,夹角下压0.5°～1.0°,中低速下的游艇正好相反,其浸深相对较小,夹角向后稍微上扬。

(2)在水线面上的形状

折角线在水线面上的形状由舭部和艉部折角线所围部分决定。这部分在水平方向的投影面积和面积形心位置对艇的动升力和艇的动态横向稳定性有着很大的影响。一般来说,速度较低的艇,艉部折角线较窄,相应地,面积形心位置比较靠前。而速度较高的艇,艉部折角线较宽,面积形心位置比较靠后。而且航速越高,艉板折角线就越宽,面积形心位置也会后移。

游艇折角线的最大宽度一般在5～6站之间,如果主机在艉部,可能会向后移到7站甚至8站。中速、中高速游艇的艉部折角线宽度约为最大折角线宽度的90%。

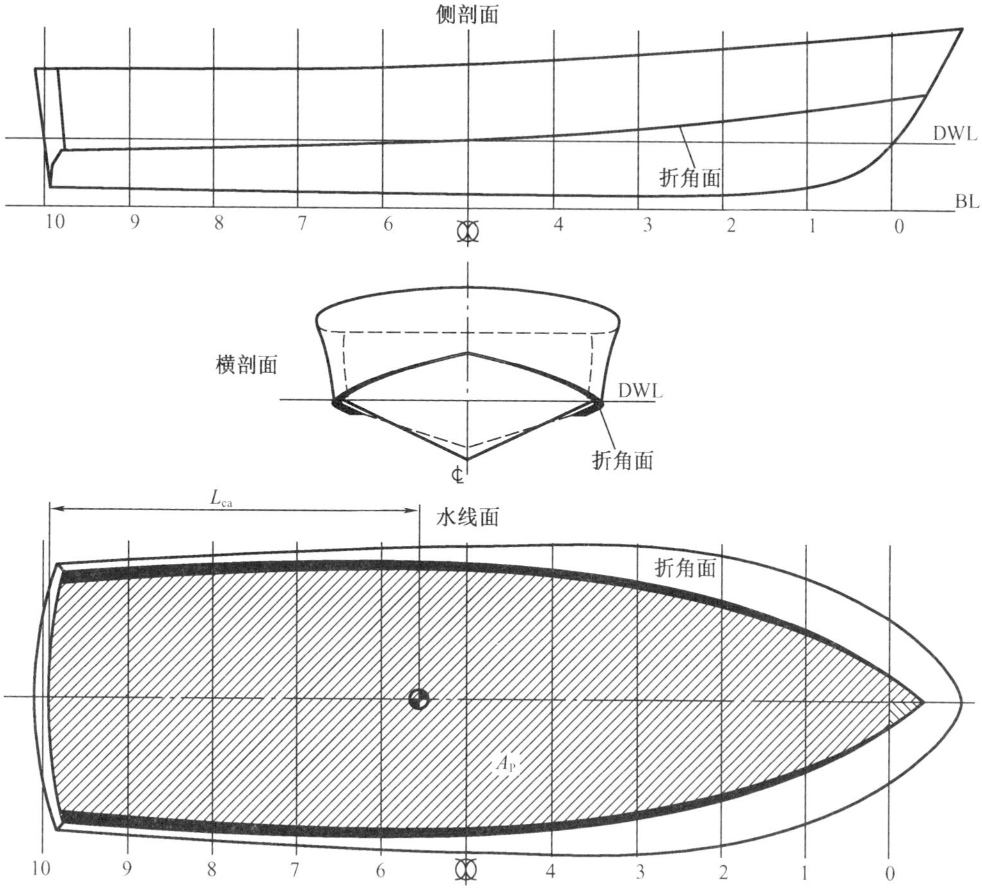

图2-29 典型的游艇折角线(面)的形状

4. 水下侧面的形状

水下侧面的形状指游艇在航行时实际水线与折角线以下的侧面形状。值得注意的是,艇在航行时艏部会抬升,使得前部水下侧面积比静止时大大减小,而后部由于折角线的遮挡,其水下侧面积也比静止时有所减小,此时艇的水下侧面积与静止时的并不一致(参见图2-30)。

艇在航行时的水下侧面积和面积形心位置对艇在风浪中的适航性和操控性有决定性的影响,主要表现在两方面:

(1)艇在风浪中保持航向稳定的能力;

(2)艇对操舵指令的反应能力。

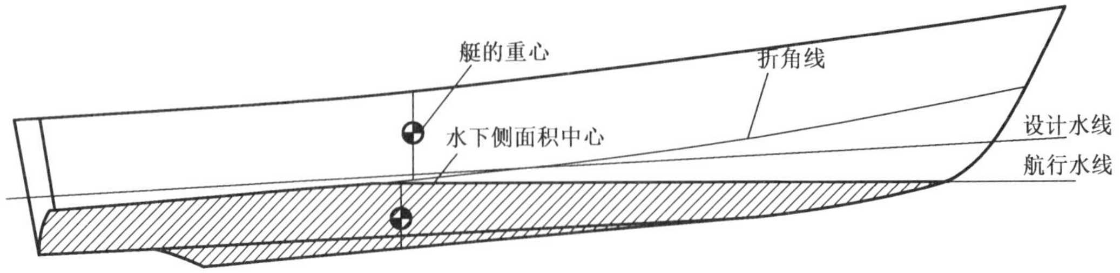

图 2－30　典型的游艇水下侧面形状

毫无疑问,后部水下的侧面积越大,其在风浪中保持航向稳定的能力就越强,但如果该水下侧面积太大,就有可能造成艇对舵的反应迟钝,甚至根本就没有反应。另外,它也会影响艇的回转能力。作者曾有过一次这样的经历:某游艇公司在做实艇试验过程中发现,每当艇全速满舵回转到一定的时候,艇就突然停止回转而向切线方向冲去,试了几次,都是如此。在查看图纸后,作者发现该艇后部水下龙骨侧面积太大,后来,建议他们在艉部减小一部分侧面积,问题就得到圆满解决。若后部水下侧面积太小,艇就不易保持稳定的航向。

前部水下的侧面积不要太大,特别是在艏脚处。要设法使水下侧面积的形心保持在艇重心稍后一点的位置,不可太靠前,否则,艇有可能会失去平衡,突然甩横。所以,中速、中高速游艇的艏脚一般不大,其原因就在于此。

2.4.4　型线设计特点

如上所述,现代游艇按航行速度大致分成 5 类,对于不同速度区域的游艇,其型线的设计也完全不同。下面分别给出各类游艇型线设计的一些典型特点。

1. 普通排水艇

普通排水艇由于航行速度太慢,很少适用于现代游艇。图 2－31 为普通排水艇的典型型线(泰勒标准系列)。其主要特点是水线进水角尖小,有些装有球鼻艏;艏部尖细、舯部丰满而艉部收缩成巡洋舰艉;横剖面型线为外凸圆舭型;为了减小艇航行时的形状阻力,纵剖线在艉部外凸上翘以避免水流分离。

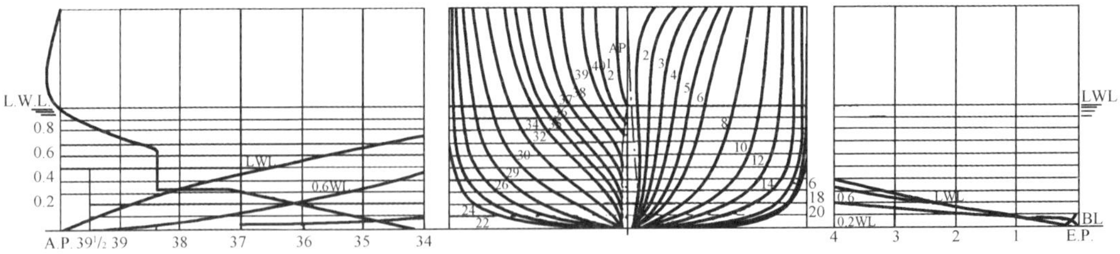

图 2－31　普通排水艇的典型型线[4]

2. 高速排水艇

与普通排水艇相比，高速排水艇的型线有了许多改进。图 2 - 32 为圆舭型高速排水艇的典型型线（英国 NPL 系列），图 2 - 33 为尖舭型高速排水艇的典型型线。其主要设计特点是艏部横剖面较尖细，斜升角高，水线进水角较小，进水段保持为直线；舯部比较瘦削，斜升角较大；后部纵剖线呈直线上翘（ <4°）与艉板相交；舭部可为圆舭型、尖舭型或是双舭型。在高速排水速度范围的低速段，一般选圆舭型，但艉板的水下面积较小，艏部要装防溅条。而在该范围的高速段，就要选择尖舭型，舯后底部可为平面也可为扭曲面（Warped）。

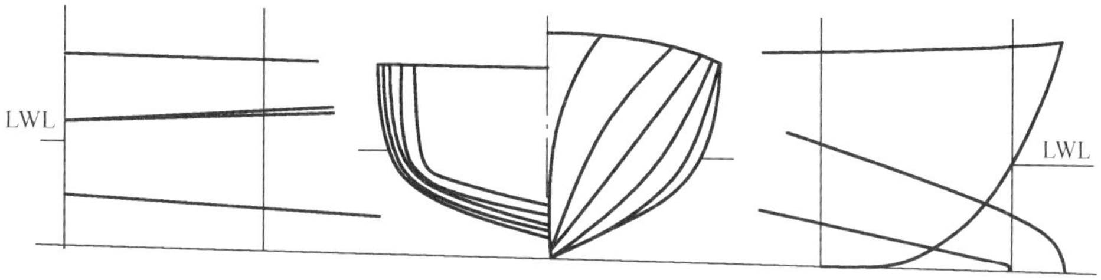

图 2 - 32 高排水圆舭型艇的典型型线[4]

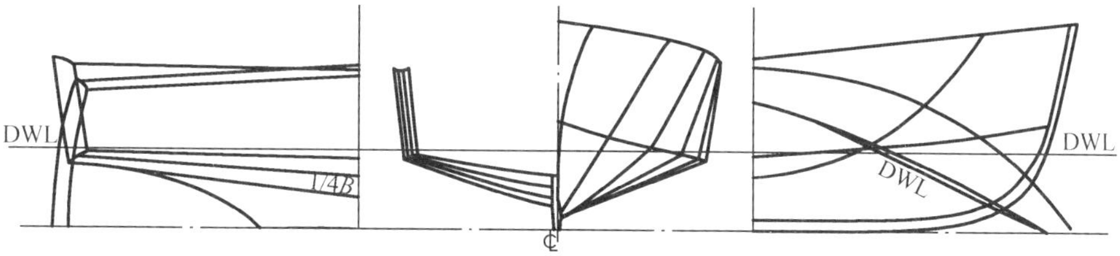

图 2 - 33 高速排水尖舭型艇的典型型线

3. 半滑行艇

图 2 - 34 为平面单舭半滑行艇的典型型线，图 2 - 35 为平面双舭半滑行艇的典型型线。其主要设计特点是：艏部横剖面稍钝一点，比高速排水艇的舭部斜升角小，后部纵剖线呈直线，可轻微上翘（ <2°），也可稍微下压，视艇艉部底板的扭曲程度而定；艉部底板与艉板的交线要成尖角以确保水流能快速分离和彻底通风（Ventilation）；舭部为尖舭型或双舭型；艉板的水下面积要小于最大横剖面的水下面积；舯后底部可呈平面或稍微扭曲。这类艇型线设计的重点是如何有利于水流的有效分离。

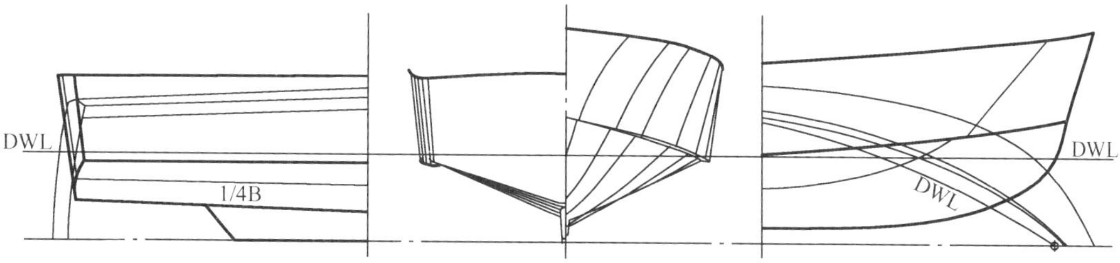

图 2 - 34 平面单舭半滑行艇的典型型线

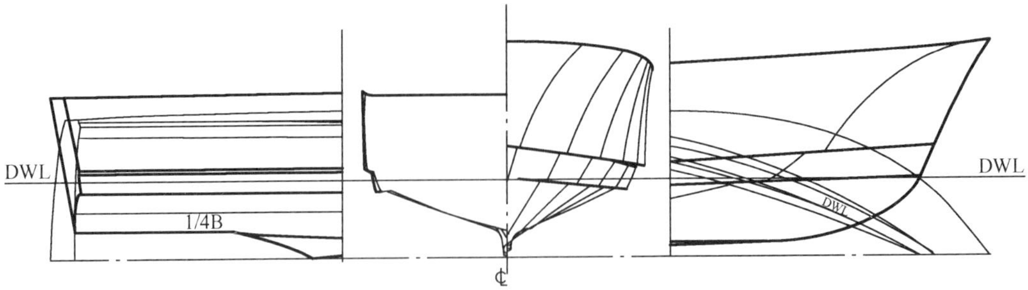

图 2-35 平面双舭半滑行艇的典型型线

4. 滑行艇

图 2-36 为普通单舭滑行艇的典型型线(著名的 S 62 系列),图 2-37 为平面单舭滑行艇的典型型线。其主要设计特点是艏部横剖面较钝,类似于半滑行艇;舯后底部接近棱柱形平面,纵剖线呈直线而没有上翘;舭部为尖舭;在艇底表面常有几条纵向防溅条。

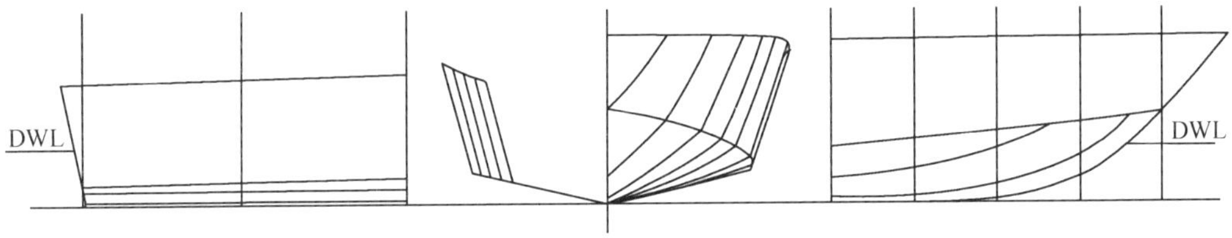

图 2-36 滑行艇的典型型线 1[4]

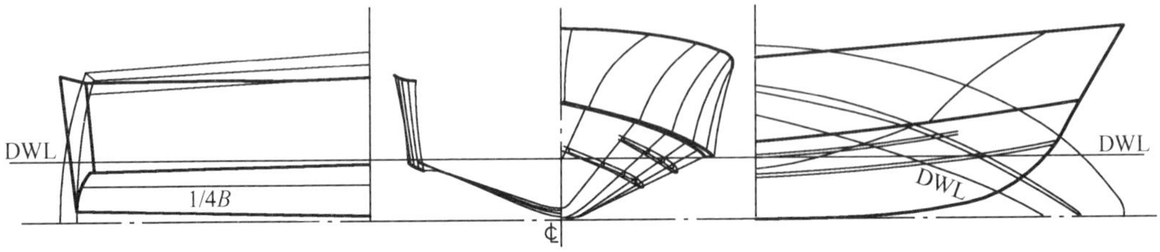

图 2-37 滑行艇的典型型线 2

虽然滑行式游艇主要适用于中高速航行,但在中低速、中速航行时也应有良好的阻力性能,同时,还需要考虑其动态横向稳定性。此外,在风浪中的性能也不可忽略。一条优秀滑行式游艇的舭部斜升角不能太小,艉板舭部斜升角取 10°~15°比较合适,随着向前延伸而逐渐增大。在艏部(1/2 站),舭部斜升角取 50°左右,这样可使艇在整个航行范围内承受的冲击力较低,波浪中的阻力增加也较小。当然,在静水中的阻力会有稍许增加,但考虑到其综合性能较优,应该是可以接受的。

5. 全滑行艇

全滑行艇的型线与滑行艇类似,只不过长宽比更小(展弦比更大)而已,这样更有利于高速下的阻力性能。有些全滑行艇还在艇底设有几个断级,以便进一步减小湿表面积从而降低摩擦阻力。图2-38为普通全滑行艇的典型型线,图2-39为断级全滑行艇的典型型线。

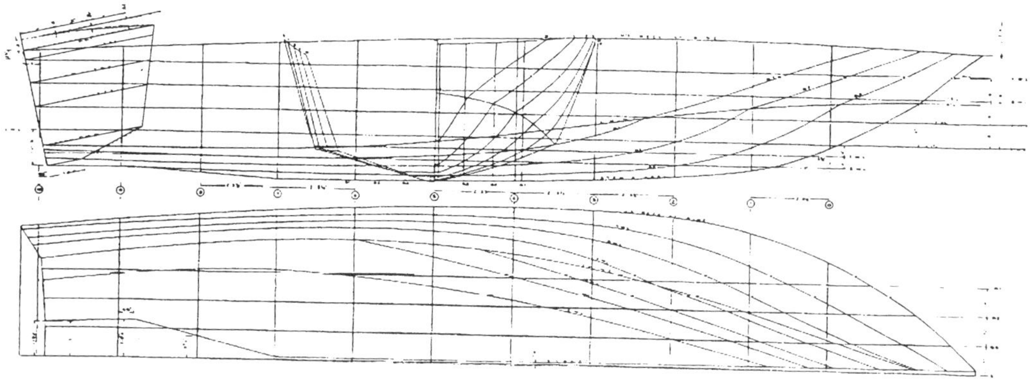

图2-38　普通全滑行艇的典型型线[16]

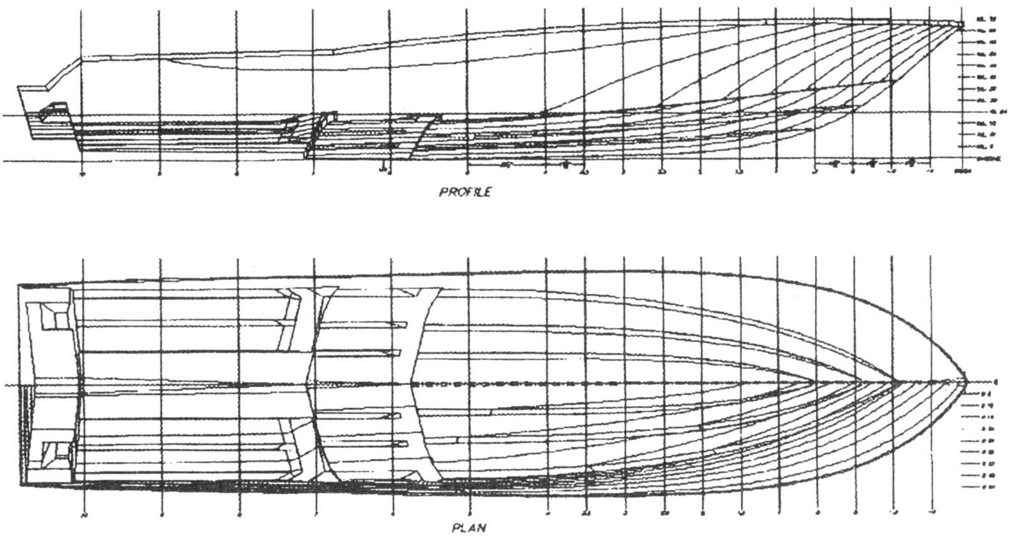

图2-39　断级全滑行艇的典型型线[17]

2.4.5　型线设计范例

游艇的型线设计并不是一件轻而易举的事,需要考虑许多的因素和不同的要求。

在型线设计开始前,设计师手里大概只有一些客户的基本要求,一份包括侧面轮廓、简单舱室布置的草图。从这些要求和草图中,我们可以事先给出几个参数,比如,艇的总长、水线长、总宽等,而其他参数虽然有个大致范围,但必须要等到型线绘制完成后才能确定。在过去的手工绘制型线图中,线条的相互对应和光顺是一件相当困难的事,现在有了一些很好的设计程序,使得型线设计容易了许多,即使如此,也很少有一次就成功的例子,往往需要多次反复才能设计出满足各种要求的型线。

例 3:根据“海豚号”游艇的主要参数,完成该游艇的型线设计。

1. 主要参数

主要参数的选择见表 2-5。

表 2-5 主要参数的选择

艇的总长 L_{oa}	给定	16.33	m
设计水线长 L_{wl}	给定	14.92	m
艇的舭部长 L_p	给定	15.34	m
艇的总宽 B_{oa}	由布置要求决定	5.17	m
艇的吃水 d	为了保持游艇的排水量 Δ	1.11	m
艇的型深 D_h	由布置要求决定	2.06	m
游艇满载排水量 Δ	表(2-1)	27 061	kg
瘦长度系数	$L_{wl}/\nabla^{1/3}$	5.01	
体积弗氏数 F_V	$V/\sqrt{g\nabla^{1/3}}$	3.24	
舯部斜升角 β	考虑适航性要求	21.4	(°)
艉板斜升角 β_T	考虑适航性要求	14.9	(°)
重心相对位置 L_{cg}/L_{wl}	考虑航速较高	41.0	%

2. 型线设计

现代游艇的型线设计和绘制一般用一些三维设计程序,比如,Rhino 和 Max Surf 等使用起来非常方便,较能设计出令人满意的型线。

每个程序的应用方式不可能完全相同,但不管怎样,在用这些程序设计和绘制游艇的型线时要掌握以下几个要点:

(1)确定游艇的艇型。首先要根据客户的要求和设计航速来确定新设计的游艇应该选择什么样的艇型。如果航速较低,可选圆舭或双舭艇型;如果航速较高,就要考虑普通尖舭或平面尖舭艇型。如有可能,最好选取一型具有相似艇型特点的优秀游艇作为母型,并据此进行新艇的型线设计。

“海豚号”游艇所要求的设计航速是 34 kn,初步确定该艇属于中高速滑行艇一类,所以,选择平面尖舭艇型比较合适。这种艇型的特点是艏部横剖面较钝,舭部为尖舭,舯后底部接近棱柱形平面,纵剖线呈直线。

(2)确定游艇的主尺度和艇型参数。这是游艇设计的基础,可按客户的要求,绘制舱室布置草图,并参考母型的尺度首先确定艇的总长 L_{oa},然后,用上面所学的内容给出艇体的长宽比 L_{oa}/B_{oa}、总宽 B_{oa}、吃水 d 和初步的设计排水量 Δ 等。同时,也可根据设计要求给出游艇的舭部斜升角 β 和艉板舭部斜升角 β_t。

由“海豚号”艇的总长 L_{oa} 并参考母型及侧投影轮廓线草图,初步得出该艇的总宽 B_{oa}、设计水线长 L_{wl} 和吃水 d 等重要参数(参见表 2-1)。然后,由舱室布置草图和排水量的要求将表 2-1 中的参数,如艇的总宽 B_{oa} 和吃水 d 做了变动。另外,由于该艇需要在较大的风浪中航行,所以,艏部和艉板的舭部斜升角较大,分别是21.4°和14.9°(参见表2-5)。

(3)设计侧投影线和舷边线。侧投影线由艏柱、艏脚线、龙骨线、龙骨底线、艉板线和舷边侧投影线构成。水上部分一般从游艇的造型考虑,要求美观大气有特色,对中高速游艇还要有速度感,水下部分主要考虑对性能的影响。舷边线的最大宽度及其位置以及艉部宽度的大小主要从舱室布置和甲板布置着眼,注意,它们也会影响到折角线的设计。

由于"海豚号"游艇的航速较高,所以,使侧投影线中的舷边线上扬,艏柱前倾,艏脚线适中,龙骨与艇底的交线向后微微上扬,艉板线倾斜,给人感觉上有一种速度感。舷边线的最大宽度和艉部宽度由舱室布置和甲板布置草图得出。

(4)设计折角线。折角线的形状对游艇性能的影响很大,所以,在设计折角线时要仔细选择折角线在艏柱的高度、在艉板处的高度和宽度以及折角面的宽度。注意,折角线在艉板的高度和宽度要与艉板斜升角 β_t 相配合。另外,也要注意折角线与设计水线交点的位置以及折角线最大宽度 B_{px} 的位置。这2个位置与艇的类型有关,一般来说,游艇的航速越高,它们的位置越向后移。

"海豚号"游艇的折角线在艏柱处较高,在中高速航行时可有效地减小砰击。折角线在艉板处的浸深较大,以期减小航行纵倾角并与艉板的舭部斜升角相匹配。折角面宽度较大,可以增加动升力并使艇在回转时能够内倾。折角线与设计水线的交点位置大约在4站附近。

(5)局部修整型线。有了游艇的侧投影线、舷边线和折角线的形状后,游艇的型线就能初步确定,此时,如果觉得某些局部型线不够满意,还可以进行调整。

在"海豚号"游艇的三维型线初步生成后,我们发现侧视图上的舷边线太直,比较单调,为此局部调整了舷边线,调整后,整体看起来比较飘逸(见图2-40)。

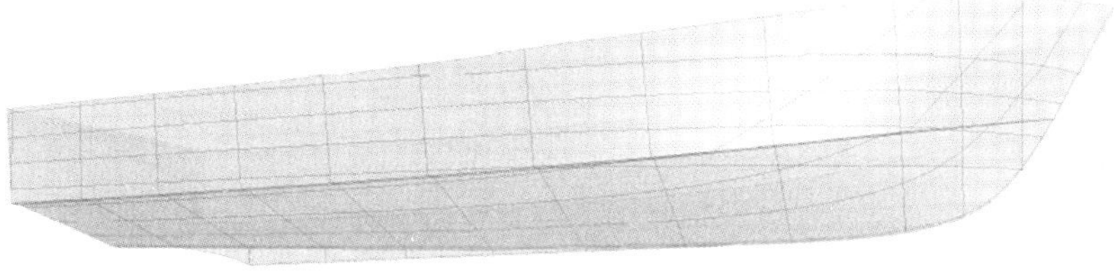

图2-40 游艇三维型线

(6)游艇的设计排水量和浮心纵向位置。有了游艇的型线,就可利用一些程序计算出该艇的排水量和浮心纵向位置,将这些结果和初估值进行比较,如果结果可行,就继续下一步,否则,需调整上述型线,直到满意为止。

有了"海豚号"游艇的主尺度和初步型线,我们利用Orca3D计算出该艇的设计排水量和重心纵向位置。经过反复调整,最后计算出艇的设计排水量 $\Delta=27\ 223$ kg,重心纵向位置 $L_{cg}=6.17$ m,$L_{cg}/L_{wl}=41\%$,参数取值处在这类游艇的合理范围内。

(7)生成二维型线图和型值表。在三维型线图上按一定的间隔切割,可生成二维型线图,其中包括各个横剖面、水线面、侧剖面等,并由此可给出型值表。

"海豚号"游艇的二维型线图请参见图2-41。

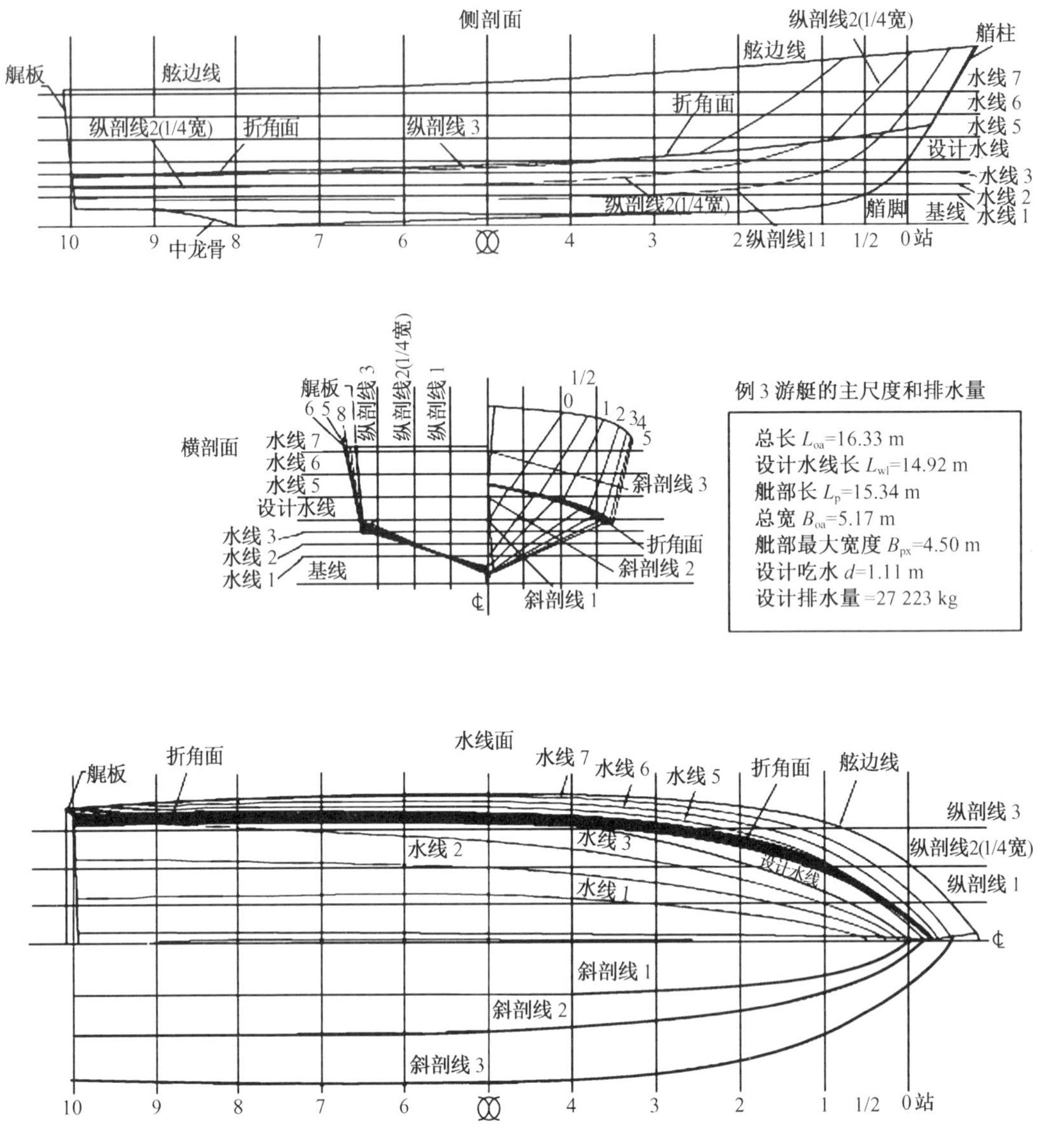

图2－41　例3游艇的型线设计

(8)增加附体。有些中高速游艇需要加装防溅条,有些推进系统要求有艉隧道,这些都可在型线设计完成后,再来考虑(详见本书第10章)。

"海豚号"游艇的型线图并未全部完成,由于游艇的航速较高,所以还需要加装防溅条,此外,艉隧道还未确定。等我们学完第10章后,才可以把这些内容补上,使其更加完善。

作业

作业3:

继续利用作业1的要求和选择的参数,并参照上述型线设计的范例,完成该游艇的型线设计。

参考资料

[1] CLEMENT E P, BLOUNT D L. Resistance Tests of a Systematic Series of Planning Hull Forms[C]. New York:the Annual Meeting of SNAME,1963.

[2] SAVITSKY D,JOSEPH G K. Seakeeping of Hard Chine Planning Hulls[R]. New Jersey: SNAME T & R42,1993.

[3] GERR D. Propeller Handbook:The Complete Reference for Choosing,Installing and Understanding Boat Propellers[M]. New York:International Marine,1989.

[4] SAVITSKY D. Semi - Displacement Hulls—A Misnomer[C]. Maryland:4th SNAME Chesapeake Powerboat Symposium,2014.

[5] ALMETER J M. Resistance Prediction of Planing Hull: State of the Art[J]. Marine Technology,1993,30(4):297 - 307.

[6] DONALD L. Blount. Series 62—Reflections on the significance of a landmark study of the hydrodynamics of planing craft,[J]. Professional BoatBuilder,2011,(128).

[7] 大隅三彦,潘裕瑾. 小型高速艇推进性能的估算法[J]. 船舶,1990,(3):18 - 24.

[8] LAZARUS P. Analyzing Accelerations[J]. Professional BoatBuilder,2011,(140):41.

[9] LAZARUS P. How Fast Will it Go[J]. Professional BoatBuilder,2017,(169):68.

[10] BLOUNT D L. General Thoughts on the Design for High - Performance Marine Vessels[C]. IBEX 2006. [11] BLOUNT D L,MCGRATH J A. Resistance Characteristics of Semi - Displacement Mega Yacht Hull forms.(内部资料)

[12] Barry C D. Roll Control[J]. Professional BoatBuilder,2005,(93).

[13] BLOUNT D L. Factors Influencing the Selection of a Hard Chine or Round - Bilge Hull for High Froude Numbers [C]. Berlin: International Conference on Fast Sea Transportation,1995.

[14] HELLSTR? M S A,BLOUNT D L. The Influencing of Aft Buttock Shape on High - Speed Hull Performance[C]. Berlin:International Conference on Fast Sea Transportation,1995.

[15] BLOUNT D L,SCHLEICHER D M,BUESCHER P D. Seakeeping: An Experimental Study of Accelerations and Motions of A High - Speed,Double - Chine Craft.(内部资料)

[16] TEALE J. How to Design a Boat[M]. Published by Adlard Coles,2nd Edition. London:Adlard Coles,1998.

[17] PETER M. Peters on (Fast) Powerboats, Part 2 [J]. Professional Boat Builder, 2010,(127):56.

本章符号表

A_p——舭部折角线和艉板线所围的水平投影面积,(m^2);

A_t——艉板水下面积,(m^2);

A_x——最大水下剖面面积,(m^2);

$A_p/\nabla^{2/3}$——面积载荷系数;

A_t/A_x——艉板水下面积系数;

B_{oa}——艇体的最大宽度,(m);

B_h——艇体宽,(m);

B_{wl}——满载排水量下游艇静止水线的最大宽度,(m);

B_{px}——舭部最大宽度,(m);

B_{pt}——舭部艉板宽度,(m);

C_p——纵向棱形系数;

d——满载排水量下艇的吃水,(m);

d_m——艇舯部的吃水,(m);

d_{max}——最大吃水,(m);

D_h——艇体的型深(不包括中龙骨),(m);

F_h——干舷高,从设计水线到舷边线的垂直高度,(m);

F_B,C_V——艇宽弗氏数;

F_L——艇长弗氏数;

F_V——体积弗氏数;

K——排水量修正系数;

L_{oa}——艇体的总长度,(m);

L_h——艇体长,(m);

L_{ca}——舭部折角线和艉板线投影面积中心的纵向位置(从艉部量起),(m);

L_{cg}——艇重心的纵向位置(从艉部量起),(m);

L_p——舭部侧投影线长,(m);

L_{wl}——满载排水量下游艇的静止水线长度,常当作设计水线长,(m);

L_{oa}/B_{oa}——艇体长宽比;

L_{cg}/L_{wl}——重心相对位置系数;

L_{wl}/B_{wl}——水线长宽比;

L_p/B_{px}——舭部长宽比;

$L_{wl}/\nabla^{1/3}$——瘦长度系数;

OPC——总推进系数;

P_B——总的主机功率,(kW);

P_S——总的轴功率,(kW);

R_t——艇的总阻力,(N);

V_0——艇的航速,(kn);

V——艇的速度,(m/s);

$V_0/\sqrt{L_{wl}}$——速长比；

W_V——可变动载荷，(kg)，包括：燃油、淡水的重量、艇上人员的重量和供应品的重量等；

Δ_L——轻载排水量，(kg)；

Δ——满载排水量，(kg)；

∇——满载排水体积，(m^3)；

β——舭部斜升角，(°)；

β_t——艉板舭部斜升角，(°)；

$\tau_{1/4}$——1/4 艇宽纵剖线斜升角，(°)；

τ——艇的航行纵倾角，(°)。

第3章 游艇的总体布局

3.1 概 述

游艇的总体布局是游艇设计中非常重要的内容之一。其布局的优劣直接关系到游艇的销售成绩。实际上,许多客户对游艇的感觉有点像青年男女初次见面一样,也常常是一见钟情。一开始,他们最关心的并不是游艇的性能,而更多注重的是游艇的外形是否漂亮,总体布局是否合其口味以及价格是否合理。只有在游艇下水试航时,才对性能的优劣重视起来,特别是在使用过程中发现问题后,他们才觉得性能显得格外重要。

作为一名游艇设计师,目标当然是要设计出一型性能非常优异的游艇,但这还不够,如果所设计的外形不美或总体布局不合理也会导致无人问津。在现实中常会有这样的情形:有些客户在一家公司的实艇面前无动于衷,而在另一家公司只看到一条艇的总布置草图和效果图就决定购买。究其原因,除了可能后一家公司的信誉较好,品牌较硬之外,大多是因为该艇的总体布局正合客户的胃口。

本章主要介绍游艇的总体布局,内容包括总体布置、内装设计、外装设计、机舱布置、进排气设计等。至于游艇的性能,会在以后的章节中陆续给出。

3.2 总 体 布 置

3.2.1 简介

中小型游艇(≤24 m)一般有2～3层甲板。典型的总体布置主要包括:(1)下甲板舱室布置图;(2)甲板室内外布置图;(3)外甲板设备布置图;(4)侧面形状图。如果有飞桥甲板,还应包括(5)飞桥甲板布置图。另外,有的还包括(6)典型横剖面图;(7)纵向中心剖面图等。

本节将结合一个总体布置试例来具体说明游艇各舱室的布置内容和基本要求。不管怎样,游艇总体布置中要掌握的一个基本原则是舒适而切合实际。前者是布置的核心,而后者是布置的边界。实际上,游艇的设计都会围绕这个原则。没有舒适就不会有客户,而不切合实际的舒适也可能适得其反,成为空中楼阁。

首先,让我们先来了解一下总布置中的一些基本要求,然后,用一个具体试例来逐一详细说明。

3.2.2 总布置的一些基本要求

在进行游艇总体布置时,一般以艇上乘员的高度为基准,给出一些基本的设计要求,这些要求包括:

1. 艇上乘员的高度

艇上乘员的高度一般考虑成年男性的高度，但由于各国成年男性的高度不同，我们就以一位身高为1 800 mm的男性为基准来设计艇上各舱室的净层高、床铺尺寸、沙发座椅、柜台高度等(参见图3-1)。如果客户的身高超过此高度，在设计时要给予适当的考虑。

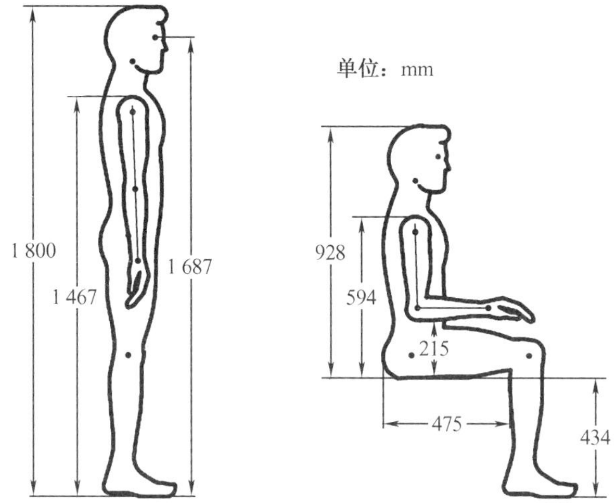

图3-1 游艇上乘员的标准身高和比例

2. 各舱室的净层高

以客户身高1 800 mm为基准，艇上各舱室的净层高应不小于2 000 mm。如果净层高太小，会给人压抑的感觉。当然，太大也会使艇的侧面积加大，重心升高，从而影响艇的美观和稳性。

3. 床铺的尺寸[1]

床铺的尺寸也以客户身高1 800 mm为基准，其长度不得小于1 900 mm。游艇上的床铺可分为4类：单人床、普通双人床、大型双人床、超大型双人床，其尺寸分别为：

	长度/mm	宽度/mm
单人床：	1 900～2 000，	600～900；
普通双人床：	1 900～2 000，	～1 400；
大型双人床：	2 000～2 100，	～1 500；
超大型双人床：	2 000～2 100，	1 800～1 900。

单就宽度来说，如有必要，单人床在头部和脚部可适当收窄，双人床在头部也可减小。但不管怎样，床都要比身高长100 mm以上。如果长度太小，乘客会感到非常憋屈，极不舒服，另一方面，也没必要使床铺尺寸太大，浪费艇上的宝贵空间。如果客户没有特别要求，主人房设大型双人床即可。

至于床铺的高度，连床垫一起不得低于400 mm，不然坐在床上不舒服，但也不要超过800 mm，以免上下床不方便。

此外,床与床、床与舱壁之间过道的宽度都不得小于 550 mm。双层床铺间的距离以及上层铺的净高都要大于 800 mm。

4. 沙发和座椅

(1)沙发

沙发尺寸的基本要求请参见图 3-2。

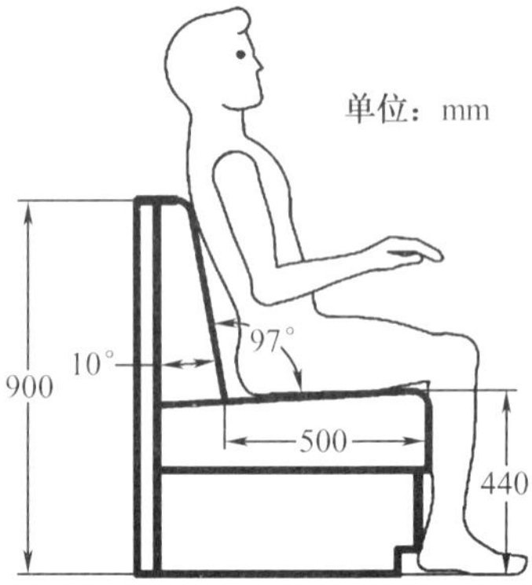

图 3-2 游艇上沙发的参考尺寸

沙发坐垫的高度:	370 ~ 500 mm;
沙发坐垫的深度:	400 ~ 530 mm,深度 + 高度≈950 mm;
沙发每人所占宽度:	>500 mm;
沙发靠背和坐垫间的夹角:	95°~ 100°。

(2)普通座椅

固定式座椅的高度:	430 mm;
可调式座椅的高度:	340 ~ 520 mm;
椅背和坐垫间的夹角:	95°~ 100°;
旋转椅的旋转角度:	<45°,注意,在任何旋转角都要能固定。

(3)驾驶座椅[2]

由于游艇需要长时间在海上航行,所以,对驾驶座椅的要求一般都很高,既要功能很强(在高度和前后、左右方向上都可调),又要非常舒适(椅背较高且按人体工程设计,配有可折叠式扶手、脚踏板),还需安全可靠(底座和支架非常结实,座椅在任何位置都能固定)。驾驶座椅示意图见图 3-3。下面是 2 种高背驾驶椅的尺寸:

	适中基座	较高基座
总高:	1 454 ~ 1 657 mm;	1 575 ~ 1 778 mm;
扶手高:	953 ~ 1 156 mm;	1 080 ~ 1 283 mm;
座椅高度:	660 ~ 864 mm;	787 ~ 991 mm;
座椅前后可调距离:	~ 200 mm;	
可旋转角度:	40°(靠背),360°(水平,每 45°可固定);	

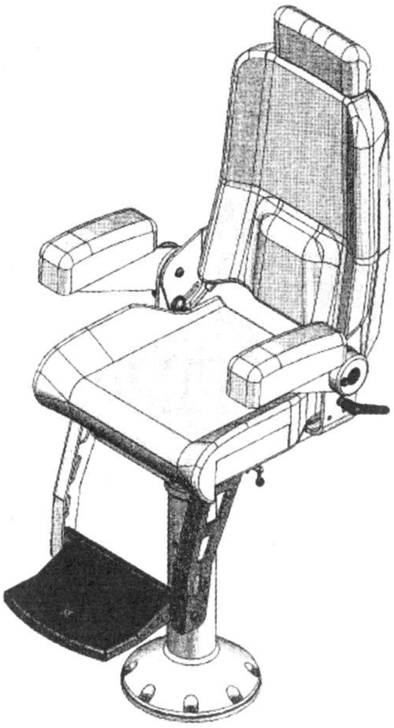

图 3－3 驾驶座椅的示意图

5. 餐桌、化妆台

台面高度(固定)： ～750 mm；
台面高度(可调)： 670～790 mm；
台下高度： >640 mm；
台下宽度： >610 mm；
台下深度： >410 mm。

6. 柜台

柜台主要包括住舱内的床头柜、厨房工作台、厕所洗脸台、酒吧台、驾驶台、工作台等。

(1)床头柜

床头柜高度： ～630 mm。

(2)厨房工作台

工作台高度： ～915 mm；
工作台深度： >640 mm；
吊柜与工作台间距： >450 mm。

(3)厕所洗脸台

洗脸台高度： ～850 mm。

(4)酒吧台

酒吧台高度： ～1 067 mm。

(5)驾驶台

驾驶台高度： ～965 mm。

驾驶台靠近舵轮的部分台面要有一定的倾斜度(10.0°～20.0°)，以便驾驶员可以清晰地观察仪表,方便地操作设备。

另外需要指出的是,在艇上所有床铺、沙发和柜台的脚底都要有 100 mm×100 mm 的踢脚槽(Toe Kick)。

7. 阶梯

(1)台阶

普通台阶每级高度: ～254 mm;

普通台阶踏板宽度: ～254 mm;

台阶每级高度范围: 175～300 mm;

台阶最大倾斜角度: 50°。

(2)梯子

梯级高度: 175～300 mm;

踏板宽度: 125～175 mm。

8. 走道

普通走道的宽度: >640 mm,760 mm 比较舒适;

主要通道的宽度: ～1 120 mm。

9. 天窗、舷窗的尺寸

天窗和舷窗的主要功能是采光和通风,但有些舱室的天窗还有逃生的要求。另外,某些开在主艇体的舷窗,为安全起见,其尺度不可太大,而且其强度必须满足设计要求。天窗和舷窗的玻璃多采用经过特别处理的钢化玻璃,要能承受足够的外界载荷。

(1)天窗

普通天窗开口: 510 mm×510 mm;

如果天窗还需要有逃生的功能,那么其尺寸不得小于以下数值:

特别天窗开口: 610 mm×610 mm。

(2)舷窗

舷窗的形状以椭圆形较佳,如果选用四边形,角头不能是尖角,必须倒圆。舷窗在艇上不同的位置,对其尺寸和玻璃厚度的要求也不同,详见文献[3]。

3.2.3 总体布置试例

下面我们以第 2 章试例 3 给出的型线图,并结合艇主对此类游艇的一般要求,给出“海豚号”游艇的总体布置图,期望大家对总体布置的过程有一个初步的概念。其主要过程如下:

(1)根据艇主的要求,初步给出该艇的主要尺度、艇体型线和外形;

(2)按艇体的长度初步划分出主要隔舱,其中,最重要的是主人舱和主机舱;

(3)按艇体层高初步决定住舱地板、沙龙地板的高度;

(4)在给定的范围内进行各舱室和甲板室的内部布置;

(5)在艇体内外进行游艇的舾装布置。

正如简介中所说,游艇的总体布置主要包括 4 部分,如有延伸,还包括另外 3 部分。现在让我们以图 3-4 为例来说明每一部分的具体内容。

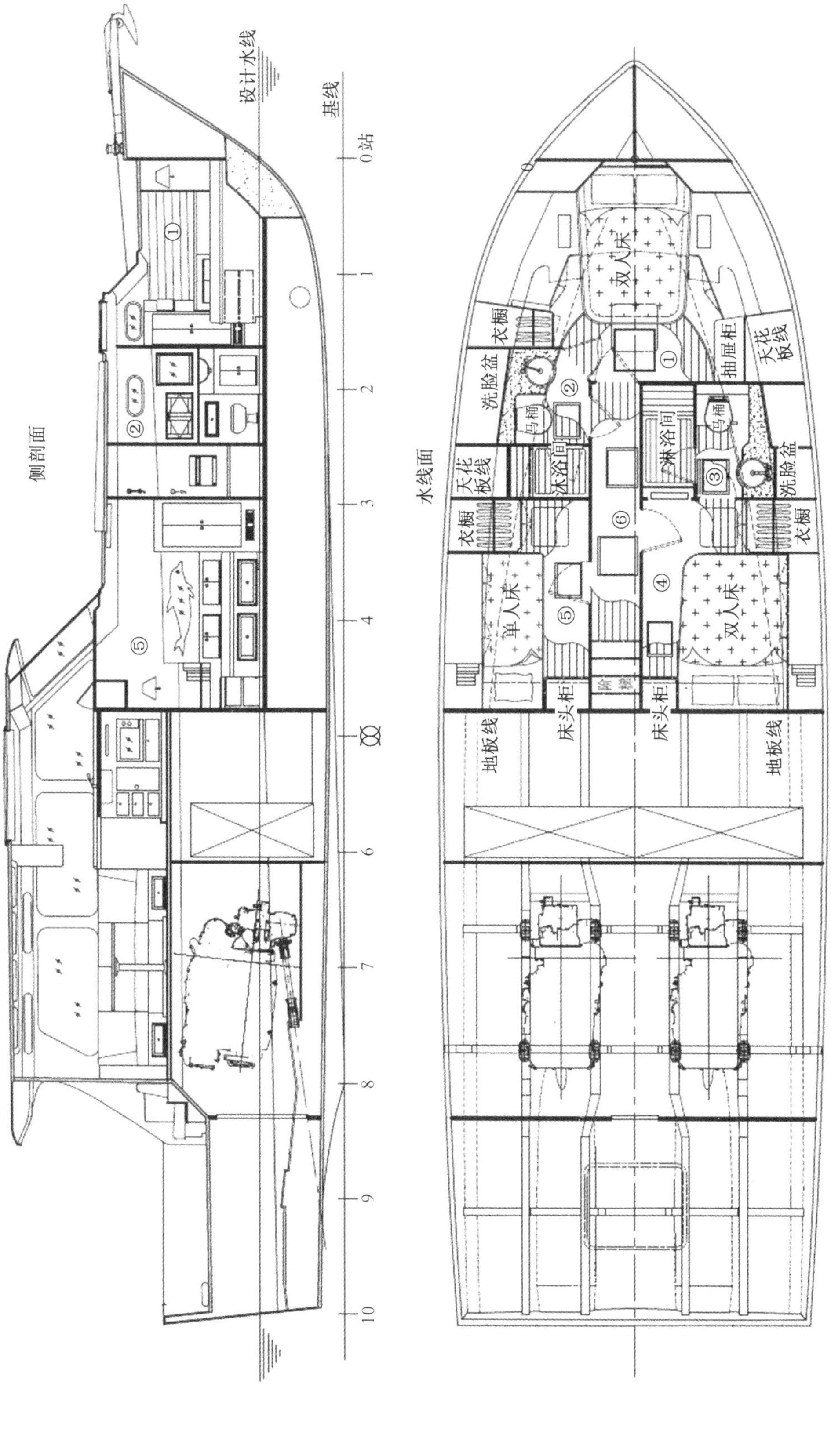
侧剖面
设计水线
基线
0站
1
2
3
4
6
7
8
9
10
水线面
双人床
衣橱
洗脸盆
马桶
淋浴间
天花板线
抽屉柜
单人床
床头柜
阶梯
地板线

图3-4　下甲板舱室布置

1. 下甲板舱室布置

在进行下甲板舱室布置时,首先要决定舱室内的净层高。它一般在1 950 ~ 2 050 mm之间,与艇的尺度大小有关,但在任何情况下都不得小于1 930 mm。在决定净层高时,有2条线对布置非常重要:地板线和天花板线。前者是舱内家具左右舷布置的边界线,所有的家具都要尽量能遮住该地板线。至于后者,会影响到舱内的净层高。

(1)前部客舱(见图3-4中的①)

前部客舱的净层高约为2 000 mm,主要包括大型双人床、衣橱、带屉柜、书架等。此外,还配有电视、音箱、床头灯、空调等。该舱顶部有一个尺寸较大的天窗(600 mm×600 mm),两侧各有一个小舷窗。它们除了可用作采光、通风之外,也可用作紧急逃生出口。

该艇前部外飘较大,适当升高床面可以加大床的宽度。相反,如果降低床高,床就会太窄。但床面也不可太高,不然,会减小床垫与天花板之间的距离。该距离一般要保留在900 mm以上,以客人坐起来不碰头为宜。另外,床太高客人上下都不方便。前舱的双人床面距地板较高(650 mm),为此,床的两侧各加了一级台阶。床的下面设有2个抽屉,可以储藏个人物品。床垫的厚度不要小于150 mm,太薄不舒服,太厚也没必要,200 mm的厚度比较合适。

客舱左舷设有衣橱,可挂客人的衣服。内壁铺一层香柏木(Cedar)以防虫蛀。衣橱门上下都要留有一定的缝隙,以利空气流通。橱内靠近舷侧的一边要为电线、管路等留下足够的空间。空调进气口一般在橱的下方,出风口多设在靠近橱顶处,以形成低进高出的空气流。

客舱右舷有一个双层带屉柜,可放客人的一些杂物。床的两侧也有几个储藏空间,可以存放许多东西。电视挂在衣橱壁上,空调冷凝器放在床下。在走道区的地板上一般都铺设柚木或地毯,有些地方还有开口盖,以便需要时,可以进入地板下面。该房间舱壁板上还设有一面大镜子,在视觉上显得更宽敞。

该舱有2扇门,一扇通往主过道,另一扇通往客用盥洗室,该扇门要两边都能锁住。注意,艇上的所有活动部件,像抽屉、门等都要有自锁功能。床垫周边设有挡板以免游艇剧烈摇摆时滑落。

该舱的位置太过靠前,当艇在海浪中运行时,此处的摇摆幅值和垂向加速度都比较大,所以,如果艇的长度足够,尽量不要把此舱设成主人舱。

(2)盥洗室(见图3-4中的②,③)

盥洗室有2个,一个是左舷的客用盥洗室,另一个是右舷的主人盥洗室。2个盥洗室大同小异,主要包括洗脸台、洗脸盆、抽水马桶、储藏柜以及淋浴室。此外,还配有通风装置、舷窗、镜子等。主人盥洗室只有一扇门通向主人舱,而客用盥洗室则有2扇门,一扇通向前客舱,另一扇通向主过道,供左舷客舱和沙龙等处的客人使用。

洗脸台一般靠舷侧设置,台面多为天然或人造大理石,高度约850 mm,周围有挡水板。台下面的空间可以储放东西,也可用来关闭舷侧阀。洗脸盆不可太小或太浅(见图3-5),不然水容易晃出。洗脸台上方设有储藏柜,正上方的柜门多装有镜子,可增加虚拟空间。

马桶多是高档自动抽水型,其安装高度太高或太低都不舒服,430 mm左右比较合适。除此之外,左右两边距离也不可太小,最好在650 ~ 750 mm之间。

淋浴室的墙壁要用防水材料,如玻璃钢等。对淋浴室的空间也有要求,人在里面要能活动自如,其宽度在700 mm左右则可。淋浴室的地板要有导流槽或导流孔,不可积水,也要防滑，其下面的积水盘在朝向流水孔的方向要有一定斜度，防水聚在盘内。淋浴室内还设有座位、淋浴用品储放处。淋浴室的门多由钢化玻璃等透明材料构成，门槛要有一定高度，淋浴时不能有水渗到外面。

通风对盥洗室尤其重要，所以，在盥洗室内都有通风系统，尽量保持空气流通。

(3)主人舱(见图3-4中的④)

主人舱的位置选在靠近艇艄部的右侧。其净层高也保持在2 000 mm左右，设备包括大型双人床、衣橱、床头柜、储藏柜、电视柜等。此外，同样也配有电视、音箱、床头灯、空调等。该舱顶部的天窗(400 mm×400 mm)尺寸较小，主要为了室内通风，艇侧舷窗较大，可使舱内光线充足，坐在床上就能欣赏到艇外的风景。

图3-5 游艇的洗脸盆太浅[4]

双人床尺寸较大，距地板高约550 mm，上床下地都很方便。床下面也有2个抽屉。床垫为200 mm厚，并可和床板一道旋转上来。床头边上有一床头柜，柜高580 mm，深400 mm，有2个抽屉。床与舱壁的距离大约保持在550 mm。

该舱右舷的床头有书架，床边有储藏柜，床脚下设有一衣橱，电视设在靠近淋浴室的电视柜内。该舱除了位置好，比较宽敞外，与其他客舱最大的不同之处是有一个单独的盥洗室。

(4)左舷客舱(见图3-4中的⑤)

左舷客舱比较小，除了是单人床以及没有单独的盥洗室外，其他设备，像衣橱、床头柜、储藏柜等都与主人舱内的相似。其他物品，如电视、音箱、床头灯、空调等一应俱全。也有天窗、舷窗用于通风和采光。

如要供更多客人住宿，该客舱可以设计成双层单人床。如果不需要这个客舱，也可以换成办公室。

(5)走道(见图3-4中的⑥)

走道宽660 mm，地板为柚木，向下有2个开口，分别作为淡水箱、污水箱的检查盖。

2. 甲板室内外布置

甲板室布置的基本要求是明亮、宽敞、实用、舒适和安全。

本艇甲板室前壁有3个大尺寸窗户，无色钢化玻璃既清晰又坚固，每个窗户都配有雨刷。左舷有3个大尺寸浅色钢化玻璃窗，右舷除了两大一小3个窗户外，在驾驶台旁还加了一扇门，方便驾驶员出入。甲板室后壁有一门一窗，后门较宽，窗户也较大。另外，在甲板室天花板上还有一个活动天窗。

本艇甲板室的天花板中心线上和楼梯处都设有扶手以保证安全。

(1)通向下甲板的阶梯(见图3-6中的⑦)

甲板室有通向下甲板的阶梯，一共有5级，每级台阶的高度均匀，都是250 mm。阶梯一侧设有扶手以保证乘客的安全(见图3-6)。该阶梯是活动式的，可以上下旋转，当向上旋转90°后，人们就可顺着过道内的另外3级台阶向下进入应用舱(Utility Room)。

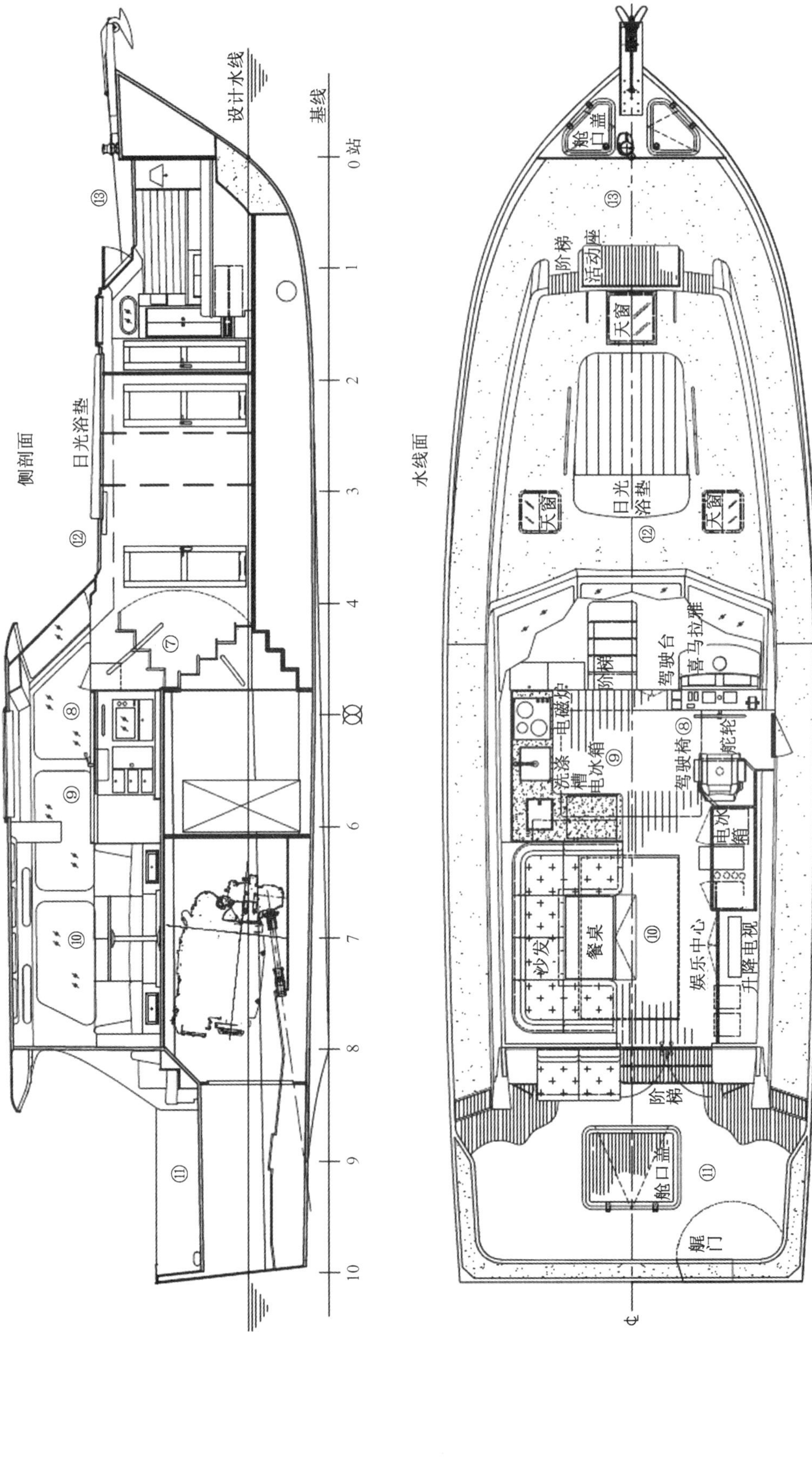
侧剖面
日光浴垫
设计水线
基线
0站
1
2
3
4
6
7
8
9
10
⑦
⑧
⑨
⑩
⑪
⑫
⑬
水线面
舱口盖
阶梯
活动座
天窗
日光浴垫
天窗
天窗
驾驶台
喜马拉雅
阶梯
电磁炉
洗涤槽
电冰箱
驾驶椅
舵轮
电冰箱
沙发
餐桌
娱乐中心
升降电视
阶梯
舱口盖
艉门

图 3-6 甲板室内外布置

(2)前部驾驶区(见图3-6中的⑧)

驾驶区是全艇的控制中心,一般设在甲板室前部的中央或右侧。驾驶区的设备主要包括:驾驶台、仪表板、喜马拉雅(Himalaya)电子箱、舵轮、驾驶椅等(参见图3-7)。

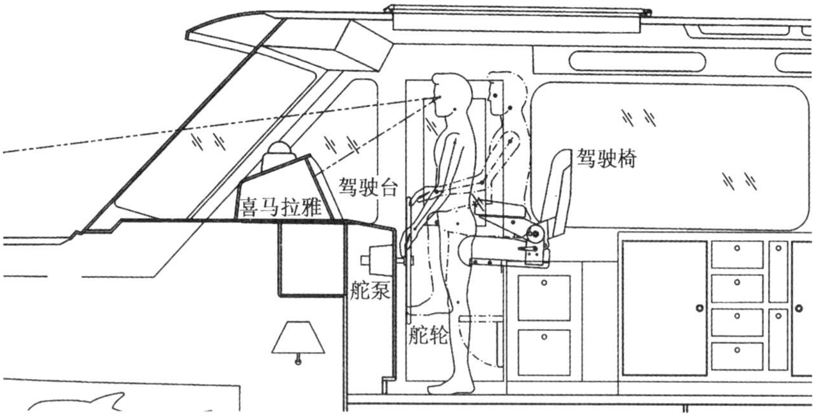

图3-7 驾驶台侧面布置图

该驾驶台高度为960 mm,靠近舵轮的部分台面(约270 mm)倾斜10.0°,主要布置主机操纵柄、主机显示器、舵角指示仪、压浪板调节钮、侧推器操纵钮、油位显示器以及各种开关等,如图3-8所示。倾斜的目的主要是使驾驶员可以清楚地观察仪表,方便地操作主机操纵柄和各种开关。主机操纵柄的位置特别最重要,一般把它放在舵轮的右侧,只需右手轻轻一搭就能操作。

驾驶台上设有喜马拉雅电子箱,其位置不要太低,也不能离驾驶员太远,此外,它的面板不是垂直的,而要有一定的斜度,这样驾驶员可以清楚地浏览电子显示仪上的图表和数据,包括游艇的位置、航向、航速、水文气象资料等。水平罗盘设在喜马拉雅电子箱的顶部,在驾艇的同时,还可以扫视罗盘上的刻度[5]。

舵轮垂直安装在驾驶台正面,中心离地板750 mm,其直径为710 mm,由柚木制成。驾驶员操纵舵轮来控制艇的航向。

驾驶椅安装在一柜子上面,比较高,还可以前后滑动200 mm。柜台下面有2个抽屉,可以储放物品,其前壁有一可折叠脚踏板,供驾驶员使用。

驾驶员所处的位置非常重要。该位置视野要开阔,在前方30°的扇形范围内,不能有任何妨碍驾驶员视觉的障碍物,如图3-9和图3-10所示。前方从左舷90°到右舷112.5°的水平范围内,最好没有视觉障碍,如果有也只能是少许,只要驾驶员移动头部能避开就行。在后方其余的水平扇形内,要求低一些,如果驾驶员移动0.5 m,其视觉能避开这些障碍也可。

驾驶员眼睛的高低、前后位置决定游艇的视界是否满足要求。一般来说,当艇在满载排水量静止状态时,游艇前方驾驶员的视觉"盲区"不得大于4倍艇的总长度或者50 m,视何者为小,如图3-10所示。

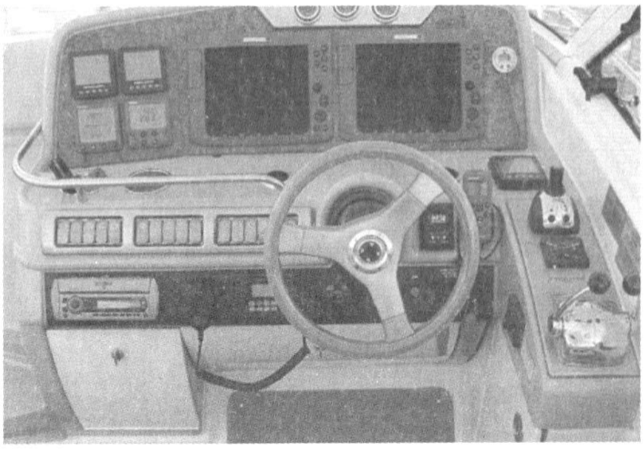

图 3-8　驾驶台的布置图[6]

图 3-9　驾驶台的视界[6]

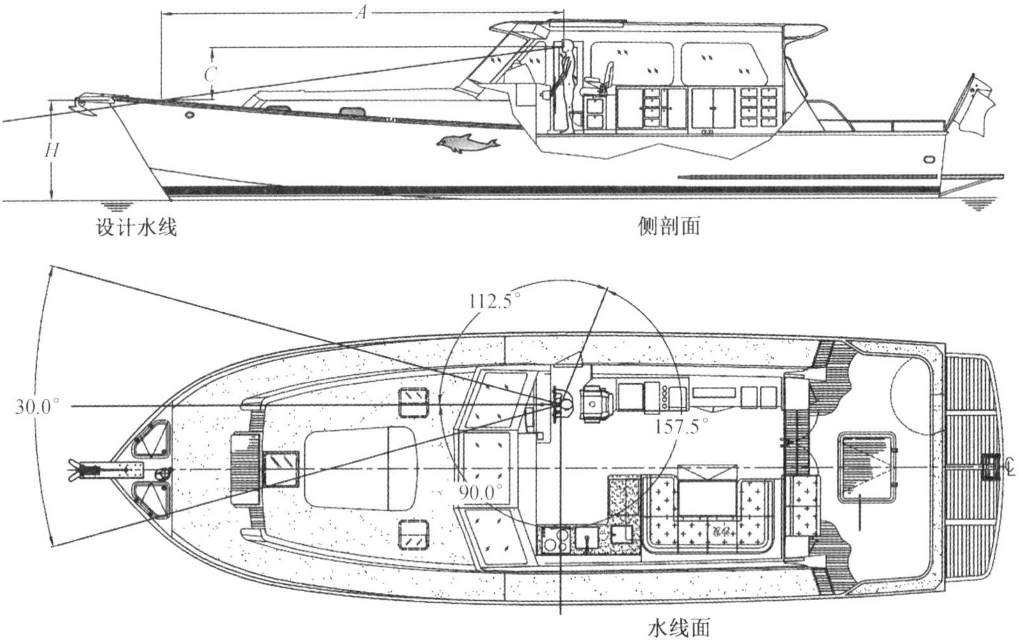

图 3-10　“海豚号”视界检查图

为了保证能满足上述要求,针对总长在 6 m 以上游艇的视界要求,我们给出了 2 个参考公式[7]:

①航行纵倾角 $\tau \geqslant 5°$:

$$C = A(0.44L_{oa} + H)/5L_{oa} \tag{3-1}$$

式中　C——驾驶员的眼睛到盲点的垂直距离,(m);

A——驾驶员的眼睛到盲点的水平距离,(m);

H——盲点到水面的垂直距离,(m);

L_{oa}——艇的总长,(m)。

②航行纵倾角 $\tau < 5°$：

$$C = A(5L_{oa}\tan\tau + H)/(5L_{oa}) \qquad (3-2)$$

式中，τ 为航行纵倾角，(°)。

例 1：

已知："海豚号"游艇的设计参数如下：

"海豚号"艇的总长 L_{oa}	给定	16.33	m
驾驶员眼睛到盲点的水平距离 A	给定	8.81	m
水面到盲点的垂直距离 H	给定	1.78	m

计算：

要求的垂直距离 C_1	式(3-1)	0.967	m
航行纵倾角 τ	假定	4.5	(°)
要求的垂直距离 C_2	式(3-2)	0.815	m
实际的垂直距离 C		1.12	m

结果：

实际的驾驶员眼睛到盲点的垂直距离 C 大于公式所要求的值，所以，"海豚号"艇的视界可以满足要求。

由图 3-6 和图 3-10 可见，"海豚号"驾驶员的前方视界内没有任何障碍，但在驾驶员左后方有一吊柜会妨碍其视界，不过，只要驾驶员少许移动就能避开它。所以，该艇的视界没有问题。

(3) 厨房区(见图 3-6 中的⑨)

厨房区在甲板室的前部左侧，靠近艇舯部摇摆较小的区域。厨房设备主要包括电磁炉、微波炉、洗涤槽、电冰箱、橱柜、吊柜、储藏柜、排气扇等。厨房的台面高约 915 mm，整个台面为天然或人造大理石，不但美观，而且光滑易清理，台面周围有边框以防物品滑落。柜台脚底设有踢脚槽，这样，在烹饪时人们更容易站稳。厨房面向左侧窗口，除了通风较好之外，还可在烹饪的同时欣赏到外面的风景，避免了长时间面壁的沉闷。

厨房最重要的设备首先是炉灶。炉灶有许多种类，现在最常用的是电磁炉，其他还有燃气炉等。注意，烹调时要把锅固定住，以免在艇摇摆时滑下来烫伤人。如果炉灶沉下去一点有盖则更好，这样，用完后盖上会使整个台面自成一体，看起来整洁、宽敞，摆上几张折叠椅还可当吧台用。除了炉灶外，还有省时又方便的微波炉。

洗涤槽更不可少。本例洗涤槽设在左侧靠窗的位置，洗涤时也能偶尔向外眺望。洗涤槽要足够深且大，要容得下一些较大的盆子。槽壁形状不要选弧形，垂直最好，这样，洗涤时水才不会荡出。洗涤槽也要下沉一点，洗完后可把切菜板反过来盖在上面，与台面平齐。洗涤槽下面是一个储藏空间，可放垃圾桶等，也可装几个抽屉。

电冰箱也是必备之品。电冰箱通常分为冷藏箱和冷冻箱 2 种。本例由于乘客较多，所以,设有2台电冰箱,除了厨房区的一台外,另一台设在右侧驾驶椅后面。注意,这些冰箱的抽屉和门都要能固定住。

再就是储藏空间。厨房有许多零散的东西需要存放,所以,储藏空间越多越好,但也要考虑艇的尺度和航行时间的长短。本例在左侧客舱顶部隔出一些空间可放锅碗瓢勺,在厨房后转角处是另一个比较大的储藏空间。吊柜也是一个充分利用空间的例子,可存放碗、碟、杯等。

(4)沙龙区(见图3-6中的⑩)

沙龙区在甲板室后部,紧靠厨房区,递送食物非常方便。该区的设备主要包括沙发和餐桌,对面是一个娱乐中心,设有电视、影碟机、卡拉OK等,前面还有一个制冰机和小酒柜。

沙发一般可坐4人,挤一挤最多能坐6人。坐垫下面的空间也可以利用,只要将坐垫掀起来就行。外边的2个沙发为可移动式,下面有2个抽屉。餐桌可以升降,一侧也可折叠,平时折叠起来节省空间。如果吃饭的人多,只要打开该折叠部分再加几张折叠椅就行了。如果舱内床铺不够,还可以把餐桌放低,再加一软垫,就能和沙发一起组成一个双人床。

娱乐中心的主要设备是电视。电视可以升降,平时收在靠近右侧的窗台内,要看时,只要按一下按钮,电视就能自动升起。其他的设备要看客户的喜好,有影碟机、卡拉OK等,不一而足。

值得注意的是,沙龙地板上有一个很大的舱口盖,平时不用,只有在需要把主机移出时才打开。若如此,必须先搬走那2个可移动式沙发。甲板室后门宽敞,门打开后宽1 220 mm,足够主机顺利通过。

(5)围阱(Cockpit)区(见图3-6中的⑪)

围阱区有一个双人座椅、2个储藏柜(高700 mm)、出入甲板室的台阶、上下外走道的台阶、进入主机舱的舱口盖以及去跳水平台的艉门。围阱区的舷墙顶部有300 mm宽,可让乘员短期坐靠。如有必要,右侧储藏柜可变成停靠码头的操纵控制台。围阱地板为实心柚木,美观、实用、防滑、耐磨。

(6)半显舱顶(Trunk)区(见图3-6中的⑫)

该区有一个双人日光浴垫、3个天窗,日光浴垫可以让客人在充分享受阳光和海风的同时欣赏到自然风景。左右2个小天窗分别为主人舱和左侧客人舱提供充足的光线和新鲜的空气,前面一个大天窗除了为前客舱提供光线和空气之外,还是各个舱室的逃生出口。

(7)外部通道、前甲板区(见图3-6中的⑬)

外部通道最窄处为510 mm,前面较宽增加到600 mm。前甲板区有一个可供双人坐的座椅,用时转上来,不用时再转下去,以免影响游艇的侧面造型。座椅两侧是一级台阶,供人们晒日光浴时上下通行。再前面是2个舱口盖,下面分别储藏锚链和各种缆绳。

半显舱顶区、外部通道和前甲板区的表面都涂有防滑漆。

3. 外甲板设备布置

外甲板设备主要为系泊、安全和航海而设,如图3-11所示。包括锚、锚链和锚机,系缆桩和导缆孔,栏杆和扶手,进油、进水孔,流水孔,桅杆和航海设备及跳水平台等。对这些设备的要求是坚固、耐用、轻盈、安全,体积要小,重量要轻,支撑的强度足够,耐磨、耐蚀性还要好,除此之外,其合适的造型也不能忽略。

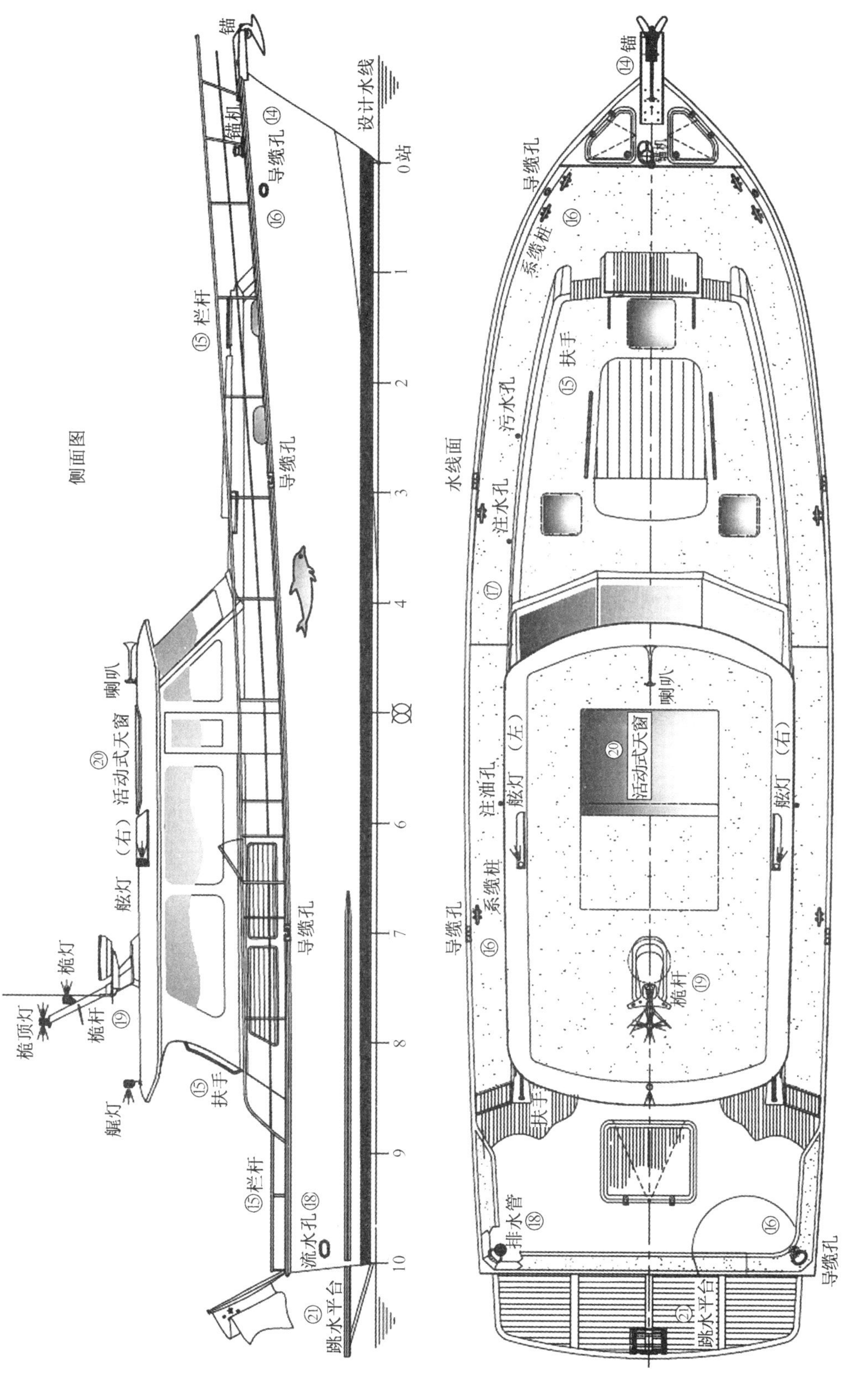

图 3-11　外甲板设备布置

(1)锚、锚链和锚机(见图3-11中的⑭)

这些设备都必不可少。锚的重量主要取决于游艇的大小和上层建筑的尺度,有时,一只锚不够,还要另加一只备用。锚链的长度跟所泊海域的水深有关,其直径取决于锚的重量。锚机大多由电力驱动,其有效功率与起锚速度和起吊重量有关。

(2)栏杆和扶手(见图3-6中的⑮)

游艇的栏杆由于关系到艇上人员的安全,所以显得特别重要。有些设计师为了追求游艇的造型美观,往往降低栏杆的高度,这样,艇上人员跌出艇外的机会就增大。所以,在艇的造型和栏杆的高度之间要适当平衡。

本例的栏杆由不锈钢管制成,从顶部到底板的距离为760 mm,为了防止艇上人员从中间跌到艇外,在该距离一半(380 mm)的地方又加了一条小直径的不锈钢管。垂向支柱、顶部纵向不锈钢管的直径为30 mm,中间的直径小一些,为12 mm。为安全起见,栏杆的支柱隔一根就有一个脚撑。在后围阱区,由于后甲板很低,所以,只需要200 mm高的栏杆就行了。

游艇上的扶手也很重要,但常常会被忽略。在艇的重要部位,像楼梯、厨房、走道等处都要装上扶手,以便紧急情况下有东西可抓。此外,扶手一定要安装牢固,否则会更危险。

本例在前面半显舱顶两边都装有扶手,以供艇上晒日光浴的乘客紧急时使用。在甲板室侧面后翼两边也有扶手,供上下阶梯时扶一把。此外,在甲板室内的天花板上,厨房区、驾驶区以及通向下甲板舱室的楼梯旁都设有扶手。

(3)系缆桩和导缆孔(见图3-6中的⑯)

系缆桩也称系缆牛角,由不锈钢材料制成。前甲板设有两对系缆桩。两边甲板前后各设一对,在后围阱区角隅处另有一对。如果甲板是由玻璃钢夹心层制成,在系缆桩处必须是无夹心材料的加厚单层结构,并要设置一定尺度的背板(Backing plate)。导缆孔总是与系缆桩相伴,也由不锈钢材料制成。注意,导缆孔一定要圆滑,不能有尖角,否则,缆绳很容易被磨损而断裂。

(4)注油、注水孔,污水抽取孔(见图3-6中的⑰)

注油、注水孔可以设在如图3-13所示的边甲板上,也可设在甲板室左右两侧。注油、注水孔多为不锈钢材料,孔盖上要有明显的注油、注水标记,以免混淆。污水抽取孔与注油、注水孔不能相邻太近,要隔开一定的距离,也要有明显的标记。与注油、注水孔相对应的是油箱、水箱通气管。它们的管径要小得多,为了防止外面的水进入箱内,通气管一般呈倒U形。注意,为了安全起见,这些注油孔和油箱通气管不要太靠近主机进风口,距离要保持在300 mm以上。

(5)排水管、流水孔(见图3-6中的⑱)

在有围阱区的游艇上,排水管、流水孔对艇的安全性非常重要。如果它们的面积太小,一旦遇到大浪或暴雨,在围阱内的积水不能迅速排出,对艇的安全非常不利。所以,在围阱区要有足够大的排水管,如果其面积不够,可以在舷侧或艉部开流水孔,或在艉门底部留下较大的空隙,以利积水迅速流出。

排水管所需的横截面面积与游艇的尺度、围阱的容积、排水管的布置有关,其数量至少需要2个(左右舷各一个)。对于深度等于0.4 m的围阱,如果只布置2个排水管,可按下列公式和图表[8]求出其所需的横截面面积:

$$k_c = V_c/(L_{oa}B_{oa}F_m) \qquad (3-3)$$

式中 k_c——围阱的容积系数；

V_c——围阱的容积，(m^3)；

L_{oa}——艇体的总长度，(m)；

B_{oa}——艇体的总宽度，(m)；

F_m——舯部干舷高，(m)。

$$t_{ref}=t_{max}/V_c \tag{3-4}$$

式中 t_{ref}——参考排水时间，(min/m^3)；

t_{max}——可接受的最大排水时间，(min)，可参考表3-1。

表3-1 最大可接受的排水时间

设计类型	t_{max}		
A类游艇*	$0.3/k_c$	5	取小者
B类游艇	$0.45/k_c$	5	取小者
C类游艇	$0.6/k_c$	5	取小者
D类游艇	$0.9/k_c$	5	取小者

*其定义请参看第6章。

在计算出参考排水时间 t_{ref} 后，就可根据排水管是否高出水线、有几个弯头、流水孔是否有盖来查图3-12以求得2个排水管所需的直径。然后，可计算出所需总的排水横截面面积。

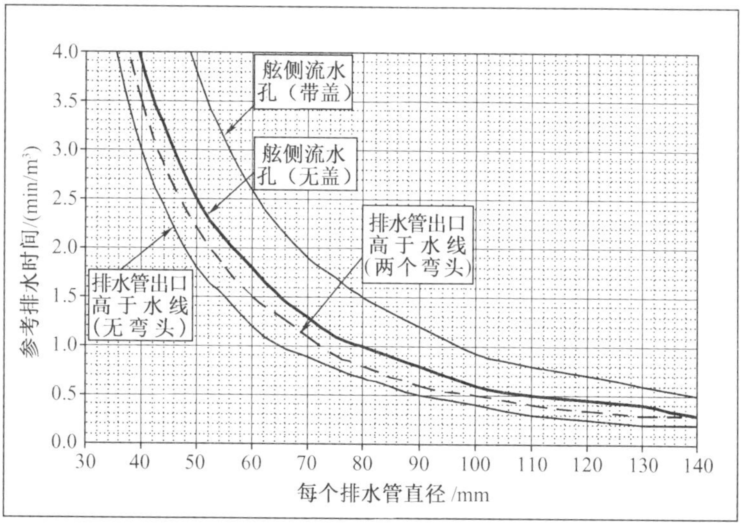

图3-12 双排水管所需面积参考图

以上只是针对0.4 m深的围阱计算出所需2个排水管直径的过程,其结果有点偏保守。如果围阱的深度与此不同,其计算过程较复杂,如大家有兴趣,可参考[8]。不过似乎没有必要,只要能满足上述要求,其他情况下问题就不大。

例2:

已知:"海豚号"游艇的设计参数如下:

总长 L_{oa}	给定	16.33	m
总宽 B_{oa}	给定	5.17	m
舯部干舷高 F_m	给定	1.37	m
围阱的容积 V_c	给定	7.9	m^3

计算:

围阱的容积系数 k_c	式(3-3)	0.068	
可接受的最大排水时间 t_{max}	表3-1(A类游艇)	4.41	min
参考排水时间 t_{ref}	式(3-4)	0.558	min/m^3
每个排水管的直径(2个弯头)	查图3-12	92	mm
总的排水管需求横截面面积		13 288	mm^2

结果:

每个排水管实际的直径	给定	50	mm
总的排水管实际横截面面积		3 925	mm^2
还需排水管面积		9 363	mm^2
还需排水管的直径(2个)		77.2	mm
换算成流水孔的直径(2个)	查图3-12	88	mm
总的流水孔需求横截面面积		12 158	mm^2
总的流水孔实际横截面面积		15 484	mm^2

流水孔的总横截面面积大于要求值,所以,该艇的围阱排水可以满足要求。

对于A类游艇,围阱地板应高于满载水线150 mm以上。"海豚号"艇围阱的地板高度是670 mm,也可以满足要求。

(6)桅杆和设备(见图3-6中的⑲)

桅杆主要是为了布置电子设备和航海灯而设。桅杆顶部是桅顶灯,也称锚灯,灯光呈360°,锚灯下面是桅灯,灯光在前方呈扇形的225°范围内。最重要的电子设备有雷达、VHF天线、GPS天线等。

(7)滑动天窗(见图3-6中的⑳)

在甲板室顶前部,一个大尺寸的活动天窗使室内的光线非常充足。必要时,天窗可向后滑动或旋转，以便给甲板室足够的通风。如果需要的话，也可以拉上窗帘。选用和安装天窗时最重要的是不能漏水，否则，非常麻烦。

(8)跳水平台(见图3-6中的㉑)

跳水平台由柚木制成。平台下面有1个可伸缩的梯子供艇上乘客上下平台。注意，跳水平台的底部不能离水面太近，不然，游艇在波浪中会受到很大的拍击，严重的话，跳水平台可能会被拍到水里。

(9)其他

外甲板设备还包括在前甲板上用来冲洗甲板和锚链的水龙头，后围阱内的淡水龙头，供艇上乘客游泳后冲洗。甲板室顶前部有喇叭，有些还装有探照灯，左右舷分别有红色、绿色的舷灯，艉部有白色艉灯。

4. 飞桥甲板的布置

有时，客户更喜欢在游艇上面再加1层飞桥甲板，以增加游艇的功能。

对飞桥甲板的要求是：重量轻，安全性好。前者关系到艇的静态和动态稳性。如果加装的飞桥甲板太重，而原艇的稳性裕度又不大，就有可能出现整个艇稳性不足的问题，而该问题一旦呈现，游艇将会处在危险的境地。另外，即使游艇的静态稳性可满足要求，动态稳性仍然可能会有问题。这里所指的安全性并不仅仅在艇的稳性方面，而且应包括其他有关方面：如栏杆要够高够强；甲板的拱度不可太大；能防滑，万一出现闪失，也有扶手可抓。

如果客户要求在“海豚号”上增加一层飞桥甲板，我们可参考下面的飞桥甲板布置图。

飞桥甲板的布置一般有：第二个驾驶区、观景聊天区、上下甲板的楼梯，雷达圆拱(Radar Arch)以及栏杆和扶手、挡风玻璃等，有些甲板上还设有烧烤架、冰箱、洗手盘等。

第二个驾驶区与甲板室内的驾驶区基本相似，但喜马拉雅电子箱有所不同，此处的电子箱稍呈八字形，这样一来，驾驶员更容易看清显示仪上的内容。值得注意的是，由于该驾驶区在露天，每个设备、仪器和仪表都要防水。此处驾驶区的视界一般更好，除非驾驶台的位置太靠后，否则，不大会有视界问题。

驾驶区前面的挡风玻璃不宜太低，不然，在游艇高速航行时，驾驶员会受到强风的吹袭。

观景聊天区比较简单，有一个L形玻璃钢长靠背椅，椅上铺有100 mm的坐垫，还有一个柚木桌，供喝茶聊天时用。

飞桥甲板的拱度不宜太大，不然走在上面会感到不适，为了防滑，甲板上所有行走区都铺设柚木地板，或喷上防滑漆。

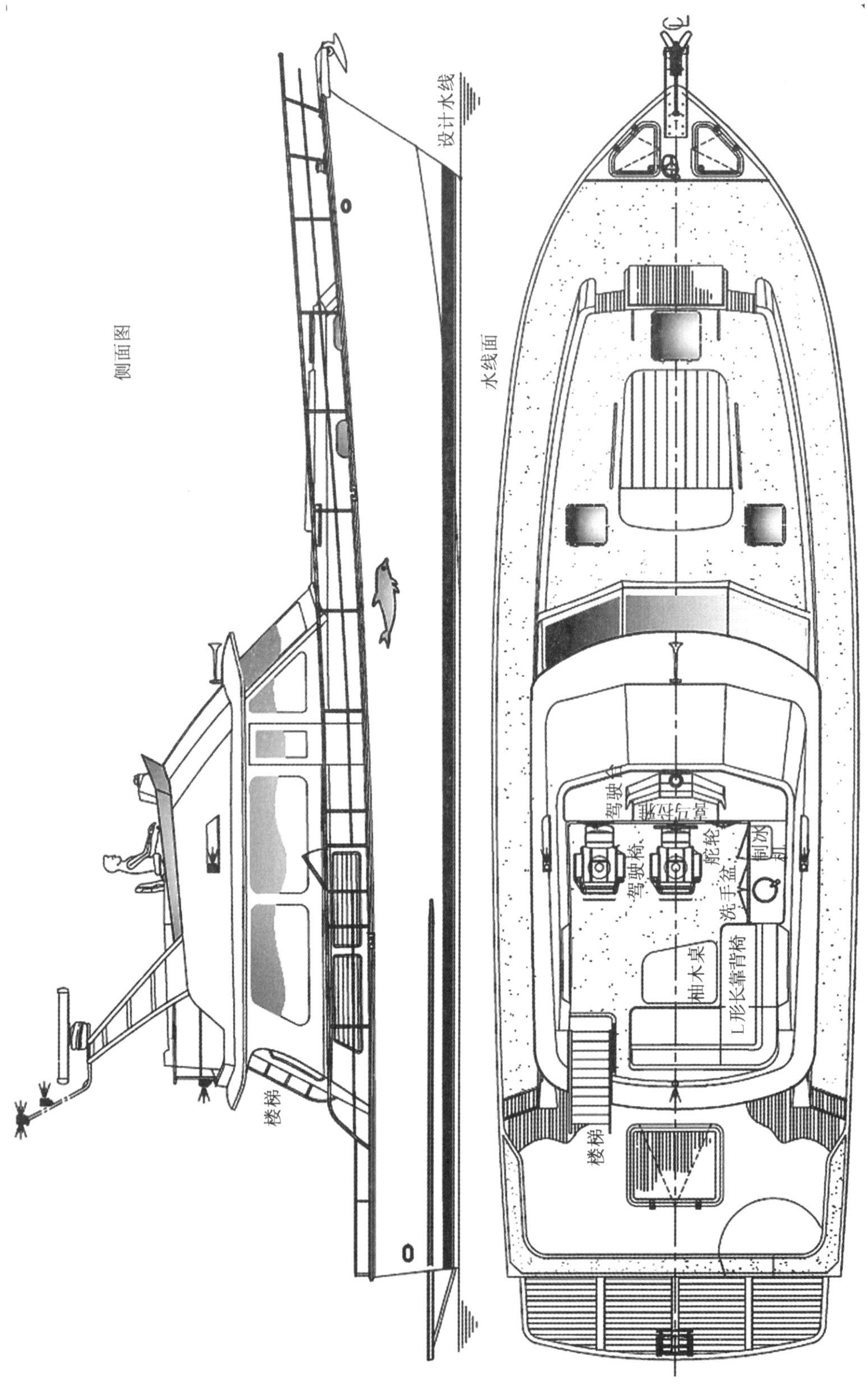

图3-13 飞桥甲板的布置

作业

作业 1

已知:

艇的总长	$L_{oa}=19.6$	(m)
艇的总宽	$B_{oa}=5.38$	(m)
平均干舷高	$F_m=1.43$	(m)
驾驶员眼睛到盲点的水平距离	$A=9.80$	(m)
水面到盲点的垂直距离	$H=1.86$	(m)
驾驶员眼睛到盲点的垂直距离	$C=1.20$	(m)
最大航速	$V_{max}=31$	(kn)
航行纵倾角	$\tau=4.5$	(°)

检查该艇驾驶员的视界是否满足要求。

作业 2

已知:(同上)围阱的容积	$V_c=9.6$	(m^3)
每个排水管的直径(2个)	$d=50$	(mm)

检查该艇围阱的排水管是否满足要求。

3.3 机舱和油水箱布置

3.3.1 简介

在游艇设计中,有些设计师为了满足客户的要求,往往把住舱的布置放在首位,尽量扩大其容积,相应地,机舱的空间就受到挤压,再加上现代游艇上要装的设备越来越多,也越来越复杂,结果使得机舱的布置变得相当困难,有的非常拥挤,有的杂乱无序,有的甚至只能放得下必要的设备,而没有足够的维修和接近(Access)空间,无法进行必要的维修和保养。这样的设计,即使外形再漂亮、住舱再舒适也称不上成功。所以,在游艇的设计中,除了考虑住舱的设计之外,机舱的设计也需要给予足够的重视。实际上,游艇的主机有点像人体的心脏,一个拥有脆弱心脏的人是无法高质量生活下去的。

根据主机的位置,中小型游艇的机舱位置主要分成两类:

1. 机舱在舯后位置

该位置比较靠近艇的重心,其纵倾比较容易控制,轴倾角也较小,有利于减少螺旋桨的空泡和振动。艇体底部需要的艉隧道(详见第10章)较浅,甚至不需要。另一个优点是可供选择的齿轮箱较多,容易与主机、螺旋桨相匹配。这种布置的一个缺点是,如果机舱的绝缘不好,由于机舱与住舱紧邻,前者的振动和噪音很容易传到住舱。这种机舱布置在游艇界比较普遍,通常配合传统的斜轴直线形轴系传动(见图3-14)。

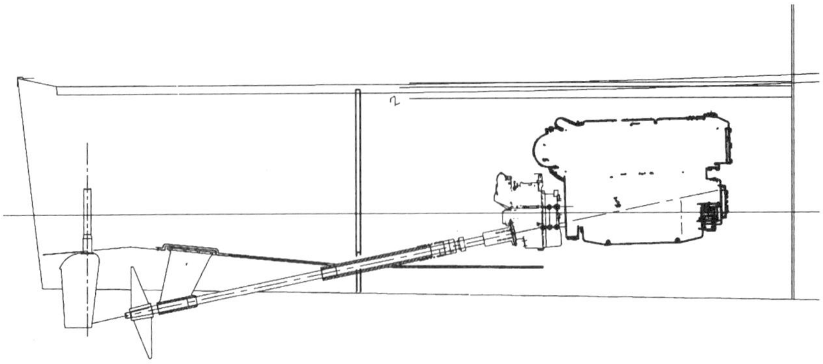

图 3－14　斜轴直线形传动

2. 机舱在艉部位置

该位置远离住舱，在机舱和住舱之间有一个应用舱可起到隔离作用，所以，住舱的振动和噪音较小。但由于主机远离艇的重心，其纵倾控制就比较困难。为此，艉部的型线就要求丰满一些，以便减小艇的纵倾。这种机舱布置适合 V 形轴系传动和直角轴系传动（Zeus 和 IPS）。

（1）V 形轴系传动

这也是一种传统的传动形式（见图 3－15），与直线形传动相比，其优点是机舱布置相对紧凑，空间利用率较高。但缺点是需要的艉隧道较深，相应的艉部浮力损失也较多，艇的纵向重心和浮心的位置协调起来比较困难，这样，纵倾就不易控制。要是没有艉隧道，轴系的倾角就会太大，也不利于艇的性能。另一个缺点是，与这种传动相配的齿轮箱也较少，这也限制了它的广泛使用。

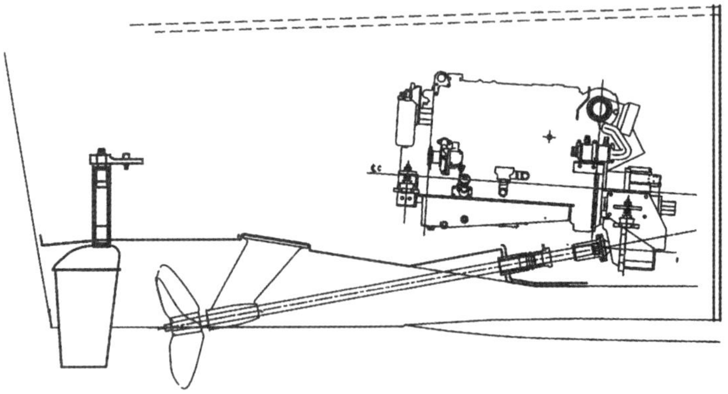

图 3－15　斜轴 V 形传动

（2）直角传动系统

近年来，有两种新颖的直角传动系统越来越受到游艇界的欢迎，比较著名的有 Zeus 系统和 IPS 系统[9]，如图 3－16，图 3－17 所示。

两者的基本构形差别不大，都是装在艇艉底部，都是选用对转螺旋桨，都是采用水下排

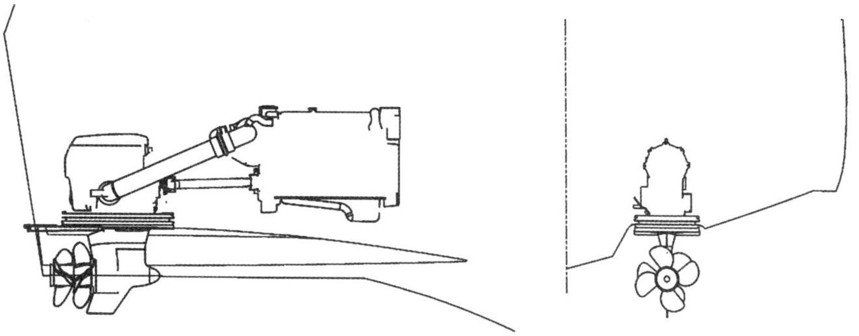

图 3-16 Zeus 推进系统

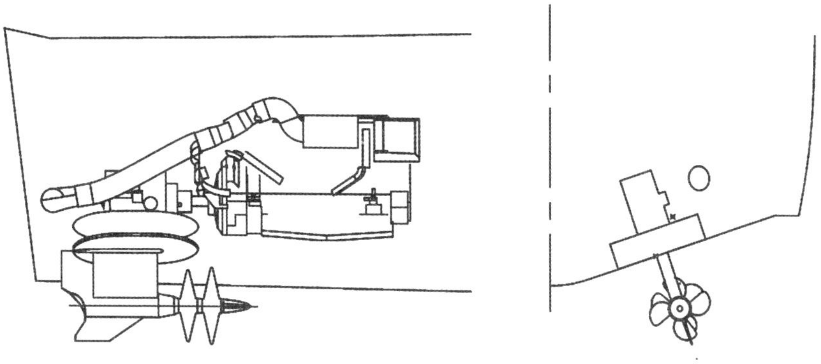

图 3-17 IPS 推进系统

气。最大的不同是前者在横向呈水平布置，螺旋桨位于轴支架后面；而后者在横向与底部斜升角一致，螺旋桨位于轴支架的前方。

这两种系统的优点包括：

①系统设计非常紧凑。把过去许多不同的部件，像操纵系统的舵、排气系统的水下排气、调整航行纵倾角的压浪板、减速齿轮箱、轴支架、艉轴管、海底阀等都集成在一起。

②附体阻力小。省掉艉舵、将推进轴从艇底移到艇内，减掉了这部分的附体阻力。

③推进效率高。采用了对转螺旋桨而且桨轴无倾斜，在高速下，其总的推进效率要比传统推进系统高出 20% 以上。

④耗油量低。高的推进效率自然会降低主机的耗油量。

然而，这些推进系统也不是完美无缺，其主要的缺点包括：

①价格高。

②单机功率低（目前单机功率：Zeus 系统 <600 hp[①]，IPS 系统 <1 000 hp）。

③比较适用于高速艇，而对航速较低而且排水量较大的游艇就不是很合适，特别是在超越阻力峰的时候，其效率相当低。

将机舱布置在艉部有另一个优点：燃油箱等可变载荷可以布置在全艇重心的附近，这样，在不同的装载状态下，艇的纵倾都可保持不变或变化不大。

---

①1 hp（英制）= 746 W

究竟选用哪一种位置的机舱比较合适呢?这要结合其他因素,如艇的型线、住舱和甲板室的布置以及推进系统的形式等综合考虑。

3.3.2 基本考虑

1. 机舱布置

机舱的主要设备有主机、减速齿轮箱、轴系、操舵系统、进排气装置、发电机、蓄电池、变压器、空调压缩机、热水器、制水机、灭火器以及各种泵、阀门和过滤器等。

机舱布置的关键是确定主机的位置,一旦主机位置已定,机舱的其他设备都可围绕主机来布置。然而,确定主机位置并不是轻而易举的事。首先,主机及其有关系统的重量很大,它们的位置对游艇的静态纵倾和航行纵倾角都有很大的影响。其次,主机的纵向位置还决定着轴系的长度、角度以及轴支架和螺旋桨的尺寸等。

主机有单机、双机和多机布置,最常用的是双机、双桨、双舵配置,在这种情况下,双机间的距离不可太小,以免在机舱内无法通行,更重要的是要避免双桨间的相互干扰。当然,也不能太大,在主机外侧要给其他设备留下放置的空间。此外,要注意在主机上方留一个大尺寸的可移动开口,以便需要移出主机时不必切割地板。

知道了主机的位置以后,如果推进系统的形式已确定,减速齿轮箱的位置自然也可以选定。齿轮箱的选择除了与主机有关之外,也与轴系和螺旋桨的设计密切相关,一般来说,对于中高速游艇,齿轮箱的减速比取小一点,相反,低速艇的减速比要选得大些,这样,有利于提高螺旋桨的推进效率。

操舵系统一般布置在艉板前面,舵轴的前后位置要保证舵叶的随边在艉板内,从而防止舵叶转动时吸进空气。它们的横向间距要略大于轴距,以便移动轴系时不用拆卸舵板。

主机舱的进排气系统一般布置在机舱的外侧。进气面积要足够大,更要注意防水。主机排气系统主要采用湿式排气,分水下和水上排气两种,水下排气减噪效果更好,但设计比较复杂,而且水下排气罩对高速艇的性能影响较大。水上排气的设计相对简单一些,但占用舱室的空间较多,而且其减噪效果会差一些。

发电机在机舱内没有固定的位置,可布置在主机的前后,但一定要在两者之间留有足够的空间以便检修和维护。由于发电机的重量比较大,在确定它的位置时也要考虑它对艇静态纵、横倾的影响。蓄电池的重量较大,常被用来调整艇的浮态,它们的位置比较灵活,但要尽量靠近发电机和配电盘,否则,它们粗重的电缆会增加艇的重量和成本。此外,蓄电池附近要有良好的通风,不然,容易引起爆炸。同样,也要在它们周围留下一些空间方便维护和更换。

机舱内其他设备和零件的布置因艇而异,没有一个统一的标准,但不管怎样布置都要遵循以下几个原则。

(1)近。指这些设备、零件的位置要尽量靠近与它们紧密相关的主要设备。如主机的燃油过滤器、进水阀和海水过滤器都要布置在主机的附近。又如发电机的蓄电池、排气装置也要围绕着发电机布置。

(2)便。指可以方便地接近这些设备和零件,操作与维护也很容易。如进水阀的开关,在必要时能紧急关闭。又如更换某些零件也很方便。

(3)顺。指这些设备的线路和管道等布置要有一定的顺序,看起来井井有条(参见图

3－18)。相反,如果是杂乱无章,电线像一团乱麻,有了问题就很难发现,更不用说会引起客户的烦恼了(参见图 3－19)。

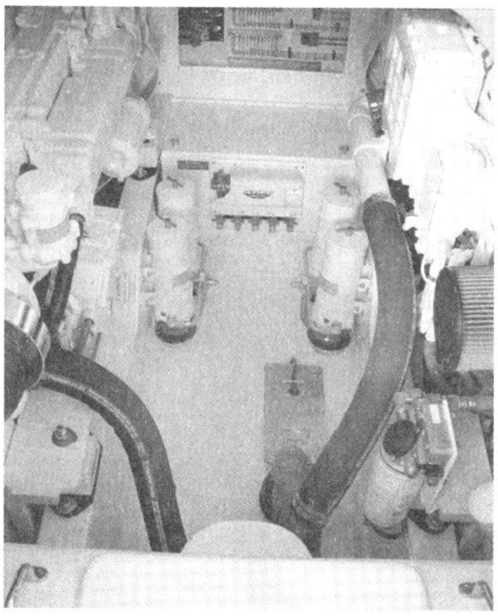

图 3－18 机舱布置好的典型[10]

图 3－19 机舱布置差的典型[10]

(4)隔。将机舱内壁和天花板用绝缘材料隔起来,以便减小相邻舱室的噪音。另外,用减振支座隔离运转的设备,也能减小设备自身的振动,从而进一步减小游艇的噪音。

(5)净。机舱内漆成乳白色,看起来干净利索,如果有漏油或积水也很容易发现清除。

另外,假若机舱舱口在围阱地板上,其角落上要有较大的导流槽和排水孔,不然,水会流进机舱,如果某些设备正好在下方,这些设备的寿命就会受到影响。

在布置机舱内的设备时,除了考虑其功能外,还要时刻记住它们对整个游艇浮态的影响。有些轮机工程师不了解这一点,常常是见缝插针,有空就放,把游艇当成陆上建筑,全然不考虑这样做的后果。只有在游艇下水后,才发现游艇不是歪到一边,就是翘艄太高,甚至俯艄抬艉。有时为了做出调整,就得加许多压载,结果是艇的排水量太大,速度达不到设计要求。

2. 油水箱布置

理论上,燃油箱应布置在比全艇重心稍前一点的地方,这样,随着燃油的消耗,艇的重心稍微后移对减少艇的阻力有利。另外,燃油箱尽量呈纵向布置以便减少自由液面对稳性的影响。如果机舱在舯后不远之处,可把燃油箱纵向布置在主机的外侧,但要留下一定的空间以便检修。若纵向布置没有可能,横向布置也行,但要设法减小其横向尺寸,比如,将其横向一分为二,以减小自由液面的影响。当机舱在艉部的情况下,燃油箱多采用横向布置。至于燃油箱在垂直方向的位置,一般来说低一些为好,这样,可使游艇的重心降低一点,但并不是重心越低越好,太低的重心将导致艇的摇摆太快,会使艇上乘客感到不适。

燃油箱的材料一般分为 3 种:玻璃钢、铝合金和增强塑料。玻璃钢燃油箱经久耐用,耐腐蚀,特别适用于当作舱底燃油箱,但其重量较大。铝合金材料的燃油箱重量较小,但不耐腐蚀,所以要布置在通风、干燥的地方,以延长其在艇上的寿命。增强塑料用作燃油箱的时间不长,其优点是重量小,耐腐蚀,是一种很有发展前途的材料,但由于加油后容易变形,所以,还不适合较大容量的燃油箱。

原则上,淡水箱的布置与燃油箱类似,但淡水箱的容积比较小,其材料可用增强塑料,布置也更灵活机动一些。中小型游艇上多数布置在舱底,前后位置可用来调整艇的纵倾。

污水箱主要用来储藏污水。在环境要求严格的某些海域,不允许将污水直接排到艇外,而要将其储藏起来,等回到码头再从污水孔抽取出来。其位置比较适合在厕所附近。

3.3.3 机舱、油水箱布置范例

紧接上面所给出的“海豚号”游艇总体布置图,再结合图 3 - 20 我们简要介绍一个机舱和油水箱布置的范例。

1. 机舱布置

根据住舱所占比例较大以及该艇的纵向浮心位置比较靠后(约 60% 水线长)的特点,我们决定把机舱设在舯后 6 站到艉部之间,并分成前后两部分,中间有一道水密门,以增强游艇的结构强度和抗沉性。主机的轴系采用传统的斜轴 V 形传动系统,这样可把机舱和住舱用一个应用舱分隔开来,以减少住舱内的噪音。

前机舱主要包括 2 台主机(Caterpillar C18 Acert 柴油机)、2 个减速齿轮箱(ZF 500 - 1 IV)、一组用来启动主机的蓄电池、主机的进排气系统、灭火器等。每台主机在额定转速(2 300 r/min)下的功率为 746 kW。减速齿轮箱的减速比为 1.964:1。

后机舱有 1 台发电机、1 个启动发电机的蓄电池、2 组公用蓄电池、蓄电池充电器、一套舵系统等。

应用舱主要布置燃油箱和空调压缩机、热水器、制水机、洗衣/烘干机等。

(1) 主机和齿轮箱的位置

在决定机舱内主机的位置时应考虑的因素主要包括:甲板室地板高度的限制,最大轴倾角的要求,艇的纵向重心位置、主机、齿轮箱的尺寸、重量等。为此,我们把主机在机舱内位置尽量向前推,同时,在前面也留有足够的空间供人们通过,并能放得下海水过滤器等。在横向,2 台主机以及螺旋桨的中心线相距 1 950 mm,螺旋桨之间不会相互干扰。主机间的最小距离为 894 mm,通行也没有问题。

(2) 操舵系统的布置

机舱内的操舵系统由舵机、双舵、舵柄、连杆等组成,动力辅助型舵机装在舵平台上,该平台两端各有一个舵角限制器,控制最大舵角在 ±35°之内。舵轴的横向间距为 2 090 mm,略大于轴距,当移出双轴时不需要拆掉舵板。舵轴位置比较靠前,舵叶随边仍保持在艉板内。舵叶的剖面形状呈楔形。

(3) 排气系统的布置

为了减小航行时的噪音,该艇采用水下排气系统。该系统配有消音器,布置在主机的外侧。水下排气口装有排气罩以避免废气被螺旋桨吸入。

(4) 发电机和蓄电池的布置

发电机在后机舱内的右舷,尽量远离住舱以降低住舱的噪音。2 组蓄电池也在后机舱内,布置在与发电机相对的左舷,这样一来,不仅能使两者之间的连线较短,而且也能抵消发电机引起的横倾。

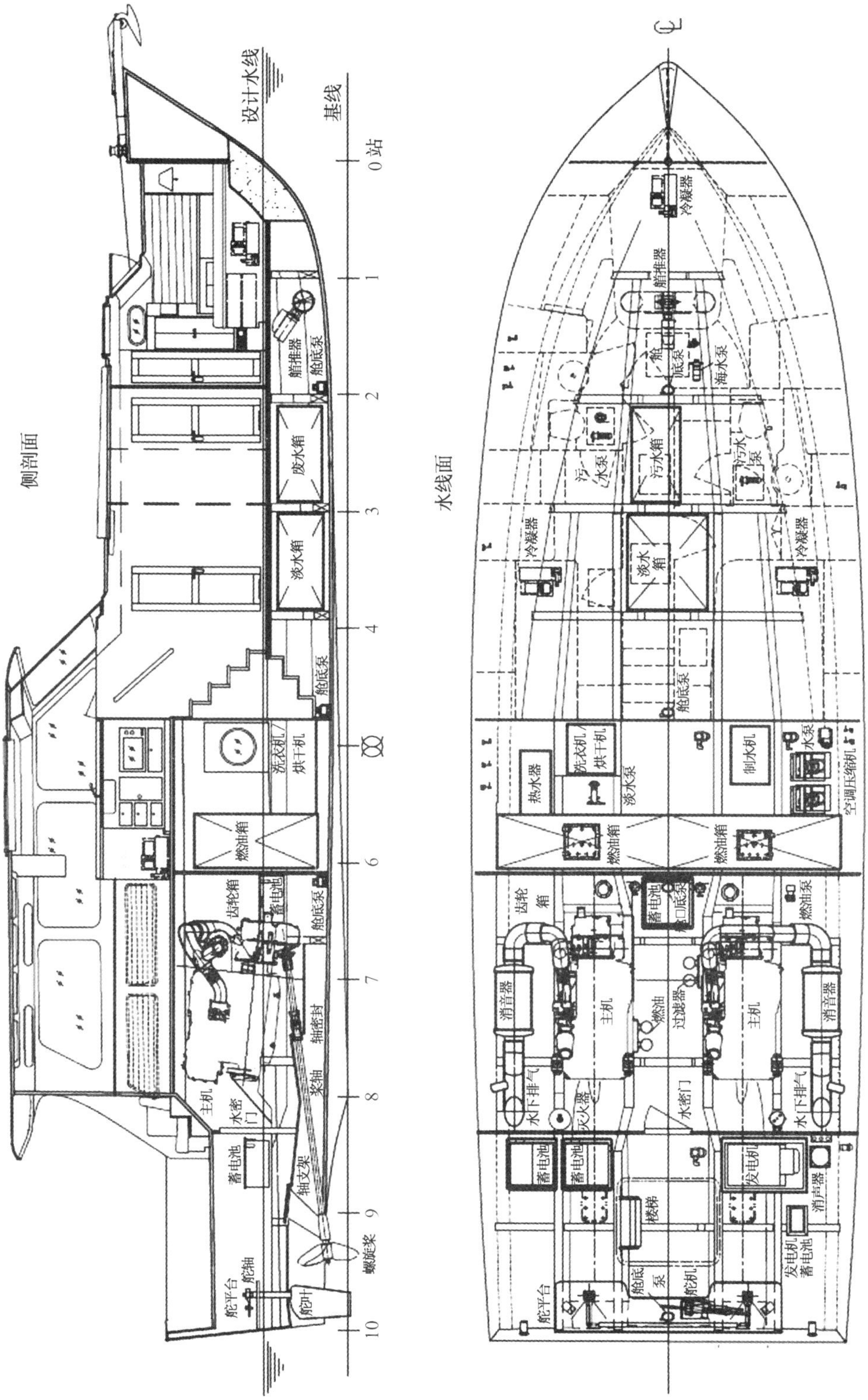

图 3-20 机舱和油水箱布置

(5)应用舱内的布置

应用舱内布置有燃油箱、洗衣/烘干机、热水器、空调压缩机、制水机等,它们分别对称布置在两舷,以利左右平衡。这些设备都留有足够的空间供维护和保养。应用舱前壁有一进出口,将楼梯翻转上去就可从住舱通道出入。

(6)其他

机舱和应用舱内的其他设备有灭火器、舱底泵、燃油泵、淡水泵、燃油过滤器、海水过滤器以及多个通海阀门等。舱底泵共有5个,其中4个为电动,分装在前住舱、住舱通道、前后机舱的最低处、可自动把舱内积水排出。一个手动泵装在甲板室外面,其吸头在前机舱,以备紧急情况下使用。固定灭火器装在主机的附近,一旦主机着火,可以自动迅速扑救。另外,在住舱和甲板室还有若干手提式灭火器作为备用。主机的燃油过滤器是双并联式,就装在主机旁边,可在不停机状态下检查或更换。主机的通海阀和海水过滤器在主机前面,发电机的通海阀和过滤器合为一体。

厕所下面的污水泵可将抽水马桶内的污水自动抽到污水箱,有时,可直接排出艇外。前住舱下的海水泵可用来冲洗锚链和甲板。

4个空调冷凝器中的3个分别布置在3个住舱的床铺下,供这些住舱之用,第4个在厨房柜内,给甲板室供应冷气。

艏侧推器布置在前舱底部。

2. 油水箱布置

燃油箱在全艇重心的附近,其总容积是3 500 L,呈横向布置,为了减少自由液面对稳性的影响,该燃油箱被一分为二。燃油箱材料为夹芯玻璃钢。

淡水箱在中部住舱的舱底,位置比较靠前也较低,综合考虑了其尺寸的大小以及对纵倾的影响。由于艇上装有制水机,淡水箱的容积只有700 L,不是很大但也够了。由于它的尺寸不大,其材料采用增强塑料。

污水箱在两个厕所的下面,用来在环境要求严格的海域储藏污水,其储藏容积约230 L。

3.4 进排气系统的设计

3.4.1 简介

主机的进排气系统就像人的呼吸系统,一旦不畅通,就会发生“哮喘”。进气系统除了给主机运行提供必要的空气之外,同时也为机舱起到通风、冷却的作用。排气系统的作用就是将主机燃烧过的废气以及大量的余热排出艇外。进气系统的设计比较简单,但排气系统的设计并不容易,如果设计不好,不仅影响主机的性能,而且会增大整个游艇的振动和噪音,还有可能造成主机损坏、游艇着火甚至沉没。

发电机的排气系统看似简单,其实不然。最大的一个问题是如果它的冷却和排气系统设计得不好,就有海水侵入发电机气缸内的可能。而气缸一旦进水,若没有及时处理或处理不当,就有报废的危险。所以,发电机的排气系统在设计时特别要注意和冷却水系统一起考虑。

1. 进气系统

进气系统一般包括进气口及百叶窗、上下进排气箱、进排气扇、防水装置、排水管等,如图3-21所示。要注意,进气系统不仅只是供主机燃烧使用而已,它也需要将机舱内过热的空气抽出,起到通风降温的作用。

进气口及百叶窗一般在甲板室的两侧,百叶窗多由铝合金制成,百叶大都做成向下倾斜状以防水进入。

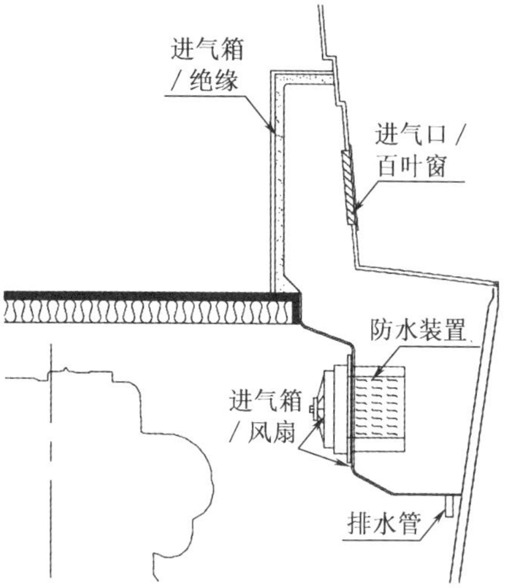

图3-21 进气系统示意图

进气箱一般由玻璃钢制成,箱内加一层绝缘材料,以减少进气系统的噪音。进气箱在纵向一般都隔成长短不一的两段,前面长的一段用来进气,后面短的一段为机舱通风之用。有的艇只有上进气箱,有的艇将其分成上下两部分。如果只有上进气箱,其宽度就比较宽,以容纳进排气扇和防水装置,其底部设有排水管,一旦有水进入,可以马上排到艇外。若进气箱是两部分,就会将它们分别置于地板上下,进排气扇和防水装置都装在下进气箱上,其底部也有几个排水管。

有些小型游艇采用自然进气,只设两个排气扇在主机停机时使用。对于中型以上的游艇,则另设两个进气扇,除了保证主机有足够的空气使用之外,机舱内也有良好的通风。这些进排气扇最好能双向旋转,必要时可调整成进气或排气。防水装置是进气系统的核心,可阻止水滴进入机舱。

2. 主机排气系统

游艇基本都采用湿式排气系统,它主要由排气提升管、柔性接头、排气管、消音器、排气口和排气罩(水下排气)组成(参见图3-22和图3-23)。

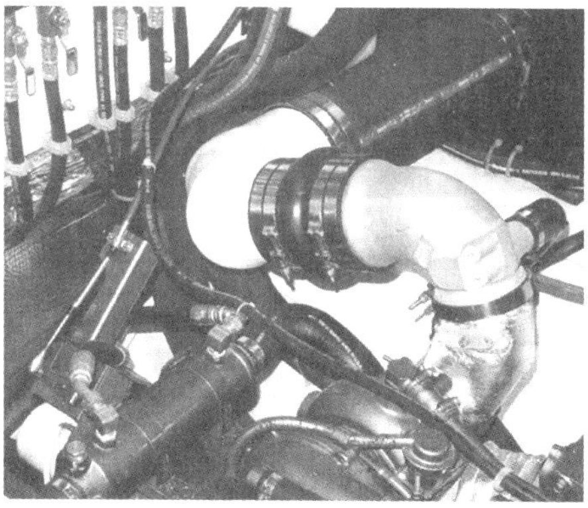
图3-22 主机排气系统照片[11]

排气提升管多数由不锈钢制成,外部裹着一层绝缘材料,主要作用是防止烫伤人员、减少热量辐射进机舱,提升管的尾段分内外两层。内层是主机废气的排出管道,外层主要是冷却水的通道。进水管内的冷却水先进入两层间的空隙,然后通过端部众多的小孔喷到主机排出的废气上。由于废气的温度很高,冷却水一遇到废气就会产生汽化,汽化后的水蒸气与废气混合可大大降低整个系统的温度,也可在某种程度上减小排气系统的噪音。

排气管多用玻璃钢材料制成,为防止排气管过热着火,其树脂用的是耐火型。为了防止由于主机振动和艇的变形而使排气管产生裂缝,各部件之间多用耐高温硅胶软管柔性连接。我们知

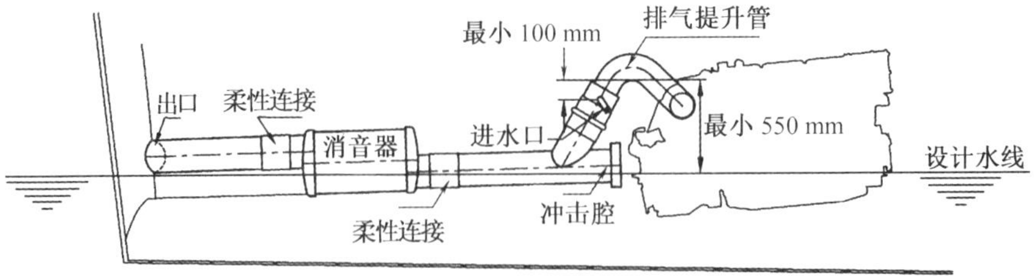

图 3-23　主机排气系统示意图

道,一旦排气系统有了裂缝,里面的冷却水和有毒气体就会漏出,那样,后果将不堪设想。

在硅胶软管的两端各系两条不锈钢箍,并用力绑紧以防气体泄漏。但是要注意,绑得太紧有可能会使里边的玻璃钢管破裂,为此,一般会在管内加一层不锈钢衬套以保证安全。

消音器的主要功能就是减小该系统的噪音,单就减噪效果来说,其尺寸当然是越大越好,但也会占用机舱的宝贵空间太多。消音器的种类很多,有立式、卧式,有单层、多层等。在选用时要根据客户对噪音的要求,并结合机舱的可利用空间来权衡一下,然后再做决定。

冲击腔主要功能是防止艇后退时海水倒灌冲进主机内部。当海水从出口冲进来时,冲击腔内的空气会形成一个缓冲垫,可大大减小海水的冲击力,从而达到保护主机的目的。排气口有水上和水下排气两种,对于前者,将出口从艉板正面移到与舷侧相交的转角处(部分开口在艉板,另一部分在舷侧),可以减小海水的倒灌冲击力。但如果出口离水面太近,而且后退速度也很快,其冲击力就会很大,这时,就应考虑加装一个止回阀。

水下排气的优点是噪音低、占用艇内空间少。其缺点是如果设计不好,可能引起排气进入螺旋桨、背压过大以及在高速艇上出现动态不稳性等问题。为此,在水下出口处一定要装排气罩,其功能有 3 个:

(1)在中高速航行时产生负压,降低排气系统内的背压(Back-Pressure);

(2)防止废气进入螺旋桨;

(3)防止艇后退时海水倒灌。

当艇在停止或低速航行时水下排气比较困难,为此,该系统另设一个水上旁通管可以排出废气[12]。

3.发电机冷却、排气系统

这两种系统的主要构成如下(参见图 3-24):

(1)发电机海水冷却系统的部件主要有海水进水口、海底阀(进水)、过滤器、叶轮泵、海水冷却器、U 形通风阀、气水混合弯头等。注意,当发电机的气水混合弯头高于水线 600 mm 时,U 形通风阀可以省略,但是,如果二者距离小于 600 mm,则不可以省略。

(2)发电机的排气系统主要由气水混合弯头、消音器、气水分离器、海底阀(出水)和废气排放口等组成。

当发电机开始运行时,由叶轮泵将艇外的海水从进水口、海底阀、过滤器打入到海水冷却器先对其进行冷却,接着,经过外部悬高的 U 形通风阀,把海水进一步导入气水混合弯头,在该弯头内与高温废气混合以降低废气的温度和噪音,然后,由废气压力将它们一起排入消音器,最后,在气水分离器内分离而排出艇外。

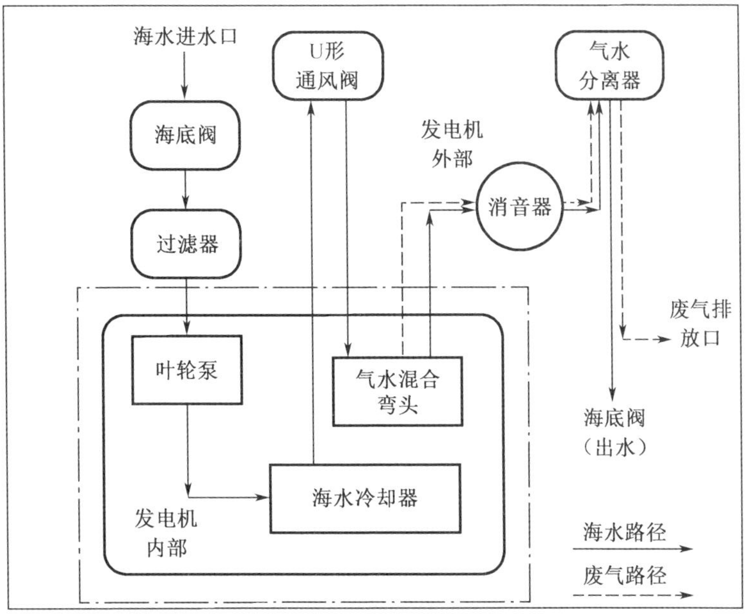

图 3-24 发电机冷却、排气系统构成示意图

3.4.2 一些基本的设计考虑

1. 进气系统

(1)进气口

进气口的开口形状和尺寸不仅要与艇的外形谐调,更重要的是要能满足主机燃烧进气量和机舱通风的要求。

主机燃烧进气量的要求与功率有关,如已选定主机,取其规格书中规定的值则可。若还没有具体的主机,可参考下列公式计算:

$$Q_m = 0.07\ P_B \tag{3-5}$$

式中 Q_m——总的主机进气量,(m^3/min);

P_B——总的主机功率,(kW)。

机舱通风量可用下式

$$Q_v = 0.06 P_B \tag{3-6}$$

式中,Q_v 为机舱通风量,(m^3/min)。

进气口的净横剖面面积可根据下式来求得

$$A_m = (Q_m + Q_v)/(60V_w) \tag{3-7}$$

式中 A_m——进气口净总面积,(m^2);

V_w——进气口风速,(m/s),取 5 ～7 m/s。

机舱多采用排气扇来通风,排气扇的排气量 Q_e 应不小于机舱通风量 Q_v,这样,通风出口的净横剖面面积可用下式来求得

$$A_e = Q_e/(60V_w) \tag{3-8}$$

式中 A_e——通风出口净总面积,(m^2);

Q_e——总的排气扇排气量,(m^3/min)。

此外,进气口底边的位置要尽量高一些,以增大游艇横倾时的进水角,从而提高其稳性储备(详见第6章)。

(2)进气箱

上进气箱的顶部应高过进气口,但也不要太高,以能被家具覆盖而不影响室内整体设计为宜。其宽度要保证其水平截面不小于进气口的面积就行。上下进气箱间的地板开口面积应不小于进气口的净面积。下进气箱的正面高度要容得下防水装置和进/排气扇,其横向宽度不能太大,在它和主机之间要留下足够的空间可移出防水装置。进气扇通常设在进气箱的前方,排气扇多在后方。

2. 主机排气系统

(1)排气管道直径的确定

对排气系统的最基本要求就是呼吸顺畅,如果排气管道直径太小,或弯头太多或弯得太急,都会使得排气系统的背压太高,从而影响主机性能的发挥。在选取排气管道的直径时,可参考图3-25。

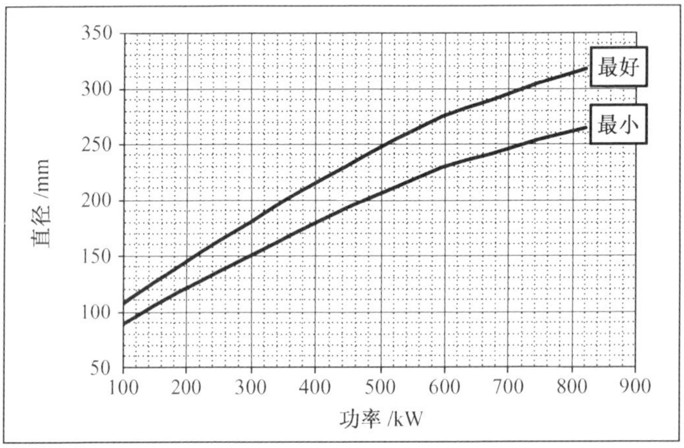

图3-25 排气管道直径的选取[11]

(2)排气系统的背压

对大多数主机来说,排气系统的背压不应超过8.2 kPa(836 mm水柱高),但对那些具有涡轮增压(Turbcharge)的主机,其背压应限制在6.9 kPa(704 mm水柱高)之内。当然,不同的主机对背压的要求也不同,在设计游艇的排气系统时,可参考主机的技术规格书。

(3)排气系统的安装(参看图3-23)

排气系统设计得再好,如果安装不好也没有用。在安装排气系统时,要注意几点:

①排气提升管最高点的底部要在设计水线550 mm以上;

②进水口要在该点底部的100 mm以下;

③排气管和消音器的安装要向艉部倾斜,倾角不得小于1.2°;

④如果是水上排气,其出口的底边最好高于水线,如果不行,水上部分的横剖面积也应

在90%以上；

⑤排气系统的所有部件，特别是排气提升管和消音器，都要有坚固的支撑；

⑥绝不能让任何水流进到主机内，不然会损害主机的零部件。

3. 发电机冷却、排气系统（参看图3-26）

冷却系统的主要功能是为发电机提供冷却水并降低排放废气的温度和噪音。排气系统功能自然是排放发电机运行时产生的废气。它们虽然属于两种系统，但二者关系密切，互有影响。在设计这些系统时，除了完成它们各自的功能外，非常重要的考量是如何防止海水侵入到机器的气缸内部。

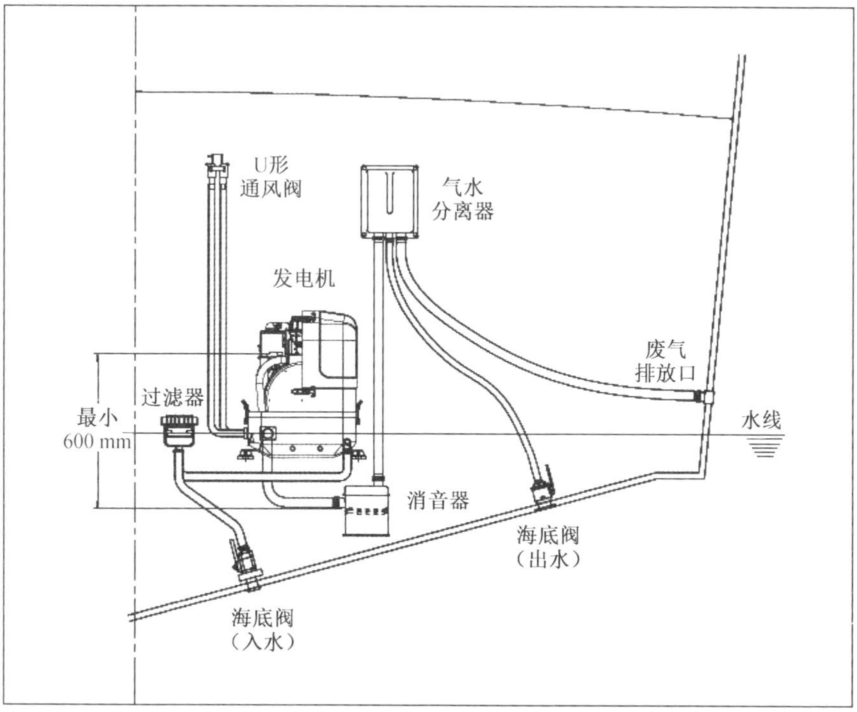

图3-26 发电机冷却、排气系统布置图

（1）发电机冷却系统

游艇应有独立的海水冷却系统，不要和其他设备一起共用。为了减少水流的阻力，管路直径要足够大，从进水口到发电机的路径也要尽量短，尤其是当发电机装在水线以上时更应如此。如果管路太长，当发电机启动时，叶轮泵会多空转几秒，这就很容易造成叶轮过热而磨损。如果无法减短管路的长度，可考虑在水线以下的管路上加一个止回阀。

过滤器一般装在水线附近，其顶部距水线不得小于50 mm，也不要大于200 mm。U形通风阀至水线的最小距离是600 mm，但也不要太高，以免影响冷却水的功效。

海水进水口的设计很有讲究，如果设计得不好就会产生两种严重的后果：发电机过热或其内部进水。在游艇航行过程中，进水口处的海水压力并不是一个常数，而是随艇速变化的，艇的航速越高，压力的变化也越大。所以，中高速游艇要特别注意海水进水口的设计，使此处的压力既不要太高，也不能太低。如果压力太低，在发电机运行时，机内的叶轮泵就无力为其提供足够的冷却水,从而造成机器过热。相反,如果太高,在发电机停止运行时,高压的冷却水会越过U形通风阀从气水混合弯头侵入到机器气缸内部。

(2)发电机排气系统

该系统也应该完全独立于游艇上其他设备的排气系统。其设计核心是确定消音器的尺寸和位置,它的尺寸要足够容纳排气管中所有的冷却水,不然,就有冷却水进入气缸的危险。这是因为,一方面当发电机停止运行时,它的转速迅速下降,相应地,其废气压力也大大降低而无法将管路中所有的冷却水都排出艇外而导致它们回流进入消音器内。另一方面,尽管发电机的转速下降,但它的叶轮泵仍在旋转,又会有一些冷却水进入到消音器内。此时,如果其尺寸太小容纳不下这些水流,多余的水势必会进入气缸内。除此之外,消音器的位置也是越低越好,其进口管底部到气水混合弯头的最小距离为600 mm,并尽量装在发电机的中心线面内。

气水分离器一般安装在靠近消音器上方的最高位置,其顶部到消音器底部的距离不要大于1 500 mm,到水面的距离不得小于600 mm。如果对游艇的噪音要求不是很高,可用鹅颈通风管(Goose Neck Pipe)代之。废气排放口都在水线以上,到水面的距离应大于150 mm。海底出水口一般在艇底水线以下,它的设计也很重要,如果设计得不好,当发电机停止运行而游艇仍以高速航行时,外面的海水有可能经气水分离器、消音器倒灌进入发电机气缸内。

总结上面的内容,海水侵入发电机气缸内的原因可能有:海水进水口设计不佳;U形通风阀太低;消音器的尺寸太小或位置太高;气水分离器的位置太低;海水出水口设计不佳。另外,发电机冷却效果不好的原因可能有:海水进水口设计不佳;U形通风阀太高或堵塞;叶轮泵叶轮磨损;冷却水管路的尺寸太小或太长;气水分离器的位置太高;海水出水口设计不佳。

解决这些问题的通常做法是:在中高速游艇首次试航前,将U形通风阀和气水分离器的管路临时换成透明的塑料管。在试航时先关掉发电机,逐渐加大艇的速度,同时检查U形通风阀和气水分离器的透明管路,当某一速度下海水接近前者的顶部时,就说明该U形通风阀装得太低或海水进水口设计不当,这样就得升高通风阀或在进水口的前缘(来流方向)加一小导引板以减小它的压力。同样,如果某一速度下海水从出水口回流到气水分离器,也可照此办理。然后,启动电动机,再仔细检查这些透明管路,如果某一速度下水流越不过U形通风阀,就说明该通风阀位置太高或叶轮已严重磨损,也许是进水口设计不当使得水压太低。如果是叶轮磨损,一般情况下,更换一下问题就会解决。如果仍然不行,那就得降低通风阀或在进水口的后缘(去流方向)加一小导引板以增加此处的压力。

3.4.3 进排气系统设计试例

我们参考"海豚号"游艇机舱布置图,给出其进排气系统的简单设计。

1. 进气系统的设计(参看图3-27)

(1)进气口/百叶窗

进气口布置在甲板室两侧,比较靠后,位置也较高,并在前机舱的正上方。考虑到主机的耗气量和机舱的容积,其开口总面积设定为1.56 m^2,净总面积是0.86 m^2。为了保持甲板室侧壁的强度以及外观的谐调,将开口分成两部分,并在其间甲板室的内侧加了一个结

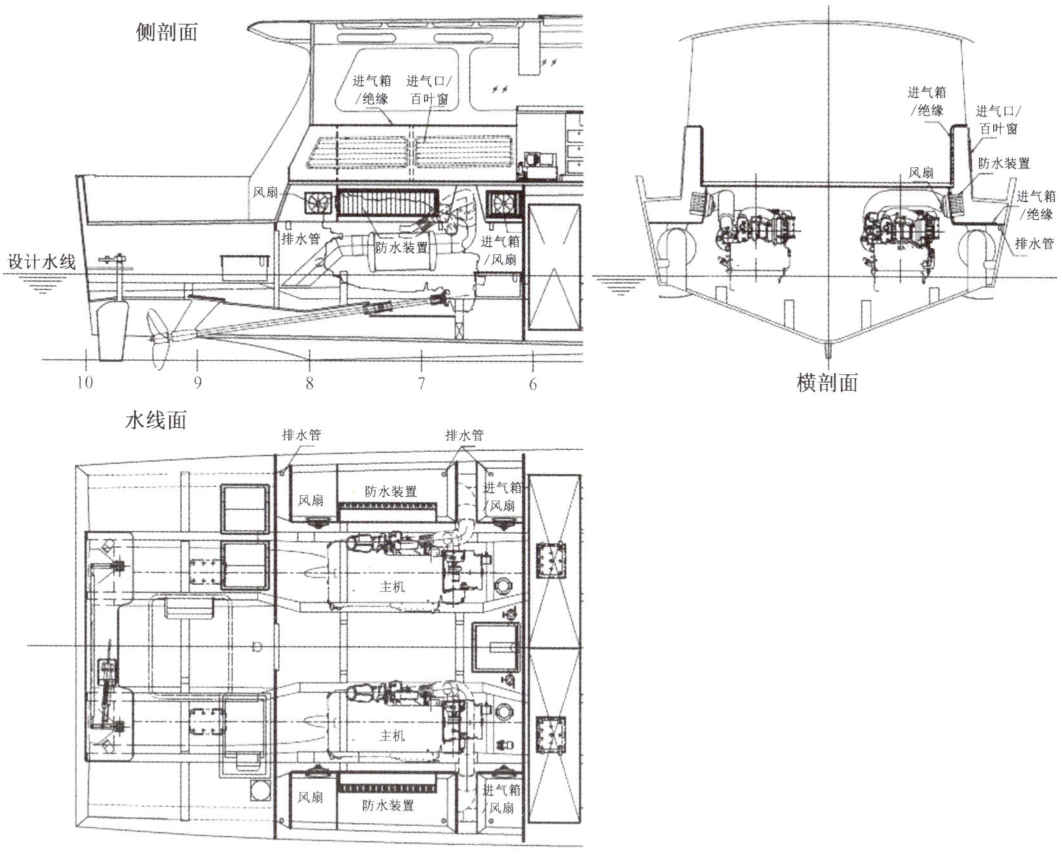

图 3－27 “海豚号”主机进气系统的设计

构件。另外，为了防止水进入机舱，在每个开口的外面都用一个百叶窗盖住，这样，不但防水，而且也比较美观。

(2)进气箱、防水装置和进/排气扇

进气箱有上下两个，都由玻璃钢制成。上进气箱在甲板室内侧地板之上，高度约 750 mm，虽然高出进气口顶边约 210 mm，但甲板室内的家具还可以完全盖住它们。其长、宽分别为 2 760 mm、235 mm，每个进气箱的水平截面面积为 0.58 m^2，大于这个进气口的净面积。地板开口面积与其水平截面面积相当。由于主机排气提升管的妨碍，下进气箱需要分成前后两部分，都固定在地板下和舷侧，它们的正面高度为 470 mm，可容得下防水装置和进/排气扇。进气扇在最前方，其次是防水装置，最后是排气扇。下进气箱的底部有 3 个排水管。上下进气箱内都铺了一层 25 mm 厚的绝缘材料，以减少进气噪音。

2. 主机排气系统的设计(参看图 3－28)

(1)排气提升管

不锈钢排气提升管外部裹着一层绝缘防热材料，其向下弯曲的尾部装有进水管，紧接着进水管装有一个废气高温敏感元件，一旦冷却水停止工作，就会马上报警使主机停下来，以免排气系统过热着火。此外，该处还有一个小旋塞，可用来测量主机的背压。该提升管比较重，为了防止它的位移引起涡轮增压器(对变形非常敏感)的变形，我们用不锈钢支撑

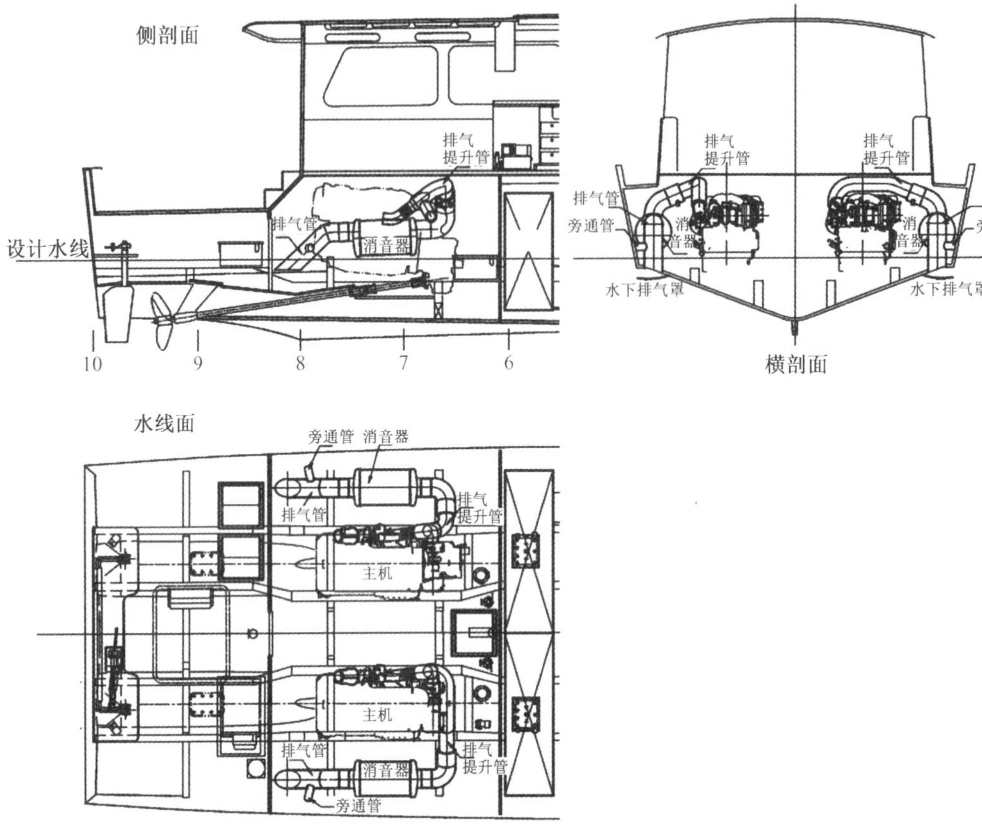

图 3－28 “海豚号”主机排气系统的设计

将它牢牢地固定在主机上。

排气提升管最高点的底部在设计水线以上 920 mm,其进水口在该点底部以下 125 mm,完全可以满足要求。

(2)排气管

排气管用耐火型玻璃钢材料制成,内径为 254 mm,可以满足对排气管直径的最低要求。排气提升管、排气管、消音器之间都用耐高温硅胶软管连接起来,在软管的两端各用两条不锈钢箍系紧。此外,管内还加了一层不锈钢衬套,以防排气管被压裂。

(3)消音器

考虑到机舱内主机外侧和进气箱下可利用的空间,我们选用卧式消音器。消音器的直径为 480 mm,向后倾斜 1.5°,底部和旁边都有固定。驾驶座椅示意图请参见图 3－3。

(4)水下排气

该艇采用水下排气,出口位置在机舱壁的前面,下面有一排气罩。在排气管尾段倾斜部分接了一个直径 100 mm 的旁通管,该管朝外下斜 2.4°,其出口的底部在水线以上约 108 mm 高。

参考资料

[1] LARSSON L,ELIASSON R. Princiole of Yacht Design[M]. New York:International Marine, 1994.

[2] Stidd - Ergonomic Marine Seating Brochure[EB/OL].

[3] International Standard. Small Craft—Windows, Portlights, Hatches, Deadlights & Doors—Strength & Tightness Requirement[S]. ISO/12216. 2,2000.

[4] SORENSEN E. Sorensen,Eric. Elements of a Habitable (and Safe) Interior[J]. professional boatbuilder,2009,(118).

[5] SORENSEN E. The View From the Helm,Part 1[J]. professional boatbuilder,2008,(114).

[6] SORENSEN E. At the Helm,Part 2 [J]. professional boatbuilder,2008,(115).

[7] H-1. Recommended Practices & Standard Covering Visibility From the Helm Position[S]. ABYC.

[8] International Standard. Small Craft—Watertight Cockpits and Quick - Draining Cockpits, [S]. ISO/11812,2001.

[9] CALDER N. Changing the System[J]. professional boatbuilder,2007,(106).

[10] SORENSEN E. Access Granted/ Access Denied[J]. professional boatbuilder,2010,(124).

[11] GERR D. Exhaust System Fundamentals Part One[J]. professional boatbuilder, 2004, (89).

[12] GERR D. Exhaust System Fundamentals Part Two[J]. professional boatbuilder, 2004, (90).

本章符号表

A——驾驶员的眼睛到盲点的水平距离,(m);
A_e——通风出口净总面积,(m^2);
A_m——进气口净总面积,(m^2);
B_{oa}——艇体的最大宽度,(m);
C——驾驶员的眼睛到盲点的垂直距离,(m);
F_m——舯部干舷高,(m);
H——盲点到水面的垂直距离,(m);
k_c——围阱的容积系数;
L_{oa}——艇体的总长度,(m);
P_B——总的主机功率,(kW);
Q_m——总的主机进气量,(m^3/min);
Q_e——总的排气扇排气量,(m^3/min);
Q_v——机舱通风量,(m^3/min);
t_{ref}——参考排水时间,(min/m^3);
t_{max}——最大可接受的排水时间,(min);
V_c——围阱的容积,(m^3);
V_w——进气口风速,(m/s);
τ——航行纵倾角,(°)。

第 4 章　游艇的材料和结构

4.1　概　　述

游艇的结构就像人体的骨骼一样支撑着整个艇体，其重要性不言自明。与普通船相比，最大差别在于游艇使用的材料和结构形式。由于排水量对游艇的性能影响非常大，所以，为了减轻其排水量并保持足够的强度和刚度，现代游艇一般选用轻型材料，像玻璃钢、高强度铝合金等。另外，由于游艇航行的速度较高，其受力与普通船的受力有很大的不同，所以，对游艇的结构设计要求更高，在重量最轻的同时，其强度和刚度也要达到要求。

现代游艇建造材料主要有两种，一种是玻璃钢，另一种为高强度铝合金。中、小型游艇绝大多数选用前者，大型游艇选用两种材料的都有。

由于本书的内容主要涉及中小型游艇的设计，所以，本章将重点介绍玻璃钢这种建造材料的基本特性，强度计算，结构设计以及一些铺层(Lamination)细节。

4.2　游艇的建造材料

4.2.1　简介

严格来讲，玻璃钢应该称为玻璃纤维增强塑料(Fiberglass Reinforced Plastic)。它由两部分材料构成：玻璃纤维和树脂(Resin)，如图 4－1 所示。把这两种材料单独分开用处不大，因为单纯树脂的强度和刚度都很差，无法作为艇体的结构材料，而单纯玻璃纤维虽然强度很高却无法成形而起不到作用，只有将两者结合在一起才能互相取长补短，成为优越的艇体材料。常用的做法是让液态树脂浸透到玻璃纤维表面，使其产生化学反应而将两者固结在一起，最后，逐渐形成可以承受外力的板或结构。这与钢筋混凝土的作用有点类似。

图 4－1　玻璃纤维，树脂

1. 玻璃钢应用的优点

玻璃钢应用在游艇上有许多优点[1]，概括起来有：

(1)抗腐蚀强。玻璃钢游艇即使长期使用也不会受到海水的腐蚀,但和其他材料的游艇一样,时间一长也会有海蛎子等附在艇底,所以,在艇底也需要刷防污漆。

(2)渗水率低。中小型玻璃钢游艇一般是在一个模具内整体成形,没有接缝且渗水率低,所以,其防水性好,非常适合在游艇上应用。

(3)重量较轻。与相同尺度的钢结构艇相比,一条玻璃钢游艇的艇体重量大约只占后者的一半左右,与高强度铝合金艇的重量相比差距不大。

(4)强度较高。玻璃钢的强度稍逊于钢,与高强度铝合金接近。但如果按强度/重量比来算,玻璃钢要比后两者要高得多。此外,由于玻璃钢纱布具有方向性,所以,可在受力较大的方向上铺设更强的玻璃纤维,这样,材料的应用更加有效。

(5)形状杂、颜色多。玻璃钢材料在各种复杂曲面上铺设相对容易,这样,如果批量生产,其建造成本也能降低。另外,只要在外层胶壳树脂中加一点染料,就可把艇体做成客户喜好的颜色。其中白色最普通,也有深蓝、浅绿、淡黄等各种各样的颜色。

(6)维护易、寿命长。玻璃钢游艇由于不怕海水的腐蚀,所以,除了隔一段时间需要铲去艇底的海蛎子等并刷上新防污漆外,基本上不需要额外的维护,这样,不仅维护成本较低,而且艇的使用寿命也长。万一有任何地方受损,维修起来也非常容易。

2. 玻璃钢应用的缺点

当然,像任何优秀的材料一样,玻璃钢在游艇上的应用也有其缺点,可用两句话形容:刚度不足易疲劳,振动易燃不耐磨。具体解释为:

(1)刚度不足。玻璃钢的弹性模量 E 大约是钢的 1/15,高强度铝合金的 1/5,所以,在相同的载荷下,玻璃钢游艇的刚度较小、更容易变形。

(2)疲劳、失稳强度低。玻璃钢的弹性模量低,这也使得那些受压构件和嵌板更易失稳(Buckling)。另外,它的疲劳强度也相对较低,在考虑设计载荷和安全系数时,要充分注意。除此之外,还要注意某些应力集中的部位要适当加强。

(3)结构振动、不耐磨损。在主机基座处和螺旋桨上方的结构如果没有适当加强,很可能引起结构振动。此外,玻璃钢的耐磨损能力较低,所以,在那些易磨损的区域,要有适当保护。

(4)易燃烧。玻璃钢材料中的树脂是一种可燃性物质,如果一旦着火,它会火上添油,助其燃烧。但也有一些树脂是阻燃性的,在着火后,一旦移去火源,火势会逐渐减弱。

尽管玻璃钢在游艇上应用有这些缺点,但与其众多的优点比起来却显得微不足道,况且这些缺点还是可以克服的,有些缺点实际上已经被克服。事实充分证明,玻璃钢材料非常适合于游艇的应用,多年来,用玻璃钢建造的游艇早已是整个游艇界的主力。

4.2.2 玻璃钢的材料构成

玻璃钢主要由两种原材料组成:基础材料——树脂;增强材料——玻璃纤维。此外,在使用时还需要加一些微量添加剂,像催化剂(Catalyst)、加速剂(Accelerator)、阻化剂(Inhibitor)、稀释剂(Diluent)等[2]。

1. 基础材料——树脂

常用的树脂有三类:①不饱和聚酯树脂(Polyester Resin);②乙烯基树脂(Vinylester Resin);③环氧树脂(Epoxy)。前一种树脂在游艇建造中应用广泛,第二种的应用也有增加的趋势,最后一种只在特殊情况下才被使用。这几种树脂的性能见表4-1。

表4-1 各种树脂的性能比较

		不饱和聚酯树脂		乙烯基树脂	环氧树脂
性能	单位	Ortho 型	ISO 型		
拉伸强度	MPa	60	65	83	85
拉伸模量	GPa	3.2	3.6	3.4	3.2
延伸至断裂	%	3.5	4.5	5.0	6.0
固化收缩率	%	8	8	8	2
密度	g/cm^3	1.23	1.21	1.12	1.20

(1)不饱和聚酯树脂

不饱和聚酯树脂分两种:邻苯二酸(Orthophthalic)型——以下简称ORTHO型,间苯二酸(Isophthalic)型——以下简称ISO型。前者由于价格较低,在游艇建造中最常见,后者由于防水性较好、延伸率较大,多用在艇体外面的胶衣或外层。但其价格较贵,在艇上全部使用这种树脂成本相对较高。它们的主要缺点是强度较低,固化(Cure)期收缩率较大等。

(2)乙烯基树脂

乙烯基树脂与不饱和聚酯树脂有些类似,但有更多的优点,如强度高、延伸率大、密度小、渗水率低和耐腐蚀性高等。缺点是固化期收缩率也较大、价格较贵,它是不饱和聚酯树脂的2倍左右。

(3)环氧树脂

环氧树脂虽然表面上与前两种树脂相似,但实际上它们并不是一个家族。与上述两种树脂相比,环氧树脂黏着强度高、耐磨损性好、延伸率更大、收缩率最小、渗水率也最低,常常用于修理或部件之间的黏结。在使用时要注意,虽然它可以覆盖在硬化的聚氯乙烯树脂上,但反过来却不行。有时环氧树脂也用于高性能材料上。但其高昂的价格限制了它在游艇建造中的广泛应用。

在选用树脂时不仅要考虑其强度,更要检查其断裂时的延伸率,树脂的延伸率最好比玻璃纤维的要大一些,以免树脂先断裂而影响整个玻璃钢的强度。此外,也要求树脂的黏着性要高,坚韧性要好。前者确保能有效地传递载荷,后者可减缓裂缝的产生和传播。当然,好的防水性、抗疲劳性和合适的价格也是选择树脂时需要考虑的重要因素。

2. 添加剂

添加剂主要包括催化剂和加速剂。

催化剂也称固化剂。一旦在树脂中加入催化剂,化学反应就开始进行,但在一段时间内,树脂仍呈液体状态。树脂从加入催化剂时的液态直到凝结成胶冻状而失去流动性的时间称为胶化(gel)时间(也称可加工时间)。在此期间内,正是铺层作业的好时机,一旦过了这个时段,树脂的反应速度越来越快,温度急速升高,其黏度也迅速增加,这样,加工作业就无法继续进行。之后,温度升高至最高点而逐渐下降,胶冻状树脂也慢慢变成固态。

催化剂的具体添加量要遵守生产厂商的规定,如加入过多会缩短胶化时间,使铺层作业无法及时完成,而添加太少则会使树脂内的化学反应无法全部完成,造成固化(Cure)时间大大延长,甚至根本无法硬化。此处固化时间是指从把催化剂加入树脂起到其适度固化(指甲划无痕) 所用的时间。

树脂胶化时间不仅与催化剂的添加量有关,而且对周围环境的温度也非常敏感。例如,若提高环境温度 5 ℃,胶化时间可减少 1/3,相反,如果降低 5 ℃,时间会增加 50%。所以,在任何情况下,环境温度不可太低,否则,胶化时间太长而使得固化难以进行。另外要注意,在环境温度较高的地方,添有催化剂的树脂不易准备太多,以在凝胶时间内一次能用完的量为准,以免浪费。

值得一提的是,室温下的树脂在开始固化的几天、甚至几周内,其固化仍然在继续进行,其硬度、强度、防水度都还没有达到指标要求,这时如果过早脱模,产品仍可能出现变形,而一旦如此,就无法恢复。所以,在脱模之前,最好能将结构件、主隔板等固定在艇壳内一起脱模。

在使用树脂时一定要注意,如果把没有加催化剂的液态树脂浸透到玻璃纤维表面,两者并不能结合在一起,所以,在使用时切记加催化剂和加速剂,否则,无法真正生产出合格的产品。

加速剂是帮助催化剂加速反应的物质。有些树脂在制造时已经预先加好了加速剂,在使用时,只要加适量的催化剂就行了。

3. 增强材料——玻璃纤维

玻璃纤维有多种,在游艇制造中最常用的是 E 型玻璃纤维。该种材料的化学稳定性高、抗潮性好,而且价格也比较便宜。还有几种玻璃纤维,像 S 型等,同 E 型玻璃纤维相比,虽然它们的强度、刚度、抗疲劳性都较好,但由于价格较高,在游艇中应用不多。此外,还有一些性能更优越的纤维,像 Kevlar 纤维、碳纤维等,它们的价格更高,只有在对排水量要求特别严格的艇上才应用,有时也局部用在载荷特别大的区域。这几种纤维的性能见表 4-2。

表 4-2 各种纤维的性能比较[3]

		玻璃纤维		Kevlar 纤维	碳纤维*
性能	单位	E 型	S 型	K49 型	
拉伸强度	MPa	3 450	4 300	3 620	3 400 ~ 4 900
拉伸模量	GPa	72.4	86.9	131	230 ~ 540
延伸至断裂	%	4.8	5.0	2.8	1.5
密度	g/cm^3	2.55	2.49	1.45	1.8

*注意:碳纤维的拉伸强度、模量会随其种类的不同而变化。

玻璃纤维是先将玻璃熔化后抽成只有头发直径 1/10 的微丝，再把众多的微丝结合在一起组成细股纱（Strand）。在游艇建造中常用的增强材料有四种：①短切毡（Chopped Strand Mat，简称 CSM），②缝纱布（Knitted Roving，简称 KR），③单向布（Unidirectional Roving，简称 UDR），④短切－缝纱布（Roving——Mat，简称 RM）。还有一种玻璃纤维——编纱布（Woven Roving，简称 WR）在过去也常用，但现在已不多见。表 4－3 是这四种玻璃纤维制成玻璃钢后的性能比较，图 4－2 为它们的异向性能比较。

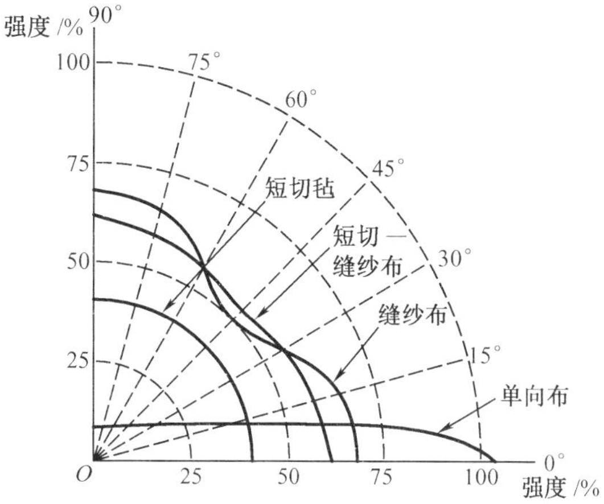

图 4－2 玻璃纤维异向性能比较

表 4－3 四种玻璃钢的性能比较

性能	单位	短切毡	缝纱布	单向布	短切－缝纱布
纤维含量		30%	50%	55%	43%
拉伸强度	MPa	85	197	483	151
压缩强度	MPa	117	147	328	138
拉伸模量	GPa	6.4	14.0	25.3	11.2
密度	kg/m^3	1 500	1 750	1 800	1 600

（1）短切毡（CSM）

现代游艇建造中几乎都需用到短切毡，如图 4－3 所示。它是将细股纱（Strand）切成 4～5 cm 的短纱，并用黏合剂随机而均匀地黏结在一起形成的股毡。常用股毡的规格有三种：300 CSM（0.30 kg/m^2），450 CSM（0.45 kg/m^2），600 CSM（0.60 kg/m^2）。CSM 代表短切毡。玻璃纤维含量大约在 30% 左右。

图 4－3 短切毡照片

由于短切毡内的玻璃纤维并不连续，而且铺层内的玻璃纤维含量较少，所以，用这种材料铺成的层板强度较低，但它也有优点，如水密性好，树脂浸透（Wetout）性好，层间黏结性强，成品外观漂亮，强度无异向性，复杂面上作业易，成本较低等。多用在紧邻胶衣的最外层以及弯曲应力较低的中间几层。

（2）缝纱布（KR）

缝纱布现在最常用，如图 4－4 所示。它是由多束无捻粗纱（Roving）缝制成的纱布，厚度和方向可以根据需要调整，有双层双向（0°/90°或 ±45°）、三层三向等。常用缝纱布的规格有多种：600ELT（0°/90°，0.60 kg/m^2），800ELT（0°/90°，0.80 kg/m^2），600EBX（±45°，

0.60 kg/m²),800EQX(0°/+45°/90°/-45°,0.80 kg/m²)。ELT代表E型双向正交0°/90°玻璃纤维布,EBX代表E型双向正交±45°玻璃纤维布,EQX代表E型四层多向玻璃纤维布。玻璃纤维含量大约在50% 左右。

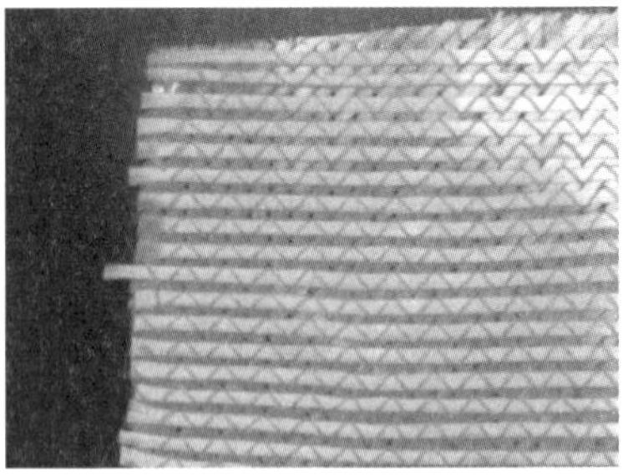

图4-4 缝纱布照片

缝纱布的无捻粗纱是连续的,它的纱束方向和层数有多种选择,所以,它的方向差异性是可调的。在与纤维一致的方向上要比短切毡的强度高许多,是外载荷的主要承受者。此外,它的铺层较厚,抗冲击能力强。但层间黏结性稍弱。如果铺层较厚,在复杂表面成形也较困难。

(3)单向布(UDR)

如图4-5所示,单向布常用在游艇上的一些特殊地方。它由多条无捻粗纱在经度(0°)方向平行缝制而成,背面有一层网状细纱。因此,在0°方向上强度高,相反在90°方向就很差。所以,当游艇上某一部位在0°方向上需要提高强度的话,单向布就是最好的选择。虽然该方向的强度有很大的提高,但重量却增加不多。其缺点是价格稍贵。常用的规格有两种:600ELR(0°,0.60 kg/m²),800ELR(0°,0.80 kg/m²)。ELR代表E型单向0°玻璃纤维布。玻璃纤维含量大约在55% 左右。

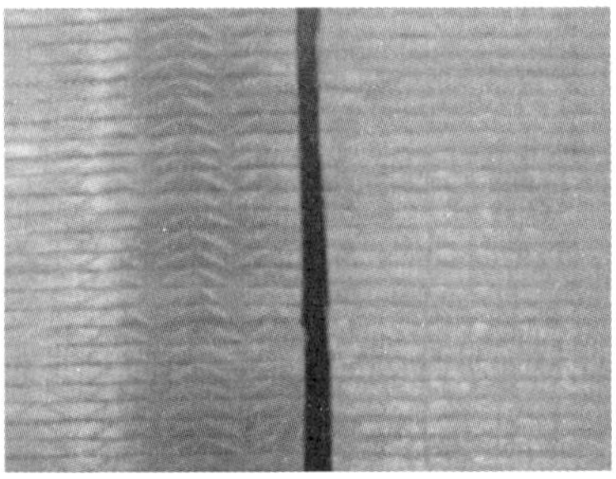

图4-5 单向布照片(正反面)

(4)短切-缝纱布(RM)

短切-缝纱布已广泛应用于游艇的建造中,如图4-6所示。它是短切毡和缝纱布的一种组合,目的是发挥它们各自的优点,弥补其不足,特别是避免出现缝纱布层间黏结性较弱、易发生层间剥离的问题。常用的规格有三种:600/113ELTM(0°/90°,0.60+0.11 kg/m²),800/225ELTM(0°/90°,0.60+0.23 kg/m²),600/113EBXM(±45°,0.60+0.11 kg/m²)。ELTM,EBXM分别代表E型双向正交0°/90°,±45°玻璃纤维布和短切毡。玻璃纤维含量取决于短切毡所占的重量比。

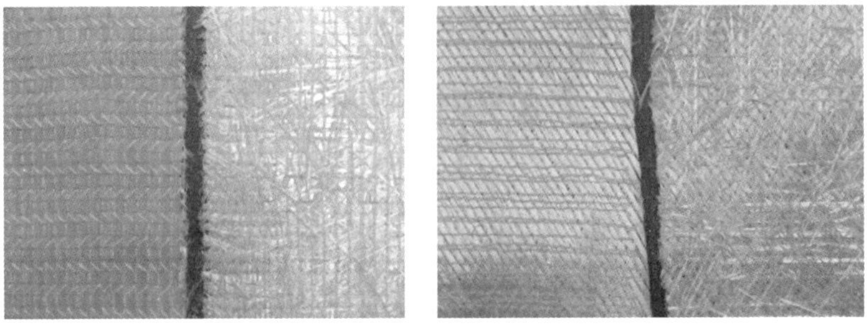

图4-6 短切-缝纱布0°-90°,±45°照片(正反面)

(5)编纱布(WR)

如图4－7所示,编纱布是一种过去普遍使用的增强材料,与缝纱布类似,它也是把由多股细股纱组成的无捻粗纱在经纬向按不同的织法编成的较厚纱布。它的抗冲击能力也较强,铺层也较厚,在复杂表面成形也较难,层间黏结性更弱,在±45°的方向上强度较差,另外,由于粗纱的交叉编织会产生波浪形起伏,受力后展延较大,所含树脂比例也较高,所以,其强度会随起伏度的增加而降低。现在常被缝纱布取代。

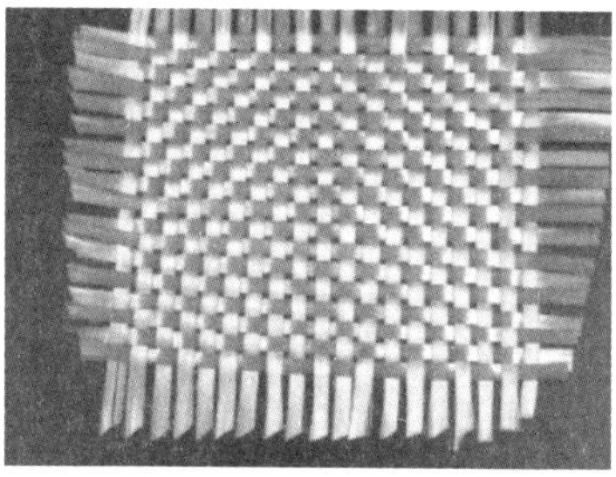

图4－7 编纱布照片

4.2.3 玻璃钢单板(Solid)和夹层板(Sandwich)

玻璃钢是把玻璃纤维浸在树脂中通过化学反应黏结在一起而形成的。这个成型过程称之为型塑(Molding)。在中小型游艇建造中,最常用的型塑方法有两种:手工铺层(Hand Layup)法和真空灌注(Infusion)法。手工铺层法是以手工把玻璃纤维和树脂一起逐层铺设成型的方法。真空灌注法是先将玻璃纤维铺设好,再将树脂通过真空灌注到玻璃纤维而成形的方法[4]。型塑完成后的产品分为玻璃钢单板和夹层板(见图4－8)。

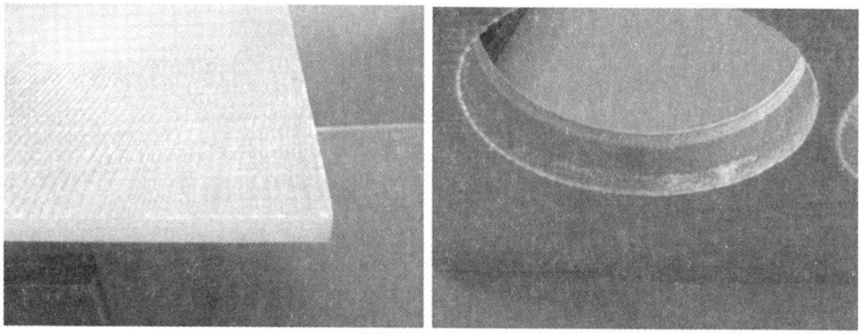

图4－8 完成后的单板和夹层板

1.玻璃钢单板

玻璃钢单板主要由三部分组成(见图4－9):

(1)表面胶衣 胶衣是一层专门喷洒在模具表面的树脂。多数用ISO型或乙烯基树脂,其厚度在0.5 mm左右。胶衣是形塑的最外层,不仅防水性要好、抗磨损性要强、不易开裂,而且外表要美观、亮丽。

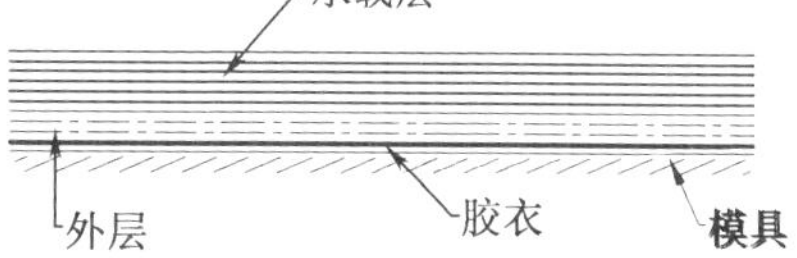

图4－9 玻璃钢单板示意图

(2)防水外层 外层的主要功用是防渗漏、防透印(Print－through),所以,在艇体水下部分多选用防水性好且延伸率较大的ISO型或乙烯基树脂。玻璃纤维主要选树脂含量较高的短切毡。

(3)承载层 承载层是承受载荷的主体。它是由树脂和玻璃纤维一层层铺设而成。树脂可用比较便宜的ORTHO型,但如果条件允许,最好选用ISO型或乙烯基树脂。玻璃纤维多选择纤维含量和强度都较高的缝纱布、短切－缝纱布。

大家知道,玻璃钢材料的一个缺点是刚度较低,受力后变形较大。在单板结构中,有足够的刚度是设计的关键,强度反而比较容易满足。为了达到一定的刚度,就需要增加壳板的厚度,有人常常在靠近壳板中心的地方铺若干层含有高比例树脂的短切毡。这样带来的好处有:①厚度增加比较快;②由于树脂的密度只是玻璃纤维的一半,相对重量也较小;③价格比较便宜。

在现代游艇设计和制造中,中低速艇的艇壳底板多用单板。而中高速游艇常用玻璃钢夹层板。至于艇壳侧板、艉板、主甲板和飞桥甲板,大多数游艇都采用夹层板。

2. 玻璃钢夹层板

所谓玻璃钢夹层板,指在内外两层薄玻璃钢板中间,夹一层较厚的轻型材料,称为夹芯材(见图4-10)。

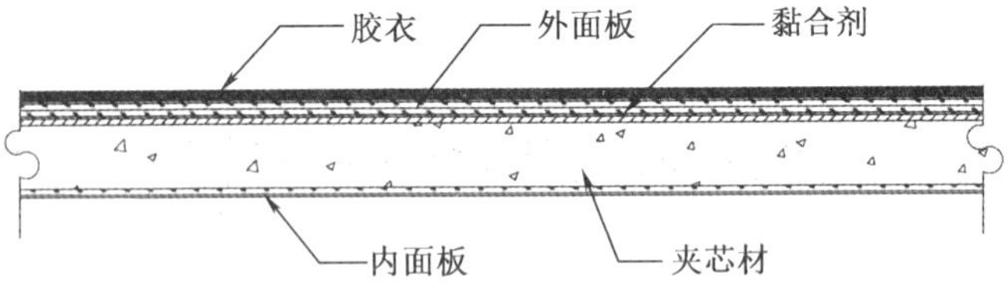

图4-10 玻璃钢夹层板示意图

夹芯材的主要作用是把两层薄的面板连接起来,表面看夹芯材似乎越轻越好,但事实并非如此,它必须要有足够的剪切强度以传递面板间的应力,同时也要有一定的压缩强度以阻抗外力。另外,它还应该具有较好的抗冲击性、防水、防火性,与其他材料更好的黏结性、相容性,当然,价格不能太高。

现代游艇的夹芯材普遍采用闭孔(Close Cell)形硬质聚氯乙烯(PVC)泡沫塑料,有两种形式可供使用(见图4-11):(1)多孔平板(Perforated Sheet);(2)带槽折板(Saw-cut Sheet)。前者在平板上钻有许多小孔,适用于比较平坦的表面,而后者则是将平板锯成许多小块,并用玻璃纤维网连接在一起,多用在曲率变化比较大的表面。常用的PVC材料其密度在75～100 kg/m^3 之间,它们的剪切、压缩强度都比较高,防水性很好,大多符合上述要求。

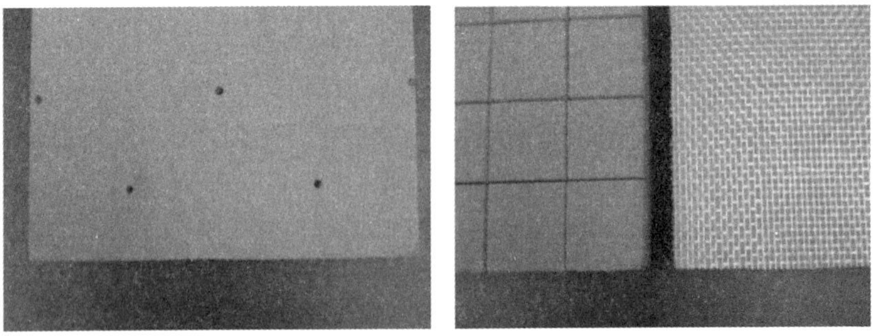

图4-11 PVC多孔,带槽夹芯材

与单板相比,在相似的重量下,夹层板不仅相对强度较好,更重要的是其相对刚度大大增加(见表4-4),反过来,如果要有相似的强度和刚度,夹层板的重量可减少许多。此外,它还具有绝热、隔声等优点。其缺点是材料价格、劳动成本较高,成形作业相对复杂[5],其他缺点，包括进水后损害严重、冲击强度低、容易受损、维修困难等。

表 4 – 4 夹层板与单板性能比较[6]

	单板	夹层板 1	夹层板 2
构形		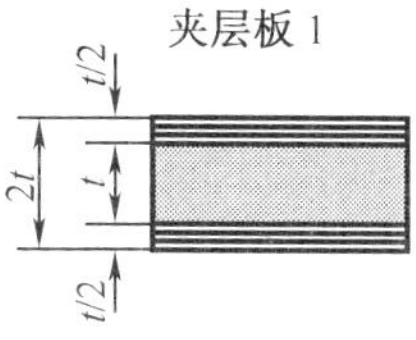	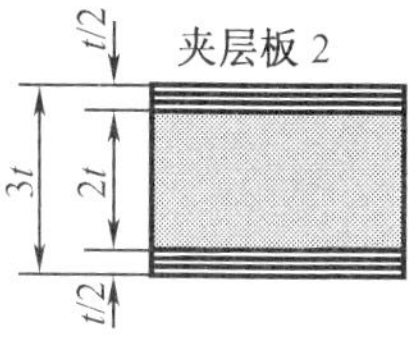
相对重量	1	1.03	1.06
相对强度	1	3.50	6.30
相对刚度	1	7.00	19.00

在夹层板中，最普通也是最严重的一个问题是夹芯材与面板之间的离层（Delamination）。如果离层一开始出现在艇壳面上，在外界多变的载荷作用下，离层会越来越大，问题将变得非常严重，甚至影响到游艇的安全。

有些离层可能是由于使用不当、艇龄太长、有水渗入等引起，但大多数是先天不足，在夹芯材的成形作业时就已发生，比如黏合剂用料太少，使得某些地方黏结不牢或根本就没有黏结，而在检查时也没被发现，结果留下了隐患[7]。

另外一个常见的问题是夹层板进水，而且水一旦进入，就会长期留在那里，这会使夹芯材的强度降低，变差甚至断裂。即使是那些本身受水影响不大的材料，像 PVC 泡沫塑料，如果有水渗入空隙，在高温天气可能产生蒸汽压力，在寒冷季节会结冰膨胀，这都能引起夹层板发生离层。

夹层板进水的原因并不复杂，多数是由于设计时考虑不周，如胶衣和外层太薄、所用树脂防水性差，或成形作业时没有注意，比如树脂含量太少留下一些细微空隙，结果使得水有机会从这些微孔渗入。此外，还有一些原因，像外层破损，紧固件没密封等也能引起夹层板进水。

俗话说，预防胜于治疗。最好的方法是在成形作业时就考虑这些问题，比如，在成形作业时，胶衣和外层要用防水性更好的树脂，外层用树脂含量高的短切毡，夹层板与外层用高性能黏结材料黏在一起而不留空隙等。

4.3 玻璃钢的性能计算

4.3.1 简介

与金属材料相比，玻璃钢材料的性能计算要复杂得多。首先，金属材料比较单纯，而玻璃纤维材料却形式不同、种类多样，有短切毡、缝纱布、短切 – 缝纱布以及单向布等；其次，金属材料的性能各向均匀，而玻璃钢的性能有很强的异向性，各个方向差异很大；第三，玻璃纤维含量对玻璃钢的性能影响很大，而其含量在手工成形作业中很难控制；第四，玻璃钢的性能也受到玻璃纤维铺层顺序的影响。如此等等，使得计算变得相当困难，在实践中，其性能多是由试验给出。但为了使大家有一些基本概念，我们先简单介绍一下单层玻璃钢性能的计算原理,然后,将这些单层玻璃钢的性能组合起来,就可得出整个玻璃钢铺层的性能。

4.3.2 玻璃钢厚度与纤维含量

玻璃钢合成材料的性能不仅与玻璃纤维本身有关,而且与其在铺层中所占比例的关系更加密切。一般来说,铺层中玻璃纤维的含量比例越高,玻璃钢的性能就越好,但该比例太高也不行,因为它意味着树脂含量过低,过低的树脂含量可能无法浸透纤维,这会严重地影响玻璃钢的性能。所以,在游艇设计中最重要的就是掌握一个“度”字——合理取舍,综合权衡[8]。

1. 铺层的玻纤含量

在铺层中如何计算玻璃纤维总的含量呢?在游艇的设计和制造中,多采用下列三种方法。

(1)由实际测量

选取5个玻璃钢样品,在精确测量每个样品的尺寸和重量后,可得出这些样品的单位重量。然后,根据每个样品中已知玻璃纤维的单位重量,用它除以样品的单位重量就可得出该样品中玻璃纤维的重量含量。这5个样品纤维重量含量的平均值即为玻璃钢铺层中纤维的重量含量。

(2)由燃烧试验

为了取得玻璃纤维的实际重量含量,常用燃烧试验法,即在艇上几个典型的区域钻取几个样品,去掉胶衣和夹芯材后,称出各个样品的精确重量。然后,将样品燃烧,去掉可燃的树脂,留下不可燃的玻璃材料,称其重量就能精确地求出铺层中玻璃纤维总的重量含量:

$$\psi = 1/(1 + W'_r/W'_f) \tag{4-1}$$

式中 ψ——玻璃纤维重量总含量,(%);

W'_f——剩余的玻璃材料重量,(g);

W'_r——燃烧掉的树脂重量,(g)。

(3)由简单估算

在结构设计中,如果没有试验结果,可用下式来简单估算整个铺层中玻璃纤维的总重量含量:

$$\psi = \sum_{i=1}^{n} w_{fi}/(\sum_{i=1}^{n} w_{fi}/\psi_{fi}) \tag{4-2}$$

式中 w_{fi}——第 i 层纤维的单位重量,(kg/m^2);

ψ_{fi}——第 i 层纤维的重量含量,(%)。

表4-5 四种玻璃纤维玻纤的重量含量

	简单表面	复杂表面	真空灌注
短切毡	0.30	0.25	0.36
缝纱布	0.50	0.38	0.60
单向布	0.55	0.41	0.66
短切-缝纱布	0.46 ~ 0.18R^*	0.38	0.56-0.22R

注意:$^*R$=某层短切毡重量/该层玻璃纤维的总重量。

至于整个铺层中玻璃纤维的体积总含量，可用下式来计算：

$$\varphi_f = (\psi/\rho_f)/[\psi/\rho_f + (1-\psi)/\rho_r] \quad (4-3)$$

式中 φ_f——玻璃纤维体积总含量，(%)。

ρ_f——玻璃纤维的密度：

E 纤维≈2 550，(kg/m^3)；

碳纤维≈1 800，(kg/m^3)。

ρ_r——固化后树脂的密度：

不饱和聚酯树脂≈1 220，(kg/m^3)；

乙烯基树脂≈1 120，(kg/m^3)；

环氧树脂≈1 200，(kg/m^3)。

2. 铺层的厚度和密度

铺层的厚度与铺层中玻璃纤维总的含量有关，可用下式来估算：

$$t = 1\,000\, w_f/\rho_r(1/\psi + \rho_r/\rho_f - 1) \quad (4-4)$$

式中 t——铺层的厚度，(mm)；

w_f——玻璃纤维单位重量，(kg/m^2)。

由式(4-4)可知，铺层的厚度会随着玻璃纤维含量的增加而减小。

铺层的密度可用下式来估算：

$$\rho = 1/[\psi/\rho_f + (1-\psi)/\rho_r] \quad (4-5)$$

式中，ρ 为玻璃钢铺层的密度，(kg/m^3)。

例 1：

已知：某简单表面玻璃钢铺层由下列材料组合而成：

玻璃纤维(E)：

1 层短切毡	450CSM(0.45 kg/m^2)
2 层缝纱布	600ELT(0.60 kg/m^2)
4 层短切-缝纱布	800/225ELTM(0.80 + 0.225 kg/m^2)

树脂：不饱和聚酯树脂

求：该玻璃钢铺层中玻璃纤维的重量总含量、体积总含量，铺层的厚度和密度。

解：

(1)玻璃纤维的重量总含量

1 层短切毡的总重量 $w_1 = 1 \times 0.45 = 0.45\ kg/m^2$，重量含量 $\psi_1 = 0.30$；

2 层缝纱布的总重量 $w_2 = 2 \times 0.60 = 1.20\ kg/m^2$，重量含量 $\psi_2 = 0.50$；

4 层短切-缝纱布中短切毡的总重量 $= 4 \times 0.225 = 0.90\ kg/m^2$；

短切-缝纱布的总重量 $w_3 = 4 \times (0.80 + 0.225) = 4.10\ kg/m^2$；

$R = 0.90/4.10 = 0.22$，$\psi_3 = 0.46 - 0.18R = 0.42$；

该玻璃钢铺层中玻璃纤维的重量 $w_f = 5.75\ kg/m^2$。

该玻璃钢铺层中玻璃纤维的重量总含量:

$$\psi=(w_1+w_2+w_3)/(w_1/\psi_1+w_2/\psi_2+w_3/\psi_3)=\boxed{0.42}$$

(2)玻璃纤维的体积总含量

$$\varphi_f=(\psi/\rho_f)/[\psi/\rho_f+(1-\psi)/\rho_r]=\boxed{0.26}$$

(3)铺层的厚度

$$t=1\ 000\ w_f/\rho_r(1/\psi+\rho_r/\rho_f-1)=\boxed{8.74}\ \text{mm}$$

(4)铺层的密度

$$\rho=1/[\psi/\rho_f+(1-\psi)/\rho_r]=\boxed{1\ 563}\ \text{kg/m}^3$$

4.3.3 单层玻璃钢的性能

为了使大家对整个玻璃钢铺层的性能有一基本的了解,我们需要首先知道单层玻璃钢的性能。在这些性能分析中,我们假设:

(1)玻璃纤维在树脂中分布均匀;

(2)玻璃纤维和树脂黏结良好,没有缺陷;

(3)玻璃纤维和树脂的变形都在弹性范围内。

1. 单层玻璃钢的计算原理

让我们以拉伸强度为例来简单说明单层玻璃钢的计算原理。

当玻璃钢承受的拉伸载荷与单向连续纤维的方向一致时,玻璃钢中的玻璃纤维虽然会承受大部分的载荷,但根据假设(2),其应变和树脂的应该相同,(见图4-12):

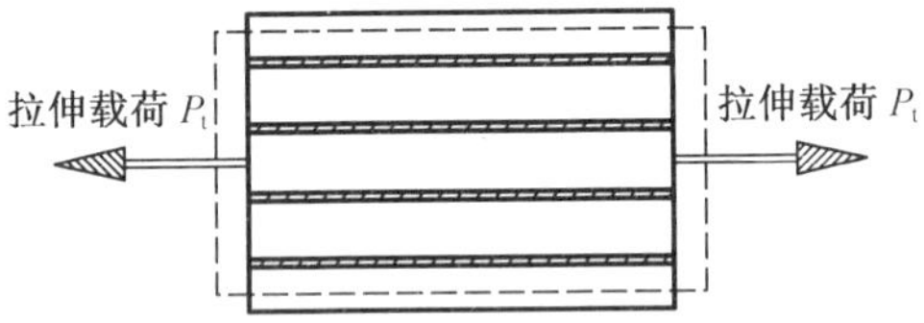

图4-12 纵向拉伸载荷 P_t

$$\varepsilon_f=\varepsilon_r=\varepsilon \tag{4-6}$$

式中 ε——玻璃钢的应变;

ε_f——玻璃纤维的应变;

ε_r——树脂的应变。

由于玻璃纤维和树脂的变形都在弹性范围内,所以,它们的应力可表示成:

$$\sigma_f=E_f\varepsilon_f \tag{4-7}$$

$$\sigma_r=E_r\varepsilon_r \tag{4-8}$$

式中 E_f——玻璃纤维的弹性模量,(MPa = N/mm^2);

E_r——树脂的弹性模量,(MPa),

σ_f——玻璃纤维上的应力,(MPa);

σ_r——树脂上的应力,(MPa)。

从上两式可知,由于 $E_f \gg E_r$,所以,玻璃纤维上的应力将远远大于树脂上的应力。

如果玻璃钢所受的拉伸力为 P_t,那么,该力可分成两部分:

$$P_t = P_f + P_r \tag{4-9}$$

由于拉伸力 P_t 是应力 σ 和横截面积 A 之乘积,则有:

$$\sigma A = \sigma_f A_f + \sigma_r A_r \tag{4-10}$$

$$\sigma = \sigma_f A_f / A + \sigma_r A_r / A \tag{4-11}$$

$$\sigma = \sigma_f \varphi_f + \sigma_r \varphi_r = \sigma_f \varphi_f + \sigma_r (1 - \varphi_f) \tag{4-12}$$

式中 A_f——玻璃纤维所占净横截面积,(mm^2);

A_r——树脂所占净横截面积,(mm^2);

A——玻璃钢总横截面积,(mm^2);

σ——玻璃钢上的应力平均值,(MPa);

φ_r——树脂的体积含量,(%)。

将式(4-12)除以应变 ε 可得拉伸弹性模量 E(MPa):

$$E = E_f \varphi_f + E_r (1 - \varphi_f) \tag{4-13}$$

玻璃纤维承受的载荷比例为:

$$P_f / P_t = \sigma_f \varphi_f / [\sigma_f \varphi_f + \sigma_r (1 - \varphi_f)] = E_f \varphi_f / [E_f \varphi_f + E_r (1 - \varphi_f)] \tag{4-14}$$

假设玻璃纤维的弹性模量 E_f 是树脂 E_r 的 20 倍,而玻璃纤维的体积含量是 20%,则玻璃纤维承受的载荷比例约为 83%,树脂只承受 17% 左右。

玻璃钢的纵向拉伸强度为玻璃纤维或树脂断裂(视何者为小)时所能承受的应力(参见图 4-13):

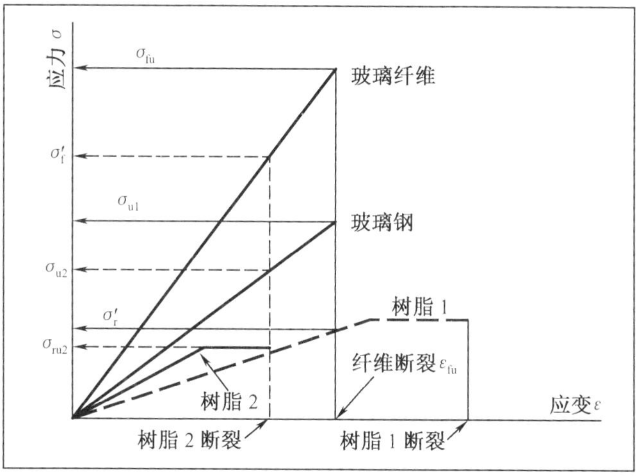

图 4-13 玻璃钢的拉伸应力～应变示意图[3]

当纤维先断裂时:

$$\sigma_{u1} = \sigma_{fu} \varphi_f + \sigma_r{}' (1 - \varphi_f) \tag{4-15}$$

式中 σ_{u1}——纤维先断裂时玻璃钢的拉伸强度,(MPa);

σ_{fu}——玻璃纤维的拉伸强度,(MPa);

$\sigma_r{}'$——在纤维断裂时树脂对应的应力,(MPa)。

当树脂先断裂时:

$$\sigma_{u2} = \sigma_f{}'\varphi_f + \sigma_{ru2}(1-\varphi_f) \tag{4-16}$$

式中 σ_{u2}——树脂先断裂时玻璃钢的拉伸强度,(MPa);

$\sigma_f{}'$——在树脂断裂时纤维对应的应力,(MPa);

σ_{ru2}——树脂的拉伸强度,(MPa)。

由图4-13可见,当树脂的断裂应变小于玻璃纤维的断裂应变时,后者的强度优势就发挥不出来,结果,使得玻璃钢的拉伸强度小了许多。这就是为什么在选择树脂时,其断裂应变应大于玻璃纤维的原因。

单层玻璃钢的厚度,可用下式来估算:

$$t_i = 1\ 000\ w_{fi}/\rho_{ri}(1/\psi_{fi} + \rho_{ri}/\rho_{fi} - 1) \tag{4-17}$$

式中 ρ_{fi}——第 i 层玻璃纤维的密度,(kg/m^3);

ρ_{ri}——第 i 层树脂的密度,(kg/m^3)。

2. 常用单层玻璃钢的性能曲线

单层玻璃钢的计算原理看似比较简单,其实真正计算起来并不容易。因为玻璃纤维的种类繁多,层数不同,方向各异,有的连续、有的断续,很难用上述计算原理来用手工计算。为了使大家应用方便,作者计算出了游艇结构设计中常用的几种玻璃钢材料的性能,并给出了它们的单层性能曲线,在缺乏试验资料时可供参考。

(1)短切毡的性能曲线(见图4-14)

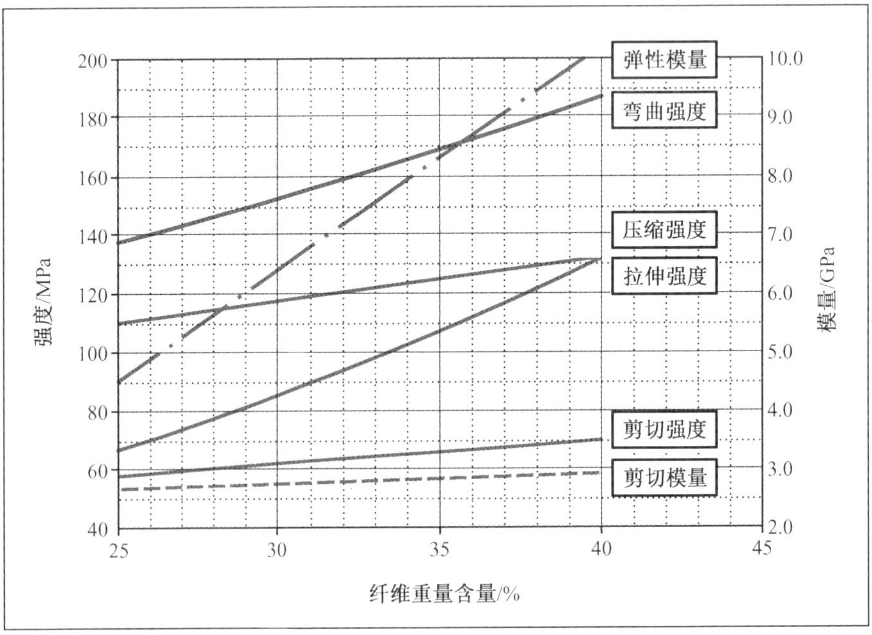

图4-14 短切毡玻璃钢的性能曲线

(2)缝纱布玻璃钢的性能曲线(见图4－15和图4－16)

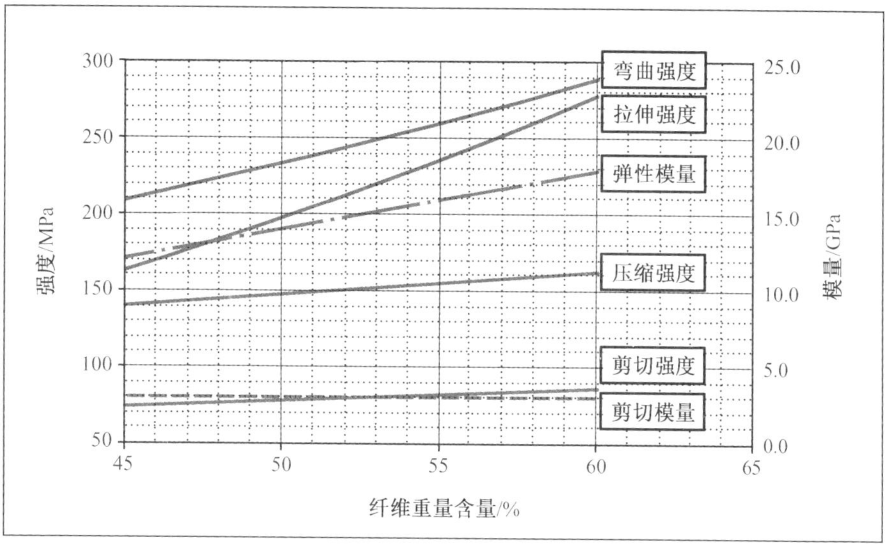

图4－15　缝纱布(0/90°)玻璃钢的性能曲线

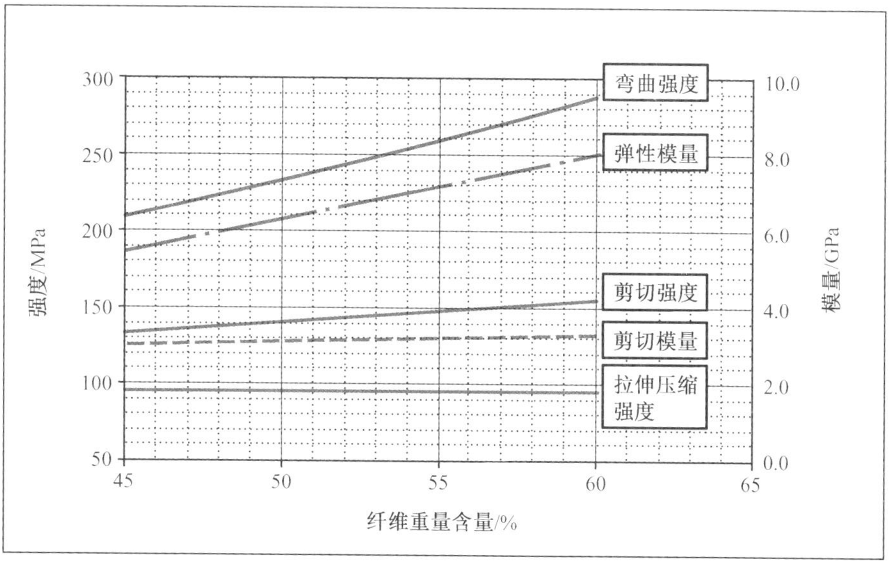

图4－16　缝纱布(±45°)玻璃钢的性能曲线

(3)单向布玻璃钢的性能曲线(见图4－17)

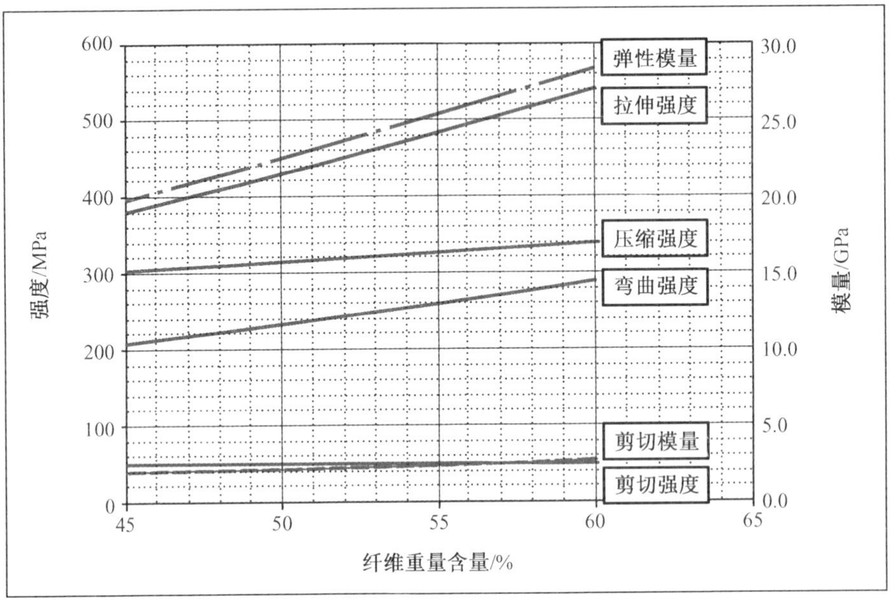

图4－17 单向布玻璃钢的性能曲线

(4)短切－缝纱布玻璃钢的性能曲线(见图4－18)

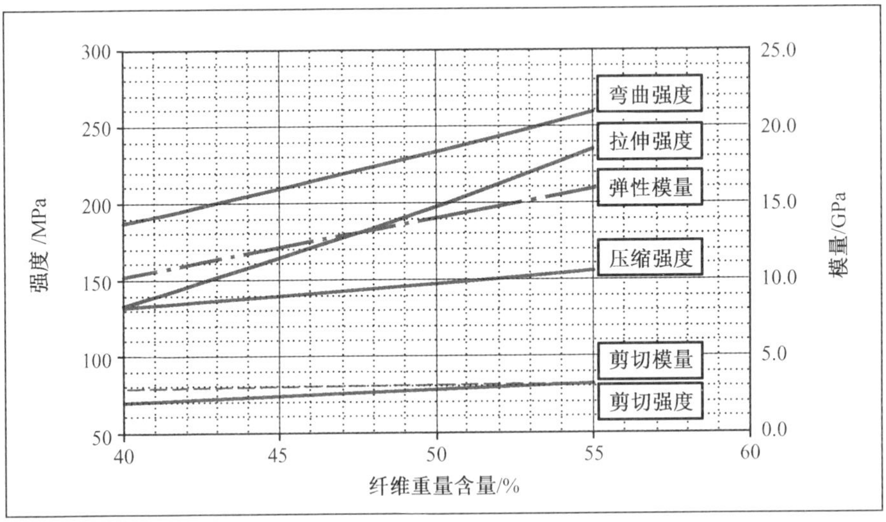

图4－18 短切－缝纱布(0/90°)玻璃钢的性能曲线

4.3.4 玻璃钢单板的性能

游艇玻璃钢外板一般分为单板和夹层板两种。它们的周边普遍用结构件（舱壁板、横肋骨、中龙骨、纵桁以及舭部加强板等）来支撑（参见图 4－19）。如果外板的长宽比 $l/b \geqslant 2.0$，其弯曲和剪切性能的计算在短边方向上进行即可，因为在相同载荷下该方向上的相对变形较大。相反，如果 $l/b < 2.0$，也需要在长边方向上进行校核。

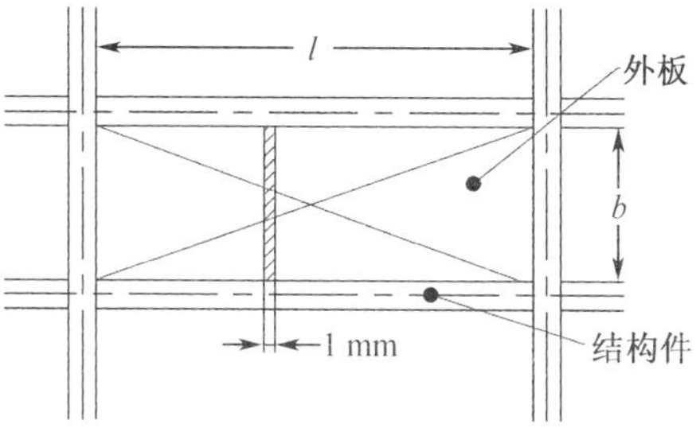

图 4－19 玻璃钢外板和结构件支撑示意图

玻璃钢单板由多层玻璃纤维和树脂铺设而成。其性能一般都由试验给出，但在概念设计和初步设计初期，玻璃钢的铺层还不能确定，这样就无法给出试验样品。此时就需要初步估算玻璃钢单板的基本性能。

原理上来说，有了单层玻璃钢的性能，只要将它们叠加组合起来就可得出玻璃钢单板的性能。为此，我们假设：

（1）相对于单板的宽度，其厚度要小得多；

（2）每层之间的黏结良好；

（3）每层的性能都在线性弹性范围内；

（4）铺层主要由单板长短边两个方向（0°/90°）上的玻璃纤维组成。

1. 拉伸性能

玻璃钢单板的拉伸性能是最基本的性能之一。如果单板铺层中第 m 层由于拉伸先断裂，此时，该层的应变 $\varepsilon_m (=\sigma_m/E_m)$ 就是整个铺层的应变 ε，相应地，各层玻璃钢的拉伸应力为 $\sigma_i (=E_i\varepsilon_m)$。在整个铺层中，拉伸应力并不相同，那些拉伸模量较大的铺层其拉伸应力也较大，如图 4－20 所示。

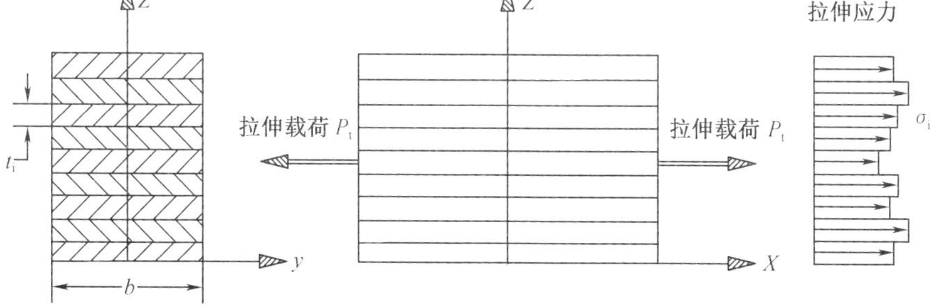

图 4－20 玻璃钢单板的拉伸应力示意图

单板的平均拉伸应力、平均拉伸模量分别为：

$$\sigma_a = \sum_{i=1}^{n}(\sigma_i t_i) / \sum_{i=1}^{n} t_i \tag{4-18}$$

$$E_a = \sum_{i=1}^{n}(E_i t_i) / \sum_{i=1}^{n} t_i \tag{4-19}$$

式中 σ_a——玻璃钢单板的平均拉伸应力，(MPa)；

E_a——玻璃钢单板的平均拉伸模量，(MPa)；

σ_i——第 i 层的拉伸应力，(MPa)；

E_i——第 i 层的拉伸模量，(MPa)；

t_i——第 i 层的厚度，(mm)。

玻璃钢单板的性能不仅与玻璃纤维含量有关，而且与玻璃纤维以及树脂的延伸率有关。实际上，决定单板铺层整体性能的不是最强的玻璃纤维，而是延伸率最小的材料，特别是树脂，如果其延伸率太小，在玻璃纤维还没有真正发挥作用时，树脂就已断裂，这会大大地影响单板的性能。

当单板(宽度为 b)受到拉伸载荷 P_t 时，可用下列步骤计算其拉伸应力 σ_i：

(1)按给定单板的材料先计算各层纤维的含量 ψ_i、厚度 t_i 以及总厚度；

(2)按材料的种类和纤维的含量从图 4-14 ~图 4-18(或从其他资料)查得各层的拉伸强度 σ_{ui}和模量 E_i 以及单板的平均拉伸模量 E_a(式 4-19)；

(3)求出横截面上的平均拉伸应力 $\sigma_a = P_t/(tb)$，平均应变 $\varepsilon_a = \sigma_a/E_a$；

(4)假设各层的应变相等($\varepsilon_i = \varepsilon_a$)，求出各层的拉伸应力 $\sigma_i = E_i\varepsilon_a$；

(5)比较各层的拉伸应力 σ_i 和拉伸强度 σ_{ui}，如果某层的拉伸应力 σ_i 大于其拉伸强度 σ_{ui}，该层将会断裂。

或者：

(3)计算各层的断裂应变 $\varepsilon_{ui} = \sigma_{ui}/ E_i$，取各层中最小的断裂应变为该单板的设计应变 ε_d；

(4) 由该应变计算各层相应的拉伸应力 $\sigma_i = E_i\varepsilon_d$；

(5) 由各层的应力 σ_i求出各层所能承受的拉伸载荷 $P_{ti} = \sigma_i t_i b$，各层的拉伸载荷之和即为该单板所能承受的最大拉伸载荷 $P_{t\max}$。

例 2：

已知：某玻璃钢单板所用材料同上例。

设计拉力 P_{td}	150	kN
剖面宽度 b	100	mm

求：该玻璃钢单板所能承受的最大拉伸载荷 $P_{t\max}$。

解:

表 4－6

1	2	3	4	5	6
层数	铺层材料和顺序	纤维重量	重量含量 ψ_i	弹性模量 E_i	拉伸强度 σ_{ui}
		/(kg/m^2)	/	/MPa	/MPa
1	450CSM	0.45	0.30	6 400	85
2	600ELT	0.60	0.50	14 000	197
3	800/225ELTM	1.025	0.42	11 000	146
4	800/225ELTM	1.025	0.42	11 000	146
5	800/225ELTM	1.025	0.42	11 000	146
6	800/225ELTM	1.025	0.42	11 000	146
7	600ELT	0.60	0.50	14 000	197
		总和	平均 ψ_a	平均 E_a	
		5.75	**0.421**	**10 953**	

1	7	8	9	10	11
层数	各层厚度 t_i	5x7 列 E_it_i	断裂应变 σ_{ui}/E_i	相应应力 σ_i	拉伸载荷 P_{ti}
	/mm	/(N/mm)		/MPa	/kN
1	1.037	6 638	0.013	85	8.8
2	0.727	10 179	0.014	186	13.5
3	1.562	17 184	0.013	146	22.8
4	1.562	17 184	0.013	146	22.8
5	1.562	17 184	0.013	146	22.8
6	1.562	17 184	0.013	146	22.8
7	0.727	10 179	0.014	186	13.5
	总和 t	总和	最小 ε_i	平均 σ_a	总和 P_{tmax}
	8.74	**95 733**	**0.013**	**145**	**127**

由上例可知,玻璃钢各层的最小断裂拉伸应变大约是 1.3%,与此断裂应变相应的拉伸应力并不相同,其平均值为 145 N/mm^2,该玻璃钢单板可承受的最大载荷是 127 kN。由于外界设计载荷大于其可承受的最大载荷,所以,它会产生断裂。再仔细分析,由于在第 1,3～6 层的拉伸应力已达到其强度极限,所以,这五层会首先产生断裂,然后,整个单板失效。为此,需要将外界载荷减小到 120 kN 以下,或是再增加两层 800/225ELTM 才能使该单板不至于断裂。实际上,这还远远不够,在设计中都要给出一定的设计储备,常用安全系数(极限值与设计值之比)代表。安全系数取 2 一般已经足够,但在某些特殊部位,有时也取 3。

2. 设计弯矩和剪力

在计算外板的弯曲和剪切性能时，一般都是采用切片理论。即在单板短边方向上切取一个单位宽度(1 mm) 的细长条,并假设该长条的两端点为固定支撑。

在细长条上的设计弯矩 M_d 和剪力 F_d 分别用下面两式表示:

$$M_d = 83.33k_C^2 \times 2k_2 \times P \times b^2/10^6 \tag{4-20}$$

$$F_d = \sqrt{k_C} \times k_{SHC} \times P \times b/10^3 \tag{4-21}$$

式中 M_d——外板细长条上的设计弯矩,(N·mm/mm);

F_d——外板细长条上的设计剪力,(N/mm);

P——在游艇外板上的设计压力,(kPa)(见附录 B 式 B-6 至 B-20);

b——外板短边,(mm);

k_{SHC}——有关外板剪切强度的展弦比因子(见附录 B 式 B-23);

k_2——有关外板强度的展弦比因子(见附录 B 式 B-21);

k_C——外板拱高修正因子(见附录 B 表 B-5)。

当外板是平板并且长宽比 $l/b \geqslant 2.0$ 时，$k_2 = 0.5$，$k_C = 1.0$。

当 $l/b \geqslant 4.0$ 时，$k_{SHC} = 0.5$。

3. 弯曲性能

玻璃钢单板的弯曲性能是另一个基本性能。它的刚度 EI 是弯曲性能的一个重要指标，其大小与所取坐标原点有关。对于任意轴 y,单位宽度(1 mm)细长条的刚度可用下式表示(参见图 4-21):

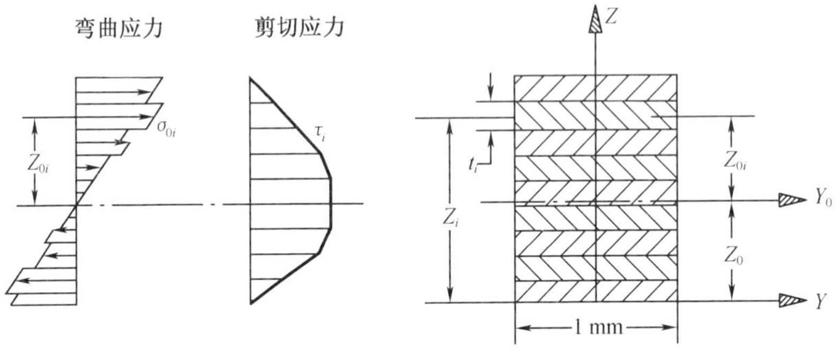

图 4-21 单板的坐标和应力示意图

$$(EI)_y = \sum_{i=1}^{n} E_i(t_i z_i^2 + I_i) \tag{4-22}$$

式中 $(EI)_y$——对于任意轴 y 单位宽度细长条的刚度。任意轴一般取在单板的最外层,但不包括胶衣,[(N·mm²)/mm];

E_i——第 i 层的弹性模量,(MPa);

z_i——第 i 层中心到任意轴 y 的距离,(mm);

I_i——第 i 层的自身惯性矩,$I_i = t_i^3/12$,(mm⁴/mm)。

对于形心轴 y_0(参见图 4-21),其刚度可用下式表示:

$$(EI)_0 = (EI)_y - \sum_{i=1}^{n}(E_i t_i)z_0^2 \quad (4-23)$$

式中　$(EI)_0$——单板相对于形心轴 y_0 的刚度，[$(N\cdot mm^2)/mm$]；

z_0——形心轴 y_0 与任意轴 y 之间的距离，(mm)。

$$z_0 = \sum_{i=1}^{n}(E_i t_i z_i) / \sum_{i=1}^{n}(E_i t_i) \quad (4-24)$$

各层相应于形心轴的弯曲应力可表示成：

$$\sigma_{0i} = M_d(E_i z_{0i})/(EI)_0 \quad (4-25)$$

式中　σ_{0i}——第 i 层的弯曲应力，(MPa)；

M_d——设计弯矩，(N · mm/mm)；

z_{0i}——第 i 层中心到形心轴 y_0 的距离，(mm)。

4. 剪切性能

至于单板的剪切性能，各层自身的剪切强度一般没有问题，最容易出现问题在各层之间的结合部，为此，有必要计算层间的剪切应力，并需要校核其剪切强度。各层间的剪切应力可表示成：

$$\tau_i = F_d Q_i/(EI)_0 \quad (4-26)$$

式中　τ_i——第 i 和 $i+1$ 层间的剪切应力，(MPa)；

F_d——设计剪力，(N/mm)。

$$Q_i = \sum_{i=1}^{n} E_i t_i (z_i - z_0) \quad (N\cdot mm/mm) \quad (4-27)$$

层间的剪切强度主要与树脂的性能、纤维和树脂间表面的剪切强度有关，而与纤维的性能关系不大。通过加大树脂的拉伸强度、增加树脂的体积含量可以改善层间的剪切强度。

由图 4-21 可知，单板最大的弯曲应力不一定出现在最外层，它与各层材料的弹性模量有关。而层间的最大剪切应力一般在形心轴附近。

当给定弯短 M_d 和剪力 F_d 时，可用下列步骤计算单板（宽度为 1 mm）的弯曲应力 σ_{0i} 和剪切应力 τ_i：

(1) 先设定一个原点横向坐标轴 y 位置，再按给定的单板铺层材料先计算各层的纤维含量 ψ_i、厚度 t_i 以及单板的厚度，然后，求出各层中心相对于该坐标轴 y 的垂向坐标 z_i；

(2) 按材料的种类和纤维的含量从图 4-14 ～图 4-18（或从其他资料）查得各层的拉伸或压缩强度 σ_{ui} 和弹性模量 E_i，并求出各层的 $E_i t_i$ 以及它们的总和 $\sum E_i t_i$；

(3) 求出横截面上的形心轴 y_0 的垂向坐标 z_0（式 4-24），并求出各层的中心相对于形心轴 y_0 的垂向坐标 z_{0i}；

(4) 求出各层相对于原点坐标轴 y 的刚度 $E_i I_i$ 及其总和 $\sum E_i I_i$，并将其转换成相对于形心轴 y_0 的 $(EI)_0$，然后，计算出各层的拉伸或压缩应力 σ_{0i}（式 4-25）；

(5) 求出各层的 Q_i（式 4-27），并求出层间的剪切应力 τ_i（式 4-26）；

(6) 比较各层计算的应力和相应的强度，如果某层的拉伸或压缩应力 σ_{0i} 大于其拉伸或压缩强度 σ_{ui}，该层将会断裂。同样，如果某两层间的剪切应力 τ_i 大于其剪切强度 τ_{ui}，该层间将会断裂。

例 3：

已知：某玻璃钢单板所用材料同上例

设计压力 P	120	(kPa)
板宽 b	450	(mm)
设计剪力 F_d/mm	27.0	(N/mm)
设计弯矩 M_d/mm	2 025	(N·mm/mm)

假设该单板所有计算的切面宽度都为 1 mm，其设计应力为所选材料强度的 1/2。

求：该玻璃钢单板各层的弯曲应力 σ，剪切应力 τ。

解：

表 4－7

1	2	3	4	5	6	7	8
层数	铺层材料和顺序	纤维重量	重量含量 ψ_i	弹性模量 E_i	拉伸，压缩 σ_{ui}	层间剪切 τ_{ui} **	厚度 t_i
		/(kg/m^2)	/	/MPa	/MPa	/MPa	/mm
1 外层	450 CSM	0.45	0.30	6 400	85	17.3	1.037
2	600 ELT	0.60	0.50	14 000	197	13.8	0.727
3	ELTM *	1.025	0.42	11 000	146	15.2	1.562
4	ELTM *	1.025	0.42	11 000	146	15.2	1.562
5	ELTM *	1.025	0.42	11 000	－136	15.2	1.562
6	ELTM *	1.025	0.42	11 000	－136	15.2	1.562
7	600 ELT	0.60	0.50	14 000	－147	13.8	0.727
		5.75	**0.421**	**10 953**			**8.74**
		总和	平均	平均			总和

9	10	11	12	13	14	15	16
5×8 列 E_it_i	各层坐标 Z_i	9×10 列 $E_it_iZ_i$	9×10×10 列 $E_it_iZ_i^2$	自身刚度 $E_it_i^3/12$	12＋13 列 $(EI)_i$	距形心轴 Z_{0i}	剖面模数 SM_i
/(N/mm)	/mm	/N	/(N · mm)	/(N · mm)	/(N · mm)	/mm	/mm^2
6 638	0.52	3 442	1 785	595	2 380	－4.59	20.13
10 179	1.40	14 258	19 971	448	20 419	－3.55	11.89
17 184	2.55	43 739	111 329	3 495	114 824	－2.82	19.04
17 184	4.11	70 584	289 922	3 495	293 417	－1.26	42.65
17 184	5.67	97 428	552 389	3 495	555 883	1.87	－28.80
17 184	7.23	124 273	898 728	3 495	902 222	3.43	－15.67
10 179	8.38	85 268	714 246	448	714 695	4.15	－10.16
95 733	**4.59**	**438 991**	**2 588 370**		**2 603 841**	**590 800**	
总和	形心轴 z_0	总和	总和		$(EI)_{原点}$	$(EI)_{形心轴}$	

17	18	19	20	21	22	23	24
计算应力 σ_{0i}	设计应力 σ_d	σ_d/σ_{0i}	剪切层位置	$Q_i=\sum E_i t_i \times (Z_0 - Z_i)$	剪切应力 τ_i	设计应力 τ_d	τ_d/τ_i
/MPa	/MPa	>1.0		/N	/MPa	/MPa	>1.0
100.6	42.50	0.42	1-2层间	26 995	1.23	8.63	6.99
170.3	98.50	0.58	2-3层间	59 416	2.72	6.88	2.53
106.4	73.00	0.69	3-4层间	94 476	4.32	7.58	1.75
47.5	73.00	1.54	4-5层间	102 692	4.69	7.58	1.61
-70.3	-68.00	0.97	5-6层间	84 063	3.84	7.58	1.97
-129.2	-68.00	0.53	6-7层间	38 589	1.76	7.58	4.30
-199.4	-73.50	0.37					

* 指 800/225 ELTM

** 参见附录 B,表 B-6

由上例分析可知:

(1)该单板内大部分铺层所受的应力已经超过了它的设计值,特别是最里层和最外层所受的应力大大超过其材料的强度极限($\sigma_{ui}/\sigma_{0i}<1$),会首先产生断裂;

(2)该单板的最大拉伸应力并不在最外层,这与该层的材料性能有关;

(3)该单板的剪切不成问题,最大剪切应力在4～5层之间,但仍然有足够的储备裕度($\tau_d/\tau_i>1$)。

一般来说,靠近形心轴处的拉伸或压缩应力最小,而此处的层间剪切应力总是最大。这就是为什么在形心轴附近可采用那些拉伸强度较小的材料(比如夹芯材等)的原因,但该材料的剪切强度要足够大,否则,会在此处首先出现剪切断裂,从而影响整个单板玻璃钢的性能。

4.3.5 玻璃钢夹层板的性能

玻璃钢夹层板由面板和夹芯材用一些黏合材料黏结而成。使用夹层板的主要目的是为了提高游艇的刚度。这就要求夹芯材和黏合剂有一定的剪切模量。如果在面板和夹芯材之间的黏结力太小,当夹层板受力时,面板和夹芯材间会出现位移。另外,如果夹芯材的剪切模量太小,在受力时上下面板就像两片分隔开的板。在这两种情况下,夹层板的刚度都会远远低于正常值。所以,选择夹芯材和黏合剂时,首先要考虑它们的剪切性能是否足够。

在正常情况下,玻璃钢夹层板作为一个整体来抵御外界的载荷。面板主要用于承受弯曲应力,夹芯材是承受剪切应力的主体,这就不仅要求面板的弯曲强度要高,而且夹芯材的剪切强度也要足够大。此外,它们之间黏合剂的黏结强度还要符合要求。图4-22为典型夹层板的坐标和应力示意图。

同样,在计算夹层板的弯曲和剪切性能时也是采用切片理论。

夹层板的刚度以及形心轴坐标的计算与单板类似,可用式(4-28),式(4-29),式(4-30)得出。

夹层板的弯曲应力和剪切应力可用式(4-25),式(4-26)来计算。

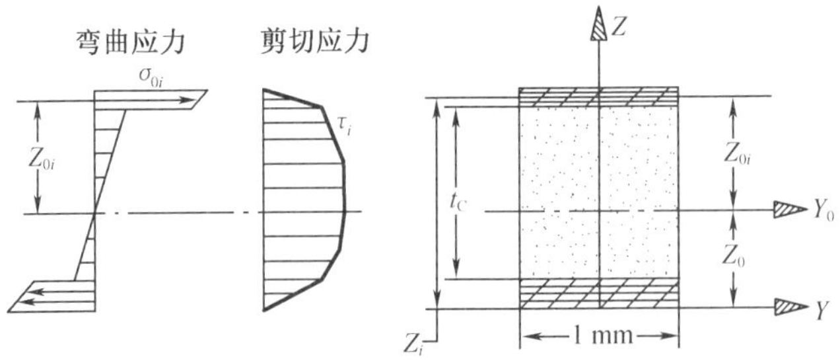

图 4-22 夹层板的坐标和应力示意图

在初步计算时,先分别求出夹层板上下面板的弹性模量 E_{f1} 和 E_{f2},然后,可用下式求出它们对于任意轴 y 的刚度:

$$(EI)_y = \sum_{i=1}^{2} E_{fi}(t_i z_i^2 + I_i) + E_c(t_c z_c^2 + I_c) \tag{4-28}$$

式中 $(EI)_y$——对于任意轴 y 夹层板的刚度,[(N·mm²)/mm];

E_{f1},E_{f2}——上下面板的弹性模量,(MPa);

t_1,t_2——上下面板的厚度,(mm);

z_1,z_2——上下面板中心到任意轴 y 的距离,(mm);

I_1,I_2——上下面板的自身惯性矩,(mm⁴/mm);

E_c——夹芯材的弹性模量,(MPa);

t_c——夹芯材的厚度,(mm);

z_c——夹芯材中心到任意轴 y 的距离,(mm);

I_c——夹芯材的自身惯性矩,(mm⁴/mm)。

对于形心轴 y_0,其刚度可用下式表示:

$$(EI)_0 = (EI)_y - (\sum_{i=1}^{2} E_{fi} t_i + E_c t_c) z_0^2 \tag{4-29}$$

式中 $(EI)_0$——对于形心轴 y_0 夹层板的刚度,[(N·mm²)/mm];

z_0——形心轴 y_0 与任意轴 y 之间的距离,(mm)。

$$z_0 = [\sum_{i=1}^{2}(E_{fi} t_i z_i) + E_c t_c z_c] / [\sum_{i=1}^{2}(E_{fi} t_i) + E_c t_c] \tag{4-30}$$

如果上下面板弹性模量 E_{f1} 和 E_{f2} 相近,并且远远大于夹芯材的弹性模量 $E_{f1} \approx E_{f2} = E_f \gg E_c$,此时,可忽略夹芯材的影响,取 $E_c = 0$,此外,由于面板的厚度远小于夹芯材的厚度,所以,相对于整个夹层板,面板自身的惯性矩很小可以忽略,这时,式(4-28),式(4-29),式(4-30),可简化成:

$$(EI)_y = E_f(t_1 z_1^2 + t_2 z_2^2) \tag{4-31}$$

$$(EI)_0 = (EI)_y - E_f(t_1 + t_2) z_0^2 \tag{4-32}$$

$$z_0 = (t_1 z_1 + t_2 z_2)/(t_1 + t_2) \tag{4-33}$$

夹层板的弯曲应力 σ_{0i} 和剪切应力 τ_i 计算可参照单板铺层的计算步骤,只不过用厚度较大的夹芯材代替其中靠近形心轴的一层玻璃纤维即可。

例 4:

下面是将例 3 中第 4 层中的 800/225ELTM 玻璃纤维换成 25 mm PVC 夹芯材料后的计

算过程。注意,除此之外,其他条件完全相同。

表 4-8

1	2	3	4	5	6	7	8
层数	铺层材料和顺序	纤维重量	重量含量 ψ_i	弹性模量 E_i	拉伸,压缩 σ_{ui}	层间剪切 τ_{ui}	各层厚度 t_i
		/(kg/m²)	/	/MPa	/MPa	/MPa	/mm
1 外层	450 CSM	0.45	0.30	6 400	85	17.3	1.037
2	600 ELT	0.60	0.50	14 000	197	13.8	0.727
3	ELTM*	1.025	0.42	11 000	146	15.2	1.562
4	夹芯材	0.00	0.00	138	2.56	1.92	25.00
5	ELTM*	1.025	0.42	11 000	-136	15.2	1.562
6	ELTM*	1.025	0.42	11 000	-136	15.2	1.562
7	600 ELT	0.60	0.50	14 000	-147	13.8	0.727
		4.73	**0.421**	**11 149**			**32.18**
		总和	平均(面板)	平均(面板)			总和

9	10	11	12	13	14	15	16
5×8 列 E_it_i	各层坐标 Z_i	9×10 列 $E_it_iZ_i$	9×10×10 列 $E_it_iZ_i^2$	自身刚度 $E_it_i^3/12$	12+13 列 $(EI)_i$	距形心轴 Z_{0i}	剖面模数 SM_i
/(N/mm)	/mm	/N	/(N·mm)	/(N·mm)	/(N·mm)	/mm	/mm²
6 638	0.52	3 442	1 785	595	2 380	-17.89	139.43
10 179	1.40	14 258	19 971	448	20 419	-16.85	67.66
17 184	2.55	43 739	111 329	3 495	114 824	-16.13	90.00
3 450	15.83	54 601	864 140	179 688	1 043 827	-14.57	7 943.03
17 184	29.11	500 185	14 559 139	3 495	14 562 634	12.00	-120.99
17 184	30.67	527 030	16 163 841	3 495	16 167 336	13.56	-107.05
10 179	31.81	323 850	10 303 062	448	10 303 510	14.29	-79.83
81 999	**17.89**	**1 467 105**	**42 023 267**		**42 214 930**	**15 965 726**	
总和	形心轴 z_0	总和	总和		$(EI)_{原点}$	$(EI)_{形心轴}$	

17	18	19	20	21	22	23	24
计算应力 σ_{0i}	设计应力 σ_d	σ_d/σ_{0i}	剪切层位置	$Q_i=\sum E_it_i\times(Z_0-Z_i)$	剪切应力 τ_i	设计应力 τ_d	τ_d/τ_i
/MPa	/MPa	>1.0		/N	/MPa	/MPa	>1.0
14.5	42.5	2.9	1-2 层间	115 317	0.20	8.63	44.23
29.9	98.5	3.3	2-3 层间	283 187	0.48	6.88	14.36
22.5	73.0	3.2	3-4 层间	546 902	0.92	7.58	8.19
0.25	1.3	5.0	4-5 层间	554 028	0.94	0.96	1.02
-16.7	-68.0	4.1	5-6 层间	361 297	0.61	7.58	12.40
-18.9	-68.0	3.6	6-7 层间	141 722	0.24	7.58	31.61
-25.4	-73.5	2.9					

* 指 800/225 ELTM

通过比较例3,4的结果可知,在第4层用夹芯材料代替玻璃纤维后,即使所受载荷相同,其应力也大大减少,例如,最外层的拉伸应力只是例3的14.4%左右,不但不会断裂,反而还有很大的储备裕度。事实上,再减少一层800/225 ELTM玻璃纤维仍然不会断裂。另外,靠近形心轴处的最大剪切应力也减小到20%左右。

4.3.6 玻璃钢结构件的性能

在游艇的结构设计中,玻璃钢结构件通常采用帽形结构,由面板、腹板、连接板和芯材四部分组成。但在计算中,通常还要加上带板。面板有时又分成两部分:(1)普通面板;(2)加强面板。前者面板、腹板的材料基本相同,后者面板的材料中加了单向布,纵向强度更高。图4-23为玻璃钢结构件的定义和应力示意图。

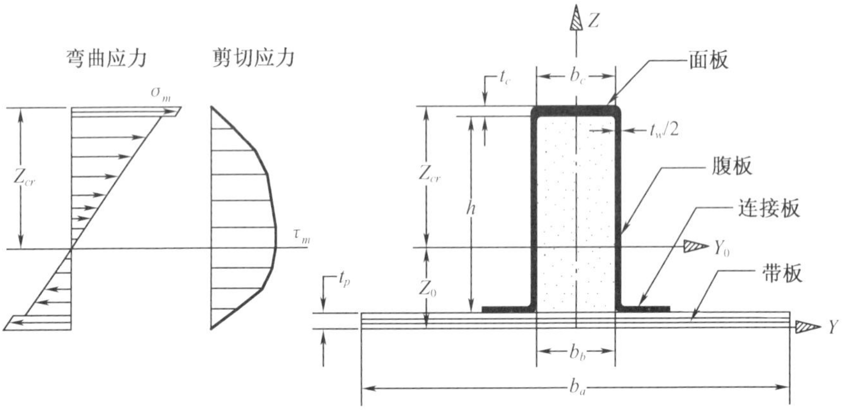

图4-23 玻璃钢结构件的定义和应力示意图

玻璃钢结构件的弯曲性能计算原理与玻璃钢单板铺层的类似,不同之处是把单板铺层中的各层由各部件来代替,例如,第一层用结构件的带板代替,第二层用结构件的连接板代替,以此类推。一般,结构件中的芯材为轻质材料,主要作用是帮助结构件成形,对结构件的性能没有影响。但有时在局部区域也用高强度芯材,这样,可以增加结构件的剪切性能。

1. 设计弯矩和剪力

在结构件上的设计弯矩 M_d 和剪力 F_d 分别用下面两式表示:

$$M_d = 83.33k_{CS} \times P \times s \times l_u^2/10^6 \tag{4-34}$$

$$F_d = k_{SA} \times P \times s \times l_u/10^4 \tag{4-35}$$

式中 M_d——结构件上的设计弯矩,(N·mm);

F_d——结构件上的设计剪力,(N);

P——在结构件外板上的设计压力,(kPa)(见附录B式B-6至B-20);

l_u——结构件跨度,(mm)(参见附录B图B-3);

s——结构件间隔。如果相邻间隔不同,取其平均值,(mm);

k_{SA}——结构件剪切面积因子;

k_{CS}——结构件拱高修正因子(见附录B表B-5)。

当结构件拱高比 $c_u/l_u<0.03$ 时,$k_{CS}=1.0$;$c_u/l_u>0.18$,$k_{CS}=0.5$。

当结构件黏附在外板上时，$k_{SA}=5.0$；浮动在外板：$k_{SA}=7.5$。

2. 弯曲和剪切性能

玻璃钢结构件对于任意轴 y 的刚度可用下式表示：

$$(EI)_y = \sum_{i=1}^{6} E_i(A_i z_i^2 + I_i) \tag{4-36}$$

式中 $(EI)_y$——对于任意轴 y 结构件的刚度，($N \cdot mm^2$)；

E_i——第 i 部分的弹性模量，(MPa)；

A_i——第 i 部分的横截面积，(mm^2)

z_i——第 i 部分的中心到任意轴 y 的距离，(mm)；

I_i——第 i 部分的自身惯性矩，(mm^4)；

$i=1$(带板)、2(连接板)、3(下腹板)、4(上腹板)、5(普通面板)、6(加强面板)。

结构件带板的有效宽度 b_a(参见图4-23)。

单板：
$$b_a = 20t_p + b_b \tag{4-37}$$
夹层板：
$$b_a = 20(t_1 + t_2) + b_b \tag{4-38}$$

带板的取向应和结构件方向一致。

对于形心轴 y_0(参见图4-23)，其刚度可用下式表示：

$$(EI)_0 = (EI)_y - \sum_{i=1}^{6}(E_i A_i) z_0^2 \tag{4-39}$$

式中 $(EI)_0$——对于形心轴 y_0 结构件的刚度，($N \cdot mm^2$)；

z_0——形心轴 y_0 与任意轴 y 之间的距离，(mm)。

$$z_0 = \sum_{i=1}^{6}(E_i A_i z_i) / \sum_{i=1}^{6}(E_i A_i) \tag{4-40}$$

最大的弯曲应力通常在面板的最外层，此处的弯曲应力可表示成：

$$\sigma_{cr} = M_d(E_{cr} z_{cr})/(EI)_0 \tag{4-41}$$

式中 σ_{cr}——面板最外层的弯曲应力，(MPa)；

E_{cr}——面板最外层的弹性模量，(MPa)；

z_{cr}——面板最外层到形心轴 y_0 的距离，(mm)。

有时，最外层并不一定是最容易断裂的一层，如此还需要校核其他部分是否满足要求。最大剪切应力在形心轴附近腹板上，所以，有必要给出此处的剪切应力：

$$\tau_m = F_d Q_{max} / [(EI)_0 t_w] \tag{4-42}$$

式中，τ_m 为形心轴附近腹板上的剪切应力，(MPa)；

$$Q_{max} = \sum_{i=1}^{n} E_i A_i (z_i - z_0) \quad (N \cdot mm) \tag{4-43}$$

计算步骤与单板铺层的类似，详见例5。

例 5:

已知:某玻璃钢结构件的带板所用材料同上例

设计压力 P	120	(kPa)
结构件跨度 L_u	1 400	(mm)
结构件高度 h	200	(mm)
结构件宽度 b_c	100	(mm)
结构件间隔 s	700	(mm)
设计剪力 F_d	58 800	(N)
设计弯矩 M_d	13 719 451	(N·mm)

结构件面板由两部分组成:面板 1—单向布 2×600 ELR;

面板 2—缝纱布 4×800 ELT。

结构件腹板和连接板是缝纱布 4×800 ELT。

假设该结构件设计应力 σ_d、τ_d 为所选材料强度的 1/2。

求:该玻璃钢结构件各部分的弯曲应力 σ,剪切应力 τ

解:

表 4-9

1	2	3	4	5	6	7	8
序号	各部分	高度 h 或 t /mm	宽度 b 或 t_w /mm	重量含量 ψ	弹性模量 E_i /MPa	拉伸,压缩 σ_{ui} /MPa	剪切强度 τ_{ui}^{**} /MPa
1	面板 1	1.50	100	0.55	25 200	482.0	12.9
2	面板 2	4.00	100	0.50	14 000	196.0	13.8
3	腹板(上)	130.0	8	0.50	14 000	196.0	78.0
4	腹板(下)	66.0	8	0.50	14 000	-148.0	78.0
5	连接板	4.00	100	0.50	14 000	-148.0	13.8
6	带板(内)	3.326	243.54	0.40	11 149	-142.0	15.5
	夹芯材	25.00	243.54		138	-2.56	1.92
	带板(外)	3.851	243.54	0.44	11149	-142.0	14.8
	总高	**237.7**					
	腹板总高	**196.0**					

9	10	11	12	13	14	15	16
面积	6×9 列	各层坐标	10×11 列	11×12 列	自身刚度	13+14 列	距形心轴
A_i	$E_i \times A_i$	Z_i	$E_i \times A_i \times Z_i$	$E_i \times A_i \times Z_i^2$	$E_i \times h_i^3 b_i/12$	$(EI)_i$	Z_{cri}
/mm²	/N	/mm	/N·mm	/(N·mm²)	/(N·mm²)	/(N·mm²)	/mm
150	3.78E+06	236.93	8.96E+08	2.12E+11	7.09E+05	2.12E+11	138.95
400	5.60E+06	234.18	1.31E+09	3.07E+11	7.47E+06	3.07E+11	137.45
1040	1.46E+07	167.18	2.43E+09	4.07E+11	2.05E+10	4.27E+11	133.45
528	7.39E+06	69.18	5.11E+08	3.54E+10	2.68E+09	3.81E+10	-62.55
400	5.60E+06	34.18	1.91E+08	6.54E+09	7.47E+06	6.55E+09	-66.55
810.0	9.03E+06	30.51	2.76E+08	8.41E+09	8.33E+06	8.42E+09	-69.88
6 088.5	8.40E+05	16.35	1.37E+07	2.25E+08	4.38E+07	2.68E+08	-94.88
937.9	1.05E+07	1.93	2.01E+07	3.88E+07	1.29E+07	5.17E+07	-98.73
	5.73E+07	**98.7**	**5.65E+09**	**9.77E+11**		**1.00E+12**	**4.42E+11**
	总和	Z_0	总和	总和		$(EI)_{base}$	$(EI)_{NA}$

17	18	19	20	21	22	23	24
剖面模数 SM_i	计算应力 σ_{cri}	设计应力 σ_d	σ_d/σ_{cri}	剪切位置	$Q_i=\sum E_iA_i \times (Z_0-Z_i)$	剪切应力 τ_i	τ_d/τ_i
/cm³	/MPa	/MPa	>1.0		/N·mm	/MPa	>1.0
126.21	108.7	241.0	2.22	面板 1 底	5.22E+08	0.70	9.26
229.66	59.7	98.0	1.64	面板 2 底	1.28E+09	1.70	4.03
236.54	58.0	98.0	1.69	形心轴	2.28E+09	37.88	1.03
-504.61	-27.2	-74.0	2.72	腹板底	2.06E+09	34.25	1.14
-474.29	-28.9	-74.0	2.56	连接板底	1.70E+09	2.26	3.04
-567.22	-24.2	-71.0	2.94	带板内底	1.08E+09	0.59	13.12
-33 751.16	-0.4	-1.3	3.15	夹芯材底	1.01E+09	0.55	1.74
-401.47	-34.2	-71.0	2.08				
	108.7		**1.64**		**2.28E+09**	**37.88**	**1.03**
	最大 σ_{cr}		最小		最大 Q_{max}	最大 τ_m	最小

连接板和带板连接部分的黏着力分析

连接部分	剪切强度 τ_u	τ_u/τ_d	设计剪切应力 τ_d	剪切位置	$Q_i=\sum E_iA_i \times (Z_0-Z_i)$	计算剪切应力 τ_i	τ_d/τ_i
	/MPa		>1.0		/N·mm	/MPa	>1.0
	13.75	5	2.75	连接板底	1.70E+09	2.26	1.22

作业

作业 1:计算下列单板中玻璃纤维:(1)重量总含量;(2)体积总含量;(3)单板的厚度;(4)密度。

已知:某简单表面玻璃钢单板由下列材料组合而成:

玻璃纤维:E 型;

2 层短切毡	450CSM(0.45 kg/m^2)
2 层缝纱布	600ELT(0.60 kg/m^2)
4 层短切 - 缝纱布	800/225ELTM(0.80 +0.225 kg/m^2)

树脂:不饱和聚酯树脂。

作业 2:计算下列玻璃钢单板各层的拉伸应力 σ。

已知:某玻璃钢单板所用材料同上。

设计拉力 P_{td}	150(kN)
剖面宽度 b	100(mm)

作业 3:计算下列玻璃钢单板各层的弯曲应力 σ,剪切应力 τ。

已知:某玻璃钢单板所用材料同上(假设切面宽度为 1 mm)。

设计压力 P	130	(kPa)
板宽 b	500	(mm)
设计剪力 F_d/mm	32.5	(N/mm)
设计弯矩 M_d/mm	2 708	(N · mm/mm)

作业 4:计算下列玻璃钢结构件各部分的弯曲应力 σ,最大剪切应力 τ_m。

已知:

设计压力 P	55	(kPa)
结构件跨度 L_u	1 400	(mm)
结构件间隔 s	700	(mm)
结构件宽度 b_c	100	(mm)
设计剪力 F_d	26.95	(kN)
设计弯矩 M_d	6 288	(N · m)

	宽度 mm	厚度 mm	弹性模量 MPa	强度 MPa
面板	100	8	20 000	300
连接板	100	5	12 000	180
带板	300	9	12 000	120
腹板高度 h	200			
腹板厚度 $1/2t_w$		5	12 000	120

4.4 游艇的结构设计

4.4.1 简介

上节我们已经简单介绍了玻璃钢性能的计算原理和步骤,实际上,在游艇结构设计中,由于受力和结构的复杂性,直接用上述方法计算游艇的强度将变得非常困难。有些大型豪华游艇用有限元法来直接计算游艇的强度,但多数中小型游艇都是按照某个规范来进行强度校核和结构设计[10]。

中小型游艇的结构设计规范主要有:(1) ABS,"Guide for Building and Classing – Motor Pleasure Yachts",Feb,2000,在美国多用;(2) ISO,"Small Craft – Hull Construction and Scantlings",ISO/12215,April,2008[9],它在各国都适用,但在欧洲用得最多。其他有关游艇的规范还有 DNV(挪威),RINA(意大利),LLOYD(英国)等。目前,出口到美国的游艇还不需要证书,但出口到欧洲的游艇要求比较严格,必须获得 CE 证书才能出口成行,而要获得 CE 证书就非得通过有关规范不可。在国外游艇界结构设计中比较常用的是 ISO 游艇结构设计规范。由于篇幅所限,我们不可能介绍它的详细内容,只择其有关中小型玻璃钢游艇的结构设计部分以附录的形式呈现给大家。

4.4.2 结构设计的过程和原则

不同的游艇设计师,其结构设计的过程也可能不同。一般来说,在游艇的结构设计开始前,其主要舱室的布置,包括的主舱壁位置、地板净高等就已经确定。在进行结构设计时,常常会先初步确定主机、螺旋桨的位置,并定出轴线的长度和倾斜角,再据此设计主机的基座。然后,将该基座向前后延伸并考虑油水箱、机电设备的布置以及地板的高度等,这样就有了纵向主要结构件的雏形。接着,再初步安排横向构件的位置。有了这些主要结构件和主舱壁的位置,就可按照规范的要求给出结构件的尺寸大小和艇外板的厚度。当然,结构设计不可能一蹴而就,需要不断调整,才能设计出强度和刚度足够、重量也较小的合理结构来。

在游艇设计中,最容易犯的错误是走极端。有些设计师(保守型)过分注重艇的结构安全性,留有太大的强度储备,结果艇的重量大大增加,这不仅严重地影响了艇的快速性能,而且也增加了艇的建造成本。而另一类设计师(冒进型),一味追求重量轻、成本低、速度高,最终造成艇的结构强度不足,留下隐患。一位优秀的设计师应该是折中权衡的高手,在满足安全要求的前提下,其设计的结构最为合理,重量也最轻。

由于游艇的尺度、形式、功能等形式多样,要求不同,不可能对各种游艇的结构设计给出一个统一的标准,只能根据具体的要求进行相应的设计。尽管如此,我们在游艇的结构设计中,还是要遵循一些基本的设计原则,主要包括:

(1)纵向构件,保持连续。在纵向和横向构件交叉的地方,纵向构件在穿越横向构件时最好能保持连续。

(2)底部纵桁,连续贯通。最好能贯通全艇,在结束端要有横向强肋板或舱壁板支撑。

(3)应力集中,必须避免。为了避免应力集中,结构件的变化不能突然,要有过渡。若板上设有开口,其开口角隅要做成圆角等。

(4)承载结构,慎重开孔。在承受应力较大的结构件上最好不要开孔,如非开不可,也要开在腹板下方,其开口垂向尺寸要小于腹板高度的一半。

(5)强度削弱,设法补足。如果因某种原因结构件的强度受到削弱,要想办法用其他方式加以补强。

(6)硬点相碰,要有缓冲。例如,在舱壁板和艇外板的相接处,中间要夹一些 PVC 夹芯材缓冲层,避免硬碰硬造成损伤。

(7)高载荷处,定要加强。在承受集中载荷较大的位置,像游艇的主机座、系缆桩、拖曳点等处都要局部加强。

4.4.3 结构布置的形式

游艇结构的布置大致可分成四种形式:(1)纵骨架式;(2)蛋盒式;(3)横骨架式;(4)混合式。这些结构布置形式都可以将外载荷和集中载荷有效地传送到主要支撑结构上。其中,纵骨架式和蛋盒式在游艇结构设计中比较常见。

(1)纵骨架式

其主要特点是艇外板由一些纵向构件加强,这些构件纵向连续且由横向构件和舱壁板支撑,它们的高度一般低于横向构件(参见图4-24)。

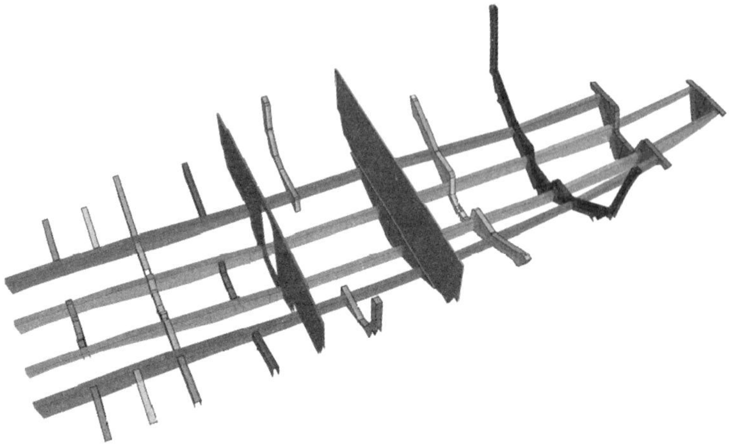

图4-24 纵骨架式结构示意图

(2)蛋盒式

这种结构形式的纵向构件与横向构件的尺寸相近,互相支撑。它们多用在小型游艇上,其结构性能的计算与上述不同,不能直接用规范,需要做一些修正(参见图4-25)。

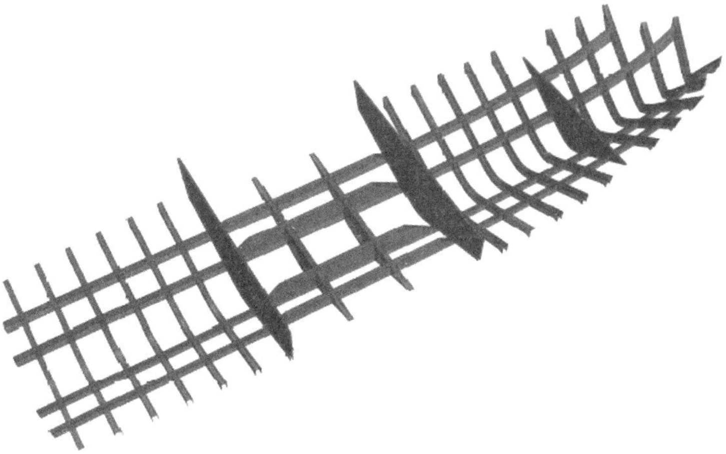

图 4－25 蛋盒式结构示意图

4.4.4 结构设计的一些细节

1. 特殊部位的加强

在游艇结构设计中，某些特殊部位，如底部中龙骨、艏柱、舭部等易受磨损、碰撞的部位都要适当加强和保护。具体的做法是在这些区域宽度 b(mm)等于 $\pm 40B_h$ 的范围内(参见图 4－26)增加玻璃纤维的重量。

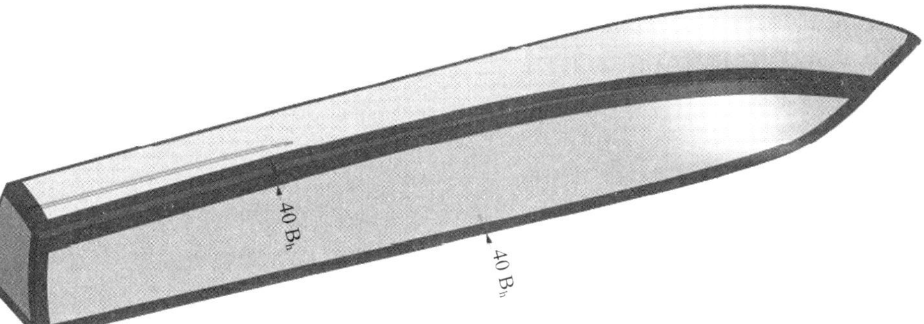

图 4－26 特殊部位的局部加强示意图

这些区域最小的玻璃纤维重量分别为：

对于底部中龙骨，$w_{k\min}=2.2w_{\min}$ (kg/m^2)

对于艏柱，$w_{s\min}=2.0w_{\min}$ (kg/m^2)

对于舭部，$w_{c\min}=1.7w_{\min}$ (kg/m^2)

其中 B_h——游艇的宽度，(m)；

$w_{k\min}$——底部中龙骨的最小纤维重量，(kg/m^2)；

$w_{s\min}$——艏柱的最小纤维重量，(kg/m^2)；

w_{cmin}——舭部的最小纤维重量,(kg/m^2);

w_{min}——艇体的最小纤维重量,(kg/m^2)(见附录 B 式 B-26)。

除上述区域之外,其他在游艇上承受较大集中载荷的部位,像艏推器、减摇鳍轴、舵轴、桨轴支架和艉轴管附近都要通过增加铺层的厚度进行局部加强。

2. 结构件和艇外板的连接

结构件和艇外板的连接方法有三种(见图 4-27):(1)铺层覆盖(Over Layup);(2)强力胶合(Adhesive Bonding)[10];(3)二次黏结(Secondary Bond)。

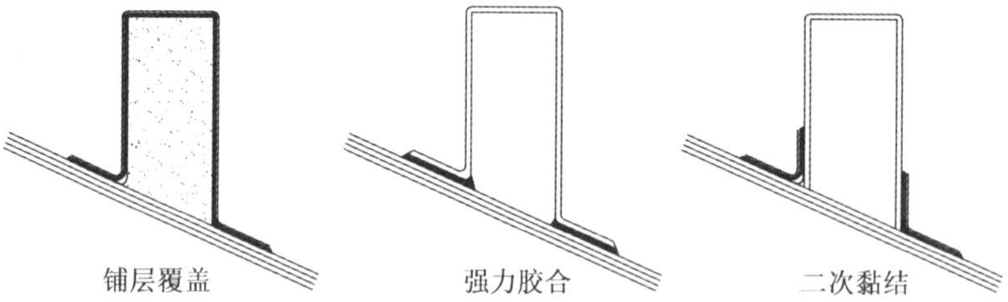

图 4-27 结构件的连接方法示意图

(1)铺层覆盖

铺层覆盖是最常用的方法。它是先将预先切割好的结构芯材铺设在合适的位置,然后,在芯材外面铺设多层玻璃纤维而连接到艇板上。在铺层过程中,各层之间要逐渐过渡,不可同时终止。第 1 ～2 层纤维在艇板上的宽度一般在 50 mm 左右,此后逐层(或双层)增加 15 ～25 mm(视总层数多少而定)。这种方法的优点是结构件与底板的黏结强度较高,施工作业比较灵活。其芯材一般选用轻质非结构性材料(如泡沫塑料等),但有的会在局部区域(如主机下的纵桁等)用强度较高的芯材(如三合板)以增加结构件的刚度,从而减少变形。

(2)强力胶合

强力胶合是把已成形的结构件用强力胶黏结在艇底板上。结构件通常先在其模具内成形,并留有一定的凸缘(Flange)以便形成一个黏接表面。脱模后,将整个结构件在艇底板上试合一下,设好定位件并在准备打胶的地方做好标记,然后,移去结构件,打好强力胶,移回该结构件并压上足够的重物,等待强力胶固化。

(3)二次黏结

二次黏结在主要加强材结构件上已很少应用,主要是因为其黏结强度比结构件的强度低很多,在承受较大载荷时易断裂。但在其他情况下二次粘接应用很多,像舱壁板与艇外板、甲板与艇外板、飞桥甲板与甲板室的连接等。在二次黏结的纤维铺层过程中,也要像铺层覆盖一样,在各层间逐渐过渡,不要同时终止。

4.4.5 结构设计中常见问题

在游艇结构设计中,出现的问题五花八门、千奇百怪,比较严重的问题多数在各种板的连接处、夹层板的夹芯材、结构件的应力集中等。我们选择一些常见的且会影响游艇结构性能的问题呈现给大家[11][12][13][14]。

1. 板连接(见表4－10)

表4－10　板连接

	常见问题	改善建议
舱壁板 艇外板连接	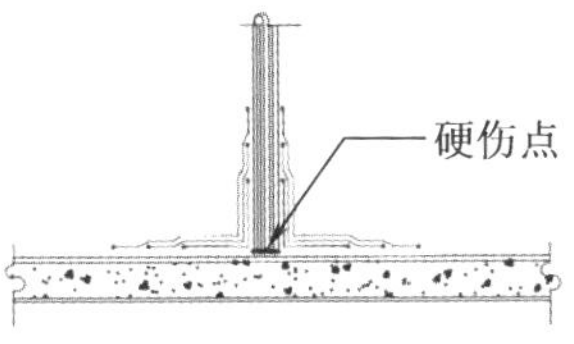	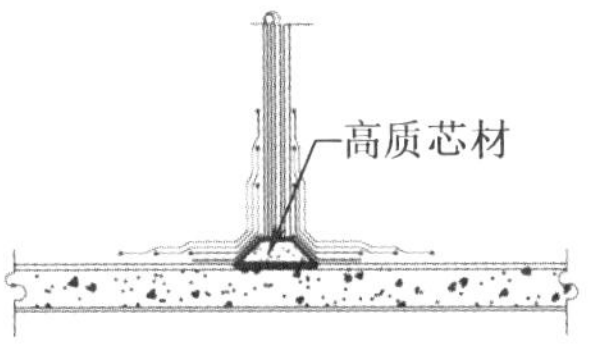
舱壁板 甲板连接	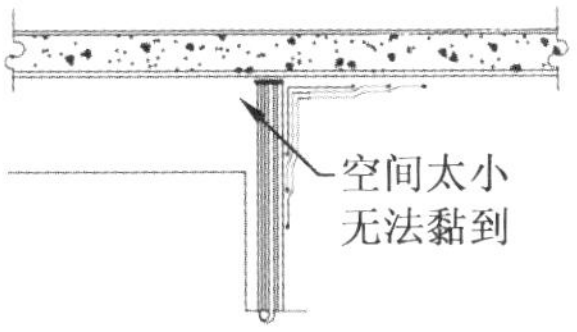	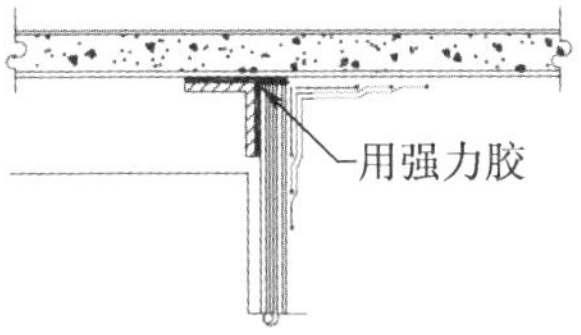
艇外板 甲板连接(1)	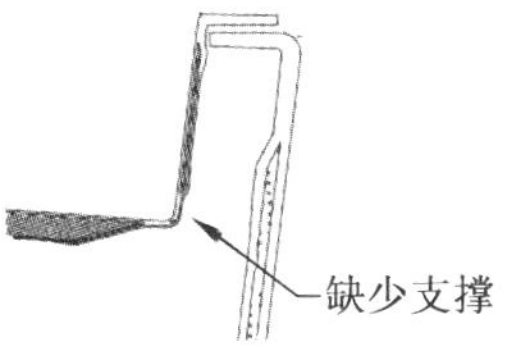	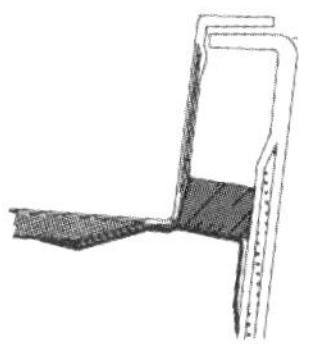
舱外板 甲板连接(2)	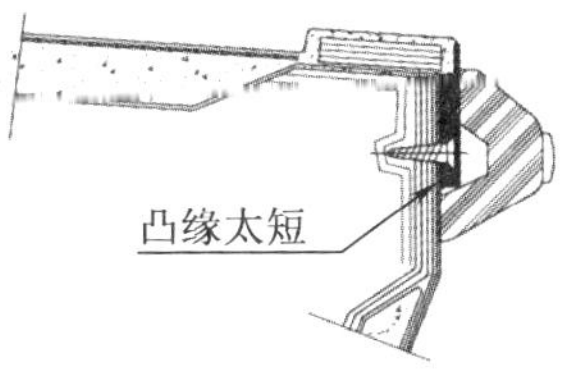	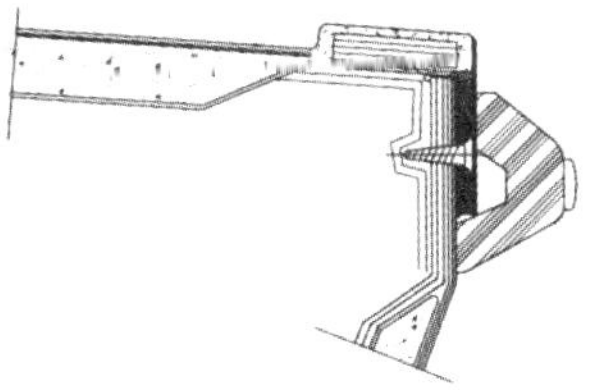

2. 夹层板(见表 4－11)

表 4－11　夹层板

	常见问题	改善建议
夹层板 到单板(1)	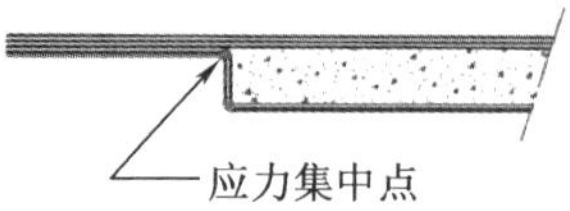	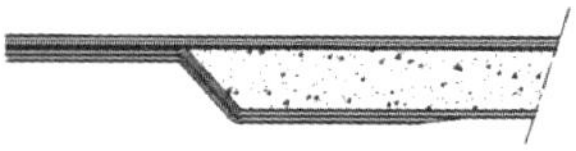
夹层板 到单板(2)	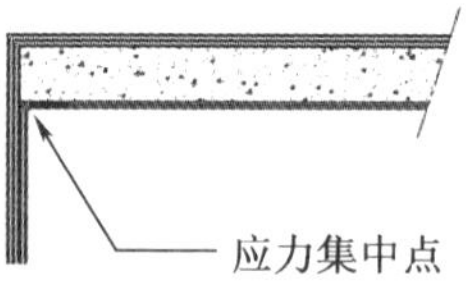	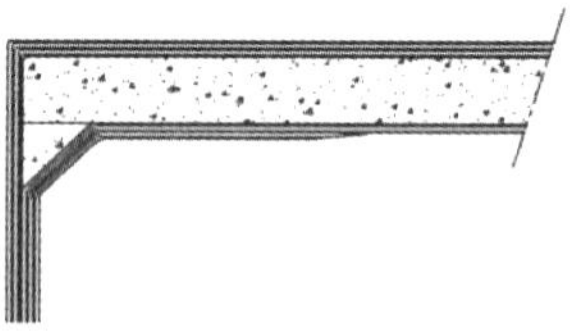
夹层板 开口	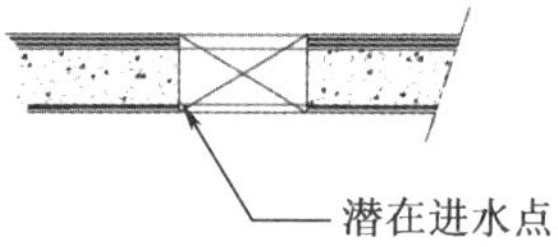	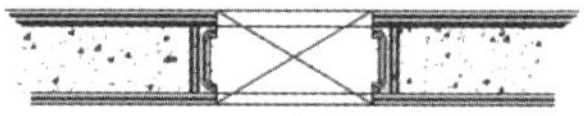
承力件绑 在夹层板(1)	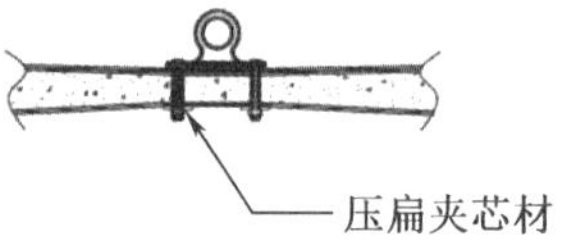	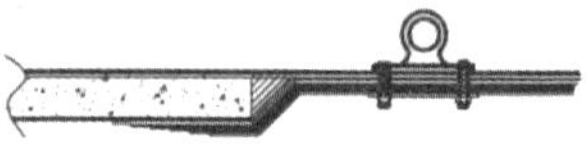
承力件绑 在夹层板(2)	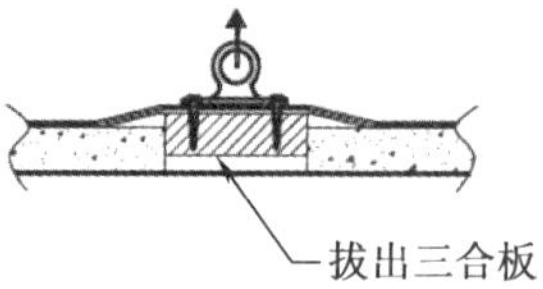	
夹层板 大开口	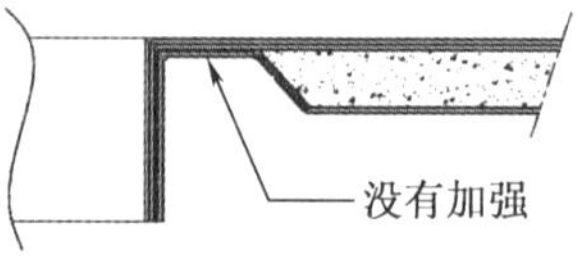	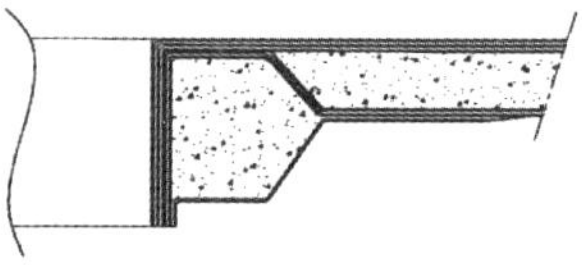

3. 结构件(见表4-12)

表4-12 结构件

	常见问题	改善建议
结构件铺层(1)	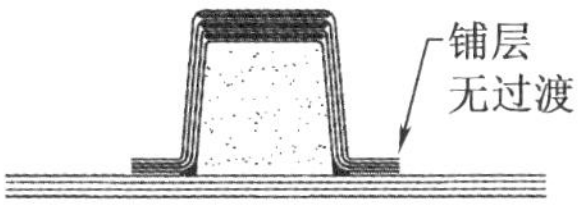	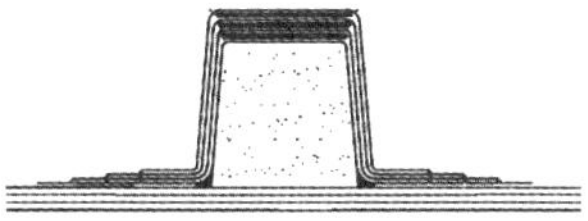
结构件铺层(2)	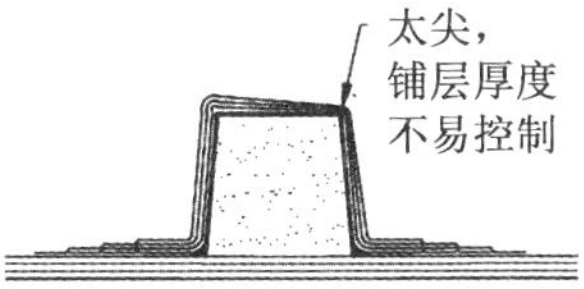	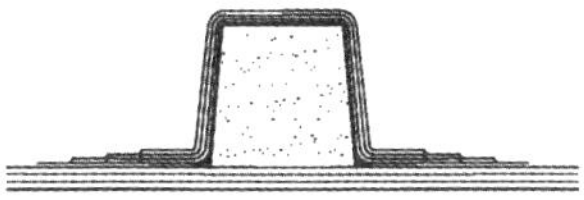
结构件铺层(3)	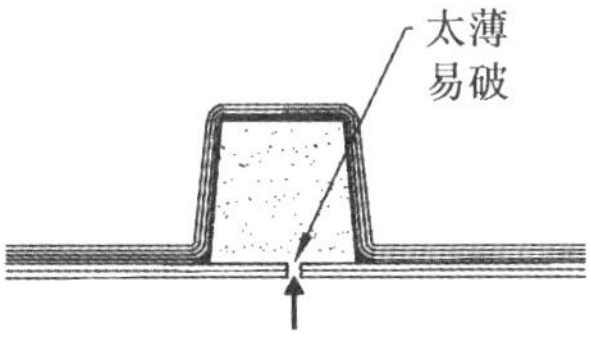	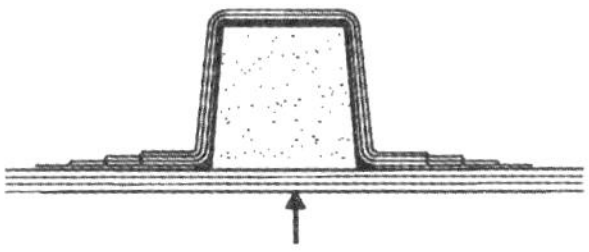
结构件过渡	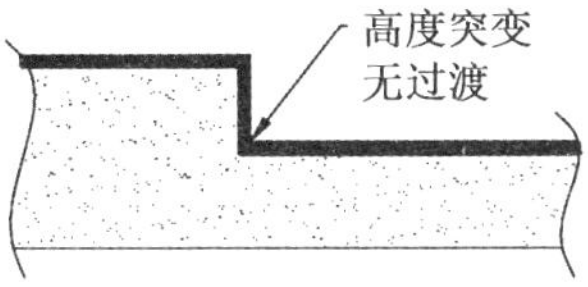	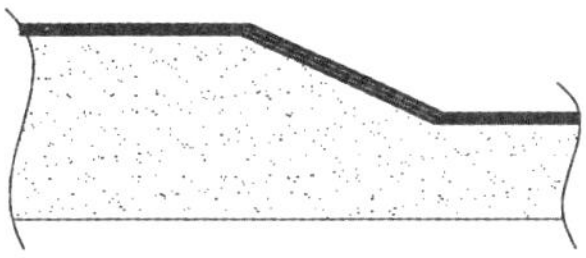
结构件开口	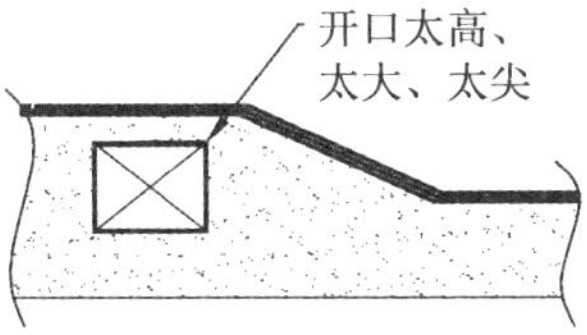	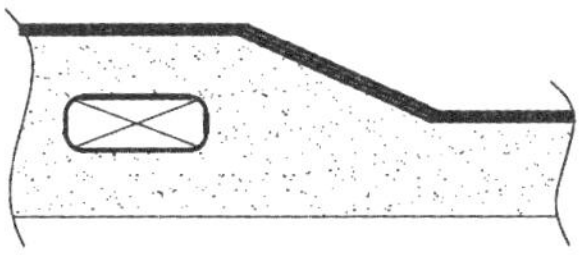
结构件端点	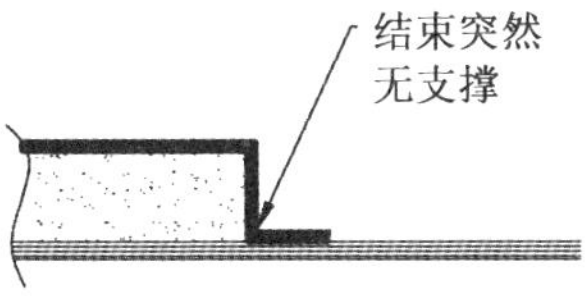	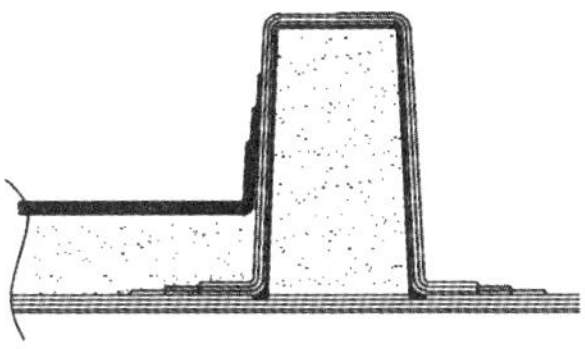

4.4.6 结构设计的范例

接着第2章例3,参考图4-28,按附录B中B1,B2,B3所学内容校核“海豚号”游艇的底部结构是否满足要求。

1. 该游艇的主要参数(见表4-13):

表4-13 “海豚号”主要参数

艇体的长度	L_h	16.33	m
满载排水量下静止水线的长度	L_{wl}	14.92	m
满载排水量	Δ	27 223	kg
满载排水量下的最大静水航速	V_o	34	kn
从艉部量起 $0.4L_{WL}$ 处的舭部宽度	B_c	4.5	m
从艉部量起 $0.4L_{WL}$ 处的舭部斜升角	$\beta_{0.4}$	19.9	°

2. 游艇的稳性分类:A型

3. 游艇的结构(见图4-28)

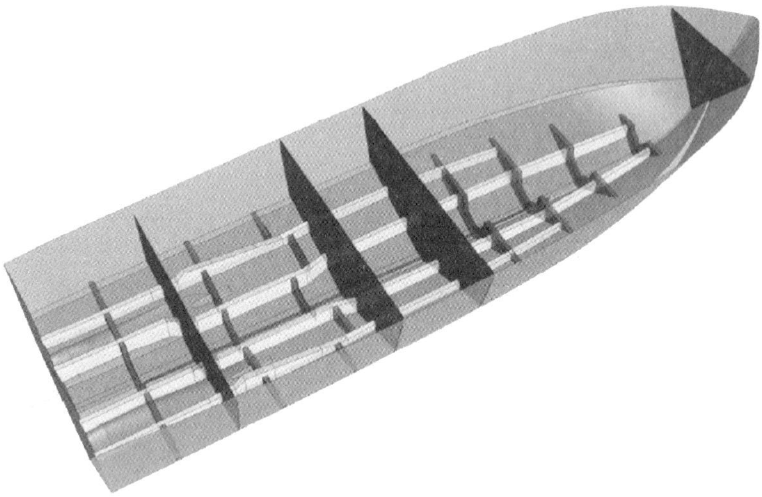

图4-28 结构件的连接方法示意图

4. 游艇的玻璃钢材料(见表4-14)

表4-14 游艇的玻璃钢材料

E玻璃纤维	密度(g/cm³)	纤维重量		纤维重量含量	
短切毡225CSM	2.55	0.23	kg/m²	30	%
缝纱布400ELT		0.40	kg/m²	50	%
缝纱布800EQX		0.80	kg/m²	50	%
短切-缝纱布800/225ELTM		1.025	kg/m²	42	%
单向布1000ELR		1.00	kg/m²	55	%
不饱和聚酯树脂	1.22				
高强度PVC夹芯材	0.1	断裂延伸率:		30%	

5. 游艇底板的位置和尺寸(见表4-15)

表4-15 游艇底板的位置和尺寸

		x/m	l/mm	b/mm
1	前舱	12.67	1 476	592
2	主人舱	8.43	1 286	693
3	应用舱	6.83	1 936	742
4	主机舱	4.41	1 962	737

6. 游艇的底板铺层(见表4-16)

表4-16 游艇的底板铺层

		外面板铺层			夹芯材30%延伸率		内面板铺层	
底板材料:夹层板		225CSM	400 ELT	800EQX	密度 ρ/kg/m³	厚度 t_c/mm	400 ELT	800EQX
1	前舱	2	1	2	100	30	0	2
2	主人舱	2	1	2	100	30	0	2
3	应用舱	2	1	2	80	30	0	2
4	主机舱	2	1	2	80	30	0	2

7. 游艇的结构件(见表4-17)

表4-17 游艇的结构件

		游艇结构件的位置和尺寸			结构件的剖面尺寸		
		x/m	l_u/mm	S/mm	b_c/cm	h/cm	b_b/cm
1	前舱	12.67	1 576	567	10.0	31.5	10.0
2	主人舱	8.43	1 386	633	10.0	21.7	10.0
3	应用舱	6.83	2 036	740	10.0	23.8	10.0
4	主机舱	4.41	2 062	804	10.0	28.7	10.0

8. 结构件的铺层设计(见表4-18)

表4-18 结构件的铺层设计

		腹板和面板		仅面板
		225CSM	800EQX	1000ELR
1	前舱	1	5	0
2	主人舱	1	4	0
3	应用舱	1	5	1
4	主机舱	1	7	4

9. 游艇的结构设计结果(见表4-19)

表4-19 游艇的结构设计结果

		满足规范要求?	
		底板	结构件
1	前舱	是	是
2	主人舱	是	是
3	应用舱	是	是
4	主机舱	是	是

参考资料

[1] SCOTT R J. Fiberglass Boat Design and Construction[M]. 2nd. Alexandria: SNAME,1996.

[2] PLESSIS H D. Fiberglass Boats[M]. 3rd. New York:International Marine,1996.

[3] MALLICK P K. Fiber - Reinforced Composites—Materials,Manufacturing,and Design[M]. New York:Marcell Dekker,1988.

[4] COCQUYT A. Infusion Revisited[J]. professional boatbuilder,2001,(69).

[5] JONES E D. Single Skin or Sandwich[J]. professional boatbuilder,2006,(99).

[6] LARSSON L,ELIASSON R E. Principles of Yacht Design[M]. New York: International Marine,1994.

[7] PFUND B. Cored Installation[J]. professional boatbuilder,2005,(94).

[8] PFUND B. Fiber - to Resin Ratios[J]. professional boatbuilder,1999,(59).

[9] INTERNATIONAL STANDARD. Small Craft—Hull Construction and Scantlings—Part 5: Design Pressure for Monohulls,Design Stresses,Scantlings Determination[S]. ISO/12215 - 5,2008.

[10] STAND R. Adhesive Bonding Meets Production Boatbuilding[J]. professional boatbuilder, 2002,(75).

[11] PFUND B. Hull - to - Deck Joints[J]. professional boatbuilder,1999,(60).

[12] DONALDSON S. How & Way Fiberglass Breaks[J]. professional boatbuilder,1991,(13).

[13] LLOYD'S REGISTER. Guidance Notes for the Classification of Special Service Craft—Desigb Details[S]. Version 1.0,Jan 1996.

[14] RINA. Rules for Classification of Pleasure Yachts,Part B: Hull & Stability. Chapter 4, Reinforced Plastic Hulls[S]. Jan 2009.

本章符号表

A——玻璃钢所占总横截面积,(mm^2);
A_f——玻璃纤维所占净横截面积,(mm^2);
A_i——结构件第 i 部分的横截面积,(mm^2);
A_r——树脂所占净横截面积,(mm^2);
b——玻璃钢外板的宽度,(mm);
B_c——从艉部量起 $0.4L_{wl}$ 处游艇的舭部宽度,(m);
B_{oa}——艇体的宽度,(m);
E_a——玻璃钢板的平均拉伸弹性模量,(MPa);
E_c——夹芯材的弹性模量,(MPa);
E_{cr}——结构件面板最外层的弹性模量,(MPa);
E_f——玻璃纤维的弹性模量,(MPa);
E_{f1},E_{f2}——夹层板上下面板的弹性模量,(MPa);
E_i——第 i 层的弹性模量,(MPa);
$(EI)_0$——对于形心轴 y_0 玻璃钢外板和结构件的刚度,($N \cdot mm^2/mm$),($N \cdot mm^2$);
$(EI)_y$——对于任意轴 y 玻璃钢外板和结构件的刚度,($N \cdot mm^2/mm$),($N \cdot mm^2$);
E_r——树脂的弹性模量,(MPa);
F_d——设计剪力,(N/mm),(N);
I_c——夹芯材的自身惯性矩,(mm^4/mm);
I_1,I_2——夹层板上下面板的自身惯性矩,(mm^4/mm);
I_i——第 i 层的自身惯性矩,(mm^4/mm);
l——外板的长边尺寸,(mm);
L_h——艇体的长度,(m);
l_u——结构件的跨度尺寸,(mm);
L_{wl}——满载排水量下游艇的静止水线长度,(m);
M_d——设计弯矩,($N \cdot mm/mm$),($N \cdot mm$);
P——设计压力,(kPa);
P_t——拉伸载荷,(kN);
s——结构件的间隔尺寸,(mm);
SM——外板和结构件的剖面模数,(mm^3/mm),(cm^3);
t——玻璃钢板的厚度,(mm);
t_c——夹芯材的厚度,(mm);
t_i——第 i 层的厚度,(mm);
V_0——满载排水量下游艇的最大静水速度,(kn);
w_f——玻璃纤维单位重量,(kg/m^2)
w_{fi}——第 i 层玻璃纤维单位重量,(kg/m^2);
w_r——树脂重量,(g);
z_0——形心轴 y_0 与任意轴 y 之间的距离,(mm);

z_{0i}——第 i 层中心到形心轴 y_0 的距离,(mm);
z_1,z_2——夹层板上下面板中心到任意轴 y 的距离,(mm);
z_c——夹芯材中心到任意轴 y 的距离,(mm);
z_{cr}——结构件面板最外层到形心轴 y_0 的距离,(mm);
z_i——第 i 层中心到任意轴 y 的距离,(mm);
$\beta_{0.4}$——从艉部量起 $0.4L_{wl}$ 处游艇的舭部斜升角,(°);
ε——玻璃钢的应变,(%);
ε_f——玻璃纤维的应变,(%);
ε_r——树脂的应变,(%);
ρ——玻璃钢板的密度,(kg/m^3);
ρ_f——玻璃纤维的密度,(kg/m^3);
ρ_r——固化后树脂的密度,(kg/m^3);
σ_{0i}——第 i 层的弯曲应力,(MPa);
σ_a——玻璃钢板的平均拉伸强度,(MPa);
σ_{cr}——结构件面板最外层的弯曲应力,(MPa);
σ_f——玻璃纤维所受的应力,(MPa);
σ_{fu}——玻璃纤维的拉伸强度,(MPa);
σ_r——树脂的所受的应力,(MPa);
σ_{ru}——树脂的拉伸强度,(MPa);
σ_u——玻璃钢的拉伸强度,(MPa);
τ_i——第 i 和 $i+1$ 层间的剪切应力,(MPa);
τ_m——结构件形心轴附近腹板上的剪切应力,(MPa);
φ_f——玻璃纤维体积总含量,(%);
φ_r——树脂的体积含量,(%);
ψ__玻璃纤维重量总含量,(%);
ψ_{fi}——第 i 层纤维的重量含量,(%);
Δ——满载排水量,(kg)。

第 5 章　游艇的重量重心

5.1　概　　述

正如第 2 章所述，重量和重心对现代游艇的性能有着重大的影响，正确地估算游艇的重量和重心是设计成功的关键因素之一，也是游艇型线设计和绘制型线图的基础。

如果游艇的重量太大，其对性能影响就会表现在：

(1)主机达不到额定转速，不得不超负荷运转，这会减少它的寿命；

(2)游艇的阻力增加，航速降低，在穿越阻力峰时变得困难；

(3)艇的吃水加大，也会带来一系列的问题，如飞溅严重、跳水板容易拍水等。另一方面，如果游艇的重量太轻，其底部载荷变小，这样，在高速航行时，游艇的垂向加速度会升高，从而使艇上人员的舒适性变差。

重心位置对游艇性能的影响主要从三个方向来考虑：

(1)重心纵向位置。该位置太靠前会使游艇产生艏倾，这不仅影响游艇的美观，也会加大飞溅、增加阻力。如果是高速游艇，还可能引起艇的动态横向不稳定(参见第 6 章)。但纵向重心也不能太靠后，否则，不仅游艇在静止时会产生严重的艉倾，使得跳水板离水面太近而可能发生拍击，而且艇在航行时其纵倾角也会太大，这样，除了导致驾驶员的视线盲区扩大之外，对艇的阻力也会大大不利。

(2)重心垂向位置。我们都知道，该位置太高会使游艇的稳性变差，在风浪中就有翻覆的可能。此外，高的重心也可能会使游艇在高速回转时向外倾斜，也可能在直航时出现动态横向不稳定。但是，垂向重心也不是越低越好，太低的重心会缩短艇的横摇周期，使艇上乘员感到不适。

(3)重心横向位置。自然，该位置应在艇的中心线上，不要使艇产生静态横倾。

重量和重心的计算和确定可分成几个阶段：

(1)概念设计阶段的初步估算；

(2)初步设计阶段的详细计算；

(3)建造过程中对重量和重心的控制；

(4)建造完成后的实艇试验验证。

本章主要给出游艇重量的分类和初步估算，重量重心的详细计算，建造期间重量的控制以及重量和重心的实艇验证。为了使大家更容易明白，其中也给出了一些假想试例。

5.2 重量的基本分类

5.2.1 简介

在计算游艇的重量时，一般先计算其轻载重量。为方便起见，常将其分成几大类，然后，在每个大类下再分成若干组，最后，在每个组别下又细分成各个项目。只要知道各个项目的重量和重心，整个游艇的重量和重心就可求出。看起来计算本身不难，公式也很简单，但实际上，这是一项耗时费力、枯燥乏味但非常重要的工作，需要有一定的经验而且还比较细心的人来完成。

5.2.2 基本分类

游艇的重量分类现在还没有一个完全统一的标准，大多是设计师根据自己的经验和习惯来分，大的类别相差不大，有些细项会有所不同，作者根据自己的体会，给出一个游艇重量的大致分类，不一定适合所有的游艇，仅供设计参考。

游艇的轻载重量可分成下列几大类：

1. 艇体类

这一类可分成以下几组：

(1)艇外壳板；(2)艇体纵向结构；(3)艇体横向结构；(4)水密结构舱壁；(5)内底结构；(6)艇内平台；(7)底座；(8)支撑；(9)机舱、储藏室地板；(10)护舷材和舭龙骨。

2. 上层建筑类

这一类可分成以下几组：

(1)主甲板及结构；(2)甲板室及结构；(3)时尚撑板(Fashion Plate)；(4)飞桥甲板及结构；(5)主机通风箱；(6)舱口盖、窗口盖；(7)玻璃钢内衬板；(8)雷达拱顶(Arch)；(9)硬顶(Hard Top)。

3. 内装类

这一类可分成以下几组：

(1)非结构性舱壁板；(2)木质衬面板；(3)地板；(4)各式家具；(5)梯子；(6)绝缘材料。

4. 舾装、液体箱类

这一类可分成以下几组：

(1)各种窗户；(2)栏杆；(3)液体箱；(4)操舵装置；(5)轴支架；(6)甲板配件和设备；(7)水密门；(8)小艇和吊机；(9)压浪板或阻流板。

5. 机械类

这一类可分成以下几组:

(1)主机及发电机;(2)轴系和螺旋桨;(3)废气排放装置;(4)仪表和控制;(5)海水冷却及燃油供应;(6)各种泵;(7)侧推器和减摇鳍。

6. 系统类

这一类可分成以下几组:

(1)淡水系统;(2)管配设备;(3)通风和空调;(4)厨房和沙龙设备;(5)消防系统;(6)洗涤设备。

7. 电器、电子设备类

这一类可分成以下几组:

(1)蓄电池;(2)配电板等设备;(3)照明设备;(4)电线;(5)电子设备;(6)天线、雷达等。

8. 艇上配备类

这一类可分成以下几组:

(1)锚泊和登艇设备;(2)航海仪器;(3)工具、备件等;(4)救生设备;(5)睡垫、坐垫、窗帘等;(6)艇主个人用品。

除了上述游艇的轻载重量外,我们还需考虑艇的半载和满载重量。前者要包括全部乘员及其随身携带物品、50%供应消耗品和50%液体。而后者则需在前者的基础上加上另外50%供应消耗品和液体。

5.2.3 各类重量所占比例

对于不同的游艇,其各类重量所占轻载重量的比例有所不同,没有一个精确的比例可供使用,只有一些大致的数据可以参考。为了使大家对此有一个基本概念,图5-1给出了一个玻璃钢游艇各类重量所占比例的大致范围示意图,这些比例的大小与所选的艇型、推进系统、所用材料有关。其中,上层建筑和机械类重量的变化范围较大(约8%),前者由上层建筑所用的材料(玻璃纤维或碳纤维)及甲板层数(单层或多层)来决定,后者取决于采用何种推进形式(常规型或先进型),其他种类的重量变化范围不大,一般在5%之内。

从图5-1可知,前三类重量的均值之和约占轻载重量的54%。如果想要减少游艇的总重量,从这三类着手比较有潜力可挖。剩下的其他各类好像“油水”不大。

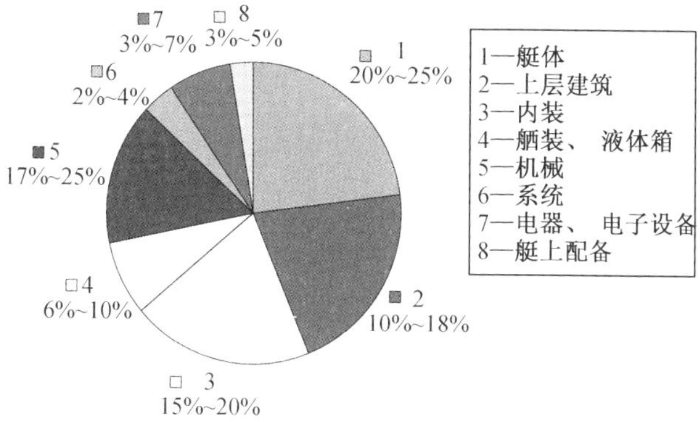

图5-1 各类重量占轻载重量的比例

5.3 重量的初步估算

5.3.1 简介

实际上,重量的初步估算在整个重量计算过程中是最困难的事。在概念设计阶段,由于资料不全,许多因素还无法确定,所以,只能应用一些统计资料或近似公式来进行估算,再留一些设计裕度。但这些公式都有一定的限制,其结果也不尽如人意。此时,如果有同一类型游艇的计算或试验资料,则可对上述公式进行修正,这样便能较精确地推算新艇的重量和重心,当然,也要留有一定的裕度,但此时的裕度可适当减小。

5.3.2 重量的估算

1. 近似公式

在估算新设计游艇的重量时,如果缺少资料,可用一些近似公式来估算。

游艇的轻载重量 W_L 可以近似表达成[1]:

$$W_L = W_{H\&S} + W_{Prop} + W_{Others} \tag{5-1}$$

$$W_{H\&S} = C_H L_{oa}(B_{oa} + D_h) \tag{5-2}$$

$$W_{Prop} = C_{PS}(P_S)^{1/2} \tag{5-3}$$

$$W_{Others} = C_O(L_{oa}B_{oa}D_h/100) \tag{5-4}$$

式中 $W_{H\&S}$——艇体和上层建筑重量,(kg);

W_{Prop}——推进系统重量,(kg);

W_{Others}——其他重量,(kg);

C_H, C_{PS}, C_O——相应各项重量系数,可参考母型求得;

P_S——总的轴功率,(kW);

L_{oa}——艇的总长度,(m);

B_{oa}——艇的总宽度,(m);

D_h——艇体的型深(不包括中龙骨),(m)。

如果没有母型参考,我们可用下列近似回归公式:

$$W_L = K(C_0 + C_1X_1 + C_2X_2 + C_3X_3) \tag{5-5}$$

式中,K 为艇型重量修正系数。

$K \approx 0.8 \sim 0.9$(对于轻型中高速、高速艇)

$K \approx 0.9 \sim 1.0$(对于普通中速、中高速艇)

$K \approx 1.0 \sim 1.1$(对于重型中低速、中速艇)

C_0, C_1, C_2, C_3 为回归系数;

X_1, X_2, X_3 为独立变量,定义如下:

$$X_1 = L_{oa}(B_{oa} + D_h) \tag{5-6}$$

$$X_2 = (Ps)^{1/2} \tag{5-7}$$

$$X_3 = (L_{oa}B_{oa}D_h/100) \tag{5-8}$$

式(5-5)中各系数见表5-1:

表5-1　式(5-5)中各系数

C_0	C_1	C_2	C_3
-19 300	124.8	732.5	3 806.5

例1:用近似公式估算第2章例3中的轻载重量。

已知:"海豚号"游艇的总轴功率、艇的总长,最大宽度、艇体的型深如下:

艇的总长 L_{oa}	16.33	m
艇的总宽 B_{oa}	5.17	m
艇体的型深 D_h	2.06	m
总的轴功率 P_S	1 433	kW
修正系数 K	0.82	

计算:

轻载重量	24 423	kg

2. 用母型法

如果新设计的游艇与某一类型的游艇相似,而后者又有比较详细的计算或试验资料,则可用这些资料来估算新艇的重量和重心,这就是常用的"母型"法。母型艇的选择要注意两点:

(1)与新艇的基本特征相类似。比如,两者的艇型类似,都是半滑行艇;两者的上层建筑相似,都是带飞桥甲板的双层甲板;两者的推进系统类同,都是双桨双舵;两者的建筑材料和建造方法相同,都是玻璃钢手工铺层等;

(2)母型艇资料齐全。要有一套完整的重量和重心的计算和试验资料。有了这些母型艇的资料，经过一系列的变换，就可以得出新艇的各类重量。同样，也要留有一定的裕度。

为了估算新设计游艇的轻载重量，就需要知道几个重要参数：

(1)艇的总长 L_{oa} 和水线长 L_{wl}；

(2)艇的总宽 B_{oa} 和水线宽 B_{wl}；

(3)艇体的型深 D_h(不包括中龙骨)[2]。

假设游艇的体积、面积相关重量类参数分别为 Q 和 A：

$$Q = 1/4(L_{oa} + L_{wl})(B_{oa} + B_{wl})D_h \tag{5-9}$$

$$A = 1/4(L_{oa} + L_{wl})(B_{oa} + B_{wl}) \tag{5-10}$$

式中 Q——体积相关重量类参数，(m^3)；

A——面积相关重量类参数，(m^2)；

L_{wl}——艇的水线长，(m)；

B_{wl}——艇的水线宽，(m)。

游艇的轻载重量 W_L 中与体积相关的重量类包括艇体、舾装、部分机械、系统、电器、电子设备、艇上配备类；与面积相关的重量类包括上层建筑、内装类。

这样，用各类体积相关的重量 W_{Qi} 除以参数 Q 可得：

$$k_{Qi} = W_{Qi}/Q \tag{5-11}$$

同样，用各类面积相关的重量 W_{Ai} 除以参数 A 可得：

$$k_{Ai} = W_{Ai}/A \tag{5-12}$$

式中 k_{Qi}——单位体积重量类系数(kg/m^3)；

k_{Ai}——单位面积重量类系数(kg/m^2)。

已经有了母型艇的各类重量和主要参数，我们可以据此求出母型艇的体积和面积相关的重量类参数，分别为 Q_0 和 A_0，然后，根据各类重量的属性(与体积和面积相关)分别除以相应的 Q_0 或 A_0，可求出系数 k_{Qi} 和系数 k_{Ai}。

在估算新艇的重量时，先求出新艇的 A_1 和 Q_1，再按各类重量的属性将它们分别乘以各自相应的系数 k_{Qi} 和 k_{Ai}，就可计算出新艇的各类重量。注意，有些设备，像主机、齿轮箱、发电机等的重量并不属于上述两类，这时直接引用有关规格书上的数据即可。这样，我们从母型艇的重量就可得出新艇的轻载重量。为便于说明，举例如下：

例2：用母型法估算"海豚号"新艇的轻载重量。

假设：

母型艇参数：				新艇参数：			
	L_{oa} =	16.8	m		L_{oa} =	16.33	m
	L_{wl} =	15.0	m		L_{wl} =	14.92	m
	B_{oa} =	5.2	m		B_{oa} =	5.17	m
	B_{wl} =	4.3	m		B_{wl} =	4.6	m
	D_h =	2.1	m		D_h =	2.06	m
	Q_0 =	158.60			Q_1 =	157.24	
	A_0 =	75.53			A_1 =	76.33	

表 5-2

各类重量		母型艇		系数	新艇	
		W_0/kg		k_A 或 k_Q		W_1/kg
1	艇体	5 178	k_Q =	32.65		5 133
2	上层建筑	4 501	k_A =	59.60		4 549
3	内装	4 480	k_A =	59.32		4 528
4	舾装	1 782	k_Q =	11.24		1 767
5	机械	5 186				
	主机和齿轮箱		减去	4 000	给定	4 000
	机械(扣除主机和齿轮箱)	1 186	k_Q =	7.48		1 176
5a	机械(包括新艇主机和齿轮箱)					5 176
6	系统	783	k_Q =	4.94		776
7	电器、电子设备	1 644	k_Q =	10.37		1 630
8	艇上配备	576	k_Q =	3.63		571
	轻载重量	24 130				24 129

5.3.3 重心的估算

游艇的重心很难用一些近似公式来估算。如果没有参考资料,可先假定垂向重心 V_{cg} 在 0.8～0.9 倍的艇体型深 D_h(不包括中龙骨)处。如果用母型法,可先把母型艇各类重量的重心标在侧剖面图上。对于纵向重心 L_{cg},检查母型艇和新设计艇之间的主要设备和布置有何差别,例如,若母型艇的主机舱在舯部,而新设计艇的却在艉部,那就改变第 5 类重量的重心至艉部,依此类推就可求出新艇的纵向重心。对于垂向重心 V_{cg},也可照此办理。但要注意,此时,母型艇和新设计艇的艇体型深、甲板层数、各层地板的高度之不同则是影响调整 V_{cg} 的主要因素。

5.3.4 估算的裕度

在游艇设计的初期阶段,考虑到资料的缺乏以及估算方法的局限,还有客户要求的不确定性,在游艇的重量和重心估算中一定要留有足够的裕度。另外,在技术设计阶段,虽然绝大部分资料已经齐备,但仍然会有一些遗漏和无法计算或控制的项目,这样也需留有一定的裕度。比如,在进行艇体铺层时,玻璃纤维布之间重叠部分就很难掌握,树脂的含量也不好控制,所以,用设计裕度来涵盖这些类似不确定的情况是非常必要的。

设计裕度具体取多少并没有一个明确的规定,它是一个动态的过程,除了与设计和建造的阶段有关外,也与下列几个因素相关:(1)设计者在过去类似游艇设计中积累的经验和数据;(2)生产厂商控制重量的严格程度;(3)客户要求的确定性。

虽然设计裕度的选取没有一个明确的规定，但却有一个大致原则：设计阶段越早、设计者的经验越少、建造者的管理越松、使用者的要求越模糊，那么，应选取的设计裕度就越大。反之亦然。为使大家有一个大致概念，游艇在不同的设计阶段其重量裕度可参考下表：

表5-3　在不同设计阶段重量裕度参考值

游艇不同的阶段	重量裕度值
概念设计阶段	10%轻载估算值
初步设计阶段	8%轻载估算值
详细设计阶段	4%轻载估算值
建造阶段	4%详细计算值
服务阶段	1%详细计算值

作者估算游艇轻载重量的经验是：

1. 在初步设计阶段

(1)如果是用近似公式(5-5)
对于半滑行艇，设计裕度取8%左右；
对于全滑行艇，设计裕度取6%左右。
(2)如果是用母型法
均取设计裕度5%左右。

2. 在详细设计阶段

(1)建造裕度
选轻载计算值的4%左右。
(2)几类不易控制的重量
选各类重量的3%～5%作为设计裕度。这几类包括艇体类、上层建筑类、内装类和舾装类。

作业

作业1：

以“海豚号”游艇为母型，假设某游艇主机和齿轮箱的重量与母型艇的相同，用母型法估算该艇的轻载重量。

已知：该游艇的主尺度如下：

艇的总长	$L_{oa}=19.6$	(m)
设计水线长	$L_{wl}=17.9$	(m)
艇的总宽	$B_{oa}=5.38$	(m)
艇的水线宽	$B_{wl}=4.90$	(m)
艇的型深	$D_h=2.47$	(m)

作业 2:

用近似公式估算上述新艇的轻载重量。

已知:该游艇的参数如下:

总的轴功率 $P_S = 1\ 611$ (kW)

5.4 重量重心的计算和控制

5.4.1 简介

在技术设计阶段,主尺度和艇体型线已经确定,总布置图和机舱布置图大致完成,主要设备也已定购,这样,就有条件详细计算其重量和重心。计算其实很简单,重要的是要考虑周全。一个办法是将游艇的重量有系统地划类分组,然后再细分到每一个具体项目。

重量和重心的计算很重要,但在建造过程中对它们的控制更不能少。否则,所做的计算就是纸上谈兵,没有意义。

5.4.2 重量、重心的计算

在计算重量和重心时,首先要详细列出艇上所有的项目,尽量不要有任何遗漏。但在实际上不可能完全如此,有些项目的重量和重心要靠估算,所以,还需留有一定的裕度。

游艇的轻载重量 W_L 和重心 V_{cg}(垂向),L_{cg}(纵向),T_{cg}(横向)可以表达成:

$$W_L = \sum W_i \tag{5-13}$$

$$L_{cg} = \sum (W_i X_i) / \sum W_i \tag{5-14}$$

$$T_{cg} = \sum (W_i Y_i) / \sum W_i \tag{5-15}$$

$$V_{cg} = \sum (W_i Z_i) / \sum W_i \tag{5-16}$$

式中 $W_1 = W_{Hull}$——艇体类重量,(kg);

$W_2 = W_{Surp}$——上层建筑类重量,(kg);

$W_3 = W_{Join}$——内装类重量,(kg);

$W_4 = W_{Fitt}$——舾装、液体箱类重量,(kg);

$W_5 = W_{Mach}$——机械类重量,(kg);

$W_6 = W_{Syst}$——系统类重量,(kg);

$W_7 = W_{Elct}$——电器电子类重量,(kg);

$W_8 = W_{Outfit}$——艇上配备类重量,(kg)。

X_i, Y_i, Z_i 分别为纵、横和垂向重心的坐标(m)。

艇体类主要包括艇体外壳、艇体结构、水密结构舱壁等,它们基本上由玻璃钢铺层构成。所以,在计算各部分的重量时,先求出各部分的面积和形心,同时,根据不同部位的玻璃钢铺层厚度求出单位面积的重量,然后,乘以相应的面积就可得出各部分的重量,它们的形心就是该部分重量的重心。同样,在计算上层建筑类各部分的重量时,也可照上述办理。

内装类可分成以下几组:(1)非结构性舱壁板;(2)木质衬面板;(3)地板;(4)各式家具等。它们多由木材组成,同理,只要找出木板的单位重量,就可求出该部分的重量和重心。

舾装、液体箱类由各种窗户、栏杆、液体箱、操舵装置、轴支架、甲板配件和设备、水密门等组成。窗户、栏杆、液体箱可用上面所述的方法,后面几组可参考各种设备的规格书和在艇上的布置图求得它们的重量和重心。

其他如机械类、系统类、电器电子类、艇上配备类的重量和重心与此相似。只是艇上的电线、电缆的重量和重心不易掌握,可根据类似艇的经验估算出来。

除了上述轻载重量之外,另外还有两种状态需要考虑,那就是半载和满载重量。前者包括:乘员和个人用品、50%供应品和储备品、50%燃油、淡水、污水、50%杂品等。后者包括:乘员和个人用品、100%供应品和储备品、100%燃油、淡水、100%杂品等。

下例为一条假想游艇的重量和重心的计算结果。由于篇幅所限,作者只把其中一类(艇体结构)以及该类所属的其中一组(外壳板)内各个项目的详细内容列出来供大家参考:

例 3:假想游艇重量和重心的计算,见表 5-4,表 5-5,表 5-6。

表 5-4 重量和重心的计算

艇型号: 日期:

类别	类名	重量/kg	Z/m	X/m	Y/m
1	艇体结构	8 252	0.474	8.900	0.000
2	上层建筑	4 233	2.575	8.808	0.001
3	内装	6 428	1.553	6.231	0.024
4	舾装、液体箱	2 449	1.578	7.129	0.101
5	机械	7 686	0.494	10.792	0.014
6	系统	1 235	1.165	8.553	-0.232
7	电器、电子设备	1 848	1.056	8.882	0.238
8	艇上配备	1 505	1.629	7.368	0.033
	总重量(无裕度)	33 636	1.139	8.600	0.021
	裕度 5%	1 682	1.139	8.600	0.021
	游艇轻载重量	35 318	1.139	8.600	0.021
	燃油(50%)	1 812	0.422	7.786	
	淡水(50%)	484	-0.008	2.566	
	乘员(10 位)	750	2.210	7.622	
	个人用品	250	2.210	7.622	
	供应品、储藏品(50%)	163	1.110	9.451	
	其他杂物(50%)	73	1.110	9.451	
	污水(50%)	302	0.260	4.693	
	载重量(半载)	3 834	0.863	6.943	0.000
	游艇半载重量	39 152	1.112	8.437	0.019
	燃油(100%)	3 623	0.584	7.786	

表 5-4(续)

类别	类名	重量/kg	Z/m	X/m	Y/m
	淡水(100%)	968	0.119	2.566	
	乘员(10位)	750	2.210	7.622	
	个人用品	250	2.210	7.622	
	供应品、储藏品(100%)	327	1.110	9.451	
	其他杂物(100%)	145	1.110	9.451	
	载重量(满载)	6 063	0.819	7.055	0.000
	游艇满载重量	41 381	1.092	8.373	0.018

表 5-5 第1类 艇体结构

组别	组名	重量/kg	Z/m	X/m	Y/m
1	外壳板	4 634	0.528	8.668	0.000
2	艇体横向结构	781	0.372	8.003	0.000
3	艇体纵向结构	1 801	0.150	10.768	0.000
4	水密结构舱壁	381	1.088	4.866	0.000
5	内底结构	0	0.000	0.000	0.000
6	艇内平台	150	0.500	9.146	0.000
7	底座	22	0.500	8.232	0.000
8	支撑	20	0.685	11.585	0.000
9	护舷材	151	1.867	6.901	0.000
10	机舱、储藏室地板	73	-0.008	11.293	0.000
	裕度3%	240	0.474	8.900	0.000
	艇体结构类总重量	8 252	0.474	8.900	0.000

表 5-6 第1组 外壳板

项目	项目名	重量/kg	Z/m	X/m	Y/m
1	艇底板(前段)	374	0.432	2.322	0.000
2	艇底板(中段)	1 033	0.196	7.945	0.000
3	艇底板(后段)	818	0.094	13.064	0.000
4	中龙骨	112	-0.278	7.591	0.000
5	中线对接面	131	0.020	6.240	0.000
6	防溅条	104	0.336	6.166	0.000
7	舭部	391	0.525	8.496	0.000
8	艇侧板(住舱段)	214	1.247	6.164	0.000
9	艇侧板	752	1.349	6.242	0.000

表 5-6(续)

项目	项目名	重量/kg	Z/m	X/m	Y/m
10	艉板(下段)	374	0.493	14.184	0.000
11	艉板(上段)	109	1.236	13.938	0.000
12	护舷材	43	0.868	10.843	0.000
13	舷边板	42	1.968	6.860	0.000
	裕度 3%	135	0.528	8.668	0.000
	外壳板总重量	4 634	0.528	8.668	0.000

5.4.3 重量的控制

在新游艇下水的那一刻,许多双眼睛会盯着游艇的吃水标志,看新艇是否停留在预先估计的水线上,如果艇的吃水就在设计状态附近,每个人都会松一口气,相反,如果偏离较大,特别是吃水比原先估计的深许多,那就是互相指责的开始。生产部门会说设计师估算不准,而设计部门又会指责建造工程师没有控制好。各说各话,相互推诿。其实,这不是互相扯皮的时候,而应该是发现问题的机会。如果把重量重心计算书中的内容和建造过程中的记录逐项对比,就可知道症结所在。原因可能是多方面的,但在建造过程中重量没有控制好、甚至根本就没有控制往往是其主要原因。

如果要想控制好重量,首先需要成立一个控制小组,成员应包括设计师、生产部门的工程师以及项目经理。设计师主要负责重量的计算、更新,生产工程师负责称出并记录每个部件、设备的重量,项目经理负责协调和控制,防止不必要的东西上艇[3]。

重量控制的原则是称出并记录每一件装在艇上的东西。除过每天例常对小部件、小设备称重之外,还要在几个关键节点称出大部件、重设备的重量。这几个关键节点包括:(1)在艇体、主甲板、飞桥甲板、硬顶等大的玻璃钢部件脱模时;(2)在家具组装完成后;(3)在主机和发电机安装前。这些称量的结果都要记录下来,并与计算书上的值相对照,检查它们是否超过预期值。如果超出较多,就要设法减少[4]。

5.4.4 减少重量的几种方法

我们知道,游艇重量的减少,不仅会提高其性能,也意味着可减小成本。我们可从下列几个方面着手。

1. 艇体结构和上层建筑

从图 5-1 可知,艇体结构、上层建筑类重量加在一起占到游艇轻载重量的 30% ~ 43%,在各类重量中所占比例最高,所以,从这两类着手减少重量的机会最大。为此,建议:

(1)尽量减少那些对于结构和强度不必要或影响不大的部分。例如,在不同的受力部位,取不同的玻璃钢铺层厚度;某些大尺寸的肋骨上开减轻孔等;

(2)用夹层板结构代替单层板结构;

(3)尽量减少玻璃纤维布的重叠部分;

(4)只要空间高度足够,尽量用深结构梁;

(5)用支柱支撑可有效地减轻结构的重量;
(6)在必要的地方用高强度材料,比如,玻璃钢单向布或碳纤维;
(7)用新铺层技术,像真空灌注代替手工铺层以减少树脂的含量。

2. 内装类

该类重量所占的比例不小,可达20%,减少这类重量也有意义。建议:
(1)检查是否有不必要的重叠部分,如果有,去掉多余部分;
(2)在某些不重要的地方,尝试用厚度或密度较小的木板;
(3)如有可能,用蜂窝板代替实心板。

3. 机械类

该类所占的比例约20%,减少这类重量似乎也有潜力。建议:
(1)选用高功率重量比的主机;
(2)在可能的情况下,用铝材料来代替不锈钢;
(3)有些管道可用塑料来代替金属;
(4)有些背板(Backing Plate)的材料可用铝来代替铜。

5.5 倾斜试验

5.5.1 简介

重量和重心的计算是否正确,在生产过程中的控制是否成功,都需要靠实艇试验来验证。要验证游艇的重量 W、纵向重心 L_{cg} 以及横向重心 T_{cg} 比较简单,只要在游艇下水后,通过测量其吃水,就可在静水力曲线图上求得它们的实际值,从而能验证出计算值与实际值的误差大小。但是,我们还无法知道其垂向重心 V_{cg} 的精确位置。而游艇的垂向重心 V_{cg} 对其性能,特别是对稳性有决定性的影响。所以,我们需要用另外一种方法求出一个比较准确的 V_{cg}。该方法就是我们常说的倾斜试验。

5.5.2 试验原理

从船舶静力学知道,当艇上的重物 δw_i 从 g_0 横向移动到 g_1 时,游艇的重心 G_0 也会横向移动到一个新的位置 G_1,并在一个横倾角度 Φ 下恢复平衡,此时,移动重物产生的横倾力矩与艇的恢复力矩相等[5](见图 5-2)。

当横倾角度 Φ 很小时,

$$\Delta GM_0\sin(\Phi) = \delta wb\ \cos\Phi \tag{5-17}$$

$$GM_0 = \delta wb/(\Delta\tan\Phi) \tag{5-18}$$

式中 GM_0——未经自由液面修正的横稳性高,(m);
δw——移动重物的总重量,(kg);
b——移动重物的平均距离,(m);
Δ——试验艇的排水量,(kg);
Φ——横倾角,(°)。

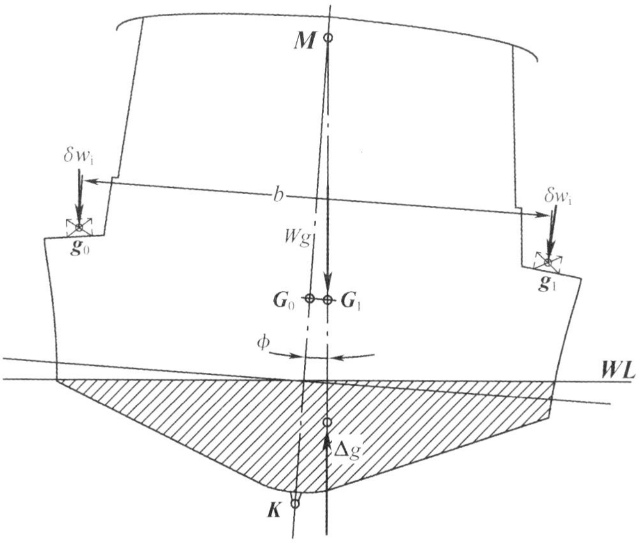

图 5－2　倾斜试验移动重物效果图

此外，如果有自由液面存在，也要考虑其对横稳性 GM_0 的修正，其修正量为：

$$\delta GM = \sum (\rho i)/\Delta \tag{5-19}$$

式中　δGM——自由液面修正量，(m)；

ρ——液体的密度，(kg/m^3)；

i——液体的表面惯性矩，(m^4)。

$$GM = GM_0 - \delta GM \tag{5-20}$$

式中，GM 为自由液面修正后的横稳性高，(m)。

此时，式(5－18)变成如下形式：

$$GM = \delta wb/(\Delta \tan\Phi) \tag{5-21}$$

在倾斜试验中，移动重物的重量 δw 和距离 b 很容易给出，试验艇排水量 Δ 也可通过测量艇的吃水计算出，现在，只要我们能测得横倾角 Φ，就可用式(5－21)求出横稳性高 GM，然后，考虑自由液面的影响，就可得出游艇的重心高 V_{cg}：

$$V_{cg} = KM - (GM + \delta GM) \tag{5-22}$$

式中　KM——艇的横稳心高，(m)；

V_{cg}——艇的重心高，(m)。

图 5－3 是一个用来测量摆锤偏移值 c 的示意图。

摆锤的长度 l_p 可在试验前量出。在试验期间，只要测量摆锤的偏移值 c，就可得出横倾角 Φ(见图 5－3)：

$$\Phi = \tan^{-1}[c/(100 l_p)] \tag{5-23}$$

式中　c——摆锤的偏移值，(cm)；

l_p——摆锤的长度，(m)。

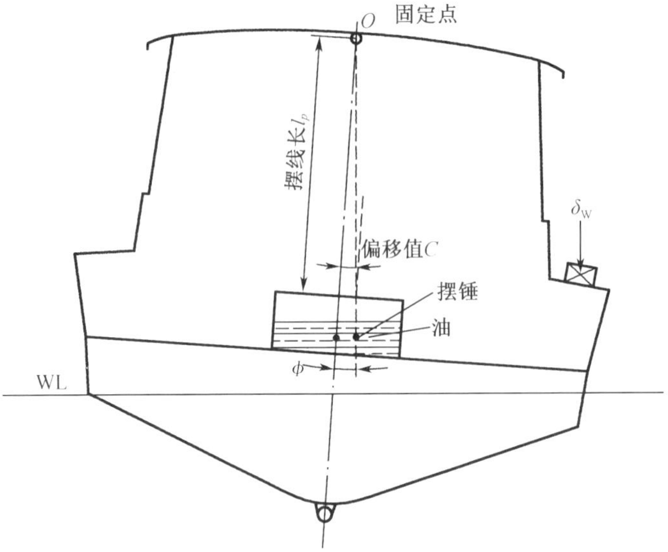

图 5-3　测量摆锤偏移值 c 的示意图

5.5.3　试验过程

试验过程分为两个阶段:(1)准备阶段;(2)试验阶段。

1. 准备阶段

在试验准备阶段,要求做到:

(1)试验地点要选在风平浪静的码头附近,水的深度至少要是艇最大吃水的 1.3 倍;

(2)用密度计测出试验水域水的密度。

(3)检查液体箱内液体的装载状态,最好灌满或抽空以消除自由液面的影响。如果无法做到,要做好记录。

(4)将试验用的移动重物分成几组,对称布置在两舷。重物最好选用高密度的材料,如铅块或压铁,其总重量的大小最好要能使艇产生 3°左右的横倾角。这些重物的重心位置也应事先知道。如果对试验的精度要求不是很高,用人员做移动重物会更方便些,同样要测量他们的重量和重心(垂向重心可近似取其身高的 58%)[6]。

(5)安排两个测量位置(前后各一个),可用摆锤、U 形管或电子测角仪。如果是摆锤,要量出摆线的长度,如果是 U 形管,要测好 U 形管间的距离。现在,已有越来越多的设计师开始使用电子测角仪来直接测量游艇的横倾角度。

(6)在游艇的艏部和艉部(如果是中大型游艇,也包括舯部)测量吃水,用来计算其排水量 Δ 和纵向重心 L_{cg}。

(7)试验艇的纵倾 t(cm)与其水线长 L_{wl}(m)之比 $t/(100\ L_{wl})$要小于 1%。

(8)仔细查验缺少和多余的重量,并记录下来。

2. 试验阶段

在试验进行阶段,要安排好试验步骤,并要做到:

(1)按预先安排的每一组测点(除过原点外至少还要有 4 组测量点)移动重物。

(2)在每一组测点中,每个测量位置都要记录下摆锤至少 6 对最大、最小偏移值或 U 形管内水位的最大、最小升降值。

(3)在试验进行的每一个步骤,都要检查缆绳是否已经放松。

每个测量位置至少要测量 5 组测点(9 组最好),将这些测点绘制成图 5－4 所示形式,它们应该形成一条近似通过原点的直线。不然,该试验就可能有问题,不是环境条件太差,就是缆绳太紧或艇体触底。这时,需要重新校核某些测点。

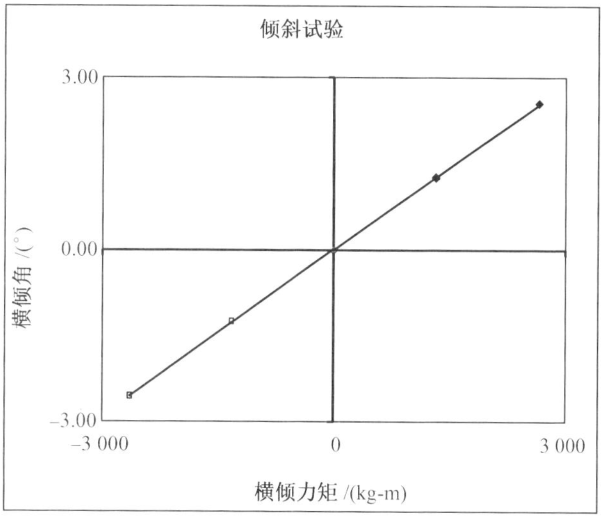

图 5－4 倾斜试验效果检查图

从移动重物的重量和距离可给出横倾力矩,通过记录摆锤的位移可得出横倾角,由测量艇的吃水可计算出艇的排水量,再考虑自由液面的影响,就可求出试验艇的横稳性高,从而可以得出游艇的垂向重心高 V_{cg}。

5.5.4 试验结果

我们以一个假想试例来完整说明倾斜试验的全过程和试验结果(见附录 C)。

参考资料

[1] DAIDOLA J C, RWYLING C J. Weight Definition and Control for Fast Craft[J]. Marine Technology, 1991, 28(6).
[2] GILBERT B A. Speed Predictions[J]. professional boatbuilder, 1999, (59).
[3] BOWLES J. Weight Watcher[J]. professional boatbuilder, 2005, (93).
[4] MINER J N. Controlling Weight[J]. professional boatbuilder, 2000, (64).
[5] MOORE C S. Principles of Naval Architcture[M]. Alexandria: SNAME, 1967.
[6] SPONBERG E W. Weight Estimating and the Stability Test[J]. professional boatbuilder, 1996, (42).

本章符号表

A——面积相关的重量类参数,(m^2);
b——移动重物的距离,(m);
B_{oa}—艇的总宽度,(m);
B_{wl}—艇的水线宽,(m);
c——摆锤的偏移值,(cm);
C_H——艇体重量系数;
C_O——舾装重量系数;
C_{PS}——推进系统重量系数;
d——艇体的吃水(不包括中龙骨),(m);
D_h——艇体的型深(不包括中龙骨),(m);
GM_0——未经自由液面修正的横稳性高,(m);
GM——自由液面修正后的横稳性高,(m);
i——液体的表面惯性矩,(m^4);
K——艇型修正系数,(%);
k_{Ai}——单位面积重量类系数,(kg/m^2);
KM——艇的横稳心高,(m);
k_{Qi}——单位体积重量类系数,(kg/m^3);
l_p——摆锤的长度,(m);
L_{cg}——艇的纵向重心,(m);
L_{oa}——艇的总长,(m);
L_{wl}——艇的水线长,(m);
P_B——总的主机功率,(kW);
P_S——总的轴功率,(kW);
Q——体积相关的重量类参数,(m^3);
t——艇的纵倾,(cm);
T_{cg}——艇的横向重心,(m);
V_0——艇的设计航速,(kn);
V_{cg}——艇的垂向重心,(m);
δw——移动重物的重量,(kg);
W_{Hull}——艇体类重量,(kg);
W_{Surp}——上层建筑类重量,(kg);
W_{Join}——内装类重量,(kg);
W_{Fitt}——舾装类重量,(kg);
W_{Mach}——机械类重量,(kg);
W_{Syst}——系统类重量,(kg);
W_{Elct}——电器电子类重量,(kg);
W_{Outfit}——艇上配备类重量,(kg);
W_L——游艇的轻载重量,(kg);

$W_{H\&S}$——艇体和上层建筑重量,(kg);
W_{Prop}——初估推进系统重量,(kg);
W_{Others}——初估其他重量,(kg);
X_i——各类重量的纵向坐标,(m);
Y_i——各类重量的横向坐标,(m);
Z_i——各类重量的垂向坐标,(m);
η_g——齿轮箱效率;
Φ——横倾角,(°);
ρ——液体的密度,(kg/m^3);
δGM——自由液面修正量,(m);
Δ——游艇的排水量,(kg)。

第 6 章　游艇的稳定性能

6.1　概　　述

稳性，是每个造船设计师在设计任何一种船型时都要考虑的问题。游艇的设计也不例外，稳性仍然是最重要的性能之一。单就静稳性来说，游艇与普通船并没有太大的不同。最大的区别在动态稳定性(Dynamic Stability)方面。普通船的航速较低，一般不会出现动态不稳定性的问题，但游艇的航速较高，在中高速航行时就需要对此认真考虑。

由于船艇静稳性的理论比较成熟，并有许多内容详细的教科书和计算程序可供参考和使用，所以，本章只是简单引用一些与游艇稳性密切相关的基础知识。在此基础上，对游艇在风浪中的稳性加以分析并给出游艇的稳性设计标准，最后，着重分析游艇设计中的一个特殊现象——动态不稳定性。

6.2　稳性的基础知识

6.2.1　简介

正如前几章中提到的，在游艇设计中，经常会遇到客户提出各种各样的要求，其中许多要求是合情合理的，但也有一些要求不尽合理，根本无法满足。客户最常提出的要求包括在艇上加装许多设备，甚至会要求多装一层甲板，加大燃油箱容量等。此时，设计师需要认真考虑这些要求对游艇性能的影响。当要求加装的设备位置很高时，特别要注意它们对稳性带来的不利影响。对加大燃油箱容量的要求，也要注意自由液面对稳性的影响。

6.2.2　初稳性

为了判断游艇的横摇特性以及进行倾斜试验，有必要对初稳性的计算有一定的了解。初稳性指游艇在小横倾角下的稳性。在这些小倾角 Φ 下，假设游艇初稳心 M 的位置不会随倾角的变化而改变。此时，用来衡量初稳性的指标——初稳性高 GM 也为常数。初稳心 M、重心 G、浮心 B 以及基点 K 的关系见图 6-1。

从图 6-1 中我们可以得出游艇初稳性的几个非常有用的公式：

$$GM = KB + BM - KG \tag{6-1}$$

式中　GM——初稳性高，(m)；

　　KB——浮心距基线高，(m)；

　　BM——横稳心半径，(m)；

　　KG——重心距基线高，(m)。

$$GZ = GM \sin\Phi \tag{6-2}$$

式中　GZ——恢复力臂，(m)；

Φ——横倾角,(°)。

$$M_e = M_i = GZ\ \Delta g = GM\ \Delta g\ \sin\Phi \tag{6-3}$$

式中 M_e——外部横倾力矩,(N·m);

M_i——恢复力矩,(N·m);

Δ——游艇的排水量,(kg)

g——重力加速度,(9.81 m/s^2)。

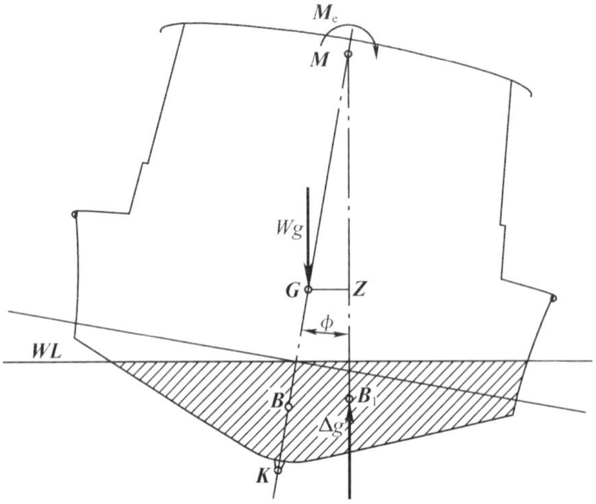

图 6-1 初稳性关系示意图

初稳性高 GM 不可太小,如果太小,游艇在风浪中的横摇角就会增大,有翻覆的可能,但也不能太大,否则游艇的横摇固有周期 T_Φ 就很小,乘员会感到不舒服。游艇的横摇固有周期 T_Φ 与初稳性高 GM 的关系可用下面一个公式近似表达成:

$$T_\Phi = 2.0\ r/\sqrt{GM} \tag{6-4}$$

式中 T_Φ——横摇固有周期,(s);

r——游艇的转动惯量半径,(m)。

游艇的转动惯量半径 r 可从类似艇的强迫摇摆试验中获得。

6.2.3 静态完整稳性曲线

当横倾角较大时,游艇初稳心 M 的位置会随倾角的变化而改变,初稳性高 GM 也不再是常数。这样,就不能再用一个简单的公式(6-2)来求得恢复力臂 GZ,而要用计算程序求出游艇在某一装载状态下不同横倾角时的恢复力臂 GZ。然后绘制成如图 6-2 所示的恢复力臂随横倾角变化的曲线。

在某一载重状态下的 GZ 曲线有几个明显的特点,这些特点在分析游艇的静态完整稳性时意义重大。从图 6-2 中我们可知:

(1)游艇的初稳性高 GM

从原点画一条与恢复力臂 GZ 曲线(小横倾角下)相切的直线,将其延伸至横倾角等于 57.3°时所对应的纵坐标值就是游艇的初稳性高 GM。另外,从图 6-2 中可得出:$\delta GZ/\delta\Phi = GM/\Phi_0$,由于 $\Phi_0 = 57.3° = 1$ 弧度,因此有 $GM = \delta GZ/\delta\Phi$[1]。假设一条游艇在横倾角等于 5°(=0.087 3 弧度)时的恢复力臂 GZ 为 0.077 m,那么,$GM = \delta GZ/\delta\Phi = 0.88$ m。

(2)最大恢复力臂 GZ_{max}。

(3)最大恢复力臂 GZ_{max} 下对应的横倾角 Φ_{max}。

(4)稳性消失角 Φ_V。

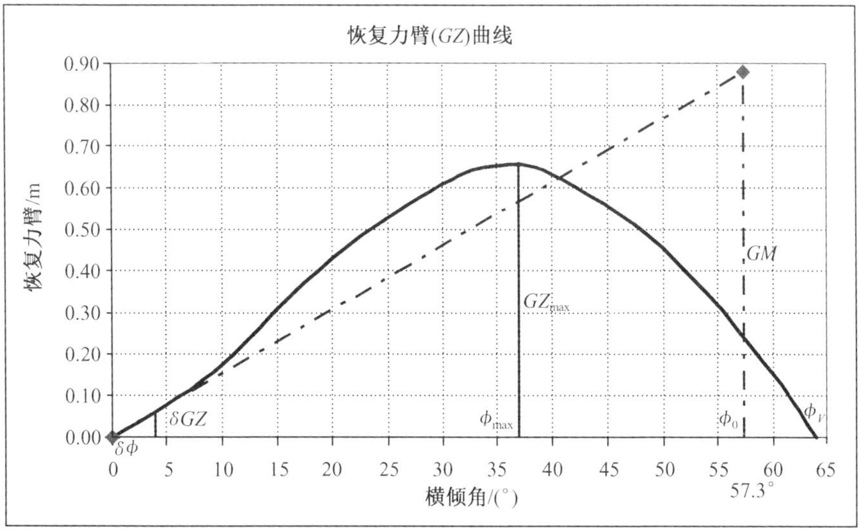

图 6-2 恢复力臂随横倾角变化的曲线

6.2.4 重物变动对 GZ 曲线的影响

1. 重物横向移动

游艇上可移动的重物相对较小,即使所有乘客都集中在一舷,其横倾角一般也不会大于5.0°,所以,我们可以利用初稳性高 GM 来求出重物移动后的横倾角 Φ_0:

$$\Phi_0 = 57.3\delta w b_h/(\Delta GM) \tag{6-5}$$

式中 Φ_0——重物移动后的横倾角,(°);

δw——移动重物的重量,(kg);

b_h——重物横向移动的距离,(m)。

重物横向移动后,其恢复力臂 G_1Z 为:

$$G_1Z = GZ - GG_1\cos\Phi = GZ - \delta w b_h/\Delta\ \cos\Phi \tag{6-6}$$

式中 G_1Z——重物横向移动后游艇的恢复力臂,(m);

GZ——重物横向移动前游艇的恢复力臂,(m);

Φ——横倾角,(°)。

2. 重物垂向移动

游艇上的重物垂向移动对恢复力臂 GZ 的影响可表达成:

$$G_2Z = GZ - GG_2\sin\Phi = GZ - \delta w b_V/\Delta\ \sin\Phi \tag{6-7}$$

式中 G_2Z——重物垂向移动后游艇的恢复力臂,(m);

b_V——重物垂向移动的距离(m),向上移动为正值,向下取负值。

3. 增减重物

在游艇上增加或减少重物时要小心,特别是在艇的较高位置增加重物或在较低位置减少重物时,游艇的稳性都会变差,如果不仔细校核,就有可能在满舵全速回转时或在强风大浪中发生倾覆。

游艇上的重物增加或减少对恢复力臂 GZ 的影响直接用有关程序计算,但在计算之前,要先求得新的排水量和重心位置:

$$\Delta_1 = \Delta_0 + \delta w \tag{6-8}$$

$$KG_1 = (\Delta_0 KG_0 + \delta w v_{cg}) / \Delta_1 \tag{6-9}$$

式中 Δ_1, Δ_0——分别是游艇新、旧排水量,(kg);

KG_1, KG_0——分别是游艇新、旧重心距基线高,(m);

δw——游艇增加或减少的重量,(kg);

v_{cg}——增加或减少重物的重心距基线高,(m)。

6.2.5 自由液面对 GZ 曲线的影响

当游艇横倾时,液体舱内的液体会随着艇的横倾而移动,艇的重心从原来的 G 点移到 G' 点,从而导致游艇的横稳性降低。

1. 在横倾角较小时

此时,液体舱内自由液面会使游艇的初稳性高 GM 和恢复力臂 GZ 都有所减小,为此,有必要做出下列修正(见图 6-3)。

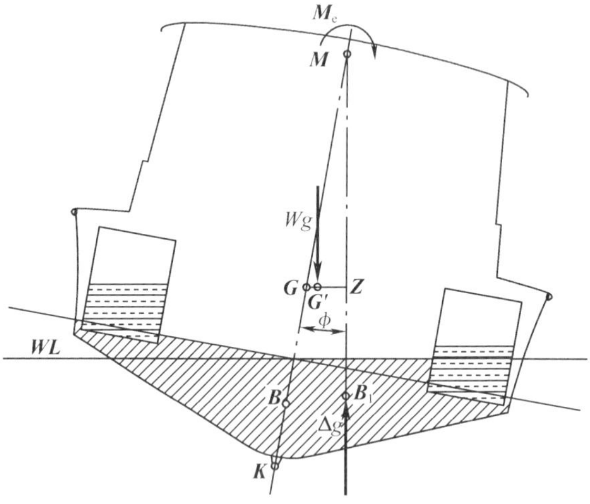

图 6-3 自由液面对恢复力臂的影响

(1) 初稳性高 GM 的修正

$$G'M = GM - \delta GM \tag{6-10}$$

式中 $G'M$——自由液面修正后的初稳性高,(m);

GM——自由液面修正前的初稳性高,(m);

δGM——自由液面对初稳性高的修正,(m)。

$$\delta GM = \sum \rho i_T / \Delta \tag{6-11}$$

式中 ρ——液体的密度,(kg/m^3)。

i_T——液体表面的惯性矩(见表6-1),(m^4)。

表6-1 液体的表面惯性矩

液体箱平面形状	惯性矩 i_T
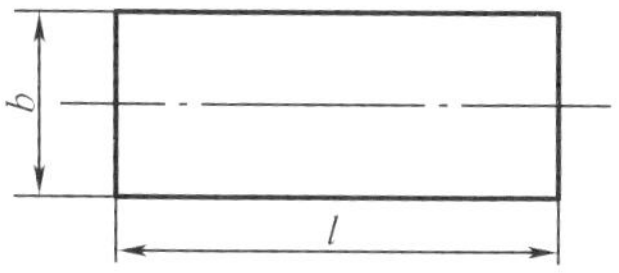	$i_T = lb^3/12$
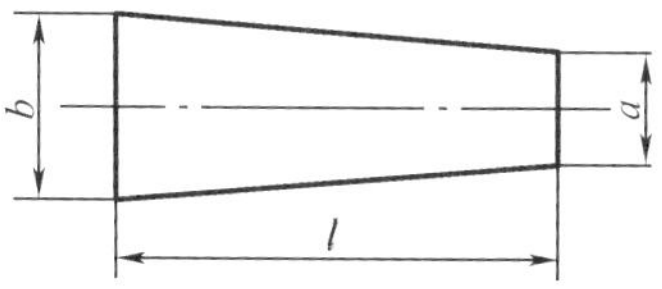	$i_T = l(a^3 + a^2b + ab^2 + b^3)/48$
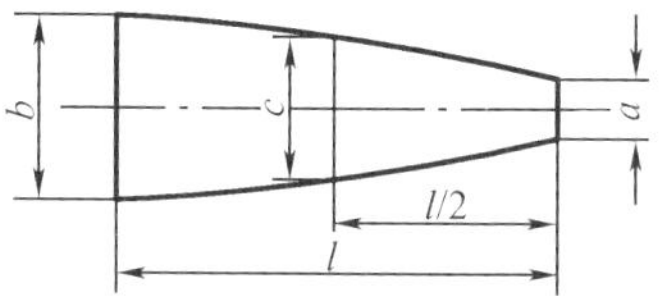	$i_T = l(a^3 + 4c^3 + b^3)/72$

(2)恢复力臂 GZ 的修正

$$G'Z = GZ - GG' = GZ - \delta GZ \tag{6-12}$$

式中 $G'Z$——自由液面修正后的恢复力臂,(m);

GZ——自由液面修正前的恢复力臂,(m);

GG',δGZ——自由液面对恢复力臂的修正,(m)。

$$\delta GZ = \sum \rho i_T / \Delta \sin\Phi \tag{6-13}$$

2. 在横倾角较大时

在这种情况下,游艇的初稳心 M 的位置会随倾角的不同而改变,此外,由于液体舱内自由液面的移动,游艇的重心 G 也会跟着变化,但新的重心位置 G' 很难确定,因而,经自由液面修正后的恢复力臂 $G'Z$ 也不易求出。

下面介绍一种近似方法,用以计算自由液面对恢复力臂的修正量 δGZ。

游艇横倾较大时,经液体舱内自由液面修正后的移动力臂可用下式表示:

$$G'Z = GZ - \delta GZ \tag{6-14}$$

式中 δGZ——大横倾角时自由液面对恢复力臂的修正,(m)。

$$\delta GZ = (\sum k_i \rho_i i_{Ti}) / \Delta \tag{6-15}$$

式中 k_i——各个液体箱的自由液面修正因子;

ρ_i——各个液体箱内液体的密度,(kg/m^3);

i_{Ti}——各个液体箱液体表面的惯性矩,(m^4)。

自由液面修正因子 k 与液体箱内液体的装载状态、液体箱的尺寸、形状以及艇的横倾角大小有关。可从下式求得:

$$k = M_{FS}/(\rho g i_T) \tag{6-16}$$

式中,M_{FS}为自由液面的移动力矩,(N · m)。

自由液面的移动力矩 M_{FS}可用类似计算静稳性曲线的程序求出。

对于长方体形状的液体箱,作者给出了两种装载状态(半载状态、到港装载状态)下,当箱体高度/宽度(h/b)和横倾角 Φ 都发生变化时的修正因子 k 值,供读者参考。

(1)半载状态(50%)——最常用的装载状态(见表6-2和图6-4)

表6-2 半载状态下的修正因子 k

Φ \ h/b	0.30	0.40	0.50	0.60	0.80	1.00	1.25	1.50	2.00	3.00
5	0.089	0.089	0.089	0.089	0.089	0.089	0.089	0.089	0.089	0.089
10	0.180	0.180	0.180	0.180	0.180	0.180	0.180	0.180	0.180	0.180
20	0.354	0.371	0.371	0.371	0.371	0.371	0.371	0.371	0.371	0.371
30	0.406	0.510	0.577	0.594	0.594	0.594	0.594	0.594	0.594	0.594
40	0.403	0.540	0.664	0.767	0.882	0.885	0.885	0.885	0.885	0.885
50	0.376	0.523	0.673	0.819	1.081	1.267	1.334	1.334	1.334	1.334
60	0.332	0.479	0.638	0.806	1.154	1.493	1.862	2.117	2.205	2.205
70	0.276	0.415	0.574	0.750	1.147	1.587	2.171	2.760	3.816	4.569

(2)到港装载状态(10%)——稳性检查装载状态(见表6-3和图6-5)

表6-3 到港装载状态下的修正因子 k

Φ \ h/b	0.30	0.40	0.50	0.60	0.80	1.00	1.25	1.50	2.00	3.00
5	0.082	0.089	0.089	0.089	0.089	0.089	0.089	0.089	0.089	0.089
10	0.112	0.134	0.152	0.165	0.178	0.180	0.180	0.180	0.180	0.180
20	0.130	0.164	0.195	0.223	0.270	0.307	0.341	0.362	0.371	0.371
30	0.133	0.172	0.208	0.242	0.305	0.360	0.420	0.471	0.545	0.594
40	0.129	0.170	0.208	0.246	0.317	0.384	0.461	0.531	0.652	0.816
50	0.121	0.161	0.201	0.240	0.317	0.391	0.481	0.567	0.726	0.991
60	0.109	0.149	0.188	0.229	0.310	0.391	0.493	0.594	0.791	1.160
70	0.093	0.134	0.177	0.219	0.307	0.398	0.516	0.637	0.885	1.389

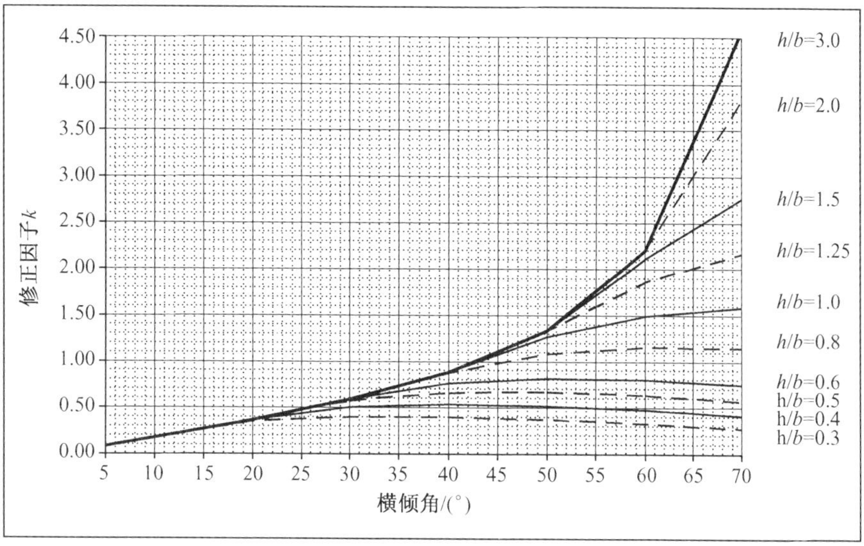

图 6-4 半载状态下的修正因子 *k*

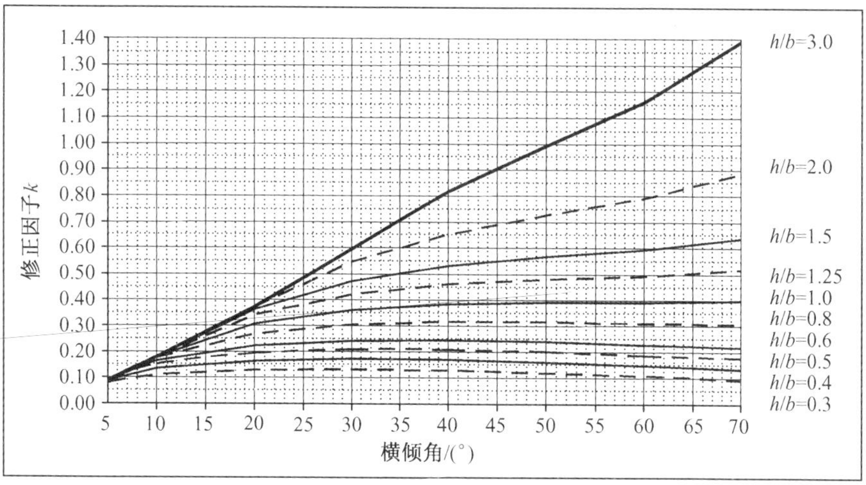

图 6-5 到港装载状态下的修正因子 *k*

例 1:计算下列液体箱自由液面对游艇恢复力臂的修正量 δGZ。
已知:“海豚号”游艇的半载排水量:$\Delta = 25\ 224$ kg。

液体箱储量:50%;横倾角:50°。

	单位	淡水箱	燃油箱 1	燃油箱 2
液体箱长 l	m	1.21	0.69	0.69
液体箱宽 b	m	1.00	2.27	2.27
液体箱高 h	m	0.60	1.20	1.20
液体的密度 ρ	kg/m^3	1 000	850	850

求:液体箱自由液面对该艇恢复力臂的修正量 δGZ

解:

		淡水箱	燃油箱 1	燃油箱 2
1. 自由液面表面的惯性矩 i_T/m^4	$=lb^3/12$	0.101	0.673	0.673
2. 箱体高度/宽度 h/b		0.60	0.53	0.53
3. 修正因子 k(查图 6-4)		0.819	0.681	0.681
4. 自由液面的修正量 $\delta GZ/m$	$=k\rho i_T/\Delta$	0.003 3	0.015 4	0.015 4
总的自由液面的修正量 $\sum \delta GZ/m$	$=\delta GZ_1+2\delta GZ_2$			0.034 1

总的液体箱自由液面对该艇恢复力臂的修正量为 0.034 1 m。

6.2.6 全速回转对稳性的影响

中高速游艇在全速满舵回转时总会伴随着明显的横倾出现,但究竟是内倾或是外倾呢? 这与许多因素有关,比如艇的形状、速度、重心高、舵的大小和位置等。一般来说,一条设计优秀的单体尖舭游艇在回转时应呈内倾状态,然而,在一定的条件下,比如,舭部斜升角太小、重心太高、舵的布置不合适等都可能引起游艇向外倾侧。这种外倾现象并不正常。如果外倾太大,还可能出现危险。所以,要设法避免游艇全速满舵回转时出现外倾。

1. 回转时要避免外倾[2]

避免游艇全速回转时出现外倾的理由有 3 个:

(1)总的横向加速度增加。向外倾侧时产生的横向加速度与回转时乘客本身的离心加速度叠加,使乘客经受的横向加速度更大,这将会对乘客的安全和舒适带来不利的影响。

(2)乘客所受合力的方向改变。当游艇回转内倾时,乘客所承受的力为横向离心力和垂向重力,由于其合力的方向与人体所站方向基本一致,所以,乘客不会感到不舒服。而外倾时,虽然乘客承受同样的离心力和重力,但该合力的方向已离开人体,移到人体的外侧,这样,乘客就很容易失去平衡而摔倒。严重的话,还可能有被甩出艇外的危险(参见图 6-6)。

(3)停止回转时,横倾仍然存在。如果游艇外倾太大,艇外侧的湿表面积会大大增加,由此产生的水动力可能使艇的外倾更大,有时,当舵角归零后,此倾角可能仍然存在。

2. 回转稳性的检验

在实践中常用 8 字形回转试验来检验游艇的回转稳性。如果是首次进行该项试验,那么,要先从低速开始,然后逐渐增加艇的速度直至最大值。在此期间如果发现艇开始外倾,就要设法找出原因。

游艇的舭部斜升角太小、垂向重心太高常常会有外倾出现,此时,就需要考虑回转稳性是否足够的问题。如果游艇的重心确实太高,就要避免在全速下满舵回转,否则,会有倾覆的可能。

除非艇的重心很高,单体尖舭游艇在全速回转时一般处在内倾状态。内倾的大小与艇

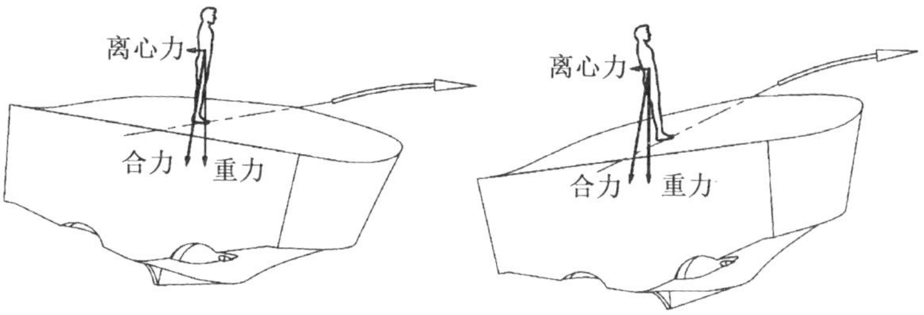

图6-6 游艇回转内倾(左)和外倾(右)时乘客受力示意图

的航速和舭部斜升角有关,它会随这两个参数的增加而增加。但圆舭艇就不尽相同,即使垂向重心不是太高,在全速回转时也可能出现外倾现象。

作业

作业1:计算下列液体箱自由液面对游艇恢复力臂的修正量 δGZ。

已知:游艇的排水量:$\Delta = 32\ 110$ kg。

长方体燃油箱的尺度:

(1)长 $l = 0.75$ m,宽 $b = 2.27$ m,高 $h = 1.2$ m。

(2)长 $l = 0.75$ m,宽 $b = 2.27$ m,高 $h = 1.2$ m。

长方体淡水箱的尺度:

(3)长 $l = 1.8$ m,宽 $b = 1.0$ m,高 $h = 0.60$ m。

淡水密度:$\rho = 1\ 000$ kg/m^3。

燃油密度:$\rho = 850$ kg/m^3。

液体箱贮量:10%。

横倾角:30°。

6.3 游艇在风浪中的稳性

6.3.1 简介

游艇的倾覆多数是由于风和浪共同作用的结果。所以,游艇在风浪中的稳性是设计中的一项关键内容。

6.3.2 恢复力矩和横倾力矩

上面我们知道了游艇在某一装载状态下的恢复力臂 GZ 值,但在游艇的稳性计算中,更常用到的是艇的恢复力矩 M_i,其实,二者随横倾角而变化的曲线形状是相似的(见图6-7),只要把 GZ 乘以该装载状态下的排水量 Δ 和重力加速度 g,就可求得该艇的恢复力矩 M_i,即 $M_i = \Delta gGZ$。

图6-7中最大恢复力矩 M_{max} 对应的横倾角为 Φ_{max},Φ_V 是稳性消失角,有时,游艇的进水口较低,在横倾角小于 Φ_V 时已开始进水,此时的横倾角为进水角 Φ_F。

假若游艇受到的静态横倾力矩 M_h 小于最大恢复力矩 M_{max},像所有乘客集中在一舷等,

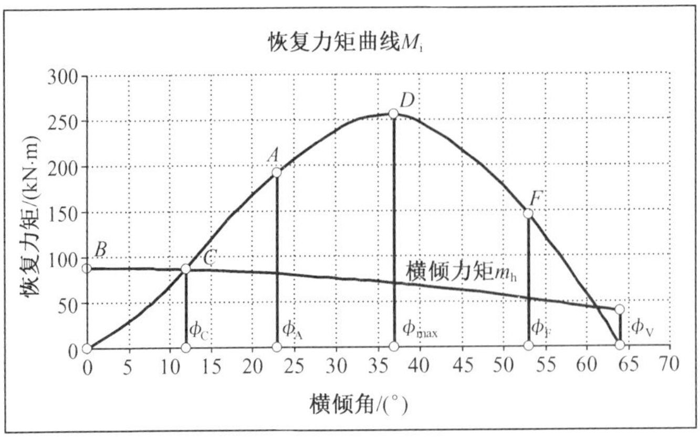

图 6－7　恢复力矩随横倾角变化的曲线

游艇会倾侧到某个横倾角(比如 Φ_C)达到平衡。但是,如果游艇承受的静横倾力矩 M_h 大于最大恢复力矩 M_{max},游艇就会一直倾侧,直到最后翻覆。

恢复力矩 M_i 曲线在某个横倾角下的面积代表游艇倾侧后恢复到原位的能量,也是外力使游艇横倾到这个角度时所需要做的功。如果 M_i 是任一横倾角 Φ 下的恢复力矩,那么,克服此力矩使游艇横倾一个角度 $d\Phi$ 所需的功为 $M_i d\Phi$,而从原点横倾到 A 点所需的功则为 $\int M_i d\Phi$,也即曲线从 O 点到 A 点之下的面积。

如果游艇受到一个动态横倾力矩,像突然遇到一阵强风吹袭,此时,尽管该力矩与上述静态横倾力矩 M_h 大小相同,该艇也不会在横倾角 Φ_C 就停止,而是会穿过该点在另一个横倾角(比如 Φ_A)下达到平衡。此时,从该点至原点恢复力矩 M_i 曲线下的面积应该与相同范围内横倾力矩 M_h 曲线下的面积相等。在从原点到 Φ_V(或 Φ_F 视何者为小)的整个范围内,如果横倾力矩 M_h 曲线下的面积小于恢复力矩 M_i 曲线下的面积,该游艇应该是安全的,反之,游艇也会倾覆。

6.3.3　风和浪对稳性的影响

游艇的倾覆多数发生在风和浪同时作用在艇上的时候,特别是当游艇在波浪中横摇到一舷即将开始回摇之际,突然受到来自相同舷向的一阵强风吹袭,此时,游艇的处境最危险,这也是游艇稳性标准的核心所在。

假设游艇在波浪中横摇到左舷横倾角 Φ_C 处停止而开始向右舷回摇之际,突然有一阵强风从左舷吹来,施加一个横倾力矩 M_h 在艇上,该力矩和艇本身的恢复力矩 M_i 共同作用会使艇加速向右旋转。当旋转到 A 点时,如果忽略水阻尼的影响,在 Φ_C 到 Φ_A 的范围内这两条曲线之间的面积 A_1 就是此时游艇所具有的动能。这个动能会使游艇继续右转直到在某个横倾角 Φ_D 下停止。此时,在横倾角 Φ_A 到 Φ_D 范围内两条曲线间的面积 A_2 应和 A_1 相等。

横倾角 Φ_D 到 Φ_B(或进水角 Φ_F,视何者为小)范围内两条曲线间的面积 A_3 是游艇的稳性储备[3]。如果此面积足够大,该艇应该是安全的,但是,如果该面积太小,该艇的稳性就可能有问题,假如成为负值,游艇将会进水、直至倾覆。为了防止出现这种现象,有必要在

Φ_D 到 Φ_B(或进水角 Φ_F) 的范围内留有较大的面积,以便使游艇的稳性有足够的储备而安全航行(参见图6-8)。

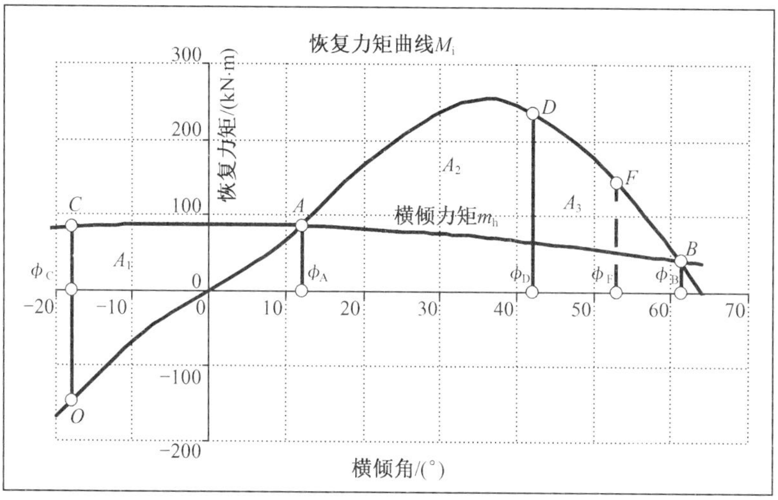

图6-8 风浪对稳性的影响曲线

从图6-8中可知,有几种有效的方法可用来防止游艇倾覆,这些方法包括:(1)增加艇本身的恢复力矩 M_i 最有效,这在设计初期可以通过改进艇体形状或是降低艇的重心来实现;(2)减小横倾力矩 M_h,主要的措施是减小横向受风面积;(3)减小横摇角 $\Phi_R(=\Phi_A-\Phi_C)$以便减小 Φ_C 到 Φ_A 范围内的面积 A_1,这可通过增加游艇的横向阻尼而实现,也可以用减摇装置,如主动式减摇鳍、陀螺减摇器等[4];(4)提高进水口的高度以增加 Φ_A 到 Φ_B(或 Φ_F)范围内的面积 A_3。

如果在建造完成后才发现游艇的稳性不够,可以在游艇的适当位置加一些固定压载以提高其稳性。

6.4 游艇的稳性标准(ISO)[5]

6.4.1 简介

游艇的稳性国际标准(ISO)是欧盟专门为游艇的安全而制定的,所有出口到欧洲的游艇都必须满足这个标准所给的要求。

该标准将游艇按稳性分成四类:

(1)A类。该类游艇要求在风级不超过10级、有义波高不超过7 m的海域内航行,此处,假定突风风速为28 m/s。在更恶劣的环境下仍可生存,但不包括非正常的情况,像台风,飓风等海域。

(2)B类。该类游艇要求在风速不超过8级、有义波高不大于4 m的近海区域内航行,此处,假定突风风速为21 m/s。

(3)C类。该类游艇要求在风速不超过6级、有义波高不大于2 m的沿海、大海湾、出海口、湖泊、江河区域内航行，此处，假定突风风速为 17 m/s。

(4)D 类。该类游艇要求在风速不超过 4 级、有义波高不大于 0.3 m(偶然不大于 0.5 m)的沿海有遮蔽、小海湾、小湖泊、小江河、运河区域内航行，此处，假定突风风速为 13 m/s。

对上述四类游艇的稳性检查一般在两个装载状态下进行：

(1)到港装载状态。指游艇上所有的燃油箱和淡水箱以及供应品都剩下 10%，乘客储藏品、航海用具等都在艇上。

(2)最小操作状态。指游艇上所有液体箱内的液体都用完，有若干乘客及基本的安全设备、一般的非消耗品储备、设备和救生筏等留在艇上。

在最小操作状态下乘客的重量 w_p 与艇体长 L_h 有关：

$w_p = 75$ kg，(当艇体长 $L_h \leqslant 8$ m)；

$w_p = 150$ kg，(当艇体长 8 m $< L_h \leqslant 16$ m)；

$w_p = 225$ kg，(当艇体长 16 m $< L_h \leqslant 24$ m)。

基本安全设备的重量(kg)

$$w_s = (L_h - 2.5)^2 \tag{6-17}$$

6.4.2 外部横倾力矩

1. 移动载荷产生的横倾力矩 M_h(N·m)

$$M_h = \delta w g b_h \cos \Phi \tag{6-18}$$

式中 δw——移动载荷的重量，(kg)；

b_h——移动载荷的横向移动距离，(m)。

2. 风载荷产生的横倾力矩 M_w(N·m)

$$M_{w1} = 0.53 A_{1v} h V_w^2 \tag{6-19}$$

或

$$M_{w2} = 0.3 A_{1v}(A_{1v}/L_{wl} + d_m) V_w^2 \tag{6-20}$$

取两式中之值大者。

式中 L_{wl}——该装载状态下的水线长，(m)；

V_w——风速，(m/s)：A 类：取 28 m/s，B 类：取 21 m/s；

A_{1v}——取以下两值之大者：游艇水上侧面积或 $0.50 L_h B_h$，(m^2)；

h——水上和水下侧面积中心之间的垂直距离，(m)；

d_m——水线舯部吃水，(m)。

6.4.3 基本的稳性要求

该标准对基本的稳性要求各有不同，中小型游艇一般需要满足 B 类稳性以上的要求，为此，我们在此将 C，D 两类略去，如果读者对此有需要，请参看[5]：

1. 进水高度 $H_D > H_{D1}$

A 类：$H_{D1} = L_h/17$ 或 0.5(m)，取大者；

B 类：$H_{D1}=L_h/17$ 或 0.4(m)，取大者。
但不要大于 1.41 m。

2. 计算进水角 $\Phi_D>\Phi_{D1}$

A 类：$\Phi_{D1}=\Phi_0+25$ 或 30(°)，取大者；

B 类：$\Phi_{D1}=\Phi_0+15$ 或 25(°)，取大者。
式中，Φ_0 为移动最大载荷产生的横倾角(°)。

3. 移动载荷产生的最大横倾角 $\Phi_0\leqslant\Phi_{01}$

$$\Phi_{01}=11.5+(24-L_h)^3/520\quad(°)\tag{6-21}$$

6.4.4 风浪中动稳性要求(参见图 6-9)

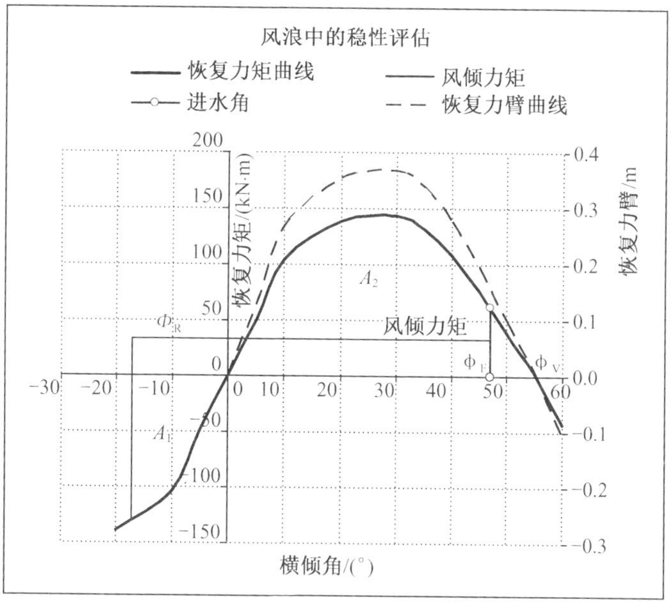

图 6-9 ISO 对风浪中稳性的要求

1. 如果 Φ_{max} 不小于 30°，在 30°横倾角下的恢复力矩应该满足：

(1)对于 A 类，要求：$M_{i30}\geqslant25$(kN·m)；

(2)对于 B 类，要求：$M_{i30}\geqslant7$(kN·m)；

(3)除此之外，在 30°横倾角下 A，B 类的恢复力臂 $GZ_{30}\geqslant0.2$(m)。

2. 如果 Φ_{max} 小于 30°，最大恢复力矩应该满足：

(1)对于 A 类，要求：$M_{imax}\geqslant750/\Phi_{max}$(kN·m)；

(2)对于 B 类，要求：$M_{imax}\geqslant210/\Phi_{max}$(kN·m)；

(3)除此之外，最大恢复力臂 $GZ_{max}\geqslant6/\Phi_{max}$(m)。

其中 Φ_{max}是最大恢复力臂下的横倾角(°)。

3. 风浪中的横摇角 Φ_R 计算

A 类： $$\Phi_R = 25 + 20/\nabla_D \quad (6-22)$$

B 类： $$\Phi_R = 20 + 20/\nabla_D \quad (6-23)$$

式中，∇_D为相应装载状态下的排水体积(m^3)。

4. 图 6-9 中的面积 A_2 要大于 A_1

注意，当计算A_2 的面积时，计算进水角取稳性消失角 Φ_V、实际进水角 Φ_F 或50°中的最小者。

6.4.5 凹陷积水区的尺寸要求

1. 凹陷积水区的水位确定

假定游艇积水区内的所有出水口都处于密封状态，该积水区内周围有 20% 的舷墙位于与设计纵倾平行的水位以下，该水位即为凹陷积水区的水位，相应地，该水位下的体积就是凹陷区的总积水体积 V_r。

2. 适用范围

该要求适用于 A 类和 B 类，或者全遮蔽的 C 类游艇。这里所有的要求和计算都是在到港装载状态下考虑的。如果游艇能满足下列条件中的任何一项，就没有必要进行第 3、第 4 部分的计算。

(1) 稳性消失角大于 90°；

(2) 在至少 75% 的周边上，积水区的深度小于其宽度的 3.5%；

(3) 在积水区舷墙下方 25% 的位置内，其出水口面积至少要等于舷墙面积的 5%，而且舷墙的高度要小于该积水区最大宽度的 12.5%；

(4) 在积水区两边的最小出水口面积 A_r(m^2)：

当开口在 25% 的舷墙以内时，A_r要大于 $0.09V_r$；

当开口在 50% 的舷墙以内时，A_r要大于 $0.16V_r$；

当开口在整个舷墙的高度时，A_r要大于 $0.30V_r$。

其中，V_r为积水区内的积水体积(m^3)。

注意，为了满足第(3)、第(4)项，至少在每个出水口宽度的 70% 范围内，其底边离地板的高度不得大于 10 mm。此外，当某个出水口的整个或部分开口在艉板上时，该出水口要延伸至两侧。

3. 简化估算方法

(1) 初稳性高损失百分比的要求

在到港装载状态下，由积水区自由液面引起的初稳性高损失百分比不要大于下列给定的值：

A 类： $250F_R/L_h$；

B 类： $550F_R/L_h$；

C 类： $1\,200F_R/L_h$。

式中，F_R为积水区内平均干舷高（m）。

$$F_R = (F_A \times 2F_S \times F_F)/4 \quad (6-24)$$

式中 F_A——积水区后部的平均干舷高，(m)；

F_S——积水区左右两舷的平均干舷高，(m)；

F_F——积水区前部的平均干舷高，(m)。

(2) 初稳性高损失百分比的计算

方法 1（较精确）：

$$\%GM_T = 102\,500SMA_R/(\Delta_{LA} \times GM_T) \quad (6-25)$$

式中 $\%GM_T$——初稳性高损失百分比；

GM_T——游艇的初稳性高，(m)；

SMA_R——游艇积水区自由液面的截面惯性矩，(m^4)；

Δ_{LA}——到港装载状态下游艇的排水量，(kg)。

方法 2（较粗略）：

$$\%GM_T = 245SMA_R/SMA_W \quad (6-26)$$

式中，SMA_W为到港装载状态下游艇水线面的截面惯性矩(m^4)。

方法 3（较保守）：

$$\%GM_T = [lb^3/(L_hB_h)]^{0.7} \quad (6-27)$$

式中 l——游艇积水区的最大长度，(m)；

b——游艇积水区的最大宽度，(m)。

注意，以上三种方法不适用于双体游艇。

4. 直接计算方法

该方法首先用程序精确求出游艇在静水中考虑积水区自由液面影响后的恢复力矩，然后，再计算移动载荷和风载荷产生的外部横倾力矩，最后将恢复力矩和外部横倾力矩绘制在同一张图上，并求出它们的差值——剩余恢复力矩，并以此进行稳性评估。

(1)恢复力矩的计算

用计算机程序精确计算到港装载状态下游艇在静水中考虑积水区自由液面影响后的恢复力矩。计算中假定游艇积水区内的所有出水口都处于密封状态，但积水可以从舷墙顶部自由流出。此时，取积水区内的积水体积 V_{r1}(m^3)为上述总积水体积 V_r(m^3)的下列百分比：

$$V_{r1}/V_r = (60 - 240F/L_h)\% \quad (6-28)$$

式中，F 为积水区的最小干舷高，(m)。

(2)外部横倾力矩的计算

见上述式(6-18) 至式(6-20)。

(3)稳性评估

从修正后的恢复力矩与外部横倾力矩(取移动载荷或风倾载荷产生的横倾力矩之大者) 相交的平衡角 Φ_0到某个角度(取进水角 Φ_F，稳性消失角查 Φ_V或50°之最小者) 的范围内，最大剩余恢复力矩 M_r(N·m)应大于：

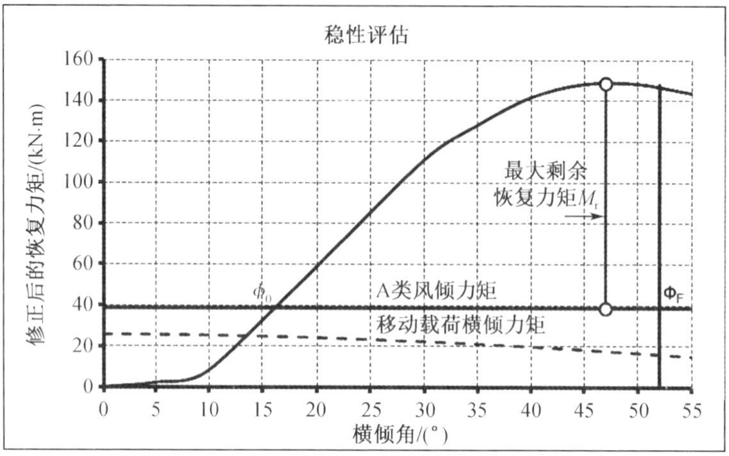

图 6－10　自由液面修正后的稳性评估

A 类：$2.0\Delta_{LA}$；

B 类：$1.0\Delta_{LA}$；

C 类：$0.5\Delta_{LA}$。

其中，Δ_{LA}为到港装载状态下游艇的排水量，(kg)。

6.4.6　ISO 稳性标准的应用

例 2：

已知：

"海豚号"在到港装载状态的主要参数如下：

艇体长 L_h =	16.33	m
艇体宽 B_h =	5.17	m
排水量 Δ_{LA} =	24 124	kg
垂向重心 V_{cg} =	1.907	m
初稳性高 GM =	2.169	m
凹陷区积水体积 V_r =	8.00	m^3
凹陷区最小干舷高 F =	1.270	m

到港装载状态指：

10%燃油、10%淡水、10%污水、10%供应品，最大 14 位乘客，储藏品和航海设备等都在艇上。

校核要求：

在该状态下能否满足 A 类稳性标准。

校核过程：

1. 计算稳性恢复力臂 GZ(由程序计算)

2. 计算自由液面的修正 δGZ

液体箱尺寸	长度 l /m	宽度 b /m	高度 h /m	h/b	液体密度 ρ /(kg/m³)	惯性矩 i_T /m⁴	ρi_T /(kg · m)
燃油箱 1	0.69	2.27	1.20	0.53	850	0.673	571.7
燃油箱 2	0.69	2.27	1.20	0.53	850	0.673	571.7
淡水箱	1.21	1.00	0.60	060	1 000	0.101	100.8

$$\delta GZ = (\sum k\rho i_T)/\Delta_{LA}$$

k 由图 6-5 查得。

3. 计算并绘制稳性恢复力臂 $G'Z$ 曲线

$$恢复力臂：G'Z = GZ - \delta GZ$$

横倾角 Φ/(°)	GZ/m	δGZ/m	$G'Z$/m
0.0	0.000 0	0.000 0	0.000 0
5.0	0.177 0	0.004 6	0.172 4
10.0	0.303 1	0.008 0	0.295 0
20.0	0.451 4	0.010 6	0.440 8
30.0	0.549 0	0.011 2	0.537 8
35.0	0.599 0	0.011 2	0.587 8
40.0	0.643 8	0.011 2	0.632 6
45.0	0.663 8	0.011 1	0.652 6
50.0	0.659 1	0.011 0	0.648 2
55.0	0.618 0	0.011 0	0.607 0
60.0	0.448 7	0.011 0	0.437 7

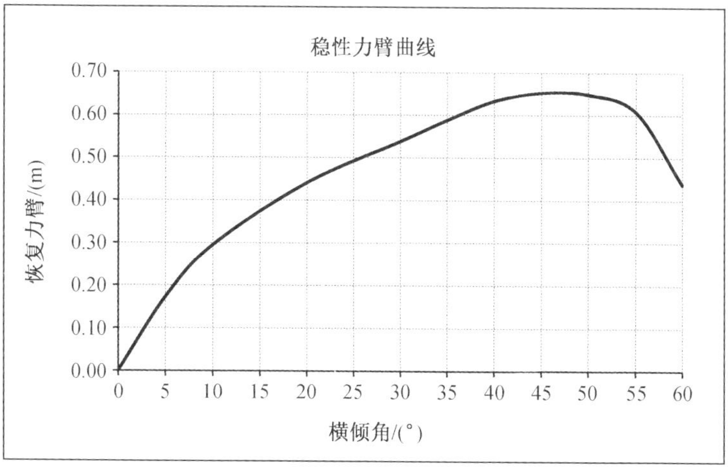

4. 计算并绘制稳性恢复力矩 M_i 曲线、乘客移动时的横倾力矩 M_h 曲线

稳性恢复力矩：

$$M_i = G'Z \times g\Delta_{LA}$$

乘客移动时的横倾力矩：

假设艇上最多乘客人数为 14 位，每位的平均重量为 85 kg。某刻，所有乘客都集中于一舷，此时由于乘客集中在一舷所产生的倾侧力矩 M_h 为：

$$M_h = \delta wgb_h \cos\Phi$$

式中 δw——乘客总重量 1 190 kg

b_h——中线到舷边距离 2.218 m

横倾角 Φ/(°)	恢复力矩 M_i/(N·m)	横倾力矩 M_h/(N·m)
0.0	0	25 893
5.0	40 811	25 794
10.0	69 823	25 499
20.0	104 315	24 331
30.0	127 267	22 424
35.0	139 117	21 211
40.0	149 708	19 836
45.0	154 456	18 310
50.0	153 400	16 645
55.0	143 664	14 853
60.0	103 577	12 948

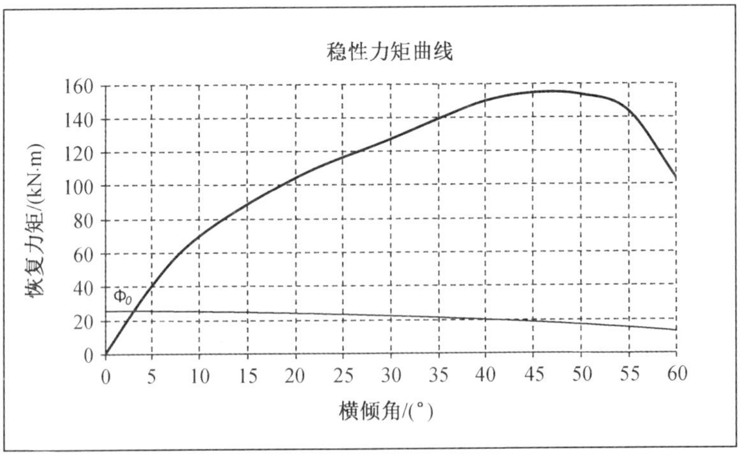

从上图可知，产生的横倾角 $\Phi_0 \approx 3.5°$。

5. 稳性要求

若最大恢复力矩下的横倾角≥30°
(1)在横倾角 30 度时的恢复力矩不小于
(2)在横倾角 30 度时的恢复力臂不小于

	稳性类		
符号	A 类	B 类	
RM	25	7	kN·m
GZ	0.2	0.2	m

6. 游艇的稳性数据

最大恢复力矩下的横倾角
(1)在横倾角 30 度时的恢复力矩
(2)在横倾角 30 度时的恢复力臂

符号	A 类	B 类	
ϕ_{max}	46.0	46.0	°
RM	127.3	127.3	kN·m
GZ	0.538	0.538	m

7. 计算风倾力矩 M_w

$$M_{w1} = 0.53 A_{1v} h V_w^2$$
$$M_{w2} = 0.3 A_{1v} (A_{1v}/L_{wl} + d_m) V_w^2$$

取两式中之值大者。

其中 L_{wl}——该装载状态下的水线长 14.88 m

V_w——风速

A 类 28 m/s

B 类 21 m/s

A_{1v}——取以下两值之大者

游艇水上侧面积 39.5 m^2

$0.50 \times L_h \times B_h$ 42.2 m^2

h——水上和水下侧面积中心之间的垂直距离 2.12 m

d_m——水线中点吃水 1.07 m

稳性	V_w	M_{w1}	M_{w2}	M_w
类别	/(m/s)	/(N·m)	/(N·m)	/(N·m)
A	28	37 186	38 790	38 790
B	21	20 917	21 819	21 819

8. 计算横摇角 Φ_R、稳性消失角 Φ_V、进水角 Φ_F 等

		Φ_R	
A 类	$25 + 20/\nabla_D$	25.85	°
B 类	$20 + 20/\nabla_D$	20.85	°

	Φ_V	Φ_F	Φ_0	Φ_1
A 类	>60	45.00	4.75	−21.10
B 类	>60	45.00	2.67	−18.18

9. 动稳性计算和要求

曲线间的面积

	A_2	A_1		
A 类	51385	40017	N·m－rad	$A_2>A_1$
B 类	63606	26305	N·m－rad	$A_2>A_1$

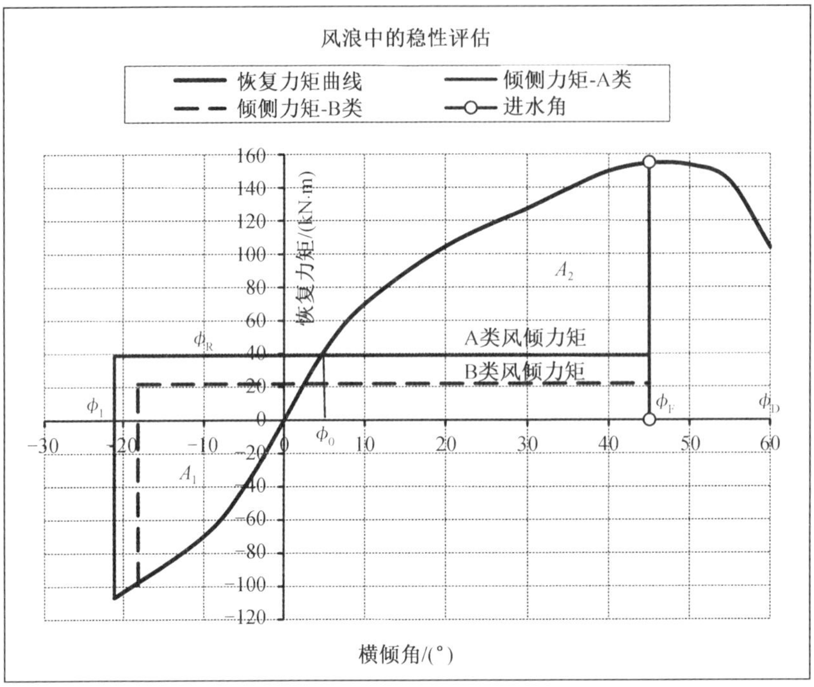

10. 凹陷积水区的尺寸要求

(1)该水位下的体积就是凹陷区的总积水体积 V_r 和重量 W_r

$$V_r=\boxed{8}\ \mathrm{m}^3$$

(2)积水区内的积水体积 V_{r1} 占总积水体积 V_r(m^3)的下列百分比:

$$V_{r1}/V_r=\boxed{41.33}\ \%$$

(3)计算积水区自由液面影响的力矩 M_f(由程序计算):

(4)计算游艇积水区自由液面影响后的恢复力矩 M_{if}:

$$M_{if}=M_i-M_f$$

(5)计算游艇最大剩余恢复力矩 M_r:

$$M_r=M_{if}-\mathrm{Max}(M_h,M_w)$$

横倾角 Φ /(°)	自由液面 M_f /(N·m)	恢复力矩 M_{if} /(N·m)	最大(M_h,M_w) /(N·m)	剩余力矩 M_r /(N·m)
0.0	0	0	38 790	-38 790
5.0	38 515	2 296	38 790	-36 494
10.0	61 342	8 481	38 790	-30 308
20.0	45 308	59 007	38 790	20 217
30.0	16 078	111 189	38 790	72 399
35.0	10 975	128 142	38 790	89 352
40.0	7 988	141 720	38 790	102 931
45.0	6 114	148 342	38 790	109 553
50.0	4 999	148 401	38 790	109 611
			在 Φ_0 和 Φ_F 之间的最大剩余恢复力矩 M_r =	109 553

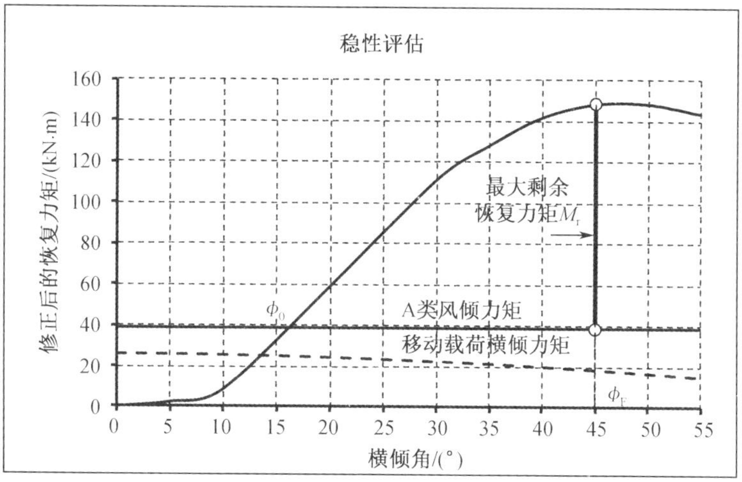

(6)稳性评估

要求(A 类):$2.0\Delta_{LA}$ =	48 249	N·m
计算结果:　M_r =	109 553	N·m

评估:由于 $M_r > 2.0\Delta_{LA}$,该游艇可以满足 A 类稳性标准要求。

11. 其他要求

(1)进水高度:$H_D > H_{D1}$。

(2)进水角:$\Phi_D > \Phi_{D1}$。

(3)移动载荷产生的最大横倾角:$\Phi_0 \leqslant \Phi_{01}$。

	H_{D1} /m	Φ_{D1} /(°)	Φ_{01} /(°)
A 类	0.961	30	12.37
B 类	0.961	25	12.37

校核结果：

	分类	测量值	要求值	单位	满足?
1. 进水高度 H_D	A	1.40	0.961	m	是
$H_D > H_{D1}$?					
2. 进水角 Φ_D	A	45.0	30.0	°	是
$\Phi_D > \Phi_{D1}$?					
3. 移动载荷横倾角 Φ_0	A	3.5	12.4	°	是
$\Phi_0 \leqslant \Phi_{01}$?					
4. 横倾力矩 RM_2 在 30°	A	127.3	25.0	kN·m	是
$RM_2 > RM_1$?					
5. 横倾力臂 GZ_2 在 30°	A	0.54	0.20	m	是
$GZ_2 > GZ_1$?					
6. 在风浪中的动稳性	A	51 385	40 017	N·m - rad	是
$A_2 > A_1$?					
7. 考虑积水区自由液面影响后的稳性	A	109 553	48 249	N·m	是
$M_r > 2.0\Delta_{LA}$?					

结论：
该游艇可以完全满足 A 类稳性标准，并有足够的稳性储备。

作业

作业 2：检查下列游艇在到港装载状态下是否能满足稳性 A 类标准。
已知：

1. 某艇的主要参数

艇长 L_h =	19.6	m
艇宽 B_h =	5.38	m
游艇的排水量 Δ_{LA} =	32 110	kg
垂向重心 V_{cg} =	2.20	m
艇水线长 L_{wl} =	17.9	m
艇舯部吃水 d_m =	1.38	m
游艇水上侧面积	45.0	m^2
进水角	46.5	°
水线以上进水高度	1.5	m
移动最大载荷产生的横倾力矩	28 253	N·m
水线上下侧面积中心间的距离 h	2.4	m
凹陷区的总积水体积 V_r	10	m^3
积水区的最小干舷高 F	1.3	m

2. 恢复力臂和积水区自由液面修正力矩

横倾角 Φ	恢复力臂	修正力矩
度	/m	/N·m
0	0.0000	0
5	0.151 5	48 000
10	0.252 2	52 000
20	0.351 2	38 000
30	0.402 4	28 000
35	0.430 9	25 000
40	0.455 4	22 000
45	0.456 5	19 000
50	0.434 6	17 000

3. 液体箱尺寸

液体箱尺寸	长度 l	宽度 b	高度 h
	/m	/m	/m
燃油箱 1	1.09	2.97	1.20
燃油箱 2	1.09	2.97	1.20
淡水箱	1.21	1.00	0.60

6.5 动态不稳定性(Dynamic Instability)

6.5.1 简介

传统上,稳性指艇在静止时受到外力干扰偏离原始位置后可以恢复到初始位置的能力,与艇的航速关系不大。对于速度相对较低的艇来说,确实如此。然而,对于现代游艇来说,只了解其静稳性远远不够。因为随着游艇的航速越来越高,有些艇会出现动态不稳定性的问题。

游艇的动态不稳定性指:**游艇高速航行时产生的稳性降低。其表现为在横摇、纵摇、摇艏三个方向上剧烈的运动,这些运动具有纵倾减少、横倾增加、航向偏离等特性。**

游艇的动态不稳定性主要表现在:中高速下出现的动横倾(Heeling)、艏倾(Bow Drop);在高速下出现的舭行(Chine Walking)、豚跃(Porpoising)。这些情形有时会在某些艇上毫无预警地发作,轻者会引起乘客的惊惶和不安,重者会使艇上的人员受伤,甚至有可能引起艇体结构的损坏,整条艇发生倾覆。

本节主要对其中的一种典型表现——动横倾,即在中高速下较常出现的横向动态不稳定性现象进行分析,然后,简要介绍一下豚跃的问题。

动横倾是指游艇在中高速下航行时,在横向(左侧或右侧)倾斜一个角度,然后在这个横倾角下继续航行的一种动态不稳定现象。

6.5.2 影响动横倾的主要因素

实际上,要完全解释清楚游艇的动态不稳定性现象并不容易。在试验和分析的基础上,布朗特(Blount)给出了影响游艇动横倾的主要因素[6]:(1)艇的航行速度;(2)艇重心的垂向、纵向位置;(3)艇的相对重量;(4)艇体的形状。其他次要因素包括附体(艉舵、轴支架、防溅条等)的设计和位置等。

1. 艇的航行速度

游艇的动横倾与艇的速度有着直接关系。大家知道,在静止状态下游艇的稳性与艇的静水压力有关,但对于航行中的游艇来说,它不仅与静水压力而且更与动水压力有关。当速度改变时,艇底的静水压力与动水压力以及压力中心也会跟着变化。随着艇的航速增加,静水压力会变得越来越小而动水压力(正、负)绝对值会以速度的平方增加。在某个速度下,有些艇由于局部产生的负压力过大而导致动横倾。但在艇的航速小于 25 kn 时,一般很少会出现这种动态不稳定性现象。

2. 艇的重心位置

游艇的重心纵向位置是影响动横倾的另一个主要因素。一般来说,重心越靠前,艇的静态纵倾角就越小,有时甚至会成为负值(艏倾)。这种游艇在中高速航行时,其艇底水动压力可能会局部变成负值(吸力)从而使该艇出现动横倾的可能性增大。

另外,艇的重心垂向位置也会影响到艇的动横倾。艇的垂向重心越高,在中高速时就越容易出现动态不稳定性[7]。

3. 艇的相对重量

如果只是艇的重量相对于其尺度显得太大,游艇本身并不会导致动横倾,但是如果和其他因素(像高速度、纵向重心太前、垂向重心太高等)结合在一起就会大大增加这种可能性。

4. 艇体的形状

此处艇体的形状主要指艇体的水下纵剖线的形状和折角线的形状这两部分。

游艇的水下形状对其动横倾也有着很大的影响。特别是水下纵剖线的形状。由于艇在中高速航行时,其水流基本上沿着纵剖线流动,所以其形状会严重影响到水流对艇体的动压力。一般来说,如果一条游艇的纵剖线在艏部 1/4 水线处的曲率太大,此处就可能产生负压力而引起动横倾。与此相似,若靠近艉部出现上凹也可能在那里出现类似的结果。

游艇的折角线形状指舭部和艉板折角线所围部分的形状。这部分在水平方向的投影面积和面积形心对动横倾的影响也很大。

5. 其他因素

其他可能引起游艇动横倾的因素包括舵和舵杆由于设计不当产生空泡,舵的位置太靠近艇艉甚至延伸到艉后吸进空气,防溅条吸进空气,水下排气罩设计不当等。

6.5.3 产生动横倾的主要原因

我们已经知道了影响游艇动横倾的主要和次要因素。但究竟为什么这些因素会引起游艇的动横倾呢?从上面内容可以发现这些因素的一个共同点,那就是在艇底都会有一个负压力区。这个艇底负压力就是动横倾产生的原因。有些游艇在中高速下航行时,底部会产生一个负压力区,在受到干扰后该艇不能回复到原来的正浮位置,而是横倾一个角度以达到新的平衡。这种现象就是典型的动横倾。此外,其他能引起艇底压力分布突然变化的情况都可能是动横倾的"罪魁祸首"。

让我们先来考察一下游艇的纵剖面形状,见图 6-11(a)和图 6-11(b)。从这些图中可看出,该剖面形状与对称机翼半剖面的形状非常相似,因此水流沿艇底纵剖面的流动也类似于机翼剖面上水流的流动。这样我们就可以借用成熟的机翼理论来简单分析一下游艇航行时其底部动水压力分布状态。

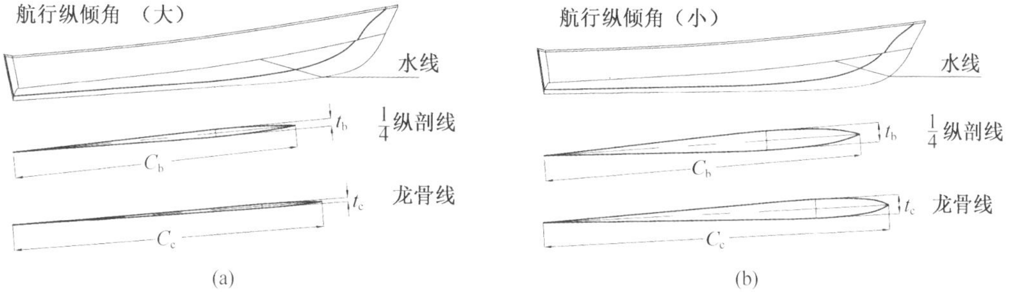

图 6-11 游艇纵剖面和机翼剖面类比图

从机翼理论可知,在机翼上的最小动水压力主要受厚弦比(t/C)的影响。在攻角较小时,厚弦比(t/C)越大,所产生的局部动水压力就越小[8]。当游艇在中高速下正常航行时,水流主要是沿着纵剖线后部平直部分流动,见图 6-11(a)。然而,如果在艇的前部增加或者向前移动一些重量,该艇的航行纵倾角就会减小,底部的水流会前移到纵剖线曲率较大处,此时,艏脚处吃水也会增加(类似于机翼上厚弦比 t/C 增加),见图 6-11(b),从而使得该处的水动压力降低或成为负压力(吸力)。此负压力的绝对值大到一定程度,就可能引起游艇的动横倾。

考德加(Codega)和刘易斯(Lewis)[9]对一条有动态不稳定性问题的滑行艇进行了试验。在试验中他们用压力传感器测量了艇底部的动压力,结果发现在该艇底部 1/4 艇长到舯部的范围内存在负压力,在靠近舯前部的地方,压力达到负 13.8 kPa。此外,考德加在[10]中也给出了一个艇底部测出负压力的实例。这些试验证实了艇底部出现负压力就是产生动横倾的原因。

6.5.4 动横倾的试验验证

我们现在已明白了游艇产生动横倾的基本原因,下面我们介绍两种试验方法[11][12]来验证一条艇在各种装载状态下是否是动态稳定的。当然,如果情况允许,最好在设计阶段就能在船模拖曳水池中作同样的试验。

1. 航行纵倾角——航速试验(见图6-12)

大家知道,直接测量游艇底部的动压力分布比较困难,但是,测量艇在航行时的航行纵倾角就容易多了,我们可以通过测量航行纵倾角随航速的变化而间接知道底部是否存在有负压力。该试验的目的就是为了确定游艇在某个速度范围内是否会产生艏倾力矩。该艏倾力矩大多是由于前部出现了负压力而引起的,它的产生常常预示着有潜在的动横倾问题。

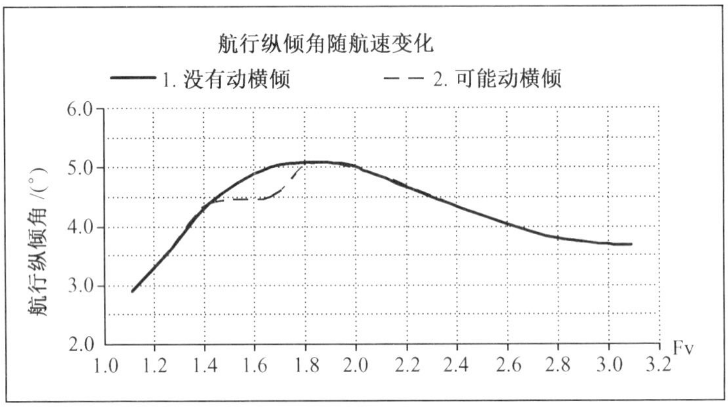

图6-12 航行纵倾角随航速变化曲线图

在试验之前要仔细地测量艇的吃水、纵倾角以便计算其排水量和重心的纵向位置。在航行时要精确地记录艇的航速、航行纵倾角。先将零速下的航行纵倾角设为0°,然后从低速开始逐渐增加到最大航速,以便获得航行纵倾角随航速变化的曲线。特别要注意曲线在$F_V=1.0\sim2.0$范围内的变化趋势。在图6-12中,曲线1是正常艇的试验结果,F_V在$1.0\sim2.0$范围内的曲线一直向上凸起,但曲线2在该范围内却有下凹的现象,这意味着具有这种曲线特征的艇在更高的航速下就可能出现动横倾。

2. 动态倾斜试验(见图6-13)

该试验的目的是决定游艇在静止时的初始横倾角是否会随航速的增加而加大。同样,我们也可以通过测量艇的横倾角随航速变化的趋势来间接知道艇底部的动压力分布。在试验前要考虑各种装载条件,选取一个最有可能出现动横倾问题的装载状态,然后,在整个航速范围内进行试验。如果不能确定在哪种状态下有问题,就要选取多种状态在开阔的静水水域中进行。

在试验开始前,先在游艇上横向移动一些重物使其产生一个大约3°的初始横倾角,接着测量该艇在整个航速范围内的横倾角,然后将重物移向另外一边重复上述试验。在试验时,要尽量保持舵角在0°以便排除舵的影响。试验的目的是为了知道艇的横倾角随航速变化的趋势。当游艇的横倾角随航速而增大时,就说明该艇可能有动横倾的问题。反之,该艇应该没有问题。

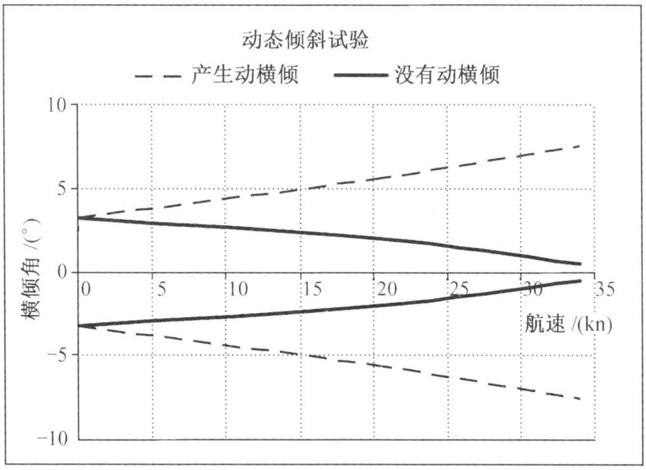

图 6-13 横倾角——航速试验曲线

6.5.5 解决动横倾问题的设计指导

上面我们已经知道了影响游艇动横倾的四个主要因素，但在游艇设计中究竟应该怎样来避免出现这个问题呢？布朗特和考德加[13]提出了一个设计指导准则供设计师参考。

该指导准则除了将上面四个主要因素表达成两个无因次系数（面积载荷系数和重心位置系数）外，还给出了另外一个无因次系数（长宽比）：

$$面积载荷系数 = A_p/\nabla^{2/3}$$

式中 ∇——艇的排水体积，(m^3)；

A_p——舭部折角线和艉板线的水平投影面积，(m^2)；

$$重心位置系数 = (L_{ca} - L_{cg})/L_p \times 100$$

式中 L_{ca}——艇底水平投影面积形心位置，从艇艉量起，(m)；

L_{cg}——艇的重心纵向位置，从艇艉量起，(m)；

L_p——艇舭部折角线侧投影长度，(m)。

$$长宽比 = L_p/B_{px}$$

式中，B_{px} 为艇舭部折角线的最大宽度，(m)。

图 6-14 为该指导准则所用参数的定义示意图。

图 6-15 为该设计指导准则图。它适用于检查航速高于 25 kn 的尖舭游艇是否有动横倾的问题。

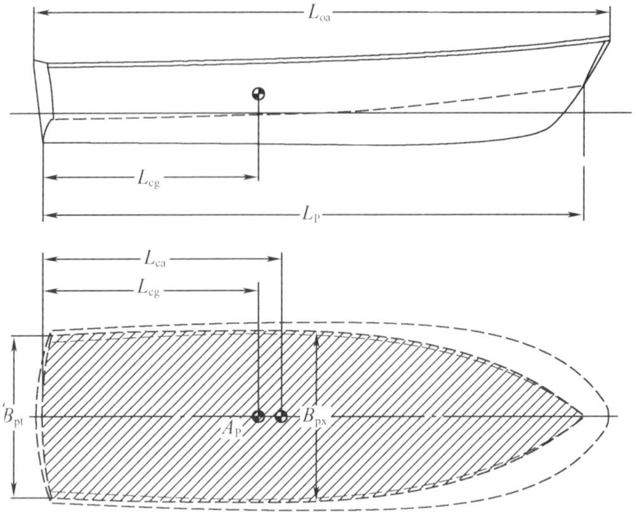

图 6-14 游艇参数定义示意图

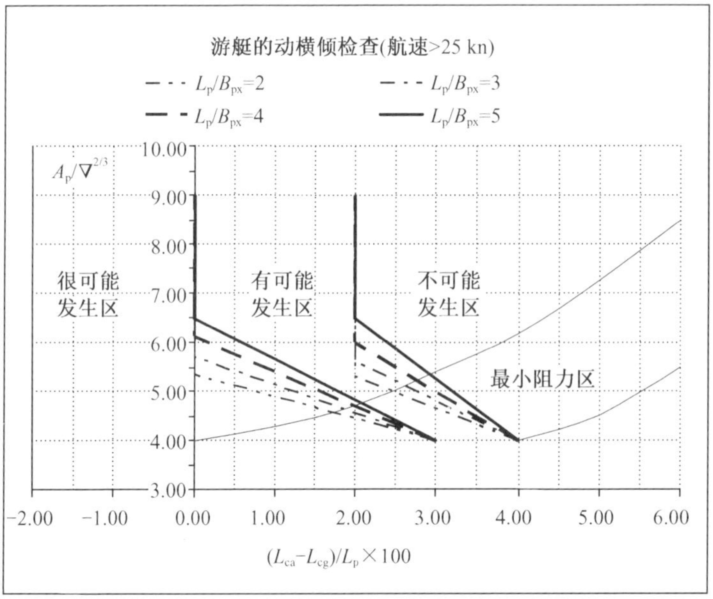

图 6-15 设计指导准则

如果一条游艇的面积载荷系数 $A_p/\nabla^{2/3}\leqslant5.8$,而重心位置系数 $(L_{ca}-L_{cg})/L_p\times100\leqslant3$,那么该艇就很可能出现动横倾。此外长宽比($L_p/B_{px}$)较大的游艇出现动横倾的可能性也较大一些。如果游艇的航速低于 25 kn,该艇出现动横倾的概率就不大。

6.5.6 设计考虑及解决办法

明白了影响游艇动横倾的因素以及它产生的原因,我们在设计阶段就可设法避免这个问题,万一在建造完成后才发现此问题,也能迅速找出解决办法。

1. 在设计阶段

在游艇设计阶段应考虑下列几个方面：

(1)如果艇的重量相对于其底部面积太大，就设法减少重量或增加艇底面积，从而减少艇的相对载荷。

(2)如果艇的重心太靠前，就要向后移一些重物，使艇的重心在一个合适的位置。同样，如果重心太高，要想办法降低其位置。

(3)如果艇的可变载荷(如油或水箱)布置在远离重心的艉部，那么，在油水被消耗后，艇的重心就会向前移动，从而可能出现动横倾问题。所以，要尽量将它们布置在重心附近。

(4)如果艇的纵剖线前部曲率太大，就要减小该处纵剖线的曲率。

此外，为了避免游艇产生动横倾的问题，在设计时还要做到：游艇要有足够大的初稳性；将附体设计成流线型且布置在离水面较深的地方以减少空泡、避免进气；尽量不要使舵的后缘突出到艉板后面，如果实在做不到，可在舵板上方加一隔板或把舵的后缘顶部切去一角；当设计防溅条时，不要把它和螺旋桨、舵以及海底阀布置在同一条线上。

2. 在改装阶段

在游艇的改装阶段应考虑：

(1)尽量不要在艇的重心前部增加重物以免纵倾太小或造成艏倾；

(2)尽可能不要在艇的高处增加重物以免降低该艇的稳性。

虽然如此，还是有可能在新设计或改装后的游艇上出现动态不稳定性问题。特别是改装游艇，如果艇主坚持要在前部和高处加装设备，问题常会出现，而且一旦出现就不易解决。这时，需要设计师充分掌握本节内容，做到心里有数，才能找到解决问题的办法。

6.5.7 解决动横倾问题的步骤与例子

1. 解决问题的步骤

如果一条游艇出现动横倾的问题，我们可以按下列步骤来解决：

(1)搜集该艇的线型图、附体设计和布置图、重量重心计算等资料，并对这些资料做认真地分析。

(2)仔细检查附体，包括舵和舵轴，轴支架、稳定翼、其他底部突出物附近是否有冲刷脱漆的痕迹。

(3)确定该艇最容易出现问题的装载状态，并测量该装载状态下的艏艉吃水，计算出该艇的排水量和重心。

(4)应用图6-15设计指导准则图，检查该艇在此装载状态下是否落在动横倾可能产生区。如果落入该区，多数是重心太靠前的缘故，相反，如果落在不可能产生区，很可能就是附体的问题。

(5)进行实艇试验，首先观察附体是否有进气或产生空泡，特别是在有脱漆痕迹的地方。如果发现有进气现象，可先假定它是问题产生的原因，然后设法关闭这些进气通道，再次试验。

(6)如果问题还继续存在,再进行航行纵倾角——航速试验、动态倾斜试验,进一步找出产生动横倾的原因。

(7)向后、向下移动一些较重的设备,使艇的重心后移、降低,然后继续试验。

(8)如果没有重物可以移动,可以在靠近艉板处加一些压载,再进行试验。一般情况下,艉部加装适量的压载后,问题就可得到解决。如果还不行,就只能降低艇的最大航速了,减小航速虽是一个无奈之举,但却是一个解决问题的有效办法。

2. 解决问题的范例

以下是一个解决动横倾问题的范例。

某游艇在进行改装设计时,应客户要求做了如下改动:

(1)加大了装机功率以使该艇的最大速度从 25 kn 增加到 30 kn;

(2)加装了飞桥甲板使上层建筑有更大的活动空间;

(3)在飞桥甲板上方又加装了硬顶(Hard Top)。

改装完成后在试航中发现,每当在高于 25 kn 的航速航行时,该艇会向左舷或右舷倾侧一个角度。

下面是解决这一问题的过程:

(1)找出该艇的有关参数如下:

最大速度 $V_{max}=30$ kn;

满载排水量 $\Delta=39\ 975$ kg;

满载排水量体积 $\nabla=39\ m^3$;

艇底水平投影面积 $A_p=60\ m^2$;

艇舭部折角线侧投影长度 $L_p=16.0(m)$;

艇舭部折角线的最大宽度 $B_{px}=5.0(m)$;

艇底水平投影面积形心位置 $L_{ca}=8(m)$;

艇的重心纵向位置,$L_{cg}=7.92(m)$。

(2)根据上述参数求得几个重要系数以便做出判断:

面积载荷系数 $A_p/\nabla^{2/3}=5.2$;

重心位置系数 $(L_{ca}-L_{cg})/L_p\times100=0.5$;

长宽比 $L_p/B_{px}=3.2$。

(3)动横倾的检查

由于面积载荷系数小于 5.8,同时重心位置系数也小于 3.0,所以有必要将这些系数描绘在设计指导准则图上,检查该艇是否可能存在动横倾的问题(见图 6-16)。

从图中左侧三角形标志可以看出,该点处在动横倾有可能发生区,这说明该艇出现动横倾问题的可能性较大。果然,在试验中发现,该艇从 25 kn 附近开始向左(或右)侧倾,在最大航速 30 kn 时,横倾角达到 3.5°。

(4)航行纵倾角——航速试验:

图 6-17 为该艇的航行纵倾角——航速试验结果。

从图 6-17 中虚线可以看出,在航速 18 ~ 23 kn 的范围内,该曲线有下凹的现象。这也意味着该艇在更高的航速下有潜在的动横倾问题。

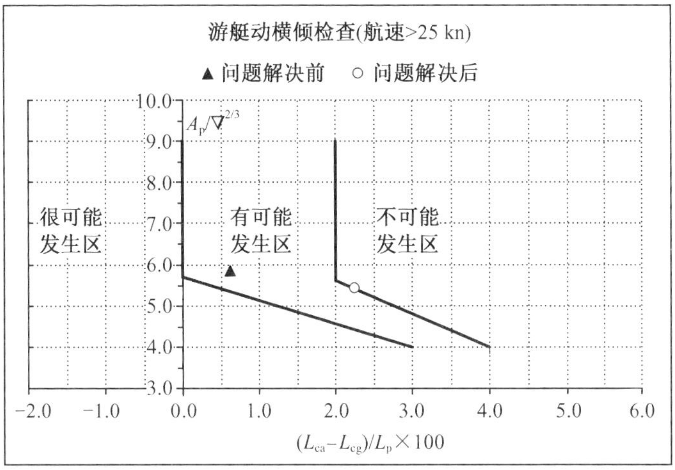

图 6-16 利用准则检查动横倾

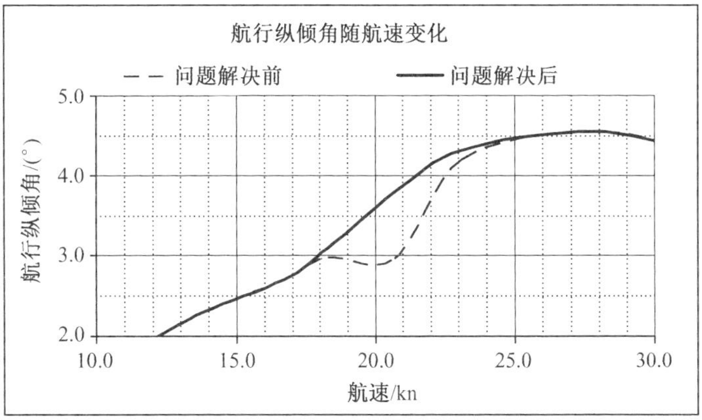

图 6-17 航行纵倾角——航速试验结果

(5)动态倾斜试验：

图 6-18 为该艇的动态倾斜试验结果。

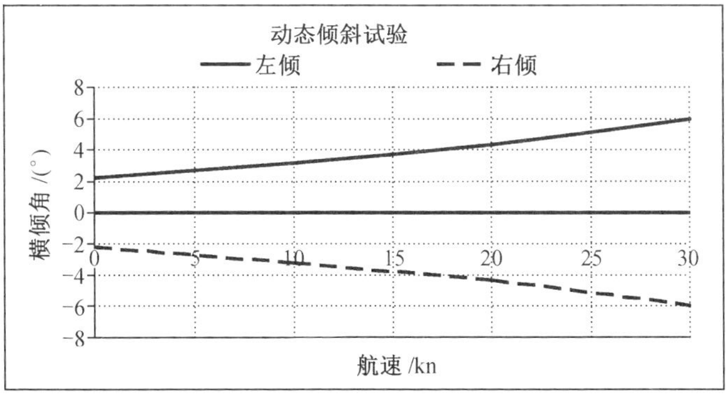

图 6-18 动态倾斜试验结果

从图 6－18 中曲线可以看出,该艇在静止时由不对称载荷引起的横倾角为 2.1°,随着航速的提高,该横倾角不是减小而是不断增加,在最大 30 kn 的航速下,横倾角达到 6.0°左右。这就充分验证了该艇在高航速下存在着动横倾问题。

图 6－19 为该艇从动态倾斜试验获得的初稳性高(*GM*)。

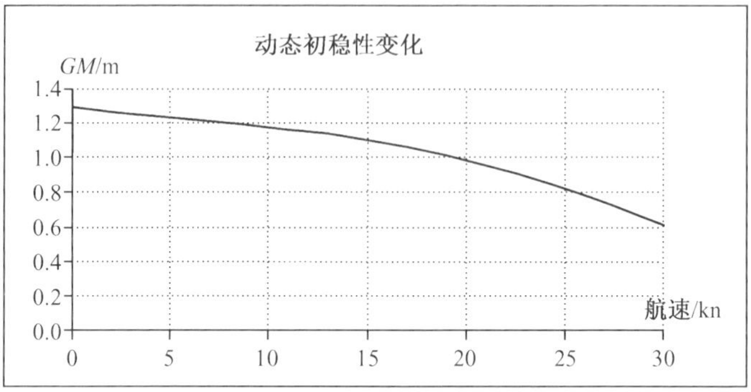

图 6－19　初稳性高随航速变化

从图 6－19 中可以看出,该艇在静止时的 *GM* 为 1.3 m,随着航速的提高,*GM* 在不断减小。在最大 30 kn 的航速下,该 *GM* 减小到 0.6 m 左右。

(6)问题的原因和解决的办法:

现在,我们已经很清楚,这条改装后的游艇出现了一种典型的动态不稳定性问题,即动横倾。现在需要知道的是出现该问题的原因和相应的解决办法。

从上述游艇的参数可知,该艇的重心纵向位置太靠前,已接近艇底水平投影面积形心的位置,显然,这就是引起动横倾的主要原因。此外,改装后重心位置太高、相对于艇底面积载荷太大也是部分原因。为此,作者建议向后移动一些重物并在靠近艉部加装一些压载(Ballast),使重心向后、向下移动,以期解决这个问题。

在加装压载后,该艇的面积载荷系数变成 5.16,而重心位置系数加大到 2.80。同样,从图 6－16 上以圆形标志标出的位置可知,重心移动后该艇出现动横倾问题的可能性很小。再一次进行实航试验,结果正像预料的那样,该艇在航速 18 ～ 23 节的范围内,航行纵倾角——航速曲线斜率变成正值(见图 6－17 实线)。而原来出现的令人头痛的动横倾问题也消失了。

6.5.8　豚跃问题的简单介绍

豚跃是指游艇在静水中以高速航行时,由于水动压力的改变,其航行纵倾角和升沉以一定的振幅和频率像海豚一样在水中不断跃动的现象。

1. 沙维斯基(Savitsky)限制曲线

豚跃一般在轻载荷游艇高速航行时出现,它与游艇的航速、载荷、航行纵倾角、舭部斜升角和重心的纵向位置等因素有密切的关系。沙维斯基[14]给出了判断引发豚跃的临界航行纵倾角 τ_{cr} 限制曲线(见图 6－20)。

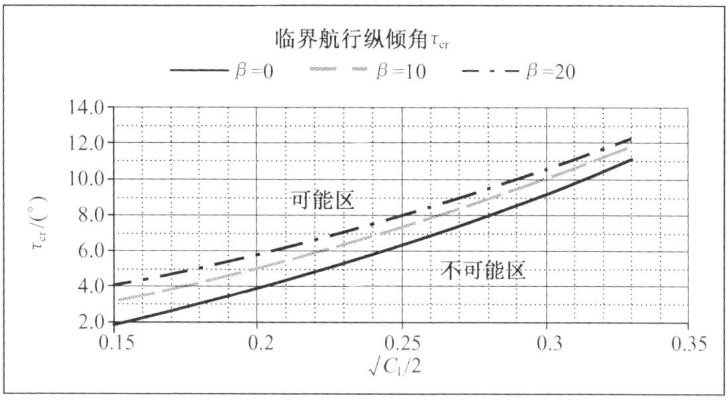

图 6-20 豚跃的临界航行纵倾角 τ_{cr} 限制曲线

这些曲线可以近似表达成：

$$\tau_{cr} = -1.87 + 12.54\sqrt{C_L/2} + 80.87(C_L/2) + 0.193\beta - 0.0017\beta^2 - 0.3125\beta\sqrt{C_L/2} \tag{6-29}$$

式中 β——艇的舭部斜升角，(°)$0 \leqslant \beta \leqslant 20°$；

C_L——水动力升力系数；

当游艇航速很高时，忽略静水压力，水动力升力系数 C_L 可以表达成：

$$C_L = \Delta g/(1/2\rho V^2 B_{px}{}^2) \tag{6-30}$$

此时

$$\sqrt{C_L/2} = \sqrt{C_B}/C_V \qquad 0.13 \leqslant \sqrt{C_L/2} \leqslant 0.30 \tag{6-31}$$

式中 C_B——静载荷系数，$C_B = \Delta/(\rho B_{px}^3)$；

C_V——艇宽弗氏数，$C_V = V/\sqrt{gB_{px}}$。

公式(6-29)只有在舭部斜升角 β 小于20°时才适用。

2. 思兰诺(Celano)限制曲线

思兰诺[15]通过系统的船模试验，给出了另外一些判断引发豚跃的临界航行纵倾角 τ_{cr} 限制曲线(见图6-21)。

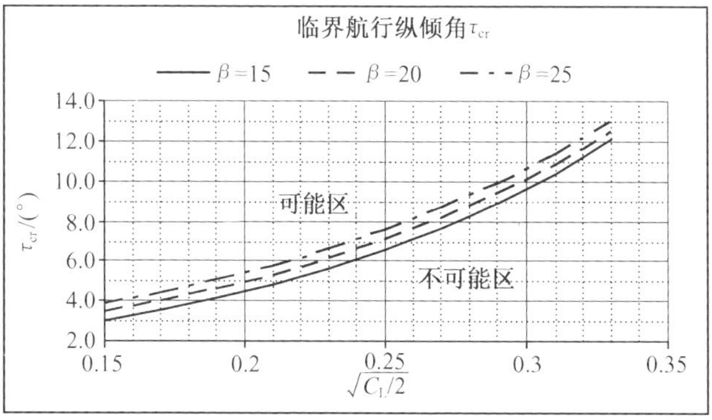

图 6-21 豚跃的临界航行纵倾角 τ_{cr} 限制曲线 1

这些限制曲线可用一个公式表达成:

$$\tau_{cr}=0.1197\beta^{0.7651}\exp[15.7132\sqrt{C_L/2}\beta^{-0.2629}] \quad (6-32)$$

式中 β——艇的舭部斜升角,(°)$15\leqslant\beta\leqslant25°$;

C_B——静载荷系数,$0.392\leqslant C_B\leqslant0.525$;

C_V——艇宽弗氏数,$2.0\leqslant C_V\leqslant4.7$。

3. 影响豚跃的主要因素

从上面我们知道影响游艇豚跃的主要因素是艇的航速、载荷、航行纵倾角、舭部斜升角。实际上它与重心的纵向位置也有密切关系。当游艇的航行纵倾角相当大时,载荷越轻、航速越高、舭部斜升角越小、重心位置越靠后($L_{cg}\leqslant0.85B_{px}$),就越容易引发豚跃的出现。

4. 豚跃产生的主要原因

游艇的底部升力可分为两个部分,即动水压力和静水压力。前者随航速的提高迅速增加,而后者则随航速的提高而减小。如果一条游艇的舭部斜升角太小、载荷太轻、重心位置太靠后,当其航速越来越高时,航行纵倾角会变得越来越大,相应地,动水压力作用点也会向后移动,在某个航速下,当该角大于临界值τ_{cr}时,动水压力会突然下降而使得该艇失去平衡,航行纵倾角急剧减少,相应地,艇的航速也骤降。但紧接着在强大功率的推动下又迅速恢复至高速。在高航速下,此动水压力以及航行纵倾角又会迅速增加,再一次超过临界值,引发周期性的纵摇和升沉运动,出现像海豚在水中不断跃动的现象。然而,如果一条游艇高速航行时的航行纵倾角小于临界值,该艇应该是稳定的,此时,外界的干扰可能会使艇振荡几次,但很快就会恢复到原来的位置。

5. 解决的办法

知道了影响游艇豚跃的因素和原因,我们就可应用式(6-29)或式(6-32)给出的临界航行纵倾角τ_{cr}来判断一条游艇在高速航行时是否有豚跃问题,以便在设计阶段就设法避免之,而万一在试航时发现此问题,也能找出解决问题的办法。

在游艇设计阶段应考虑:

(1)若舭部斜升角太小,就设法加大它;

(2)若艇的重心太靠后($L_{cg}\leqslant0.85B_{px}$),就前移一些重物使$L_{cg}>0.85B_{px}$;

(3)若艇的载荷太轻,一般不要增加载荷,以免达不到设计航速;

(4)若艇的航速太高,也不需降低航速,以免达不到设计要求。

一般来说,在艉部装压浪板就能解决这个问题。若在试航时发现问题,在艉部加装楔形板也可。关键是要设法减小游艇的航行纵倾角。

作业

作业3:假定某新设计游艇的有关参数如下:

最大速度$V_{max}=31$ kn;

满载排水量$\Delta=36\ 950$ kg;

艇底水平投影面积$A_p=70$ m^2;

艇舭部折角线侧投影长度 $L_p=18.4(m)$；
艇舭部折角线的最大宽度 $B_{px}=5.0(m)$；
艇底水平投影面积形心位置 $L_{ca}=8.0(m)$；
艇的重心纵向位置，$L_{cg}=7.52(m)$。
试判断该艇出现动横倾问题的可能性有多大。

参考资料

[1] MOORE C S. Principles of Naval Architectural[M]. Alexandria: SNAME,1967 .

[2] BOWLES J. Turning Characteristics and Capability of High—Speed Monohulls[C]. The 3rd Chesapeake Power Boat Aymposium,2012.

[3] ZBOROWSKI A,TAYLAN M. Evaluation of Small Vessel's Roll Motion Stability Reserve for Resonance Conditions[C]. Spring Meeting/STAR Symposium,1989.

[4] BARRY C D. Roll Control[J]. professional boatbuilder,2005,(93).

[5] INTERNATIONAL STANDARD. Small Craft - Stability and Buoyancy Assessment and Catergorization—Part 1: No Sailing Boats of Hull Length Greater than or Equal to 6 m[S]. ISO/12217 -1:2015,2017.

[6] BLOUNT D L,SCHLEICHER D M. Correct Dynamic Roll Instability[J]. professional boatbuilder,2003,(84).

[7] KATAYAMA T,TANIGUCHI T,HABARA K. Tank Tests to Estimate of Dynamic Instabilities of High—Speed Planing Craft[C]. The 2nd Chesapeake Power Boat Aymposium,2010.

[8] COHEN S H,BLOUNT D L. Research Plan for the Investigation of Dynamic Instability of Small High -Speed Craft[J]. SNAME Transactions,1986,94.

[9] CODEGA L T,LEWIS E. A Case Study of Dynamic Instability in a Planing Hull[C]. SNAME,Hampton Roads Section,1986.

[10] CODEGA L T. The Dynamic Stability of High -Speed Boats[J]. professional boatbuilder, 1994,(7).

[11] BLOUNT D L. Dynamic Instability at Speed.(内部资料)

[12] RANZENBACH R,BOWLES J. Hull Forms with Low Cruise Speed Resistance and High Speed Dynamic Stability - Experiments and Computations[C]. The 29th America Towing Tank Conference,2010.

[13] BLOUNT D L,CODEGA L T. Dynamic Stability of Planing Boats[J]. Marine Technology, 1992,29(1).

[14] SAVITSKY D. Hydrodynamic Design of Planing Hulls[J]. Marine Technology,1964,1(1).

[15] CELANO T. The Prediction of Porpoising Inception for Modern Planing Craft[J]. SNAME Transactions,1998,106.

本章符号表

A_{lv}——游艇水上侧面积，(m^2)；

A_p——舭部折角线和艉板线的水平投影面积，(m^2)；

$A_p/\nabla^{2/3}$——面积载荷系数；

b_h——重物横向移动的距离，(m)；

b_V——重物垂向移动的距离，(m)；

B_h——艇体宽，(m)；

B_{oa}——艇的总宽，(m)；

BM——横稳心半径，(m)；

B_{px}——艇舭部折角线的最大宽度，(m)；

C_L——水动力升力系数；

C_B——静载荷系数；

C_V——艇宽弗氏数；

d_m——水线舯部吃水，(m)；

F_V——艇的体积弗氏数；

g——重力加速度，(9.81 m/s^2)；

GM——初稳性高，(m)；

GZ——恢复力臂，(m)；

$G'Z$——自由液面修正后的恢复力臂，(m)；

GZ_{max}——最大恢复力臂，(m)；

δGM——自由液面对初稳性高的修正，(m)；

δGZ——自由液面对恢复力臂的修正，(m)；

H_D——艇的进水高度，(m)；

i_T——液体的表面惯性矩，(m^4)；

k——自由液面修正因子；

KB——浮心距基线高，(m)；

KG——重心距基线高，(m)；

L_{ca}——艇底水平投影面积形心位置，从艇艉量起，(m)；

L_{cg}——艇的重心纵向位置，从艇艉量起，(m)；

L_h——艇体长，(m)；

L_{oa}——艇的总长，(m)；

L_p——艇舭部折角线侧投影长度，(m)；

L_{wl}——某装载状态下的水线长，(m)；

$(L_{ca}-L_{cg})/L_p\times 100$——重心位置系数；

M_e——外部横倾力矩，(N·m)；

M_{FS}——自由液面的移动力矩，(N·m)；

M_i——恢复力矩，(N·m)；

M_{max}——最大恢复力矩，(N·m)；

M_w——风载荷产生的横倾力矩,(N·m);
r——游艇的转动惯量半径,(m);
T_{Φ}——横摇固有周期,(s);
V——艇直航时的速度,(m/s);
V_w——风速,(m/s);
δw——移动重物的重量,(kg);
β——艇的舭部斜升角,(°);
ρ——液体的密度,(kg/m^3):

淡水:$\rho = 1\ 000$,(kg/m^3);
海水:$\rho = 1\ 025$,(kg/m^3);
柴油:$\rho = 850$,(kg/m^3)。

Φ——横倾角,(°);
Φ_V——稳性消失角,(°);
Φ_{max}——最大恢复力矩对应的横倾角,(°);
Φ_F——进水角,(°);
Φ_0——移动最大载荷产生的横倾角,(°);
Φ_R——风浪中的横摇角,(°);
Δ——游艇排水量,(kg);
∇——艇的排水体积,(m^3)。

第7章　游艇的阻力性能

7.1　概　　述

从第2章我们知道，航速相对较低的排水型艇，艇体的重力全部由静浮力来支承。而对于中高速下航行的游艇来说，其重力不仅由静浮力而且更多是由动升力来支承。当游艇在低速航行时，其阻力的形式和计算与排水型艇差异不大，但随着航速的提高，其动升力会越来越大，从而使得艇体逐渐抬升、艇体的吃水和浸湿面积不断减少，相应地静浮力也越来越小，此时，游艇阻力的计算就变得完全不同。此时，游艇的阻力主要分为压差阻力（Pressure drag）（本书称兴波阻力）、黏性阻力（Viscous drag）、喷溅阻力（Spray drag）以及附体阻力（Appendage drag）等。

在不同的设计阶段，我们按客户的具体要求采用下列几种方法来计算游艇的阻力：

（1）经验和半经验公式：有许多阻力估算公式在游艇界运用，有些是从大量的船模或实艇试验资料回归而得，另外一些是在分析的基础上经试验验证给出。其中最著名的有丹尼尔.沙维斯基（D. Savitsky）提出的计算高速尖舭艇动升力和阻力的半理论半经验公式，简单而实用的有大隅三彦等给出的用于中速下估算游艇有效功率的公式。这些公式常用于概念设计、初步设计阶段。

（2）船模系列试验资料中国外比较著名的有：美国海军62系列（Series 62），为V形尖舭12.5°舭部斜升角艇型；德尔福特系列1，2（Delft Series 1，2），为V形尖舭25°，30°舭部斜升角艇型；美国海军64系列（Series 64），为V形圆舭艇型。如果选对了艇型和设计参数，用这种方法求得的阻力比较精确。但由于许多船模系列试验资料都相当陈旧（有的超过50年），现代游艇的艇型和参数也有很大的变化，所以在选择船模系列时要格外小心，尽可能使其与新设计的艇相似，并使设计参数落在该系列的有效范围内。

（3）船模水池试验法：这是一种专门针对新设计的艇型在拖曳水池中所做的阻力试验。用这种方法得出的阻力精度高，可以通过换算得出实艇的阻力和有效功率，从而求得该艇的航速。但是，这种方法耗时费力，花费不菲。一般在设计一型造价昂贵的大中型豪华游艇或有许多订单的中小型游艇时才加以考虑。

还有一种先进的方法：计算流体力学CFD（Computational Fluid Dynamics），由于超出了本书的范围，本章不涉及这方面的内容。

本章首先介绍一种计算高速棱柱形滑行艇阻力的半经验性方法；在此基础上，给出普通高速游艇阻力和有效功率的计算过程；接着，针对这些方法在中速下不太适用的问题，找出几种用于估算中速游艇阻力的经验公式；最后，介绍如何用船模阻力试验结果计算游艇的阻力和有效功率。

7.2 棱柱形滑行艇阻力计算

7.2.1 简介

在概念设计、初步设计阶段,由于精度要求不是很高,而又常常需要快速地估算游艇的阻力和有效功率,这时,可用一些经验和半经验公式。当今,在游艇界有许多阻力估算公式,本节详细介绍其中最著名的沙维斯基[1]提出的用于计算高速棱柱形尖舭艇动升力和阻力的半理论半经验公式。注意,棱柱形滑行艇指舭部斜升角和舭部宽度都保持常数的滑行艇。

沙维斯基主要分析了棱柱形滑行艇的水动力,并给出一些应用公式以表达艇的浸湿面积、动升力、阻力、水动压力中心以及它们与舭部斜升角、航行纵倾角、航速之间的关系。

值得注意的是,一般在造船界用船长 L 作为主要尺度参数,但在滑行艇上,艇舭部宽度 B_p 是分析和应用的主要参数。原因是艇的浸湿长度会随航行纵倾角、载荷和航速而急速变化,而后者却变化不大。

7.2.2 棱柱形滑行艇的浸湿面积和形状

在了解棱柱形滑行艇之前,让我们先从了解平板滑行面开始。

1. 平板滑行面

当宽度为 B 的平板在水面上滑行时,平板前部会产生兴波,这就使平板的实际浸湿长度 $L(=\lambda B)$ 大于平板与静水面相交时的长度 $L_0(=\lambda_1 B)$。另外,在滑行面导边有一层前弯的水流薄膜,称之为喷溅区,如图 7-1 所示。

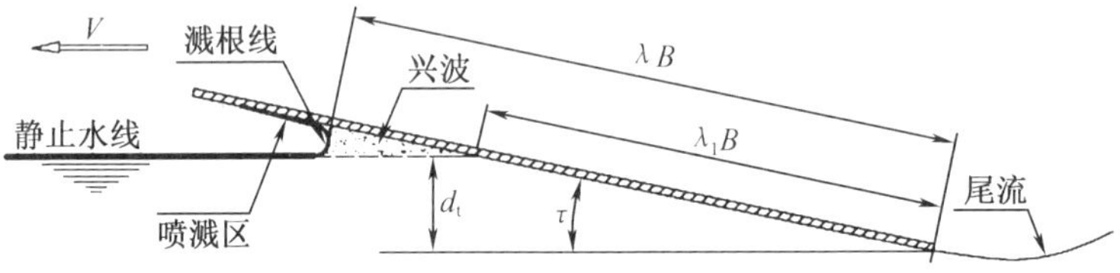

图 7-1 平板滑行面上的波形

λ 代表平均浸湿长宽比,λ_1 代表静水浸湿长宽比,d_t 是随边在静水面下的深度。在一定范围内,滑行面导边兴波只是浸湿长宽比 λ 的函数。一般情况下,平均浸湿长宽比可用下列经验方程表示:

$$\lambda = \lambda_1 + 0.30 \quad (1 \leqslant \lambda_1 \leqslant 4) \tag{7-1}$$

该式的适用范围如下:

航行纵倾角 $\tau(2° \leqslant \tau \leqslant 24°)$;

艇宽弗氏数 $C_V = V/\sqrt{gB}(0.60 \leqslant C_V \leqslant 25.00)$。

图 7－2 给出了在平板滑行面上的压力分布以及驻点线(Stagnation Line)和溅根线(Spray Root)的位置。从图中可以看出,驻点线在溅根线之后,两者相距很近,当航行纵倾角很小时两者几乎重合。随着航行纵倾角增加,驻点线会向后移动,其距离拉大。在驻点线附近产生的压力最大,之后压力开始迅速下降,然后逐渐平稳。在溅根线之前的动压力为零。

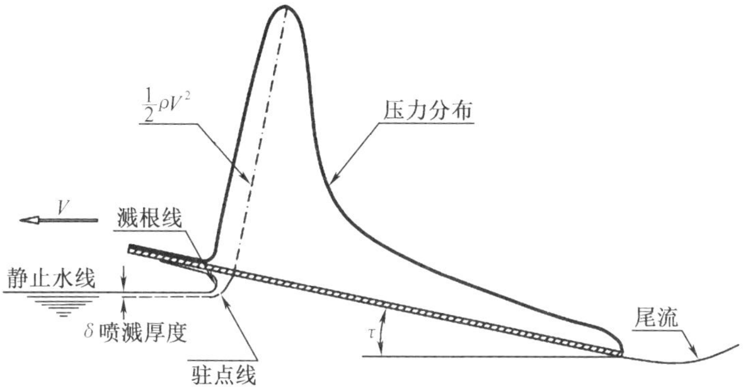

图 7－2 平板滑行面上典型的压力分布

2. 棱柱形滑行艇

棱柱形滑行艇的总浸湿表面实际上分成两个区域:①压力区;②喷溅区。注意,由于在滑行艇上溅根线与驻点线非常靠近,有时,两条线可以互相代用。

(1)棱柱形滑行艇压力区

在滑行艇溅根线后面的区域为压力区,是棱柱形滑行面的载荷承受部分。

压力区包括溅根线、舭部、浸湿龙骨以及艉部包围的面积。由图 7－3 可见,滑行艇与静水面的交线是从龙骨到舭部的两条倾斜线($O-C$)。与平板滑行面的情形类似,在 $O-C$ 线之前也会产生兴波,这样,滑行艇的浸湿长度可定义为龙骨浸湿长度(L_k)与舭部浸湿长度(L_c)的平均值。

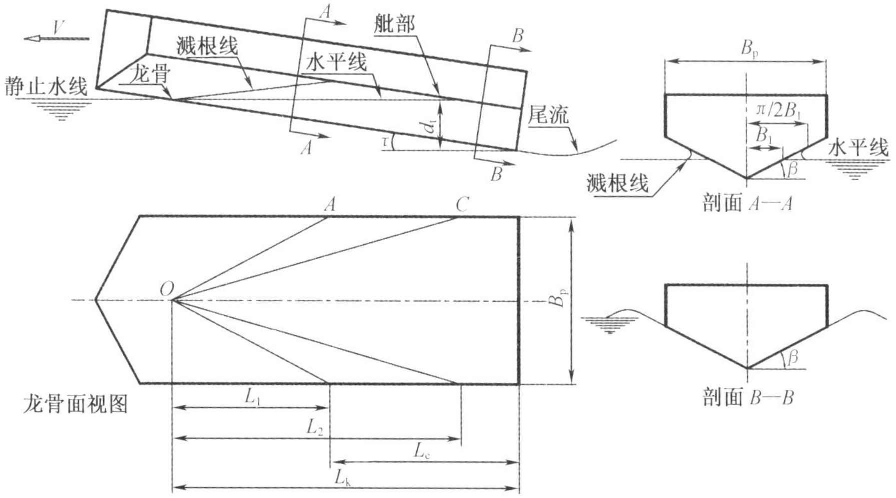

图 7－3 棱柱形滑行面的水线

在静水面下的龙骨与舭部浸湿长度之差 L_2 是航行纵倾角与舭部斜升角的函数：

$$L_2 = B_p/2\ \tan\beta/\tan\tau \qquad (7-2)$$

试验观察证实，底部兴波浸湿宽度是静水宽度的 $\pi/2$ 倍，这样，兴波后龙骨与舭部浸湿长度之差 $(L_k - L_c)$ 可以表达成：

$$L_k - L_c = L_1 = B_p/\pi\ \tan\beta/\tan\tau \qquad (7-3)$$

从式(7－3)可知，L_1 的长度是 L_2 的 $2/\pi$ 倍。

试验指出：在 $C_v > 2.0$ 的情况下，式(7－3)对于所有航行纵倾角和舭部斜升角的组合都适用。

图 7－4 绘出的曲线代表 $L_k - L_c$ 与航行纵倾角和舭部斜升角的关系。

龙骨浸湿长度 L_k 可以用龙骨后缘吃水 d_t 来定义为：

$$L_k = d_t/\sin\tau \qquad (7-4)$$

这样，代表压力面的平均浸湿长宽比 λ 可表达成：

$$\begin{aligned}\lambda &= (L_k + L_c)/(2B_p) \\ &= [d_t/\sin\tau - B_p/(2\pi)\tan\beta/\tan\tau]/B_p \end{aligned} \qquad (7-5)$$

棱柱形滑行艇压力区的浸湿面积为：

$$S_p = \lambda B_p^2/\cos\beta \qquad (7-6)$$

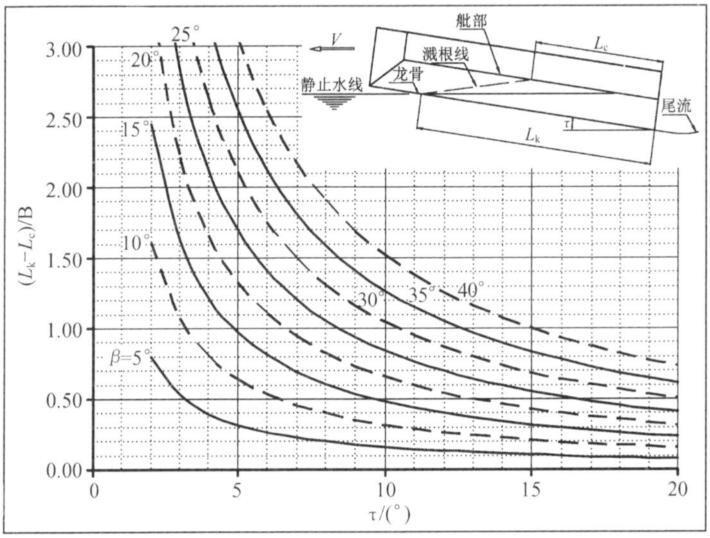

图 7－4 $L_k - L_c$ 与航行纵倾角和舭部斜升角的关系

(2) 棱柱形滑行艇喷溅区

在滑行艇溅根线的前面有一个“猫须”(Whisker)喷溅区，该区域不承受载荷，但会产生阻力[2][3]。

图 7－5 是一个在棱柱形滑行艇上流体流动方向的示意图。从该图可以看出，压力区内的水流除了在舭部有一些横流外，绝大部分是纵向流动，而溅根线上的水流主要是沿驻点线方向流动。

在喷溅区内水流的方向可以这样决定：喷溅方向与驻点线之间的空间角度 δ_2(反射角)等于来流和驻点线间的空间夹角 δ_1(入射角)，即喷溅线是来流速度在驻点线上的反射。由于在喷溅区内的压力几乎等于大气压，所以，根据贝努利原理，可以认为喷溅线的速度和来流速度 V(即滑行速度)相等。

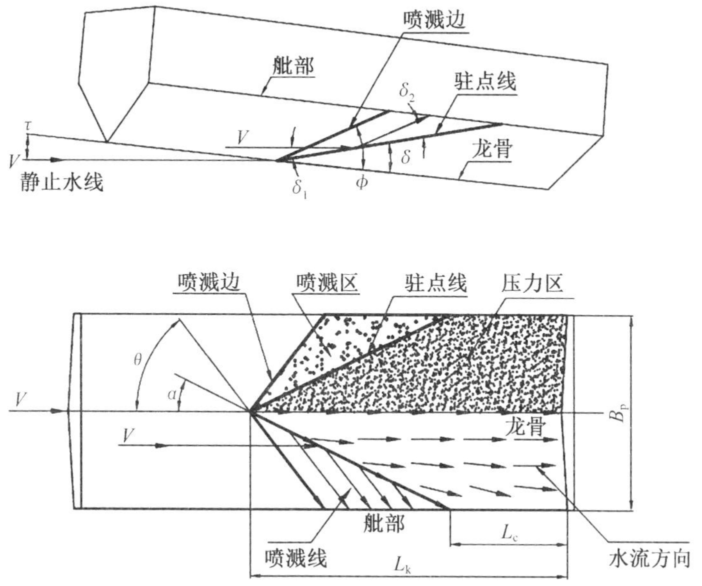

图7-5　棱柱形滑行艇流体方向示意图

由图7-5可知，驻点线投影在龙骨面内的长度为：

$$L_{s1} = 1/2B_p/\sin\alpha \tag{7-7}$$

从图7-5和式(7-3)可得：

$$\tan\alpha = 1/2\ \pi\ \tan\tau/\tan\beta \tag{7-8}$$

$$\theta = 2\alpha, \Phi = \theta/\cos\beta \tag{7-9}$$

喷溅区的浸湿面在龙骨的投影面是一个等腰三角形，其面积为：

$$S_s = 1/2L_{s1}(1/2L_{s1}\tan\alpha) \tag{7-10}$$

将式(7-7)代入式(7-10)整理可得：

$$S_s = B_p^2/[8\sin(2\alpha)] \tag{7-11}$$

喷溅区的实际总浸湿面积为：

$$S_{ws} = 2S_s/\cos\beta \tag{7-12}$$

$$S_{ws} = B_p^2/[4\sin(2\alpha)\cos\beta] \tag{7-13}$$

7.2.3　棱柱形滑行艇的升力

下面先讨论平板滑行面的升力方程，然后将这些方程经修正后再应用到棱柱形滑行艇上。

1. 平板滑行面的升力

在一个吃水、航行纵倾角都固定的平板滑行面上，其升力可分成两个部分：(1)水流对滑行面运动的动态反作用力；(2)与静态压力有关的浮力。在艇宽弗氏数 C_V 很小时，升力主要由浮力构成。随着速度的增加，动升力逐渐加大而浮力相应地减小。在速度很高时，

滑行面基本上由动升力支承,而浮力的作用可以忽略。这时,动升力系数(图 7-6)可用下列经验公式表示:

$$C_{Ld}=\frac{L}{\frac{1}{2}\rho V^2 B^2}=C\lambda^{1/2}\tau^{1.1} \tag{7-14}$$

式中 L——作用于平板滑行面上的动升力,N;

C——待定常数。

如果一个平板滑行面的宽度为 B、浸湿长宽比为 λ,当该滑行面在一个航行纵倾角 τ 下滑行时,其静浮力可写成:

$$L_B=1/2\rho g B^3(\lambda-0.3)^2\tan\tau \tag{7-15}$$

两边除以 $1/2\rho B^2V^2$,并假定 $(\lambda-0.3)^2$ 可由 $D\lambda^n$ 代替,这样,静升力系数可表示为:

$$C_{Lb}=D\lambda^n/C_V^2\tan\tau \tag{7-16}$$

式中,D 和 n 是待定常数。

如果忽略掉 $\tan(\tau)$ 和 $\tau^{1.1}$ 之间的区别,C_{Lb} 可以写成:

$$C_{Lb}=D\lambda^n/C_V^2\tau^{1.1} \tag{7-17}$$

将式(7-14)和式(7-17)组合,可得出平板滑行面总升力系数的形式为:

$$C_{L0}=\tau^{1.1}(C\lambda^{1/2}+D\lambda^n/C_V^2) \tag{7-18}$$

分析大量的试验数据后,求得式(7-18)中的待定常数 C=0.012 0,D=0.005 5 和 n=5/2。最终,平板滑行面总升力系数用下列经验公式表示:

$$C_{L0}=\tau^{1.1}(0.012\,0\lambda^{1/2}+0.005\,5\lambda^{5/2}/C_V^2) \tag{7-19}$$

式中,括号中的第一项代表动升力项,第二项代表静浮力项。

该经验公式的应用范围:$0.6\leqslant C_V\leqslant 13$,$2°\leqslant\tau\leqslant 15°$,$\lambda\leqslant 4$。

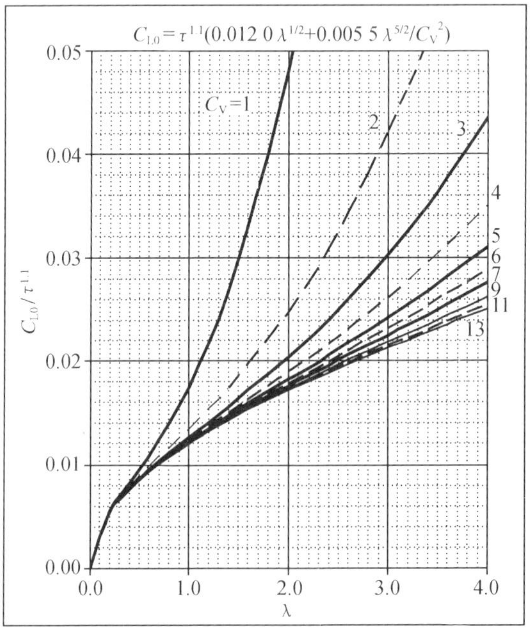

图 7-6 平板滑行面的升力系数

为方便使用，在图 7-6 中以 λ 为横轴、以 $C_{L0}/\tau^{1.1}$ 为纵轴而以 C_V 为参变量绘出了式(7-19)中各变量的关系。

检查该图升力系数可发现，当 λ 固定时，静浮力占总升力的比例随艇宽弗氏数的增加而减小。例如，当 $\lambda=3.0$ 时，静浮力在不同 C_V 下占总升力的比例分别为：20%($C_V=4.0$)，10%($C_V=6.0$)，5%($C_V=9.0$)。当 $C_V>6.0$ 时静浮力只占约 10%，当 $C_V>9.0$ 时静浮力部分可忽略不计。之后，总升力系数与速度就基本无关。

2. 棱柱形滑行艇的升力

在给定平均浸湿长宽比 λ 和航行纵倾角 τ 的情况下，增大舭部斜升角会使滑行艇的升力减少，主要原因是浸湿面导边驻点压力下降的缘故。从式(7-8)可知，当 $\beta=0$ 度时，驻点线不但与龙骨垂直，也和来流方向垂直，在驻点线产生最大的压力($1/2\rho V^2$)。当 β 增大时，α 角减小，在驻点线产生的压力下降，结果滑行艇整个滑行面上的动升力也随之减少。实际上，舭部斜升角使驻点线后掠引起的动升力减少和机翼后掠引起动升力减小的情况类同。

为了求得一个棱柱形滑行艇升力的经验公式，在同样的 λ，τ 和 C_V 下，把棱柱形滑行艇和平板滑行面上测量的升力系数比较后发现，棱柱形滑行艇升力系数可表达成：

$$C_{L\beta}=C_{L0}-0.0065\beta C_{L0}^{0.60} \tag{7-20}$$

式中　$C_{L\beta}$——棱柱形滑行艇的升力系数，可取 $\Delta g/(\frac{1}{2}\rho V^2B^2)$；

C_{L0}——平板滑行面的升力系数；

β——棱柱形滑行艇的舭部斜升角，(°)。

图 7-7 绘出了棱柱形滑行艇和平板滑行面的升力系数 $C_{L\beta}$ 和 C_{L0} 的关系。

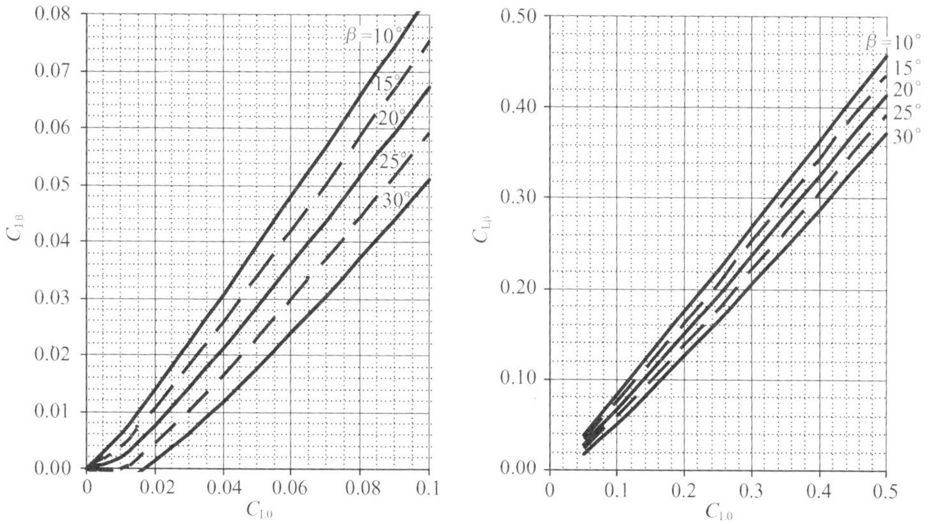

图 7-7　棱柱形滑行艇的升力系数

7.2.4 棱柱形滑行艇的阻力

同样,我们先来给出平板滑行面的阻力方程,然后经过修正再应用到棱柱形滑行艇上。

1. 平板滑行面的阻力分析

当一块平板在一个航行纵倾角 τ 下以速度 V 滑行时,其载荷为 Δg。此时,水流作用在平板上的作用力有垂直于平板的水动压力 N、平行于平板面的黏性摩擦力 D_f 和平板排水所产生的静浮力 F。将水动压力 N 和摩擦力 D_f 的合力分解成垂直方向上的动升力 L 和水平方向上的阻力 R,可得(参见图 7-8):

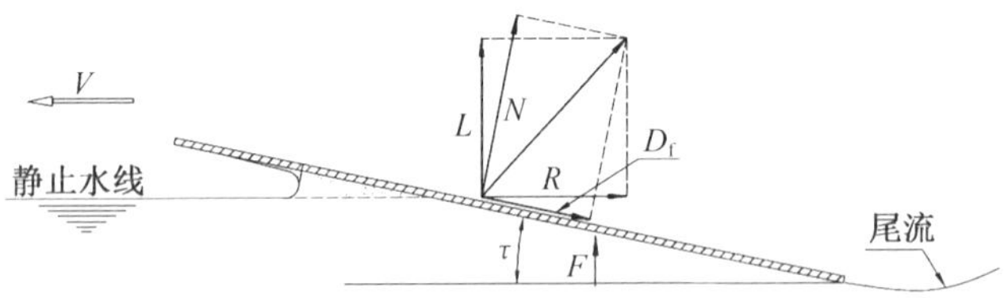

图 7-8 平板滑行面受力示意图

$$L = N\cos\tau - D_f\sin\tau \tag{7-21}$$

$$R = N\sin\tau + D_f\cos\tau \tag{7-22}$$

将式(7-21)和式(7-22)联立求解可得:

$$R = L\tan\tau + D_f/\cos\tau \tag{7-23}$$

一般情况下,载荷 Δg 是作用在垂直方向上的动升力 L 和静浮力 F 之和,其平衡方程为:

$$\Delta g = L + F \tag{7-24}$$

在速度很小时,载荷主要由静浮力支承。但随着速度的增加,动升力逐渐加大而浮力相应地减小。在高速下,载荷 Δg 主要由动升力来支承,浮力的作用可以略去。此时,我们可以认为动升力系数 C_{Ld} 与载荷系数 C_Δ 近似相等。载荷系数 C_Δ 的定义为:

$$C_\Delta = \Delta g/(1/2\rho V^2 B^2) \tag{7-25}$$

再考虑到艇的航行纵倾角一般小于 8°,$\cos\tau$ 可近似取为 1,这样式(7-23)就变成:

$$R = \Delta g\tan\tau + D_f \tag{7-26}$$

式(7-26)中右边第一项为由于压力产生的兴波阻力,第二项为摩擦阻力。

2. 棱柱形滑行艇的阻力(图 7-9)

棱柱形滑行艇的水动裸体阻力一般由三部分组成:

①由压力产生的兴波阻力;

②切向作用于底部压力区的黏性阻力;

③切向作用于底部喷溅区的黏性阻力。

如果艇的航速不高,第三项可以忽略。但是,如果艇的滑行速度较高,还需考虑第三项阻力。

图7-9是棱柱形滑行艇的水动阻力示意图。

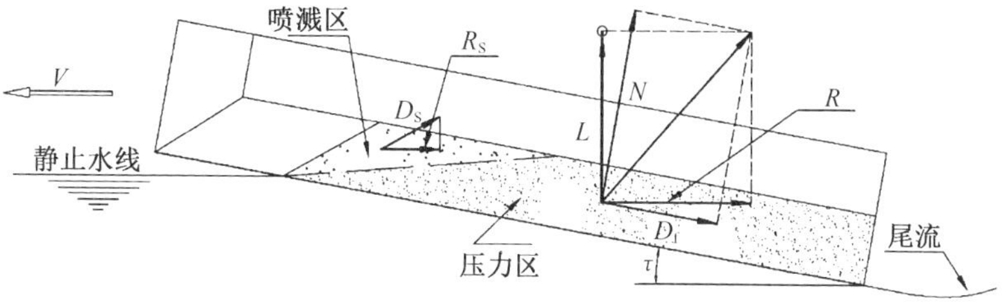

图7-9　棱柱形滑行艇水动阻力分量示意图

（1）由压力产生的兴波阻力

同平板滑行面一样，当给定航行纵倾角 τ、载荷 Δg 时，兴波阻力是：

$$R_p = \Delta g \tan\tau \tag{7-27}$$

（2）作用于压力区的摩擦阻力

由于滑行艇底部压力高于自由表面压力，底部的平均速度 V_1 会小于来流速度 V。

图7-10绘出了滑行面在4个不同舭部斜升角下的底部平均速度。沙维斯基等给出了一个底部平均速度的表达式：

$$V_1 = V\sqrt{\{1-(C_{L1}-0.0065\beta C_{L1}{}^{0.6})/[\lambda\cos\tau]\}} \tag{7-28}$$

式中　$C_{L1}=0.0120\lambda^{1/2}\tau^{1.1}$。

压力区的切向摩擦阻力由下列公式计算：

$$D_f = 1/2(\sqrt{C_f}+\delta C_f)\rho V_1^2\lambda B_p^2/\cos\beta \tag{7-29}$$

式中　δC_f——粗糙度补贴；

　　C_f——摩擦阻力系数。

本来式(7-29)中的原始系数 C_f 是用桑海（Schoenherr）摩擦阻力系数公式计算：

$$0.242/\sqrt{C_f} = \lg(R_n C_f) \tag{7-30}$$

但该式存在隐函数，应用不便。有时，C_f 用 ITTC 1957 公式来代替：

$$C_f = 0.075/[\lg R_n - 2]^2 \tag{7-31}$$

式中，R_n 为雷诺数

$$R_n = V_1\lambda B_p/\nu \tag{7-32}$$

式中，ν 为运动黏性系数，(m^2/s)。

同样，$\cos\tau$ 近似取1，压力区的摩擦阻力可由下列公式计算：

$$R_f \approx D_f = 1/2(C_f+\delta C_f)\rho V_1^2\lambda B_p^2/\cos\beta \tag{7-33}$$

（3）作用于喷溅区的摩擦阻力[2]

在高速下，喷溅区作用于喷溅方向的黏性力由下列公式计算：

$$D_s = 1/2C_{fs}\rho V^2 B_p^2/[4\sin(2\alpha)\cos\beta] \tag{7-34}$$

喷溅区在来流方向的摩擦阻力称为喷溅阻力，由下列公式计算：

$$R_s = D_S\cos\Phi\cos\tau \tag{7-35}$$

$$R_s = 1/2C_{fs}\rho V^2 B_p{}^2\cos\Phi/[4\sin(2\alpha)\cos\beta]\cos\tau \tag{7-36}$$

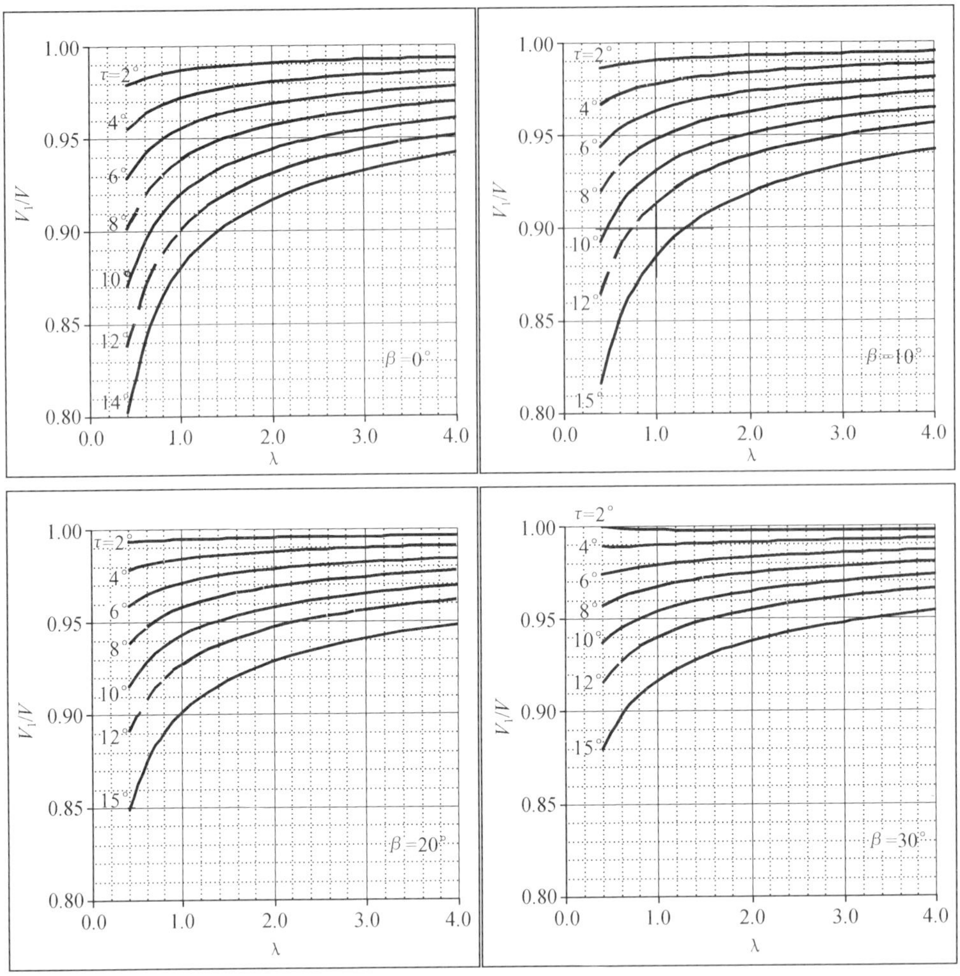

图 7-10 滑行面在不同的舭部斜升角下的底部平均速度

为方便使用,假设在喷溅区的有效长宽比为 $\delta\lambda$

$$\delta\lambda=\cos\Phi/[4\ \sin(2\alpha)\cos\beta] \tag{7-37}$$

由于航行纵倾角 τ 较小,可假设 $\cos(\tau)$ 等于 1,这样,式(7-36)可简化成类似于式(7-33)的形式:

$$R_s\approx 1/2C_{fs}\rho V^2\delta\lambda B_p^2 \tag{7-38}$$

式中,C_{fs} 为喷溅区的摩擦系数:

当 $R_{ns}\geqslant 1.5\times 10^6$ 时,可用下式计算

$$C_{fs}=0.074/(R_{ns})^{0.2}-4\ 800/R_{ns} \tag{7-39}$$

式中,R_{ns} 为雷诺数:

$$R_{ns}=VL_{ws}/\nu \tag{7-40}$$

式中,L_{ws} 为特征长度,取喷溅边长度的一半:

$$L_{ws}=B_p/[4\ \sin(2\alpha)\cos\beta] \tag{7-41}$$

图 7-11 绘出了喷溅区有效长宽比 $\delta\lambda$ 与舭部斜升角 β、航行纵倾角 τ 的关系。

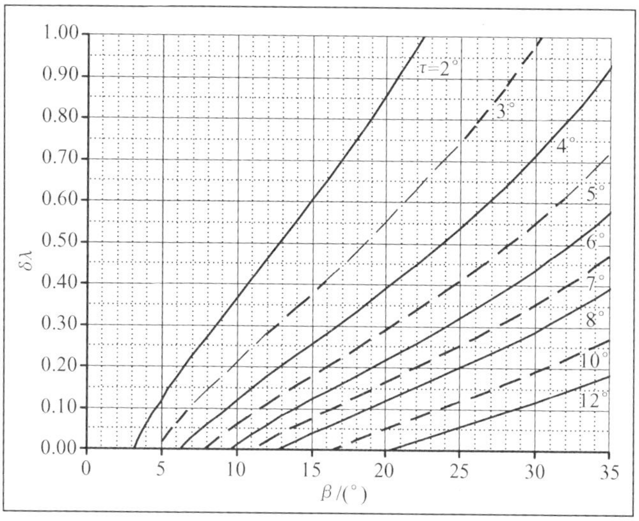

图 7－11 喷溅区的有效长宽比

(4)作用于来流方向上的总裸体阻力

把由压力产生的兴波阻力 R_p、作用于底部压力区的摩擦阻力 R_f 和喷溅区的摩擦阻力 R_s 加在一起,这样总裸体阻力 R_{na} 可用下式表达:

$$R_{na}=R_p+R_f+R_s\approx\Delta g\ \tan\tau+1/2\rho B_p^2V^2[(C_f+\delta C_f)V_1^2/V^2\lambda/\cos\beta+C_{fs}\delta\lambda] \tag{7-42}$$

7.2.5 棱柱形滑行艇的阻升比

从式(7－42)推导出的阻升比($R_{na}/\Delta g$)可表达成:

$$R_{na}/(\Delta g)\approx\tan(\tau)+1/2\rho B_p^2V^2/(\Delta g)[(C_f+\delta C_f)V_1^2/V^2\lambda/\cos\beta+C_{fs}\delta\lambda] \tag{7-43}$$

用 C_L 代替右边第二项 $\Delta g/(1/2\rho V^2B_p^2)$,式(7－43)可变成:

$$R_{na}/(\Delta g)\approx\tan\tau+[(C_f+\delta C_f)V_1^2/V^2\lambda/\cos\beta+C_{fs}\delta\lambda]/C_L \tag{7-44}$$

在式(7－44)中,如果 $\beta=0$,则 C_L 取 C_{L0}。如果 $\beta>0$,则 C_L 取 $C_{L\beta}$。

图 7－12 给出了阻升比 $R_{na}/(\Delta g)$ 随航行纵倾角 τ 和舭部斜升角 β 变化的趋势图。

分析式(7－44)和图 7－12 可发现:

(1)在一定的速度下,阻升比中的第一项兴波阻力部分只与航行纵倾角 τ 有关,当航行纵倾角增加时该项也随着增加。第二项黏性部分主要与浸湿长宽比 λ 有关,而浸湿长宽比又与航行纵倾角 τ 密切相关,当 τ 增加时,λ 会减小,阻升比中的第二项也会随之减小。在航行纵倾角较低时,黏性部分占绝对优势,而在高航行纵倾角下,兴波阻力会大很多。

(2)总的阻升比是兴波部分和黏性部分的组合。那么,当航行纵倾角增加时,总的阻升比如何变化呢?从图中可知,对于固定的舭部斜升角,在某个航行纵倾角下阻升比最小。当小于该值时,阻升比随航行纵倾角的减小而迅速增加,但在大于此值之后正好相反,该航行纵倾角就是最佳航行纵倾角。对游艇设计师来说,找到这个最小阻力的航行纵倾角是非常重要的。

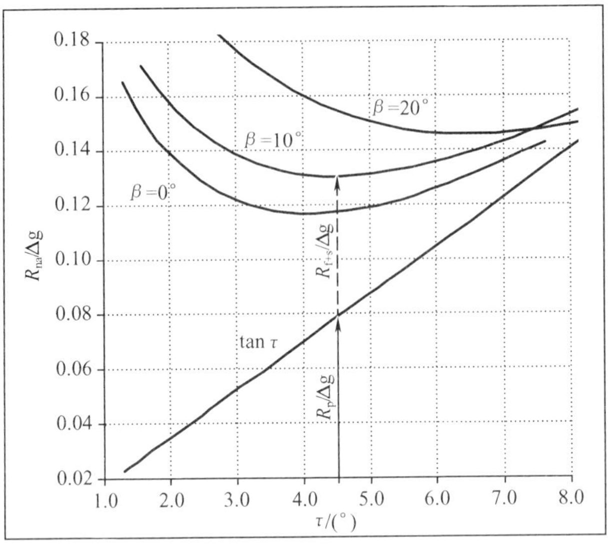

图 7-12 阻升比的变化趋势图

那么,为什么游艇在最佳航行纵倾角下阻升比会最小呢?当一条艇在最佳航行纵倾角状态航行时,如果在艇上施加一个艏倾力矩(像重心前移或压浪板向下),艇的航行纵倾角 τ 就会减小,而平均浸湿长宽比 λ 会加大,湿表面积自然也会增加。从式(7-19)可知,总的升力系数会随航行纵倾角的减小而下降,但也会随平均浸湿长宽比的加大而升高。如果后者增加的升力不能弥补前者的损失而导致总的升力小于艇的重力,游艇就得下沉一点加大浮力以使其自身达到平衡,这样也会增加湿表面积。不管怎样,湿表面积的增加都会使得摩擦阻力加大。虽然,纵倾角的减小也能使艇的兴波阻力减小一些,但其减量没有摩擦阻力的增量大,总的阻升比自然会比较大。另一方面,如果在艇的最佳航行状态时施加一个艉倾力矩来加大纵倾角,虽然湿表面积减小会使摩擦阻力有所减少,但兴波阻力增加更大,结果,最终的阻升比仍然会较大。

(3)阻升比随着舭部斜升角 β 加大而增加,其最佳航行纵倾角也有所增大。对于中高速游艇来说,最佳航行纵倾角一般在 4°左右。

许多试验已经证实了上述阻升比随航行纵倾角 τ 和舭部斜升角 β 变化的趋势。

7.2.6 棱柱形滑行艇的压力中心

图 7-13 绘出了滑行艇的压力中心系数 C_{cp} 与艇宽弗氏数 C_V、平均浸湿长宽比 λ 的关系。

通过分别考虑滑行艇的静浮力和动升力的中心,可以比较精确地求得滑行艇的压力中心。动升力的压力中心取平均浸湿长度的 75%(从艉部量起),而静浮力的中心假定在平均浸湿长度的 33% 处。将它们分别乘以相应的升力可求得相对于艉部的力矩。然后,用总力矩除以总载荷就能求出滑行面的压力中心。用式(7-19)中给出的静浮力和动升力系数,滑行艇的压力中心系数 C_{cp} 由下式确定:

$$C_{cp}=L_{cp}/(\lambda B_p)=0.75-1/(5.21C_V^2/\lambda^2+2.39) \tag{7-45}$$

式中，L_{cp}为压力中心离艉部的纵向距离，(m)。

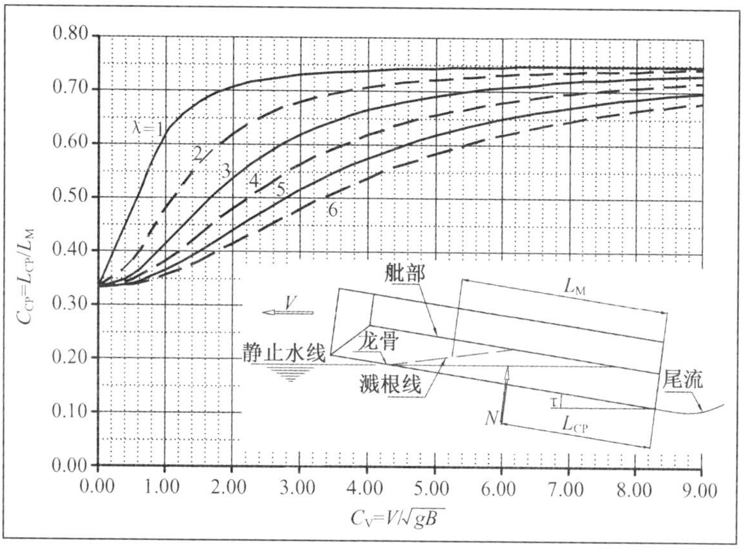

图7-13　滑行艇的压力中心

7.2.7　棱柱形滑行艇性能预测

这部分主要是应用上述所给的公式和图表来预测棱柱形滑行艇的性能。注意上述公式和图表只适用于艇速超过阻力峰而处于滑行状态下的情形。此时，可观察到水流从艉部和艏部已完全分离，艇的航行纵倾角也从峰值开始减小。它们的适用范围是：

(1)龙骨浸湿长度 L_k：　$L_k \leqslant 0.9L_{wl}$；

(2)航行纵倾角 τ：　$2° \leqslant \tau \leqslant 15°$；

(3)艇宽弗氏数 C_V：　$2 \leqslant C_V \leqslant 13$；

(4)体积弗氏数 F_V：　$F_V \geqslant 2$；

(5)浸湿长度比 λ：　$\lambda \leqslant 4$。

计算过程包括当给定艇型、速度、载荷和重心位置时在平衡位置下确定艇的航行纵倾角和阻力。

1. 已知条件

在设计方案初步确定后，下列参数应该已经确定：

(1)Δ　设计排水量，(kg)；

(2)L_{wl}　设计水线长，(m)；

(3)L_{cg}　纵向重心距艉板的距离，(m)；

(4)V_{cg}　垂向重心距龙骨线的距离，(m)；

(5)B_p　艇的艏部宽度，(m)；

(6)ε　螺旋桨轴倾角，(°)；

(7)β　艏部斜升角，(°)；

(8) f　轴线到重心的距离,(m);
(9) V_0　艇的航速,(kn)。

2. 受力分布

图 7-14 为艇上所受外力和受力位置简图。

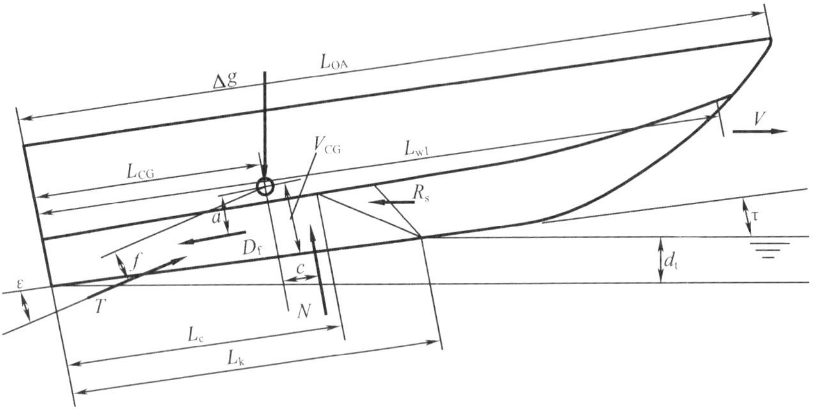

图 7-14　棱柱形滑行艇受力示意图

图 7-14 中:
(1) T　螺旋桨推力,(N);
(2) N　垂向作用于底部的合成压力,(N);
(3) D_f　压力区的切向摩擦阻力,(N);
(4) R_S　喷溅区的摩擦阻力,(N);
(5) L_k　龙骨浸湿长度,(m);
(6) L_c　舭部浸湿长度,(m);
(7) a　D_f 到重心的距离($=V_{cg}-B_p/4\tan\beta$),(m);
(8) c　N 到重心的距离($=L_{cg}-L_{cp}$),(m);
(9) d_t　艉部的吃水,(m);
(10) τ　艇的航行纵倾角,(°);
(11) ε　螺旋桨轴的倾斜角,(°)。

3. 平衡条件

艇在航行过程中,如果不考虑附体阻力、空气阻力等,该艇在滑行时须满足下列三个平衡条件:

(1) 垂直方向上力的平衡方程:

$$\Delta g = N\cos\tau + T\sin(\tau+\varepsilon) - D_f\sin\tau \tag{7-46}$$

(2) 水平方向上力的平衡方程:

$$T\cos(\tau+\varepsilon) = N\sin\tau + D_f\cos\tau \tag{7-47}$$

(3) 力矩的平衡方程:

$$Nc - D_f a + Tf = 0 \tag{7-48}$$

将式(7-46),式(7-47)联立可得底部合压力 N,螺旋桨推力 T 的表达式:

$$N = [\Delta g\cos(\tau+\varepsilon) - D_f\sin\varepsilon]/\cos\varepsilon \tag{7-49}$$

$$T = (N\sin\tau + D_f\cos\tau)/\cos(\tau+\varepsilon) \tag{7-50}$$

如果一条艇在某个航行纵倾角下能同时满足式(7－46),(7－47)和(7－48),该艇就处于平衡状态。这样,可计算出该艇的航行纵倾角和相应速度下压力区的裸体阻力 R_1:

$$R_1 = \Delta g\tan\tau + D_f/\cos\beta \ (\mathrm{N}) \tag{7-51}$$

我们注意到,喷溅阻力和喷溅升力并没有在平衡方程中出现。这并不意味着阻力计算中不需要考虑它,而是先在平衡状态下求得航行纵倾角和裸体阻力后,才来计算喷溅阻力 R_s。然后将二者相加,可求得裸体总阻力 R_{na} 和有效功率 P_E:

$$R_{na} = R_1 + R_s \quad (\mathrm{N}) \tag{7-52}$$

$$P_E = R_{na}V/1\ 000 \quad (\mathrm{kW}) \tag{7-53}$$

如果将喷溅阻力和喷溅升力放在平衡方程中一起考虑,上述方程会变得相当复杂,而所求得的航行纵倾角和阻力与由上述方程所得的结果非常接近,误差在0.5%以下。为了简单起见,将它们从这些平衡方程中省略掉,并不会影响最终的计算结果。

4. 求解过程

应用前面所给的公式、图表以及上述平衡方程,我们可以在平衡状态下确定棱柱形滑行艇的航行纵倾角,并以此求得艇的升力、阻力、龙骨浸湿长度与舭部浸湿长度等。过去的求解过程十分繁杂耗时,现在,只要有一个合适的程序,运算起来就很方便。但要注意输入的参数是否仍在适用范围内。然而,为了更好地理解棱柱形滑行艇阻力的整个计算过程,我们仍以表格的形式给出每个计算步骤,并详加说明。

例1:棱柱形滑行艇的计算过程。

已知:

Δ——排水量	27 223	kg
L_{wl}——静止水线长	14.92	m
V_{cg}——垂向重心高(龙骨之上)	1.829	m
L_{cg}——纵向重心位置(艉板之前)	6.170	m
B_p——舭部宽度	4.50	m
β——舭部斜升角	20	(°)
ε——螺旋桨轴线倾斜角	8	(°)
f——螺旋桨轴线与重心间距离	1.13	m
V_0——设计航速	34	kn
V——设计速度	17.49	m/s

常数:

g——重力加速度	9.81	m/s^2
ρ——海水密度	1 025	kg/m^3
ν——海水运动黏性系数	1.054×10^{-6}	m^2/s
$F_V=V/\sqrt{g\nabla^{1/3}}$	3.233	
$C_V=V/\sqrt{gB_p}$	2.632	
$C_{L\beta}\approx C_\Delta=\Delta g/(1/2\rho V^2B_p^2)$	0.084	

求取:裸体总阻力及有效功率。

计算过程(见表7-1):

表7-1 棱柱形滑行艇动力性能计算过程

步骤	变量	公式、图表	假设1	假设2	假设3
1	$\tau(°)$	\	3.00	4.00	5.00
2	$\tau^{1.1}(°)$	\	3.35	4.59	5.87
3	C_{L0}	图7-7	0.121	0.121	0.121
4	$C_{L0}/\tau^{1.1}$	\	0.036 1	0.026 3	0.020 6
5	λ	图7-6	3.20	2.45	1.90
6	V_1(m/s)	式(7-28)	17.37	17.29	17.19
7	R_n	式(7-32)	2.373×10^8	1.809×10^8	1.395×10^8
8	C_f	式(7-31)	1.845×10^{-3}	1.915×10^{-3}	1.987×10^{-3}
9	δC_f	\	0.4×10^{-3}	0.4×10^{-3}	0.4×10^{-3}
9	$C_f+\delta C_f$	\	2.245×10^{-3}	2.315×10^{-3}	2.387×10^{-3}
10	D_f(N)	式(7-29)	23 929	18 722	14 792
11	$\tan\tau$	\	0.052 4	0.069 9	0.087 5
12	$\sin\tau$	\	0.052 3	0.069 8	0.087 1
13	$\cos\tau$	\	0.999	0.998	0.996
14	R_p/N	$\Delta g\ \tan\tau$	13 995	18 673	23363
15	R_f/N	D_f	23 929	18 722	14 792
16	R_1/N	R_p+R_f	37 924	37 395	38 155
17	C_{cp}	式(7-45)	0.581 0	0.631 0	0.669 3
18	$C_{cp}\lambda B_p$	\	8.366	6.957	5.722
19	c	$C_{cp}\lambda B_p-L_{cg}$	2.196	0.787	-0.448
20	a	$V_{cg}-B_p/4\ \tan\beta$	1.420	1.420	1.420
21	$\sin\varepsilon$	\	0.139	0.139	0.139
22	$\cos(\tau+\varepsilon)$	\	0.982	0.978	0.974
23	$\cos\varepsilon$	\	0.990	0.990	0.990

表7-1(续)

步骤	变量	公式、图表	假设1	假设2	假设3
24	N(N)	式(7-49)	261 365	261 158	260 692
25	T(N)	式(7-50)	38 278	37 717	38 440
26	Nc/N·m	$N\times c$	573 879	205 510	-116 676
27	Tf/N·m	$T\times f$	43 254	42 620	43 437
28	$D_f a$/N·m	$D_f\times a$	33 969	26 577	20 998
29	δM/N·m	式(7-48)	583 164	221 553	-94 237

计算结果:

用线性插值求得 $\delta M=0$ 时的有关结果:

航行纵倾角	$\tau=$	4.698	(°)
压力区阻力	$R_1=$	37 885	N

平均浸湿长宽比	$\lambda=$	2.065	
龙骨浸湿长	$L_k=$	12.47	m
舭部浸湿长	$L_c=$	6.12	m
艉部吃水	$d_t=$	1.02	m

喷溅区阻力计算:

驻点线的投影与龙骨线的夹角	$\alpha=$	19.52	(°)
喷溅边线与龙骨线的夹角	$\Phi=$	41.55	(°)
喷溅区的有效长宽比	$\delta\lambda=$	0.316	
喷溅区的特征长度	$L_{ws}=$	1.901	m
雷诺数	$R_{ns}=$	3.155×10^{7}	
摩擦系数	$C_{fs}=$	2.189×10^{-3}	
粗糙度补贴	$\delta C_f=$	0	
喷溅阻力	$R_s=$	2 197	N

裸体总阻力		$R_{na}=$	40 082	N
有效功率	$P_E=R_{na}V/1\ 000$	$P_E=$	701	kW

计算完成后,还要检查上述给出的参数是否仍在适用范围之内。除此之外,也要检查游艇龙骨浸湿长度 L_k 和舭部浸湿长度 L_c 是否合理,如果计算出 $L_k>0.9L_{wl}$ 或者 $L_c<0$,就说明该方法不再适用。即使如此,该计算结果也并非毫无意义,它会让我们知道该艇在中高速下可能出现的问题:

(1)如果 $L_k > 0.9L_{wl}$,即计算龙骨浸湿长度大于 0.9 倍水线长,说明该艇在中高速航行时很可能出现动态不稳定,究其原因,主要是重心太靠前的缘故;

(2)如果 $L_c < 0$,即计算舭部浸湿长度已移到艉板之后,此时,该艇发生豚跃的可能性很高[4]。

作业

作业 1:假定新设计的某棱柱形游艇的有关参数如下:

设计排水量	$\Delta = 36\,950$	(kg)
设计水线长	$L_{wl} = 17.9$	(m)
纵向重心距艉板的距离	$L_{cg} = 7.52$	(m)
垂向重心距龙骨线的距离	$V_{cg} = 2.20$	(m)
艇舭部宽度	$B_{px} = 5.00$	(m)
螺旋桨轴倾角	$\varepsilon = 10$	(°)
艇舭部斜升角	$\beta = 22$	(°)
轴线到重心的距离	$f = 0.75$	(m)
艇的航速	$V_0 = 31$	(kn)

根据所给游艇的设计参数,用上述方法求取该艇的航行纵倾角、裸体总阻力、功率、龙骨浸湿长度与舭部浸湿长度等。

7.3 中高速游艇有效功率预测

7.3.1 简介

上节主要分析了棱柱形滑行艇的性能,该型滑行艇的主要特征是舭部宽度和舭部斜升角沿艇长方向保持不变。而普通的游艇并不是这样,不但舭部宽度会有变化,而且舭部斜升角也会改变,使艇底形成一个扭曲(Warped)表面。所以,在普通游艇性能计算中,我们不是直接应用上节所给的公式和图表,而是根据游艇的具体设计特点,先对有关参数做出修正,然后再进行计算。

7.3.2 有关参数的修正[5]

对游艇来说,需要修正的有关参数包括舭部宽度、舭部斜升角和航行纵倾角。而这些参数中除了舭部宽度外,其他两个参数都取平均浸湿长度处的值为它们的有效值。为此,需要首先知道艇航行时的平均浸湿长宽比 λ。在手工计算中,如果纵倾力矩不大,λ 可用下面近似公式初步估算:

$$\lambda = 1.33L_{cg}/B_e + 0.7(L_{cg}/B_e)/\{0.43 + [0.23 + (L_{cg}/B_e)/C_V]^{-4}\} \tag{7-54}$$

式中,L_{cg} 为纵向重心位置(艉板之前),(m)。

在上节所有的公式和图表中,都要用修正后的有关参数 B_e,τ_e,β_e 代替原来的有关参数。试验证明用下列经过修正后的有效参数进行计算,其效果较好。

(1)有效舭宽 B_e:取纵向重心位置处的舭部宽度 B_{cg},即 $B_e = B_{cg}$。

(2)有效航行纵倾角 τ_e:在溅根线与艉板之间 1/4 艇宽处画一条连线,取此连线相对于水平面的航行纵倾角，即 $\tau_e = \tau + \tau_{bk}$。例如艇航行时龙骨线相对于水平面的角度为 τ，而该连线相对于龙骨线的夹角 τ_{bk} 为 1.0°，则有效航行纵倾角 $\tau_e = \tau + 1.0°$。由此，式(7-19)可写成：

$$C_{L0} = \tau_e^{1.1}(0.012\,0\lambda^{1/2} + 0.005\,5\lambda^{5/2}/C_V^2) \tag{7-55}$$

式中 C_{Lo}——相当平板滑行面的升力系数；

τ_e——普通游艇的有效航行纵倾角，(°)。

(3)有效舭部斜升角 β_e：取艇航行时的平均浸湿长度处的舭部斜升角 β_m，即 $\beta_e = \beta_m$。显然，该有效舭部斜升角 β_e 与平均浸湿长宽比 λ 有关，并且随 λ 而增加。β_e 也可由 λ 从型线图上得知，这样，式(7-20)可写成：

$$C_{L\beta e} = C_{L0} - 0.006\,5\beta_e C_{L0}^{0.60} \tag{7-56}$$

式中 $C_{L\beta e}$——普通游艇的升力系数；

β_e——普通游艇的有效舭部斜升角，(°)。

当给定艇型、速度、载荷和重心位置时，将这些修正后的参数代替有关变量，并输入到上节计算过程中，就可求得艇的航行纵倾角、裸体阻力以及有效功率。

7.3.3 附体和迎风阻力

上面我们已经知道如何计算高速游艇的裸体性能，实际上，为了更客观地描述高速游艇的阻力性能，除计算裸体阻力之外，我们还需要考虑其他阻力，像附体阻力[6]和迎风阻力[2]等。

1. 附体阻力

一般来说，游艇底部的流体沿艇底纵剖线方向流动，相应地，各附体阻力的方向也应与艇底表面一致，而艇航行时纵剖线一般与水平方向有一个夹角(航行纵倾角)，这样，这些阻力的方向与水平方向也不一致，而总阻力的方向却在水平方向上，所以，在计算艇的总阻力时，要将这些附体阻力投影在水平方向上才行。

水下的附体一般包括以下几种：

(1)中龙骨阻力 D_k

为了保持方向稳定，许多游艇在底部装有中龙骨。中龙骨的阻力可由下列公式计算：

$$D_k = 1/2\rho C_f S_k V_1^2 \tag{7-57}$$

式中 C_f——摩擦阻力系数；

ρ——海水密度，(kg/m^3)；

S_k——龙骨的浸湿面积，(m^2)；

V_1——艇底平均速度，(m/s)。

阻力的作用点可取在面积形心处。虽然这里将龙骨阻力列为附体阻力，但在设计时常常将此归入裸体阻力的一部分。

(2)螺旋桨轴阻力 D_{sh} 和升力 N_{sh}

在倾斜的螺旋桨轴上，不但有阻力，而且也产生升力。

当 $10^3 < R_{nsh}(=Vd_{sh}/\nu_S) < 5.5\times10^5$ 时，可用下式计算阻力和升力：

阻力：$$D_{sh} = 1/2\rho[1.1\sin^3(\varepsilon) + \pi C_f]l_{sh}d_{sh}V^2 \tag{7-58}$$

升力：$$N_{sh} = 1/2\rho[1.1\sin^2(\varepsilon)\cos(\varepsilon)]l_{sh}d_{sh}V^2 \tag{7-59}$$

式中 C_f——摩擦阻力系数；

R_{nsl}——C_f 中的雷诺数可用 $R_{nsl}=Vl_{sh}/V_s$；

ν_S——海水运动黏性系数,(m^2/s)；

l_{sh}——轴在水底的长度,(m)；

d_{sh}——轴的直径,(m)；

ε——轴的倾斜角,(°)；

V——艇的速度,(m/s)。

阻力和升力的作用点取在0.5 l_{sh}处。

(3)艉舵和轴支架阻力 D_r,D_{st}

一般舵和轴支架的剖面呈流线型,在零攻角下,舵和轴支架的阻力可用下式计算：

舵：

$$D_r=1/2\rho C_f(2S_r)V^2[1+2t/C+60(t/C)^4] \tag{7-60}$$

式中 C_f——摩擦阻力系数；

S_r——舵的侧面积,(m^2)；

t/C——舵的厚弦比。

轴支架：

$$D_{st}=1/2\rho C_f(2S_{st})V^2[1+2t/C+60(t/C)^4] \tag{7-61}$$

式中 C_f——摩擦阻力系数；

S_{st}——轴支架的侧面积,(m^2)；

t/C——轴支架的厚弦比。

阻力的作用点可取在面积形心处。

舵和轴支架之间还存在干扰阻力,但由于这种干扰阻力很小,可忽略不计。

(4)轴支架底板阻力 D_p

一般在游艇设计中都是将轴支架底板嵌进艇底表面,以期减小或完全消除轴支架底板的阻力。如果轴支架底板突出艇底,则需考虑该底板的阻力,此时,可用下式计算：

$$D_p=1/2\rho(0.75C_{Dp})(h_p/\delta)^{1/3}yh_pV_1^2 \tag{7-62}$$

式中,C_{Dp}取0.65；

h_p——轴支架底板突出艇底厚度,(m)；

y——轴支架底板迎水宽度,(m)；

δ——轴支架底板处边界层厚度(取0.016 X_p),(m)；

X_p——滑行时驻点线到轴支架底板的距离,(m)。

(5)海底阀阻力 D_o

如果海底阀突出艇底,也需考虑它的阻力,可用下式计算：

$$D_o=1/2\rho C_{Do}S_oV_1^2 \tag{7-63}$$

式中,C_{Do}取0.65；

S_o——海底阀正向迎水面积,(m^2)。

2.迎风阻力

游艇航行时,在水线以上的艇体和上层建筑会产生迎风阻力。在高速航行时,这种阻力可达到总阻力的5%以上,不可忽略。

游艇的迎风阻力可由下列公式计算：

$$R_w = 1/2\rho_{air} C_D A_w (V + V_w)^2 \tag{7-64}$$

式中 C_D——空气阻力系数，(取0.7)；

ρ_{air}——空气密度，(取 1.226 kg/m^3)；

A_w——水线以上的迎风面积，(m^2)；

V——艇速，(m/s)；

V_w——风速，(m/s)。

注意，风速在逆风取加号(+)，顺风取减号(-)。

7.3.4 艉部压浪板或阻流板的作用

现代几乎所有游艇都装有压浪板或阻流板，其目的是将艇调整到最佳航行状态，使艇的性能达到最优。

像其他附体一样，压浪板或阻流板本身也会有阻力。不同的是，它们可以调整，在不同的偏转角或下延长度下可产生不同的升力。由于升力的位置非常靠近艉部，所以，一个较小的升力就能产生一个相当大的艏倾力矩(见图7-15)。

1. 压浪板的升力和阻力

单个压浪板的升力和阻力可用以下几个公式计算[7]：

(1)升力

$$N_{tr} = \frac{1}{2}\rho C_N C\ b_t V_1^2 \alpha_t \cos\beta_t \tag{7-65}$$

式中 C——压浪板的弦长，(m)；

C_N——升力系数(取0.046)；

b_t——压浪板翼展，(m)；

α_t——压浪板的偏转角，(°)；

V_1——艇底平均速度，(m/s)；

β_t——艉板舭部斜升角，(°)。

(2)阻力

$$D_{tr} = 0.005\ 2N_{tr}(\tau + \alpha_t) + 1/2\rho C_f C b_t V_1^2 \tag{7-66}$$

式中 τ——艇的航行纵倾角，(°)；

C_f——摩擦阻力系数。

式中第一项是兴波阻力，第二项是摩擦阻力。

(3)相对于重心位置的力矩

$$M_{tr} = N_{tr} e_{tr} + D_{tr} f_{tr} \tag{7-67}$$

式中 e_{tr}——升力线与重心之间的距离，(m)；

f_{tr}——阻力线与重心之间的距离，(m)。

$$e_{tr} = L_{cg} \tag{7-68}$$

$$f_{tr} = V_{cg} - 1/2(B_{pt} - b_t\cos\beta_t)\tan\beta_t \tag{7-69}$$

式中，B_{pt}为舭部艉板宽度，(m)。

上述各式的适用范围：

C_V:2 ~ 7;

α_t:0 ~ 15°;

τ:0 ~ 10°;

C:0 ~ 10%的平均浸湿长度。

2. 阻流板的升力和阻力[8]

单个阻流板的阻力和升力可用以下几个公式计算:

(1)阻力

$$D_i = 1/2\rho C_{Di} d_i b_i V_1^2/100 \qquad (7-70)$$

式中 d_i——阻流板的下延深度,(cm);

b_i——阻流板翼展,(m);

C_{Di}——阻力系数,(近似取1.0)。

(2)升力

$$N_i = 5D_i \qquad (7-71)$$

(3)相对于重心位置的力矩

$$M_i = N_i e_i + D_i f_i \qquad (7-72)$$

式中 e_i——升力线与重心之间的距离,取 L_{cg},(m);

f_i——阻力线与重心之间的距离,(m)。

$$f_i = V_{cg} - 1/2(B_{pt} - b_t \cos\beta_t)\tan\beta_t \qquad (7-73)$$

注意:当 $C_V \leqslant 3.0$ 时,阻流板会使艇的阻力下降,但是,在 $C_V > 3.0$ 的情况下,其阻力会迅速增加。

7.3.5 有效功率计算

当计算普通游艇的总阻力和有效功率时,在上节的(7-46),(7-47),(7-48)平衡方程式中,加进附体和迎风阻力并考虑它们的位置,可给出类似的平衡方程。

(1)垂直方向上力的平衡方程:

$$\begin{aligned}\Delta g = (N + Z_2 N_{tr} + Z_p N_{sh})\cos\tau_e + T\sin(\tau_e + \varepsilon) - \\ -(D_f + D_k + Z_p D_{sh} + Z_p D_{st} + Z_p D_p + Z_1 D_r + Z_2 D_{tr})\sin\tau_e\end{aligned} \qquad (7-74)$$

(2)水平方向上力的平衡方程:

$$\begin{aligned}T\cos(\tau_e + \varepsilon) = (N + Z_2 N_{tr} + Z_p N_{sh})\sin\tau_e + R_w + \\ +(D_f + D_k + Z_p D_{sh} + Z_p D_{st} + Z_p D_p + Z_1 D_r + Z_2 D_{tr})\cos\tau_e\end{aligned} \qquad (7-75)$$

(3)力矩的平衡方程:

$$\begin{aligned}D_f a - Nc - Tf - R_w f_w + Z_2 N_{tr} e_{tr} + D_k f_k + Z_1 D_r f_r + Z_2 D_{tr} f_{tr} + \\ + Z_p(D_{sh} f_{sh} + N_{sh} e_{sh} + D_{st} f_{st} + D_p f_p) = 0\end{aligned} \qquad (7-76)$$

式中 N——底部合压力,(N);

T——螺旋桨的总推力,(N);

Z_p——轴的数目;

f_p——轴支架底板与重心之间的距离,(m);

Z_1——舵的数目;

Z_2——压浪板的数目。

其他各量参照图7-15。

将方程(7-74),方程(7-75)联立求解,然后代入方程(7-76),如果游艇在某一速度下能满足方程(7-76),那就说明该游艇处于平衡状态,此时的航行纵倾角即为所求。在此航行纵倾角下可求得该艇的总阻力 R_t 和有效功率 P_E:

$$R_t = T\cos(\tau_e + \varepsilon) \quad (\text{N}) \tag{7-77}$$

$$P_E = R_t V/1\ 000 \quad (\text{kW}) \tag{7-78}$$

一条游艇的主要参数确定后,考虑到普通游艇与棱柱形滑行艇的不同,需要先对某些参数做出修正,然后,就可求得该艇的总阻力和有效功率。但是,这些方程的求解过程十分复杂,在手工计算中很费时间,一般都是编成程序在计算机上运行。

为了大家在计算机上编制程序方便,下面我们将一条游艇的总阻力和有效功率计算步骤简示如下:

(1)根据所给游艇艇型参数和设计航速,计算艇宽弗氏数 C_V、体积弗氏数 F_V 和载荷系数 C_Δ,并由式(7-54)初估平均浸湿长宽比 λ;

(2)设定一系列航行纵倾角 τ,并考虑游艇与棱柱形滑行艇的区别,对某些参数作适当修正:$B_e = B_{cg}$,$\tau_e = \tau + \tau_{bk}$,$\beta_e = \beta_m$;

(3)假设 $C_{L\beta e} = C_\Delta$,由式(7-56)计算相应平板滑行面的升力系数 C_{L0};

(4)由式(7-28)计算底部的平均速度 V_1;

(5)计算艇底压力区的雷诺数 R_n、摩擦阻力系数 C_f 及压力区的浸湿面积 S_p,然后,可求得压力区的切向摩擦阻力 D_f;

(6)分别计算游艇各项附体的升力 N_i、阻力 D_i 和迎风阻力 R_w 及它们到艇重心的距离;

(7)在各个航行纵倾角下,由式(7-55)计算平均浸湿长宽比 λ;

(8)计算压力中心到艇重心的纵向距离;

(9)解联列方程式(7-74)、(7-75)计算艇底部合压力 N、螺旋桨推力 T;

(10)计算各力对艇重心力矩的总和 $\sum M$,然后,绘制成总力矩与航行纵倾角的关系曲线,当力矩总和 $\sum M = 0$ 时的航行纵倾角就是该艇的平衡航行纵倾角;

(11)在此平衡航行纵倾角下,重复上述步骤,可求得该游艇在压力区的阻力 R_1、龙骨浸湿长度 L_k 与舭部浸湿长度 L_c 等;

(12)计算该游艇的喷溅阻力 R_s;

(13)计算该游艇的总阻力 R_t 和有效功率 P_E。

在编程和计算过程中,要充分注意各个公式的应用范围,以免出现较大误差。

例2:"海豚号"游艇的有效功率计算。

利用第2章例3中给出的主要参数,并考虑到该游艇与棱柱形艇的差别,对某些参数做出修正。再考虑附体和水上迎风面积的阻力,可得出该艇的总阻力和有效功率。

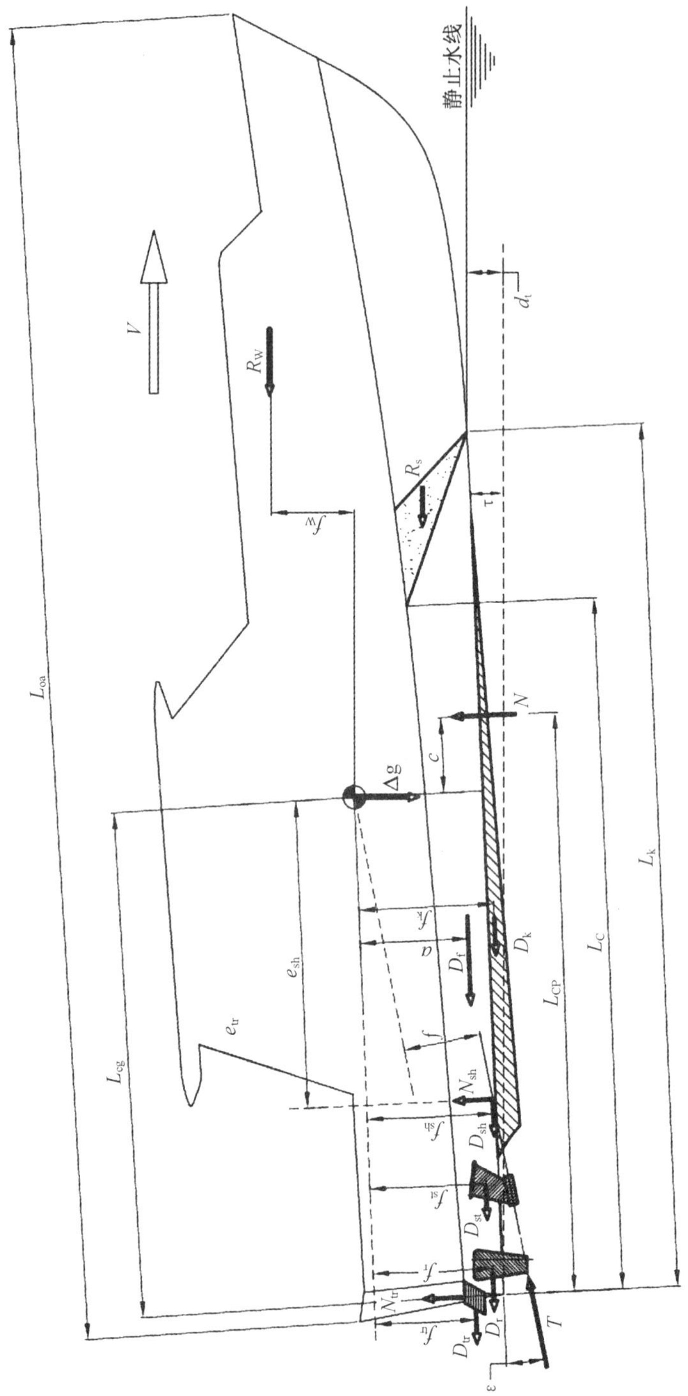

图 7-15 普通游艇受力示意图

下面为该艇艇体和附体的有关参数和计算结果[9]。

已知：

Δ——排水量	27 223	kg
L_{oa}——游艇总长	16.33	m
L_{wl}——静止水线长	14.92	m
f_h——艏部干舷高	1.37	m
V_{cg}——垂向重心高(龙骨之上)	1.829	m
L_{cg}——纵向重心位置(艉板之前)	6.17	m
B_{oa}——游艇总宽	5.17	m
B_{pt}——舭部艉板宽度	4.44	m
B_{cg}——重心位置处舭部宽度	4.50	m
β_t——艉板舭部斜升角	14.9	(°)
β_m——平均浸湿长度处的舭部斜升角	23	(°)
τ_{bk}——1/4 纵剖线与龙骨线的夹角	1.1	(°)
ε——螺旋桨轴线倾斜角	8	(°)
f——螺旋桨轴线与重心间距离	1.13	m
Z_p——螺旋桨轴数	2	
V_0——设计航速	34	kn
	17.49	m/s

附体：

艉部压浪板

b_{tr}——压浪板翼展宽度	0.55	m
C——压浪板弦长	0.46	m
α_t——压浪板偏转角	0	(°)

艉部舵板(机翼形剖面)

C——舵板弦长	0.40	m
t——舵板厚度	0.06	m
S_r——舵板侧面积	0.33	m^2
f_r——舵板形心到重心的垂向距离	1.63	m

螺旋桨轴支架

C——轴支架弦长	0.305	m
t——轴支架厚度	0.03	m
S_{st}——轴支架侧面积	0.14	m^2
f_{st}——轴支架形心到重心的垂向距离	1.58	m

螺旋桨轴

d_{sh}——螺旋桨轴直径	0.06	m
l_{sh}——螺旋桨轴在艇底的长度	2.13	m
f_{sh}——轴中心到重心的垂向距离	1.69	m
e_{sh}——轴中心到重心的纵向距离	4.10	m

水上迎风面积

H_s——上层建筑高	2.03	m
B_s——上层建筑宽	3.96	m

A_w——水上部分迎风面积	19.6	m^2
f_w——迎风面积中心到重心的垂向距离	0.85	m

常用常数：

g——重力加速度	9.81	m/s^2
ρ——海水密度	1 025	kg/m^3
ν——海水运动黏性系数	1.054×10^{-6}	m^2/s
ρ_{air}——空气密度	1.225	kg/m^3

$F_V = V/\sqrt{g\nabla^{1/3}}$	3.23
$C_V = V/\sqrt{gB_{cg}}$	2.63
$C_{L\beta}\approx C_\Delta = \Delta g/(1/2\rho V^2 B_{cg}^{\ 2})$	0.084 1

求取:总阻力及有效功率。

计算结果:

航行纵倾角	$\tau=$	3.89	(°)
压力区总阻力	$R_1=$	44 243	N

平均浸湿长宽比	$\lambda=$	2.01	
龙骨浸湿长	$L_k=$	13.07	m
舭部浸湿长	$L_c=$	5.04	m
艉部吃水	$d_t=$	0.887	m

喷溅区阻力的计算:

驻点线投影与龙骨的夹角	$\alpha=$	17.79	(°)
喷溅边线与龙骨线的夹角	$\Phi=$	38.65	(°)
喷溅区的有效长宽比	$\delta\lambda=$	0.365	
喷溅区的特征长度	$L_{ws}=$	2.101	m
雷诺数	$R_{ns}=$	3.49×10^{7}	
摩擦系数	$C_{fs}=$	0.002 16	
粗糙度补贴	$\delta C_f=$	0	
喷溅阻力	$R_s=$	2 497	N
总阻力	$R_t=$	46 740	N
有效功率	$P_E=$	817	kW

在不同的航速下,计算出相应的航行纵倾角及有效功率,可绘出游艇的航行纵倾角-航速曲线以及有效功率-航速曲线。

图7-16为该游艇在不同航速时的航行纵倾角和有效功率的计算结果。从该图可知,该艇的有效功率随航速增加,而航行纵倾角则随航速的增加而减小。

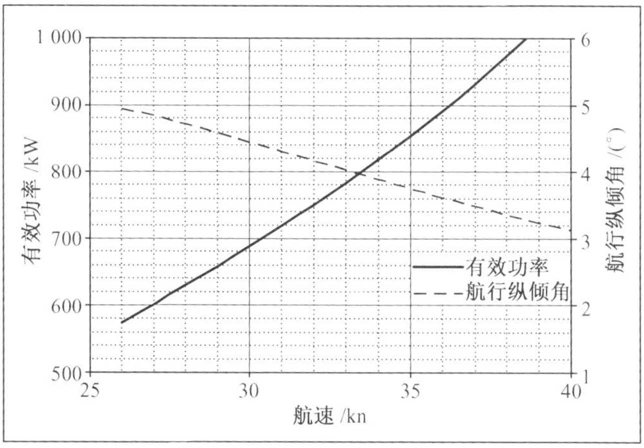

图7-16 有效功率及航行纵倾角曲线

7.3.6 阻力成分比较

现在,我们已经学会计算游艇在中高速航行时的总阻力,下面让我们先分析一下各种阻力成分在总阻力中所占比例,然后,再来考虑这些阻力随航速变化的趋势。图7-17为同一条游艇各种阻力成分的计算结果。

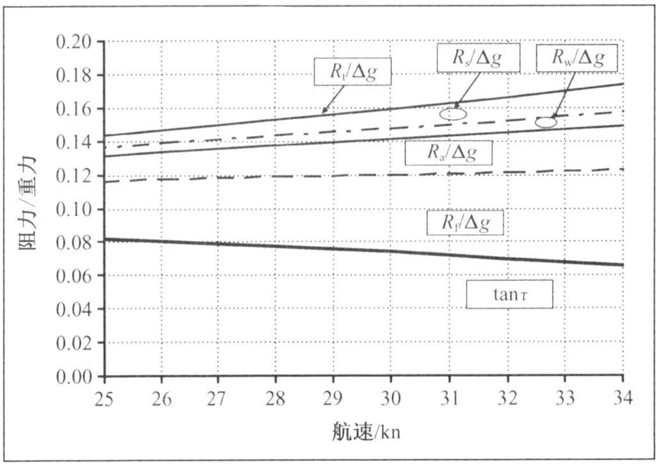

图 7-17 游艇各种阻力分布

1. 阻力成分比例

各种阻力成分在总阻力中所占的比例随航速的变化而有所不同。表 7-2 为各种阻力在不同航速下所占的比例。

表 7-2 各种阻力在不同航速下所占比例

	V_0/kn	25	30	34
兴波阻力	R_p/R_t	53%	43%	35%
摩擦阻力	R_f/R_t	28%	33%	37%
附体阻力	R_a/R_t	10%	12%	14%
迎风阻力	R_w/R_t	3%	4%	4%
喷溅阻力	R_s/R_t	6%	8%	10%

从表 7-2 可知,该艇在 25 kn 航行时,兴波阻力所占比例最大,超过总阻力的 1/2,其次是摩擦阻力,约为 1/3,其他各项总和约占 1/5。但在航速达到 34 kn 时,兴波阻力退居其次,摩擦阻力所占比例超过兴波阻力,其他各项总和增加到近 1/3。

2. 各阻力的变化趋势

从表 7-2 也可看出,该游艇的兴波阻力所占比例随航速增加而减小,而摩擦阻力则正好相反。附体阻力所占比例会随航速逐渐增加,迎风阻力的比例则变化不大。值得注意的是喷溅阻力的比例,它会随航速而增加。但在目前的游艇阻力计算中,很少有人考虑它。作者认为,游艇在中低速航行时,省略该项阻力问题不大,但在中高速下,其所占总阻力的比例超过 10%,最好不要省略。

7.3.7 减小阻力的措施

从上面的分析可知,减少游艇总阻力最有效的方法是减少游艇的排水量,但这不是本节的内容,这里的重点是在游艇的设计和建造过程中,在游艇排水量不变的情况下,如何减小各种阻力。

1. 兴波阻力的减小

兴波阻力与艇的排水量和航行纵倾角成正比,即 $R_p = \Delta g\ \tan\tau$,当艇的排水量不变时,减小航行纵倾角可相应地减小该项阻力。但应注意,并不是航行纵倾角越小越好,该角太小时,其他成分的阻力会大大增加。所以,我们应设法使游艇的航行纵倾角保持在一个最佳角度,从而使其产生的总阻力最小。

在游艇设计中,最常用的减小航行纵倾角的方法包括控制游艇的重心纵向位置;艉部加装压浪板或阻流板;艇艉底部加楔形板等。

(1)控制重心纵向位置

重心纵向位置(从艉部量起)对高速游艇的阻力影响最为明显。在总体布置许可的情况下,尽量将重心布置在最佳纵向位置,以使艇产生的总阻力最小。表7-3为"海豚号"游艇在航速30 kn下,当重心纵向位置不同时,其航行纵倾角和总阻力的变化情况。为直观起见,将该表绘制成航行纵倾角、兴波阻力和总阻力随重心纵向位置变化的曲线呈现给大家(见图7-18)。

表7-3 航行纵倾角和总阻力的变化

L_{cg}/m	τ/(°)	$\tan\tau$	$R_t/(\Delta g)$
4.57	6.53	0.115	0.193
4.88	6.10	0.107	0.190
5.18	5.69	0.100	0.187
5.49	5.30	0.093	0.184
5.79	4.92	0.086	0.182
6.10	4.56	0.080	0.181
6.40	4.22	0.074	0.180
6.71	3.88	0.068	0.179
7.01	3.57	0.062	0.179
7.32	3.26	0.057	0.180
7.62	2.97	0.052	0.181
7.93	2.70	0.047	0.183
8.23	2.45	0.043	0.186

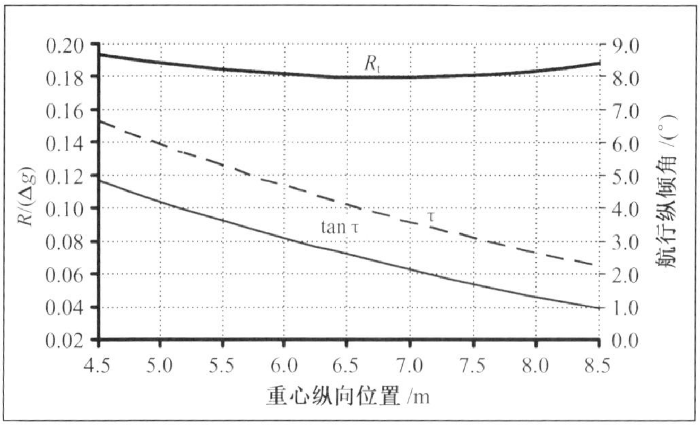

图7-18 阻力随重心位置的变化

由图7-18可知,航行纵倾角和兴波阻力随重心纵向位置前移而减小,而总阻力在重心纵向位置大约等于6.8 m时最小,其对应的最佳航行纵倾角在4°附近。此时,该艇的阻力比重心位置在4.3 m时减小约10%左右。由此可见,重心的位置是影响总阻力的一个重要因素。

(2)利用压浪板、楔形板

一种控制游艇航行纵倾角非常有效的方法是在艉部加装压浪板或阻流板,另外,还有一种非常简单且有效的方法,即在艇艉底部加楔形板。详细内容见第10章"游艇的附体设计"。

2.喷溅阻力的减小

从表7-2和图7-17可知,游艇在中高速航行时,喷溅阻力可达总阻力的10%以上,所以,减小这部分阻力也很有意义。

一种减小该项阻力的有效方法是在游艇喷溅区设置纵向防溅条。详细内容也见第10章"游艇的附体设计"。

3.其他阻力的减小

其他减小附体阻力和迎风阻力的方法包括:①把水下附体和上层建筑尽量设计成流线型;②把某些附体嵌入到艇底表面;③将一组附体都布置在同一条纵剖线上等。

作业

作业2:计算下列游艇的总阻力和有效功率:

假定某新设计的游艇的有关参数如下:

设计排水量	$\Delta = 36\ 950$	(kg)
设计水线长	$L_{wl} = 17.9$	(m)
纵向重心距艉板的距离	$L_{cg} = 7.52$	(m)
垂向重心距龙骨线的距离	$V_{cg} = 2.20$	(m)
艇舯部重心处宽度	$B_{cg} = 5.00$	(m)

艇舭部艉板宽度	$B_{pt}=4.80$	(m)
平均浸湿长度处的舭部斜升角	$\beta_m=22$	(°)
艇艉舭部斜升角	$\beta_t=15$	(°)
1/4 艇宽纵剖线斜升角	$\tau_{1/4}=0.67$	(°)
轴线到重心的距离	$f=0.75$	(m)
螺旋桨轴倾角	$\varepsilon=10$	(°)
艇的航速	$V_0=31$	(kn)

其他未知的数据,像附体和上层建筑等,可用上述例子中所给的数据。

7.4　中速游艇有效功率预测

7.4.1　简介

正如上节指出的,丹尼尔－沙维斯基法可用来计算游艇在中高速航行时的阻力和有效功率,此时,游艇呈滑行状态。但对半滑行时的中速游艇,用上述方法求得的阻力太小,并不适用。图7－19给出了一条游艇阻升比的计算和试验值。

从该图可知,在体积弗氏数 F_V 大于2.4时,计算值和试验值很接近,但在该值小于2.2时,计算值比试验值小10%～20%,误差相当大,需要另想办法。

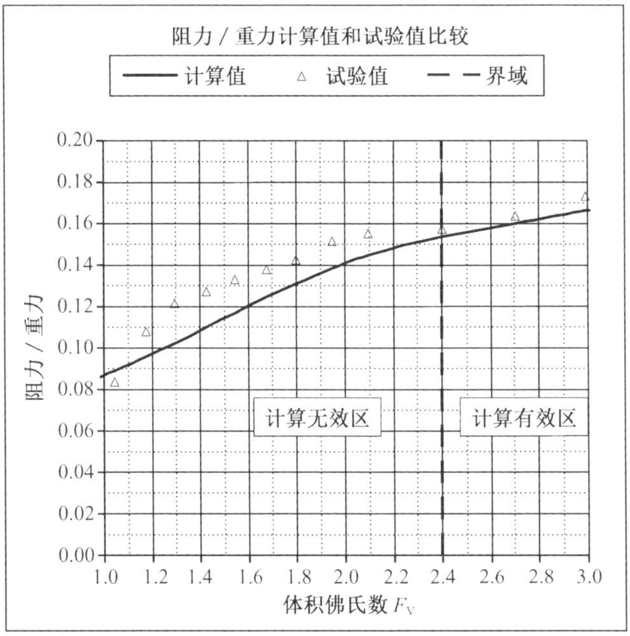

图7－19　阻升比计算和试验值比较

事实上,不少游艇正处在这个航速范围内。许多学者在这个领域作过研究,多数采用多元回归分析方法给出回归公式,其中比较有名的包括:(1)莫西尔(Mercier)和沙维斯基给出的适用于中速艇的回归公式;(2)大隅三彦用于功率估算的回归公式和曲线[10](3)D. Radojcic给出的用于尖舭型艇阻力的回归公式等。

这些回归公式都有其局限性,误差比较大,不是很适用。而应用布朗特针对沙维斯基方法所给出的M因子,再进行修正却可以得出比较满意的结果。

7.4.2 布朗特 *M* 修正因子

正像上面分析的那样,一条游艇若处在中高速滑行状态,用沙维斯基方法计算出的阻力和有效功率比较满意,但在中速半滑行状态时,用该方法所得出的结果太小。针对此问题,布朗特和福克斯(D. L. Fox)经过试验分析,给出了尖舭艇在中速半滑行状态时的阻力修正系数,即为著名的 *M* 因子[11]:

$$M = 0.98 + 2(L_{cg}/B_{px})^{1.45} e^{-2(F_V - 0.85)} - 3(L_{cg}/B_{px}) e^{-3(F_V - 0.85)} \tag{7-79}$$

式中,B_{px} 为舭部最大宽度(m)。

该 *M* 因子用法非常简单,只要把用沙维斯基方法计算出的阻力在相应的体积弗氏数下乘以 *M* 因子即可。

该式的适用范围为:

体积弗氏数:$F_V \geqslant 1.0$;

重心纵向位置/舭部长度:$L_{cg}/L_p \leqslant 0.46$。

图7-20给出了经过 *M* 因子修正后的计算曲线。

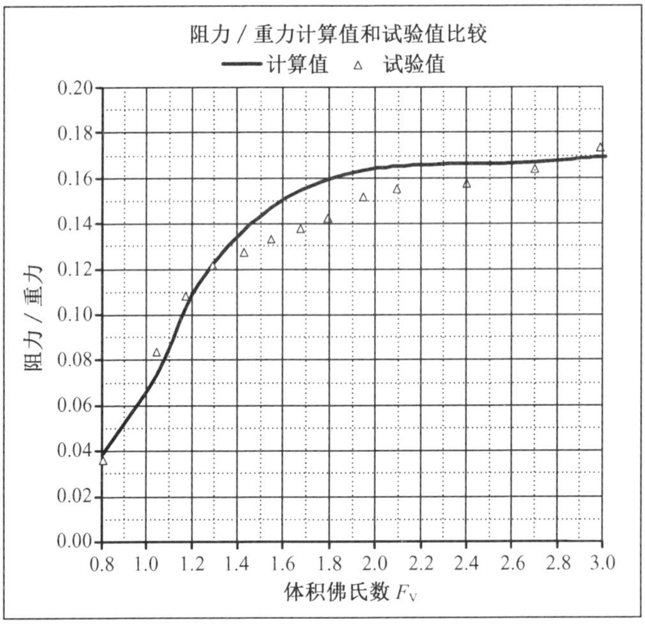

图7-20 修正后阻升比计算和试验值

从该图可见,在体积弗氏数 F_V 小于1.4或大于2.7时,计算值和试验值很接近,但是,在 $F_V = 1.4 \sim 2.7$ 的范围内,计算值反而比试验值高出约15%,误差较大。为此,游艇界的设计师们根据各自的经验,引进一个 *K* 常数,对 *M* 因子再做出修正,其修正后的公式如下:

$$M = 0.98 + K[2(L_{cg}/B_{px})^{1.45} e^{-2(F_V - 0.85)} - 3(L_{cg}/B_{px}) e^{-3(F_V - 0.85)}] \tag{7-80}$$

K 可根据使用者的经验给出,一般取0.5至1.0[12]。作者在设计中大多取 $K = 0.5$。图

7-21为 K 取0.5时的阻力对比曲线。

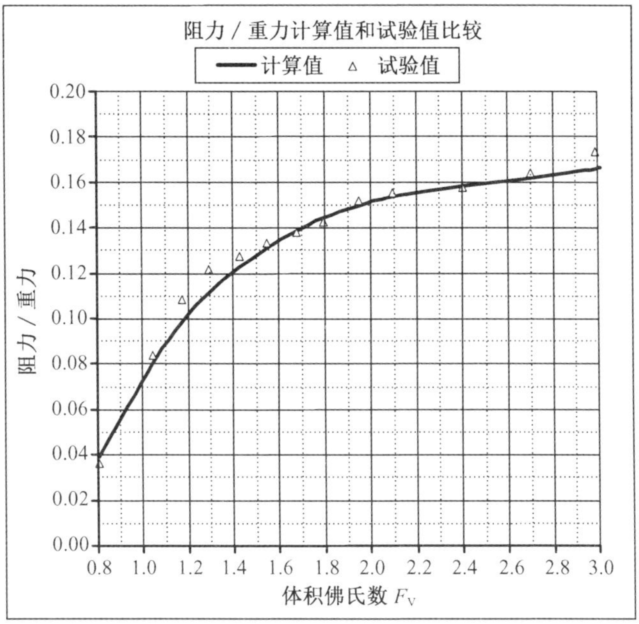

图7-21 K 值修正后阻升比计算和试验值

由图可见,在整个航速范围内,游艇的计算值和试验值都比较接近,因此,用这种方法计算出的阻力和有效功率比较满意。

此外,布朗特也给出了一个非常简单的可用来估算双桨游艇附体阻力的公式:

$$R_a/R_{na}=(0.005F_V{}^2+0.05) \qquad (7-81)$$

式中 R_a——附体阻力,(N);

R_{na}——裸体阻力,(N)。

7.4.3 大隅三彦功率估算法

另外一种估算游艇在中速下有效功率的方法是大隅三彦功率估算法。大隅三彦等以艇的主尺度和航速为参数进行了一系列的组合计算,同时,结合实艇试航资料给出了几个简单实用的功率估算公式。这些公式可用在游艇的概念设计和初步设计阶段。

1.裸体有效功率公式

对于中速段的半滑行艇,其裸体有效功率可用下面的半经验性公式:

$$P_{En}=0.735K_L(\Delta/1\,000)^{1.14}[(V_0/\sqrt{L_{wl}})^{1.611}-(V_0/\sqrt{L_{wl}})^{0.806}] \qquad (7-82)$$

式中 P_{En}——艇裸体有效功率,(kW);

V_0——艇航速,(kn);

L_{wl}——艇静止时水线长,(m);

Δ——艇的排水量,(kg);

$K_L=1.12-0.004\,8L_{wl}\leqslant1.0$。

该式的适用范围为:

速长比:$3 \leqslant V_0/\sqrt{L_{wl}} \leqslant 6$;

瘦长比:$5 \leqslant L_{wl}/\nabla^{1/3} \leqslant 7$。

在适用范围内,计算的最大误差在10%左右。

2. 制动功率公式

大隅三彦等也给出了一个计算中速段半滑行艇主机制动功率的半经验性公式:

$$P_B = 1.07K_L(\Delta/1\ 000)^{1.14}(V_0/\sqrt{L_{wl}})^{1.611} \quad (7-83)$$

式中,P_B 为主机制动功率.(kW);

同时,他们还提出了一个估算附体阻力的近似公式:

$$R_a/R_{na} = (7\% \text{ x 轴数} + 3\%) \quad (7-84)$$

式中 R_a——附体阻力,(N);

R_{na}——裸体阻力,(N)。

7.4.4 几种功率估算法比较

就上节例2中所给的游艇参数,我们用本节所述的两种近似公式,计算出了该艇的有效功率(见图7-22)。

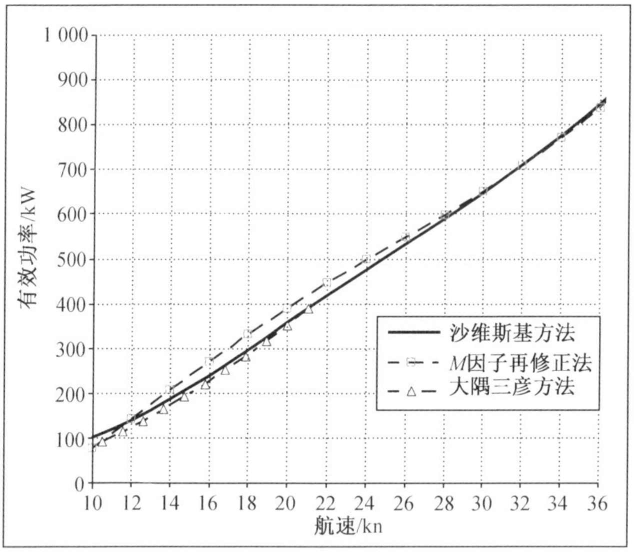

图7-22 游艇有效功率估算

由图7-22可见,与沙维斯基方法相比,在中高速航行时(滑行状态),用布朗特M因子再修正法计算的有效功率非常相近。而在中速下(半滑行状态),后者要大10%左右。主要原因是在半滑行状态有阻力峰存在。该方法可在游艇概念或初步设计时用来估算有效功率。从图中也可看出,在中速下用大隅三彦经验公式求得的有效功率相对偏低。如果精度要求不高,可用于概念设计,但在使用中要谨慎。

最后,我们用沙维斯基方法并经布朗特 *M* 因子再修正计算出上节例 2 中游艇的最终结果。其总阻力和有效功率在表 7 - 4 中给出。同时,把这些结果绘成总阻力～航速、有效功率～航速曲线(见图 7 - 23)以便在下一章设计螺旋桨时使用。

表 7 - 4　假想游艇的总阻力和有效功率

	航速/kn	总阻力/kN	有效功率/kW	有效功率/hp①
1	10.0	16.7	86	115
2	12.0	25.5	157	211
3	14.0	31.6	228	305
4	16.0	36.2	298	399
5	18.0	39.5	366	491
6	20.0	41.7	430	576
7	22.0	43.0	487	653
8	24.0	43.6	539	722
9	26.0	44.0	589	789
10	28.0	44.3	638	855
11	30.0	44.7	691	926
12	32.0	45.4	748	1 002
13	34.0	46.4	811	1 087
14	36.0	47.6	882	1 181
15	38.0	49.1	960	1 287

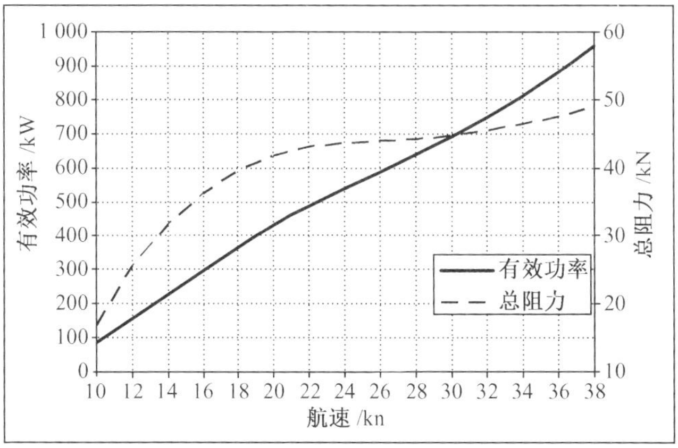

图 7 - 23　游艇的有效功率和总阻力曲线

① 1 hp = 746 W

作业

作业3:应用 M 因子再修正法,对上节作业的计算结果进行修正。

7.5 船模水池试验

7.5.1 简介

如果对新设计的游艇要求较高而且经费也充裕,作者建议在拖曳水池中做阻力试验。但是要格外注意,这种艇的船模水池试验与常规排水型船不同,不能完全按照常规船的试验方法和程序进行,否则,试验结果不可用。

游艇的船模水池试验与常规排水型船的不同主要表现在[13]

	游艇	常规排水型船
航速:	中到高	低
航行纵倾角:	大	小
特征长度:	变动	固定
湿表面积:	变动	固定
功率密度:	高	低

这种试验的关键是要预设好拖曳点的方向和位置以及掌控好船模的纵倾。如果拖曳线不在桨轴线的延长线上,就需要预先估算出它们的纵倾力矩之差,然后,通过前后移动船模内的压载,产生一个额外的纵倾力矩以抵消该差值所产生的误差,这样才能得出精度较高的实艇阻力和有效功率,从而求得该艇的航速。

7.5.2 船模水池试验

1. 船模试验的任务书

作为一名游艇设计师,在对各个拖曳水池充分了解的基础上,应根据其设备的特点和工作人员的经验并考虑经费的充裕度选定一家试验水池。然后,准备好试验任务书,任务书应包括以下内容。

(1)提供给试验单位的资料:

①新设计游艇的主尺度、排水量、艇的重心位置和设计航速。

②船模的尺度比、制作材料。尺度比 λ_L($=L_s/L_m$)越小越好,但考虑到船模制作成本、拖车速度和水池尺度的限制,船模的长度不可能制作太大,但也不可以太小,最小的船模长度不得小于1.5 m。此外,舭部转角和艉板转角要足够尖以便水流尽快分离。

③完整的二维、三维型线图。

(2)静水试验要求:

①排水量要求。一般选三个排水量:半载排水量、满载排水量及超载排水量(取约1.2

倍满载排水量），可根据经费情况进行增减。

②重心纵向位置要求。在各个排水量下给出三个重心纵向位置。

③航速要求。试验一般从低速开始（应低于阻力峰区），然后，按固定的增量增加到1.2倍的设计航速。

（3）适航性试验要求：

这项试验视经费情况而决定。如果要做该项试验，一般在两个海况下进行：

①排水量要求。一般选两个排水量：半载排水量、满载排水量。

②重心纵向位置要求。在各个排水量下给出一个合适的重心纵向位置。

③航速要求。一般在两个常用航速下进行试验。

（4）其他要求：

这些要求包括试验报告、录影、完成日期等。

①试验报告要求。应包括船模所有试验状态下的原始数据，实艇的裸体阻力、有效功率、航行纵倾角、重心升高值以及有关图表等。如果要进行适航性试验，其结果也应包括升沉、纵摇、阻力增值以及在艏部及重心处的垂向加速度等。除此之外，在报告中还要给出试验中发现的问题、需要改进的意见等。

②在试验期间进行水上和水下录影，以了解艏部水流喷溅以及艉后伴流状况。

2. 船模试验

现在，船模试验阻力计算仍采用佛汝德换算法，即当实艇与船模的弗氏数 F_L 相同时，它们的剩余阻力系数也相等。这种方法把艇的阻力系数分成两部分：摩擦阻力系数和剩余阻力系数。前一项可用相当平板公式比较精确地算出，而后者可从试验中测量的总阻力中减去摩擦阻力部分求得。在 F_L 相同时，两者的剩余阻力系数相等。将此系数与按平板公式算出实艇的摩擦阻力系数相加，再考虑粗糙度补贴，即可求得实艇的总阻力系数。不同的试验水池所取粗糙度补贴不尽相同，有取 0.4×10^{-3} 的，也有取 0.25×10^{-3} 的，还有取0的。要根据各自水池的惯例取不同的值。

7.5.3 实艇的阻力和有效功率计算

值得注意的是，在进行实艇的阻力和有效功率计算时，船模的特征长度和浸湿表面积不是一个固定值，而会随试验速度不同而不断变化[14]，所以，在船模试验期间，最好能测量船模的浸湿表面积、舭部浸湿长度 L_c、龙骨浸湿长度 L_k，将其平均值取为船模相应速度下的特征长度，然后，再用船模试验结果计算游艇的总阻力和有效功率。计算步骤如下：

（1）在不同船模的速度 V_m 下，测量船模的浸湿表面积、舭部浸湿长度 L_c、龙骨浸湿长度 L_k，其平均值 L_a 即为船模相应速度下的特征长度；

（2）在不同船模的速度 V_m 下，测量船模的阻力，求出总阻力系数 C_{tm}；

（3）计算出相应速度下船模的雷诺数 R_{nm}（用相应的特征长度）和船模的摩擦阻力系数 C_{fm}；

（4）计算出相应速度下船模的剩余阻力系数 C_{rm}，并取实艇的剩余阻力系数 C_{rs} 等于 C_{rm}；

(5)根据船模弗氏 F_L,计算出实艇相应速度下的速度 V_s;

(6)计算出实艇相应速度下的雷诺数 R_{ns} 和摩擦阻力系数 C_{fs};

(7)计算出实艇相应速度下的总阻力系数 C_{ts};

(8)根据船模相应速度下的浸湿表面积,计算实艇相应的裸体阻力 R_{Sna} 和有效功率 P_E。

表 7-5 为一个用船模拖曳水池试验求实艇裸体阻力 R_{Sna} 和有效功率 P_E 的范例。图 7-24 为计算结果。

表 7-5 某游艇拖曳水池试验结果

船模			尺度比
L_m/m	ρ_m/(kg/m^3)	ν_f/(m^2/s)	λ_L
1.870	999	1.139×10^{-6}	10
实艇			粗糙度补贴
L_S/m	ρ_S/(kg/m^3)	ν_s/(m^2/S)	δC_f
18.70	1 025.9	$1.188\ 3\times10^{-6}$	0.25×10^{-3}

船模运行	速度	阻力	浸湿长度	浸湿面积	雷诺数	总阻力系数	摩擦系数
	V_m/(m/s)	R_m/N	L_a/m	S_p/m^2	R_{nm}	C_{tm}	C_{fm}
1	1.302	19.27	1.870	1.032	2.14×10^6	0.022	4.00×10^{-3}
2	1.953	62.85	1.828	1.031	3.13×10^6	0.032	3.71×10^{-3}
3	2.604	78.69	1.814	1.022	4.15×10^6	0.023	3.52×10^{-3}
4	3.254	89.11	1.774	1.011	5.07×10^6	0.017	3.39×10^{-3}
5	3.905	99.35	1.734	0.991	5.95×10^6	0.013	3.29×10^{-3}
6	4.231	103.98	1.711	0.976	6.35×10^6	0.012	3.25×10^{-3}
7	4.882	114.21	1.673	0.949	7.17×10^6	0.010	3.18×10^{-3}
实艇计算	航速	剩余系数	雷诺数	摩擦系数	总阻力系数	实艇阻力	有效功率
	V_s/kn	C_{rs}	R_{ns}	C_{fs}	C_{ts}	R_{Sna}/kN	P_E/kW
1	8.00	1.81×10^{-2}	6.48×10^7	2.22×10^{-3}	2.05×10^{-2}	18.41	75.7
2	12.00	2.83×10^{-2}	9.49×10^7	2.10×10^{-3}	3.07×10^{-2}	61.75	381.2
3	16.00	1.92×10^{-2}	1.26×10^8	2.02×10^{-3}	2.15×10^{-2}	76.32	628.1
4	20.00	1.33×10^{-2}	1.54×10^8	1.96×10^{-3}	1.55×10^{-2}	84.98	874.2
5	24.00	9.87×10^{-3}	1.80×10^8	1.92×10^{-3}	1.20×10^{-2}	93.24	1 151.1
6	26.00	8.67×10^{-3}	1.93×10^8	1.90×10^{-3}	1.08×10^{-2}	96.84	1 295.1
7	30.00	6.93×10^{-3}	2.17×10^8	1.87×10^{-3}	9.05×10^{-3}	104.88	1 618.5

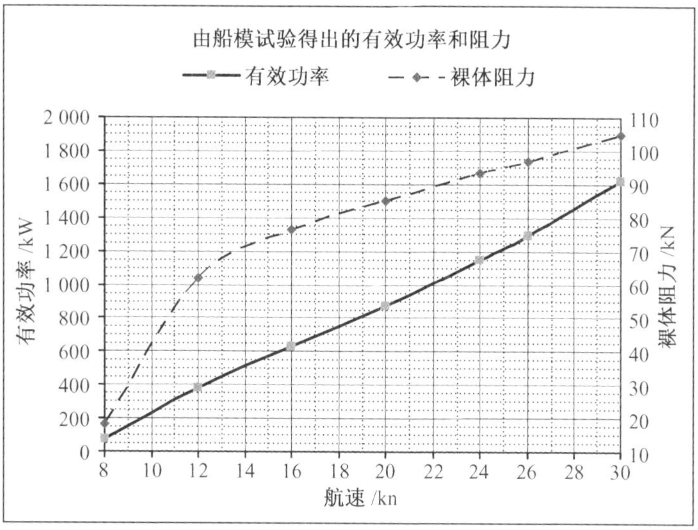

图 7－24 范例艇的船模裸体阻力和有效功率

7.5.4 浅水中的阻力变化

试验时要注意水深是否足够,以避免浅水效应对游艇阻力的影响。浅水效应对游艇阻力的影响与水深和航速有关,一般来说,当游艇在浅水中以低速(排水模式)航行时,艇的阻力会大大增加,特别是当艇的水深弗氏数 F_h 约等于0.95时,其增值达到最大。在不同的水深,该最大值也不同,水深越浅,该值就越大[15]。在 $F_H \approx 0.95$ 下航行的游艇,如果主机的储备功率不大,就有可能越不过阻力峰,该艇自然也不可能滑行起来。而一旦游艇越过阻力峰成滑行状态后,其阻力不但不增加,反而可能减小(参见图7－25)。

水深弗氏数 F_h 定义成:

$$F_h = V/\sqrt{gH} \qquad (7-85)$$

式中,H 为水深,(m)。

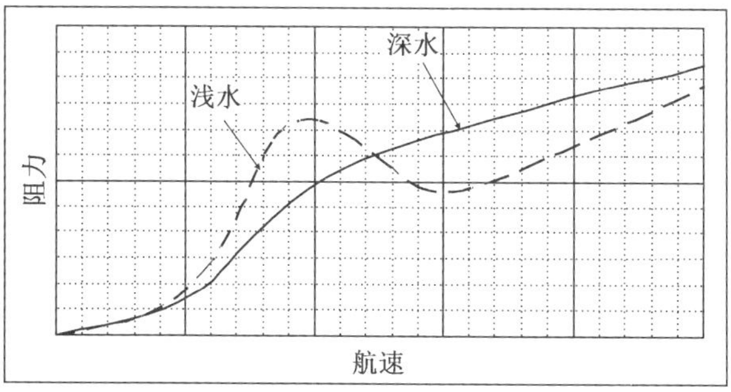

图 7－25 浅水效应分类区示意图

试验表明,当水深 H 与艇总长 L_{oa} 之比大于0.8时,浅水效应对游艇阻力的影响可以忽略[16]。图 7－26 是一个关于 62 系列艇型的水深对阻力的影响示意图。

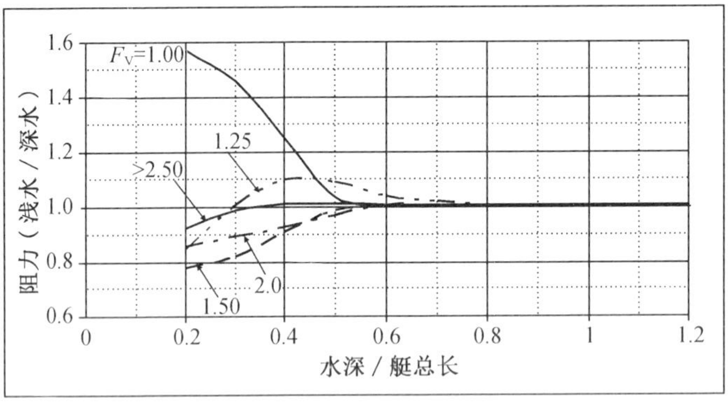

图 7－26　浅水中水深对阻力的影响示意图

由图 7－26 可见，如果艇以低速($F_V<1.0$)航行在水深很浅($H/L_{oa}<0.2$)的海域时，其阻力与深水中的阻力相比增加 50% 以上，这主要是在浅水中阻力峰提前出现的缘故。随着速度的增加，阻力的增幅迅速减小而成为负值，在 $F_v=1.5$ 时，其阻力下降最大(约 20%)。但随着速度的进一步提高，此阻力下降反而减少。同时，随着水深 H 的增加，浅水的效应变小，当 $F_V>2.0$ 时，若 $H/L_{oa}>0.6$，艇的阻力就不再受水深的影响。总而言之，当 $H/L_{oa}\geqslant 0.8$ 时，在所有速度下，水深对阻力已没有影响。因此，在船模试验或实艇试航时要确保试验区域的水深 H 要大于 0.8 倍船模或实艇的总长。

就游艇设计师来说，对那些可能会长期在江河中或沿海岸线航行的艇，务必要小心选择其艇长和设计速度，以免受到浅水效应对游艇阻力的影响。

作业

作业 4：(1)按所学内容编制一个计算游艇总阻力和有效功率的软件。

作业 5：(2)应用所编软件，按 7.3 节作业 2 所给参数，计算游艇在下列航速下的总阻力和有效功率。

艇的航速：14 ～ 36(kn)，间隔 2(kn)。

参考资料

[1] SAVITSKY D. Hydrodynamic Design of Planing Hulls[J]. Marine Technology,1964,1(1).

[2] SAVITSKY D,DELORME M F,DATLA R. Inclusion of 'Whisker Spray' Drag in Performance Prediction Method for High – Speed Planing Hulls[R]. Techonical Report SIT – DL – 06 – 9 – 2845,2006.

[3] SAVITSKY D,MORABITO M. Origin and Characteristics of the Spray Patterns Generated by Planing Hulls[C]. New York:the Meeting of SNAME,2010.

[4] MORABITO G M. Applying Savitsky[J]. professional boatbuilder,2013,(145).

[5] SAVITSKY D. The Effect of Bottom Warp on the Performance of Planing Hulls[C]. New York:The 3rd SNAME Chesapeake,15 – 16,2012.

[6] HADLER J. The Prediction of Power Performance on Planing Craft[C]. New York:the Annual Meeting of SNAME,1966.

[7] SAVITSKY D,BROWN P W. Procedures for Hydrodynamic Evaluation of Planing Hulls in Smooth and Rough Water[J]. Marine Technology,1976,13(4).

[8] SYAMSUNDAR S,DALTA R. Performance Prediction of High – Speed Planing Craft with Intercepters Using a Variation of the Savitsky Method[C]. New York:The 1st Chesapeake Power Boat Symposium,2008.

[9] 薄林. 中高速游艇的阻力和有效功率计算程序.(内部资料)

[10] 大隅三彦,木原和之. 小型高速艇推进性能的推定法[C]. 潘裕谨,译. 西部造船会会报,1983,(75).

[11] BLOUNT D L,FOX D L. Small – Craft Power Prediction[J]. Marine Technology,1976,13(1).

[12] ALMETER J M. Resistance Prediction of Planing Hulls: State of the Art[J]. Marine Technology,1993,30(4).

[13] LAWSON R B. The Model Testing of Planing Hulls: Effect of Experimental Methods[C]. New York: SNAME Chesapeake,1995.

[14] CANE P D. High – Speed Small Craft[M]. London:John de Graff,Inc,1974.

[15] RADOJCIC D,BOWLES J. On High Speed Monohulls in Shallow Water[C]. Annapolis:The 2nd Chesapeake Power Boat Symposium,2010.

[16] BLOUNT D,HANKLY D. Full Scale Trials and Analysis of High Performance Planing Craft Data[C]. New York:the Annual Meeting of SNAME,1976.

本章符号表

A_w——水线以上的迎风面积,(m^2);

b_i——阻流板翼展,(m);

b_t——压浪板翼展,(m);

B_{cg}——舭部重心处的宽度,(m);

B_e——有效舭宽,(m);

B_p——舭部宽度,(m);

B_{pt}——舭部艉板宽度,(m);

B_{px}——舭部最大宽度(m);

C——弦长,(m);

C_{cp}——压力中心系数;

C_f——摩擦阻力系数;

C_{fs}——喷溅区的摩擦系数;

$C_{L\beta}$——棱柱形滑行面的升力系数;

C_{L0}——平板滑行面的升力系数;

C_{Lb}——静升力系数;

C_{Ld}——动升力系数;

C_r——剩余阻力系数;

C_t——总阻力系数;

C_V——艇宽弗氏数 $=V/\sqrt{gB_p}$;

C_Δ——载荷系数;

d_t——滑行面随边在静水面下的深度,(m);

d_i——阻流板的下延深度,(cm);

d——艇静止时吃水,(m);

D_i——阻流板的阻力,(N);

D_k——中龙骨阻力,(N);

D_o——海底阀阻力,(N);

D_p——轴支架底板阻力,(N);

D_r——艉舵阻力,(N);

D_{st}——艉轴支架阻力,(N);

D_{sh}——螺旋桨轴阻力,(N);

D_{tr}——压浪板的阻力,(N);

F_V——体积弗氏数;

F_h——水深弗氏数;

g——重力加速度;

h_p——轴支架底板突出艇底厚度,(m);

H——水深,(m);

L_1——龙骨浸湿长度与舭部浸湿长度之差,(m);

L_a—平均浸湿长度,(m);
L_c——舭部浸湿长度,(m);
L_{cg}——纵向重心位置(艉板之前),(m);
L_k——龙骨浸湿长度,(m);
L_{cp}——压力中心离艉部的纵向距离,(m);
L_{oa}——艇总长,(m);
L_p——舭部侧投影线长,(m);
L_{s1}——驻点线投影在龙骨面内的长度,(m);
L_{wl}——设计水线长,(m);
$L_{wl}/\nabla^{1/3}$——瘦长比;
N——底部合压力,(N);
N_i——阻流板的升力,(N);
N_{sh}——螺旋桨轴升力,(N);
N_{tr}——压浪板的升力,(N);
P_E——有效功率,(kW);
P_B——主机制动功率,(kW);
R_1——压力区的裸体阻力,(N);
R_{air}——迎风阻力,(N);
R_f——压力区的摩擦阻力,(N);
R_{na}——总裸体阻力,(N);
Re——雷诺数;
R_p——兴波阻力,(N);
R_s——喷溅区的阻力,(N);
S_o——海底阀正向迎水面积,(m^2);
S_p——压力区的浸湿面积,(m^2);
S_{ws}——喷溅区的总浸湿面积,(m^2);
S_r——舵的侧面积,(m^2);
S_{st}——轴支架的侧面积,(m^2);
T——螺旋桨推力,(N);
t/C——厚弦比;
V_0——艇航速,(kn);
V——艇的速度,(m/s);
$V_0/\sqrt{L_{wl}}$——速长比;
V_1——艇底平均速度,(m/s);
V_w——风速,(m/s);
X_p——滑行时驻点线到轴支架底板的距离,(m);
y——轴支架底板迎水宽度,(m);
Z_p——轴的数目;
Z_1——舵的数目;

α——喷溅区驻点线与喷溅边投影在龙骨面内的夹角,(°);

α_t——压浪板的偏转角,(°);

β——棱柱形滑行面的舭部斜升角,(°);

β_e——有效舭部斜升角,(°);

β_m——平均浸湿长度处舭部斜升角,(°);

β_t——艉板舭部斜升角,(°);

δ——轴支架底板处边界层厚度(取 $0.016X_p$),(m);

δC_f——粗糙度补贴;

$\delta\lambda$——喷溅区的有效长宽比;

θ——2α(°);

λ——平均浸湿长宽比,(L/B);

λ_1——静水浸湿长宽比;

λ_L——尺度比;

ν_f——淡水运动黏性系数,(m^2/s);

ν_s——海水运动黏性系数,(m^2/s);

ρ_{air}——空气密度,(取 1.226 kg/m^3);

ρ——液体密度,(kg/m^3);

海水:(取 1 025 kg/m^3);

淡水:(取 1 000 kg/m^3);

τ——航行纵倾角,(°);

τ_e——有效航行纵倾角,(°);

τ_{bk}——1/4 艇宽纵剖线在平均浸湿长度处相对于龙骨线的夹角,(°);

Δ——排水量,(kg);

∇——排水体积,(m^3);

第 8 章 游艇的推进性能

8.1 概 述

如果把游艇的艇体比作人的身体,那么推进器就像人的双腿。由此可见,推进系统对游艇的重要性是不言而喻的。

现代游艇的推进系统主要有以下几种。

1. 传统的传动系统

有斜轴直线形和 V 形传动两种(见第 3 章图 3 - 14 和图 3 - 15)。

2. 新颖的直角传动系统

直角传动基本上分为两种:舷外挂机和艇底推进。

(1)舷外挂机系统

比较适合高速小型游艇,主机多用汽油机(见图 8 - 1)。

(2)艇底推进系统。

比较著名的有 Zeus 和 IPS 系统(见第 3 章图3 - 16和图 3 - 17)

3. 半浸式推进系统(见图 8 - 2)

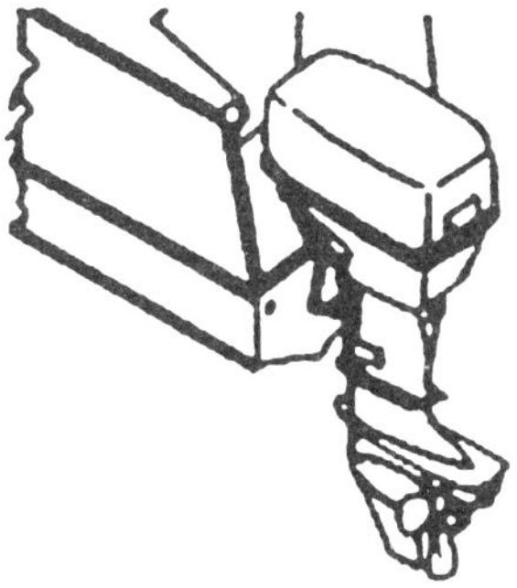

图 8 - 1　舷外挂机系统

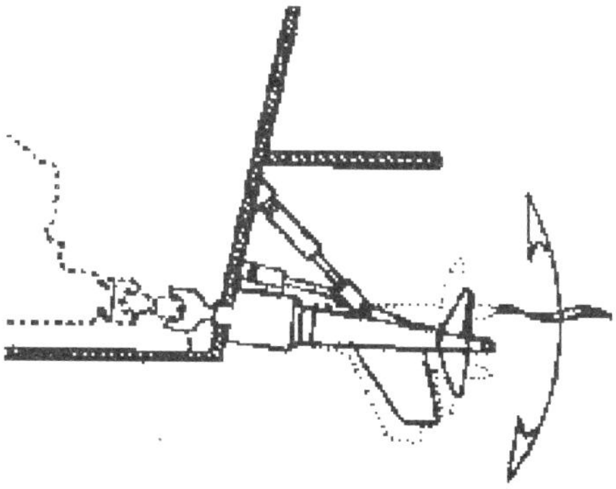

图 8 - 2　半浸式推进系统

4. 喷水推进系统(见图 8 - 3)

本书主要考虑中小型游艇(排水量在 10 ~ 80 t)在中速、中高速(20 ~ 40 kn)下的设计和应用,所以,本章主要涉及传统推进系统中的全浸式螺旋桨的设计、主机功率和转速的选择、齿轮箱减速比的搭配以及游艇设计航速的计算等。而对其他的推进系统和不同种类的螺旋桨(参照图8 - 4),只会偶尔涉及。

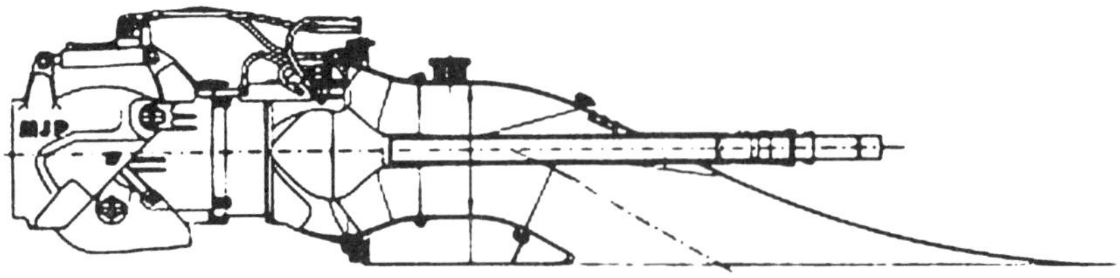

图 8-3　喷水推进系统

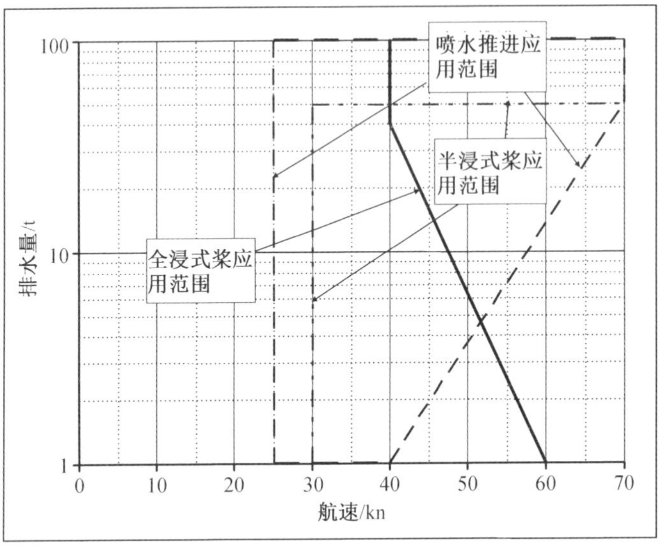

图 8-4 推进器应用范围趋势图[1]

8.2　螺旋桨的基础知识[2]

8.2.1　简介

在涉及螺旋桨的设计和性能计算时,常常会用到螺旋桨的一些基础知识,为了保持本章内容的完整性,本节简单介绍一下这方面的内容。

8.2.2　螺旋桨重要参数

我们在后面几节用到的螺旋桨重要参数有几何参数和动力参数。

1. 几何参数

(1)螺距 P(m)

在无滑动情况下,螺旋桨每旋转一周所行进的距离。

(2)直径 D(m)

(3)桨叶数 Z_B

(4)螺距比 P/D

螺距 P 与直径 D 的比值。

(5)叶面和叶背

由艇艉向前看,面对观看者之曲面为叶面,反面则是叶背。叶面是压力面,叶背为吸力面。

(6)桨盘面积 A_0(m^2)

螺旋桨直径所包围的面积:

$$A_0 = \pi D^2/4 \tag{8-1}$$

(7)展开面积 A_D(m^2)。

不同半径下叶面螺旋线旋转到正面后其轮廓线所围之面积。

(8)展开盘面比 DAR。

展开面积与桨盘面积之比:

$$DAR = A_D/A_0 \tag{8-2}$$

(9)伸展面积 A_E(m^2)

不同半径下叶面螺旋线伸直后其轮廓线所围的面积。

(10)伸展盘面比 EAR

4、5 叶螺旋桨的 EAR 和 DAR 相差不大,可近似表达为:

$$\mathrm{EAR} = A_E/A_0 \approx 0.34\ DAR(2.75 + DAR/Z_B) \tag{8-3}$$

式中,Z_B 为螺旋桨的叶数。

(11)投影面积 A_{pp}(m^2)

在轴向正面投影后其轮廓线所围之面积,可用近似表达成[3]:

$$A_{PP} \approx A_E(1.067 - 0.229\ P/D) \tag{8-4}$$

2. 动力参数

(1)进速系数 J

$$J = V_a/(n_p D) \tag{8-5}$$

式中 V_a——螺旋桨进速,(m/s);

n_p——螺旋桨转速,(r/s)。

(2)推力系数 K_T

$$K_T = T/(\rho n_p^2 D^4) \tag{8-6}$$

式中 T——螺旋桨推力,(N);

ρ——流体密度,(kg/m^3);

(3)扭矩系数 K_Q

$$K_Q = Q/(\rho n_p^2 D^5) \tag{8-7}$$

式中,Q 为螺旋桨扭矩,(N·m);

(4)敞水效率 η_0

$$\eta_0 = J/(2\pi)K_T/K_Q = TV_a/(2\pi n_p Q_0) \tag{8-8}$$

式中,Q_0 为螺旋桨在敞水中所需扭矩,(N·m)。

8.2.3 螺旋桨相关因子

1. 伴流分数 w

位于螺旋桨盘面处的流场,由于受到艇体和轴支架等阻挡以及螺旋桨吸力的影响,其叶片上各点处的来流速度与艇速 V 并不相等,将来流速度的平均值定义为进速 V_a,这样,伴流分数定义为:

$$w = (V - V_a)/V \tag{8-9}$$

式中,V 为游艇的速度,(m/s)。

伴流分数 w 的分布非常复杂,不易测量。在计算时通常取盘面处的平均值。对于本书范围内的双桨游艇来说,可参考图 8-5 中所给的曲线,其中实线代表平均值,而虚线则代表上下限制范围[4]。

伴流分数 w 一般分成两种:推力伴流分数 w_t 和扭矩伴流分数 w_q。前者较为常用,所以,本书所称的伴流分数 w 均指推力伴流分数 w_t,即 $w = w_t$。

至于带有艉隧道的游艇,伴流分数 w 与隧道的深浅及螺旋桨的叶梢间隙有关,在叶梢间隙相同时,隧道越深,伴流分数越大。同理,在隧道的深度相同时,间隙越小,伴流也越大[5]。相较于无艉隧道游艇,如果二者的轴倾角相同,有艉隧道的伴流分数较大,较均匀。均匀的伴流非常有利于降低游艇的振动和噪音,而振动和噪音的减小对游艇的成功设计来说是非常重要的。

2. 推力减额 t

由于螺旋桨的吸力会引起艇本身总阻力 R_t 的增加,此阻力的增值必须要由螺旋桨的推力 T 来承担,此时,推力减额定义为:

$$t = (T - R_t)/T \tag{8-10}$$

式中,R_t 为总阻力,(N)。

实艇的推力减额 t 也不容易得到,如果没有船模试验值,可参考表 8-1 中的数据和图 8-5中的曲线。注意,这些数据和曲线都来自实艇的试验结果,与传统的定义有所不同,它们不仅考虑了螺旋桨吸力引起艇本身阻力的增加,而且也包括倾斜轴、航行纵倾角等的影响。

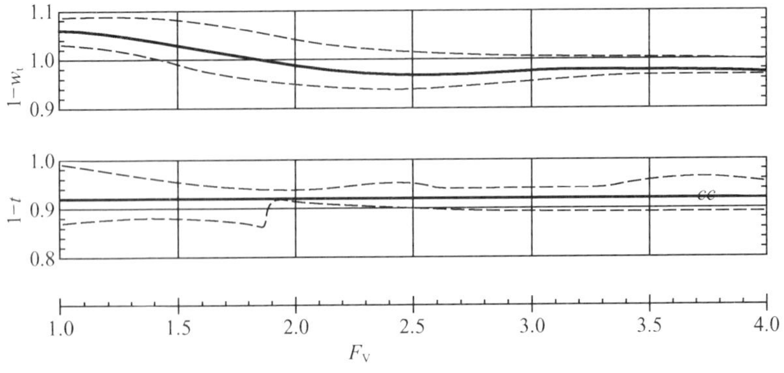

图 8-5 双桨艇的螺旋桨相关因子

3. 相对旋转效率 η_r

由于螺旋桨在艇底所需的扭矩与其在敞水中所需的扭矩不同,二者之比值即为相对旋转效率:

$$\eta_r = Q_0/Q \tag{8-11}$$

式中,Q 为螺旋桨在艇底所需扭矩,(N·m)。

对于中速、中高速游艇,我们一般取 $\eta_r = 0.97$ 左右。

表 8-1 为典型螺旋桨在不同航速区域内的伴流分数 w、推力减额 t 以及相对旋转效率 η_r 的统计范围。

表 8-1　螺旋桨在不同航速区域内的相关因子[1]

航速区域		排水式			半滑行			全滑行		
		$F_V \leqslant 1.0$			$1.0 < F_V \leqslant 2.5$			$F_V > 2.5$		
推进系统		w_t	t	η_r	w_t	t	η_r	w_t	t	η_r
无隧道	轴倾角 6°	0.01～-0.02	0.01	0.97～1.01	0.00～0.04	0.01～0.02	0.97～1.01	0.00～-0.10	0.03	0.97～1.01
	轴倾角 12°	0.02～-0.02	0.05	0.97～1.01	0.04～-0.05	0.05～0.07	0.97～1.01	0.03～-0.05	0.07～0.11	0.97～1.01
有隧道	40% D	-0.03	0.10	0.92	0.02～-0.03	0.07～0.10	0.93～0.90	0.03	0.03～0.07	0.88～0.90
	65% D	-0.03	0.12	0.92	0.00～0.05	0.10～0.12	0.93～0.90	0.04～0.05	0.08～0.10	0.88～0.90
直角传动	牵引	0.00	0.00～0.05	1.00	0.00	0.00～0.05	1.00	0.00	0.00～0.05	1.00
	推进	0.05～0.07	0.05～0.07	0.97～1.01	0.05～0.07	0.05～0.07	0.97～1.01	0.05～0.07	0.05	0.97～1.01
	外挂式	0.03	0.00	0.97～1.01	0.03	0.00	0.97～1.01	0.03	0.00	0.97～1.01
	半浸式	0.00	0.00	0.97～1.01	0.00	0.00	0.97～0.98	0.00	0.00	0.97～1.01
	喷水式	0.00～0.02	0.05～0.08	0.99	0.02～0.04	0.05	0.99	0.05	0.05	0.99

8.2.4 各种功率和效率

各种功率和效率见图8-6。

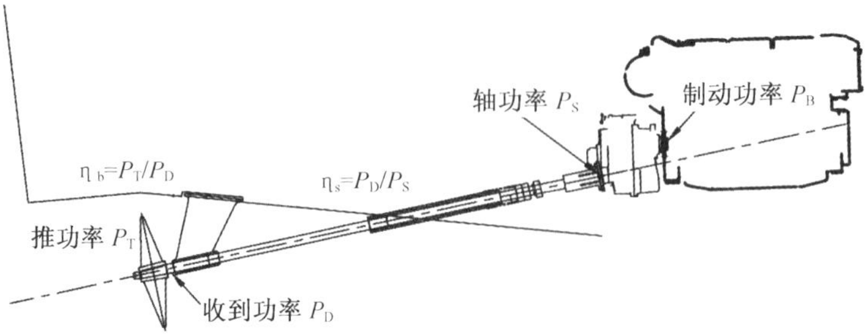

图8-6 各种功率示意图

1. 各种功率

(1)制动功率 P_B(kW)

在主机输出轴测量的功率,主机规格书给出的功率即为制动功率:

$$P_B=2\pi n_e Q_e/1\ 000 \tag{8-12}$$

式中 n_e——主机转速,(r/s);

Q_e——主机能输出的扭矩,(N·m)。

(2)轴功率 P_S(kW)

在减速齿轮箱输出轴测量的功率。

(3)收到功率 P_D(kW)

从轴功率中扣除轴承、艉轴管等功率损失后的功率。

(4)推功率 P_T(kW)

螺旋桨产生的推力 T 和螺旋桨处的来流速度之乘积:

$$P_T=TV_a/1\ 000 \tag{8-13}$$

(5)有效功率 P_E(kW)

游艇的总阻力 R_t 和艇的速度 V 之乘积:

$$P_E=R_t V/1\ 000 \tag{8-14}$$

2. 各种效率

(1)齿轮箱效率

$$\eta_g=P_S/P_B,\text{一般取}0.95\sim0.97 \tag{8-15}$$

(2)轴系效率

$$\eta_s=P_D/P_S,\text{一般取}0.98 \tag{8-16}$$

(3)船身效率

$$\eta_h=(1-t)/(1-w) \tag{8-17}$$

(4)船后螺旋桨效率

$$\eta_b=P_T/P_D=\eta_0\eta_r \tag{8-18}$$

(5)桨轴倾斜效率,可近似表达为:

$$\eta_\varepsilon = 1 - (1.87/1\,000)\varepsilon^{1.5} \quad (8-19)$$

式中,ε 为轴倾角,(°)。

(6)准推进系数

$$QPC = P_E/P_D = \eta_0\eta_r\eta_h\eta_\varepsilon \quad (8-20)$$

(7)总推进系数

$$OPC = P_E/P_B = \eta_0\eta_r\eta_h\eta_\varepsilon\eta_s\eta_g \quad (8-21)$$

8.3 游艇用螺旋桨系列

8.3.1 简介

在造船界有许多螺旋桨系列可供选择,按设计要求的不同,可分成下列几类。

(1)传统敞水桨系列

最著名的有瓦格宁根(Wageningen)-B系列。这种系列的叶型剖面主要呈机翼形,适用于没有空泡产生时航速较低(<25 kn)的游艇。

(2)亚空泡桨系列

最常用的有高恩(AEW)系列和高恩-勃立尔(Gawn-Burrill)(KCA)系列。这两种系列的叶型剖面为直面弓背形,在空泡面积小于10%时,推力下降不大,适用于有部分空泡产生时中速、中高速下(25～35 kn)的游艇。

(3)全空泡桨系列

最典型的是牛顿——拉德尔(Newton-Rader)系列。该系列的叶型剖面为新月形,在空泡数很低时,其效率变化不大,适用于航速高达35～50 kn的游艇。

(4)其他系列

其他还有超空泡系列,半浸式系列等。

8.3.2 游艇用螺旋桨系列

在游艇设计中,如果游艇的航速不高(≤25 kn),螺旋桨产生空泡的可能性较小,此时可选用B系列螺旋桨。但对航速较高(>25 kn)的游艇,就需要考虑螺旋桨的空泡性能。由于高恩(AEW)和高恩-勃立尔(KCA)系列螺旋桨有较高的敞水效率以及良好的空泡性能,所以,在中速、中高速游艇螺旋桨的设计中一般选择这两种系列,用来计算螺旋桨的推力、扭矩和敞水效率,并检验桨的空泡性能。

本书重点涉及中低速、中速、中高速游艇的设计,所以,我们下面着重介绍B系列、高恩(AEW)系列和高恩-勃立尔(KCA)系列在游艇设计中的应用。

1. B系列桨简介

该系列[6]是在荷兰船模水池(NSMB)中对2～7叶桨模所作广泛敞水试验的基础上发展起来的。其剖面形状从叶根到0.7R为机翼形,从0.8R到叶梢呈直面弓背形。

(1)B系列桨的叶片和剖面形状(见图8-7)

(2)B系列桨的有关试验参数(见表8-2)

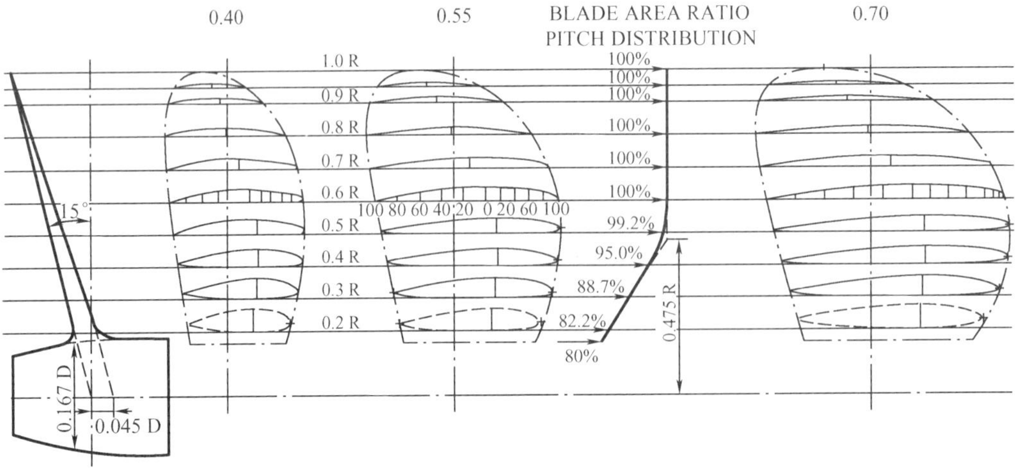

图 8-7　B 系列 4 叶桨的叶片和剖面形状

表 8-2　B 系列桨的有关试验参数

桨叶数	3	4	5	6	7
展开盘面比 *DAR*	0.35	0.40	0.45	0.50	0.55
	0.5	0.55	0.60	0.65	0.70
	0.65	0.70	0.75	0.80	0.85
	0.80	0.85	1.05		
		1.00			
根部螺距减小	0	20%	0	0	0
螺距比 *P/D*	0.50 ~ 1.40				
进速系数 *J*	0.05 ~ 1.50				

(3) $B_p-\delta$ 图谱

B 系列桨的试验结果以 $B_p-\delta$ 图谱的形式供设计师使用。该图谱把收到功率(P_D)、进速系数($J=1/\delta$)、螺距比(P/D)以及螺旋桨敞水效率(η_0)在同一张图谱中表示出来,并给出了最佳效率线。B_p 和 δ 定义为:

$$B_p = n(P_D)^{0.5}/(V_a)^{2.5} \tag{8-22}$$

$$\delta = nD/V_a \tag{8-23}$$

式中　P_D——螺旋桨收到马力,(hp①);

n——螺旋桨转速,(r/min);

D——螺旋桨直径,(ft②);

V_a——螺旋桨进速,(kn)。

---

① 此处 hp 指英制马力 1 hp = 746 W

② 1 ft = 0.304 8 m

注意，此公式使用的单位是英制单位，计算时要做相应的换算。

下面以该图谱系列的其中一幅 4.85B 系列桨为例说明。

(4)$B_p-\delta$ 图谱的应用

如图 8-8 所示，用该图谱可以决定螺旋桨的最佳直径(D)，也能给出螺旋桨的敞水效率，还能求得游艇的设计航速，甚至还可以用来选择主机的功率。下面给出游艇设计中常见的几种情况：

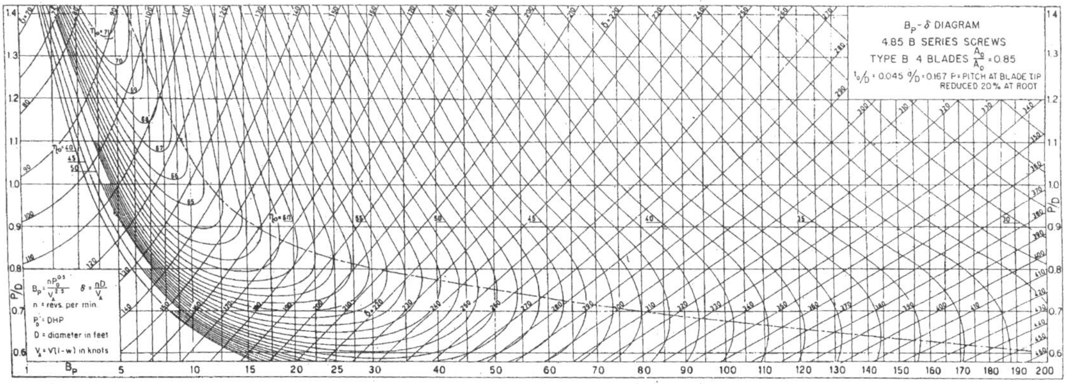

图 8-8　$B_p-\delta$ 图谱之一：B4.85 图表

①当给定主机功率 P_B、转速 N，齿轮箱减速比 i 和游艇的设计航速 V_0 时，求取螺旋桨的最佳直径 D_{opt}：

由主机功率 P_B 乘以齿轮箱效率 η_g(假设取 0.96)和轴系效率 η_t(假设取 0.98)，可得螺旋桨收到功率 P_D(hp)，再将主机转速 N 除以减速比 i 可求取螺旋桨的转速 n，螺旋桨的进速 V_a 可由设计航速 V_0 和伴流分数 w(假设取 0.02)而定，由此可求出 B_p 值。在最佳效率线上找到相应于 B_p 值的最佳敞水效率(η_0)点，然后，查出相对应的螺距比 P/D 和经过该点的 δ 值就可求得螺旋桨的最佳直径 D_{opt}。

②当螺旋桨的直径 D 有限制时，在给定主机功率 P_B、转速 N、齿轮箱减速比 i 和游艇的设计航速 V_0 下，求取螺旋桨的敞水效率(η_0)和相应的螺距比 P/D。

如果所得最佳直径 D_{opt} 大于游艇所允许的最大直径 D_{max}，此时，把最大直径 D_{max} 当成螺旋桨的直径 D，由此可得出相应的 δ 值，在该值与上面计算的 B_p 值的交点处可查出相应螺旋桨的敞水效率(η_0)和螺距比 P/D。

③在给定螺旋桨的直径 D、主机的功率 P_B、转速 N 和游艇的设计航速 V_0 时，选定合适的齿轮箱减速比 i。

④在给定螺旋桨的直径 D、展开盘面比 DAR、主机的功率 P_B、转速 N 和齿轮箱减速比 i 以及游艇的有效马力－航速数据或曲线时，求取游艇设计航速 V_0 和与之相对应的螺距比 P/D：

我们先假定螺旋桨总推进系数 $OPC=0.55$ 并把它和主机总功率的乘积水平绘在有效功率－航速图上，它们的交点对应的航速与游艇设计航速就相差不远。接着，在此附近假设几个航速，求得相应的 δ 值和 B_p 值。然后，查图谱可得相应的螺距比 P/D 和敞水效率 η_0，从而计算出相应的有效功率。将它们都绘在上述有效功率－航速图上，两条有效功率曲线的交点所对应的航速即为该艇的设计航速 V_0。此航速对应的所有参数也为螺旋桨的

设计参数。现举例说明如下:

例1:求取游艇设计航速 V_0 和螺旋桨的螺距比 P/D。

已知

主机功率——P_B	567	hp
减速齿轮箱效率——η_g	0.97	
轴系效率——η_s	0.98	
螺旋桨收到马力——P_D	539.0	hp
主机转速——N	2 500	r/min
齿轮箱减速比——i	2.423	
螺旋桨转速——$n = N/i$	1 031.8	r/min
相对旋转效率—η_r	0.970	
伴流分数——w	0.030	
推力减额系数——t	0.100	
螺旋桨数——Z_p	2	
桨轴倾角 ε	0	(°)
螺旋桨展开盘面比——DAR	0.850	
螺旋桨叶数——Z_B	4	
假定螺旋桨总推进系数 OPC	0.55	
粗估有效功率	624	hp
粗估航速	21.3	kn

有效功率(见第7章,第7.4节,表7-4)

游艇航速	(kn)	10.0	12.0	14.0	16.0	18.0	20.0	22.0	24.0
有效功率	(hp)	115	211	305	399	491	576	653	722

螺旋桨设计

$$最大直径\ D_{max} = 2.75\ \text{ft}$$

表8-3

游艇航速 V_0/kn	假设	21.0	22.0	23.0	24.0
螺旋桨进速 Va/kn	$V(1-w)$	20.37	21.34	22.31	23.28
螺旋桨转速/(r/min)	给定	1 032	1 032	1 032	1 032
δ	$n \times D/V_a$	139.3	133.0	127.2	121.9
B_p	$P_D^{0.5} \times n/V_a^{2.5}$	12.8	11.4	10.2	9.2
螺距比 P/D	查出	1.013	1.034	1.056	1.097

表 8-3(续)

螺旋桨敞水效率 η_0	查出	0.638	0.648	0.658	0.664
船身效率 η_h	$(1-t)/(1-w)$	0.923	0.923	0.923	0.923
准推进系数 QPC	$\eta_0\eta_r\eta_h$	0.574	0.583	0.592	0.598
总推进系数 OPC	$QPC\eta_s\eta_g$	0.546	0.554	0.563	0.568
螺距 P/in①	$12\times D\times P/D$	33.43	34.12	34.85	36.20
螺旋桨计算功率 P_E(hp)	$P_B\times$ OPC	619.0	628.7	638.4	644.2

从表8-3 和图8-9 可知,游艇的设计航速 $V_0\approx21.1$ kn,此时,螺旋桨的敞水效率 $\eta_0\approx$ 0.640 而螺距比 $P/D\approx1.01$。

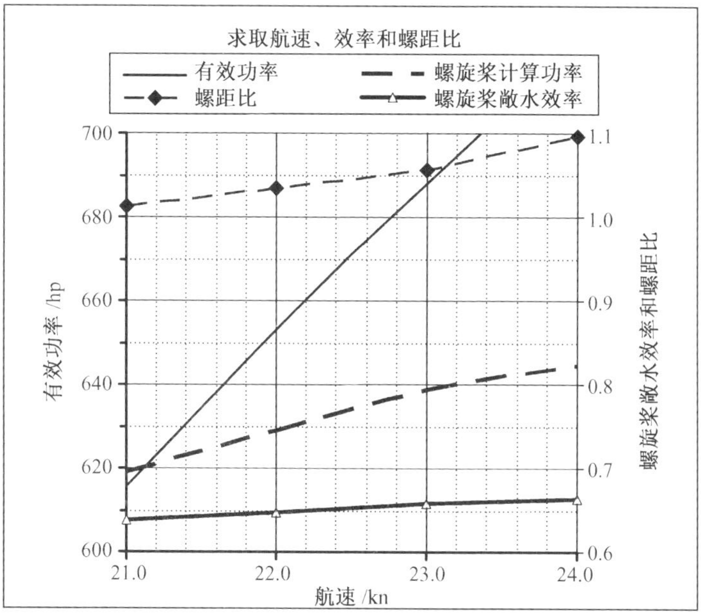

图 8-9　B4.85 图表应用实例 1

2. 高恩(AEW)系列与高恩-勃立尔(KCA)系列简介

高恩(AEW)系列来自于 1953 年高恩(Gawn)对 3 叶桨模所做的敞水试验分析。高恩(AEW)系列的桨叶为椭圆形,叶面呈直线而叶背为弓背形,无倾斜、无侧斜,最大厚度成线型分布。试验结果皆绘制成横坐标为进速系数 J,纵坐标为推力系数 K_T、扭矩系数 K_Q、敞水效率 η_0 的曲线并以图谱的形式给出。

高恩-勃立尔(KCA)系列由高恩和勃立尔于 1957 年在英国 King's College 的空泡水槽试验室完成。该系列的桨模叶片形状、叶剖面形状等与高恩(AEW)系列大致相同,最大的差别是前者的厚度分数(Blade Thickness Fraction——BTF)等于 0.045,而后者稍微厚一些,BTF 为 0.06。试验结果也以上述类似的图谱形式给出。不同之处是该系列不仅给出桨模

① 1 in = 2.54 cm

的敞水性能,而且更重要的是也给出了不同空泡数下桨模的推力系数 K_T、扭矩系数 K_Q 和效率 η_o 曲线。

(1)高恩-勃立尔(KCA)系列桨的叶片和剖面形状(图8-10)

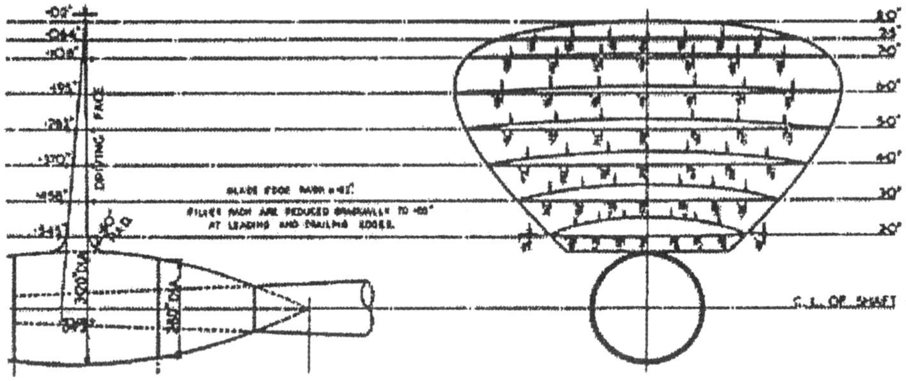

图8-10 高恩-勃立尔(KCA)系列桨的叶片和剖面形状

(2)两种系列桨的有关试验参数(见表8-4)

表8-4 两种系列桨的有关试验参数

	高恩(AEW)系列	高恩-勃立尔(KCA)系列
桨叶数	3	3
DAR	0.20 ~ 1.10(间隔为0.15)	0.50 ~ 1.10(间隔为0.15)
螺距比 *P/D*	0.4 ~ 2.0(间隔为0.2)	0.6 ~ 2.0(间隔为0.2)
空泡数 σ_0	大气压	0.5,0.75,1.0,1.5,2.0,6.3(大气压)

(3)高恩(AEW)及高恩-勃立尔(KCA)图谱[7]

高恩(AEW)系列桨的敞水试验结果皆是把 K_T-J, K_Q-J, η_0-J 曲线绘制在一起并以图谱的形式呈现。图8-11是其中代表之一。

高恩-勃立尔(KCA)系列桨的空泡水槽试验结果也绘成与上面相似的图谱,只是该图谱以空泡数 σ_0 为参变量,把 K_T-J, K_Q-J, $\eta-J$ 分开来绘制成不同的图表。参见图8-12(a)图8-12(b)图8-12(c)。

图8-12中的 σ_0 为桨中心处的空泡数:

$$\sigma_0=(P_0-P_V)/(1/2\rho V^2) \tag{8-24}$$

式中 P_0——桨中心处的压力 $=P_a+\rho gH$,(N/m^2);

P_a——大气压,$(101\ 325\ N/m^2)$;

g——重力加速度,(m/s^2);

H——桨中心在水下的深度,(m);

P_V——饱和蒸气压,(2 335 N/m^2)。

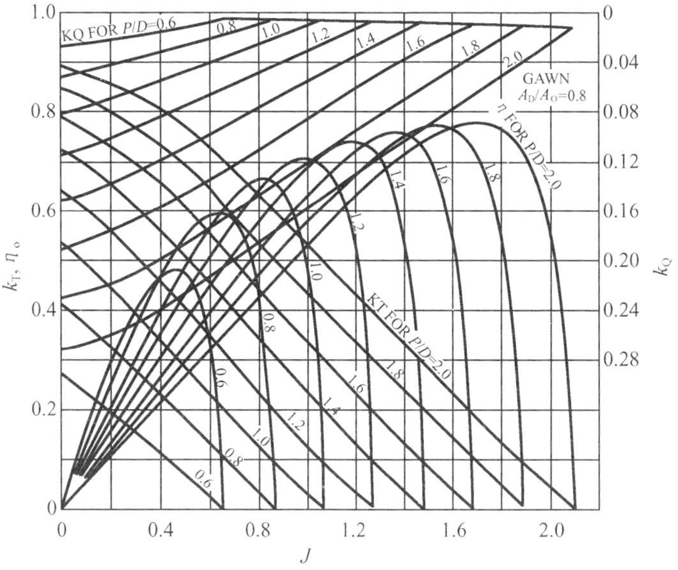

图 8-11 高恩系列图谱之一

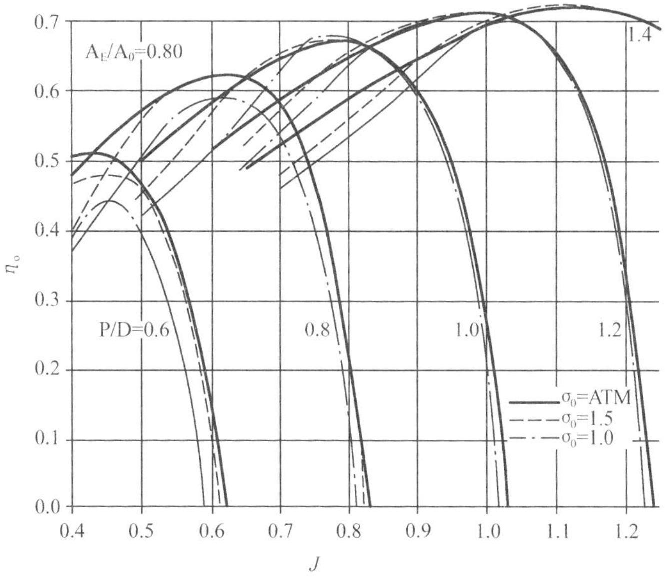

图 8-12(a) KCA 系列图谱—效率图

(4)两种图谱的应用

在中速、中高速游艇的推进设计中,我们一般应用高恩(AEW)系列和高恩-勃立尔(KCA)系列图谱来设计螺旋桨。

用高恩(AEW)系列和高恩-勃立尔(KCA)系列图谱同样可以针对上述几种情况给出螺旋桨的设计。其中,最常用的是以下两种。

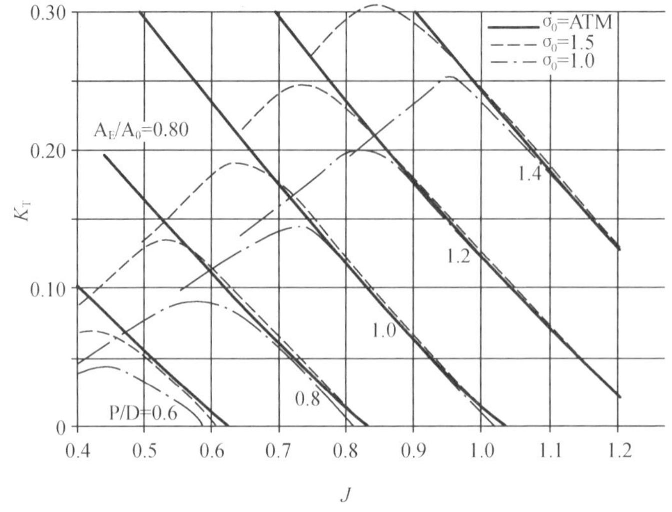

图 8-12(b) KCA 系列图谱—推力系数

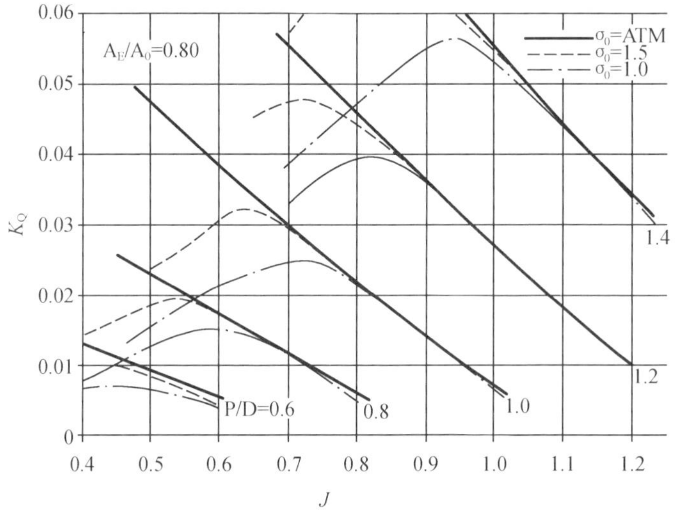

图 8-12(c) KCA 系列图谱—扭矩系数

①在给定主机的功率 P_B、转速 N 和齿轮箱减速比 i、螺旋桨的叶数、盘面比以及游艇的有效功率～航速数据或曲线时,求取游艇设计航速 V_0、螺旋桨的最佳直径 D_{opt} 和与之相对应的螺距比 P/D。

下面我们给出完整的设计步骤:

a. 求出主机能输出扭矩 $Q_e = 1\,000P_B/(2\pi N/60)$ 并粗估一个总推进系数 $OPC = 0.55$;

b. 用该粗估总推进系数 OPC 乘以主机功率 P_B,再乘以主机数量,可得粗估有效功率 P_E;

c. 把该粗估有效功率 P_E 水平绘在游艇的有效功率 - 航速曲线图上,它和曲线的交点即为粗估游艇的设计航速;

d. 假设几个螺旋桨直径(不要大于最大直径),在每个直径下,在上述粗估的游艇设计航速附近以相同的间隔再假设几个航速;

e. 按给出的伴流分数求出相应航速下的螺旋桨进速系数 J;

f. 在每个航速下假设几个螺距比 P/D,查图谱可得相应的扭矩系数 K_Q,并计算出相应的螺旋桨扭矩 Q,然后,得出需要主机发出的扭矩 Q_c;

g. 将此需要主机发出的扭矩 Q_c 和主机能输出的扭矩 Q_e 绘在以螺距比 P/D 为横坐标的曲线图上,两条曲线交点对应的 P/D 即为该航速下的螺距比;

h. 按此螺距比 P/D 和进速系数 J 可在图谱上查得推力系数 K_T、扭矩系数 K_Q,从而可求得螺旋桨的敞水效率 η_0;

i. 由此可求得总推进系数 OPC,然后,可求出游艇各个航速下的计算有效功率 P_E;

j. 将它们绘在游艇的有效功率 - 航速曲线图上,两条曲线的交点所对应的航速就是某一假设螺旋桨直径下游艇的设计航速,与此对应的螺距即为该桨的设计螺距;

k. 在每个假设直径下,重复上述过程,可求得能使螺旋桨敞水效率(η_0)最高、航速最快的最佳螺旋桨直径;

l. 如果螺旋桨的最佳直径小于最大直径的限制,就可选择该最佳直径。反之就用最大直径,此时同样也假设几个航速,再重复 e 至 j 的过程即可。

现举例说明用高恩(AEW)系列图谱求取游艇设计航速 V_0 如下:

例 2:给定主机的功率 P_B 和螺旋桨直径 D,求取“海豚号”游艇的航速 V_0 和与之相对应的螺距比 P/D。

已知

排水量——Δ	27 223	kg
主机功率——P_B	746	kW
减速齿轮箱效率——η_g	0.97	
轴系效率 η_s	0.98	
螺旋桨收到功率——P_D	709.4	kW
主机转速——N	2 300	r/min
主机能输出扭矩 $Q_e = 1\ 000 P_B/(2\pi N/60)$	3 100.0	N · m
齿轮箱减速比——i	1.964	
螺旋桨转速——n	1 171	r/min
相对旋转效率——η_r	0.970	
伴流分数——w	0.030	
推力减额系数——t	0.100	
螺旋桨数——Z_p	2	
螺旋桨展开盘面比——DAR	0.800	
螺旋桨叶数—Z_B	3	
粗估总推进系数	0.55	

粗估有效功率	820.9	kW
粗估设计航速,由图 8 -14(a)得	34.30	kn
流体密度 ρ	1 025	kg/m^3

有效功率(见第 7 章,第 7.4 节,表 7 -4)

表 8 -5

游艇航速/kn	28.0	30.0	32.0	34.0	36.0	38.0
有效功率/kW	638	691	748	811	882	960

螺旋桨设计　　　　直径 $D=0.864$ m

表 8 -6

游艇航速 V_0/kn	假设	33.0	34.0	35.0	36.0
螺旋桨进速 V_a/kn	$V(1-w)$	32.0	33.0	34.0	34.9
螺旋桨进速 V_a/(m/s)		16.5	17.0	17.5	18.0
螺旋桨转速 n_p/(r/s)	$N/(60i)$	19.5	19.5	19.5	19.5
螺旋桨直径 D/m	给定	0.864	0.864	0.864	0.864
进速系数 J	$V_a/(n_pD)$	0.976	1.006	1.036	1.065
螺距比 P/D**	由图 8 -13 可得	1.170	1.193	1.216	1.239
推力系数 K_T	查出	0.132	0.128	0.124	0.120
扭矩系数 K_Q	查出	0.031	0.031	0.031	0.031
螺旋桨敞水效率 η_0	$J/(2\pi)K_T/K_Q$	0.666	0.665	0.664	0.661
准推进系数 QPC	$\eta_0\eta_r(1-t)/(1-w)$	0.600	0.599	0.597	0.595
总推进系数 OPC	$QPC\eta_s\eta_g$	0.570	0.569	0.568	0.566
螺距 P/m	$D(P/D)$	1.01	1.03	1.05	1.07
计算功率 P_E/kW	$OPCP_BZ_P$	850.7	849.4	847.3	844.5

** 当艇航速 $V_0=34$(kn)(其他航速与此类似)

螺距比 P/D	假设	1.05	1.10	1.15	1.20
扭矩系数 K_Q	查出	0.017	0.021	0.026	0.032
螺旋桨扭矩 Q/N·m	$K_Q\rho n_p^2D^5$	3 102	3 910	4 850	5 941
需要主机发出的扭矩 Q_c/N·m	$Q/(i\eta_s\eta_g)$	1 662	2 095	2 598	3 182
主机能输出的扭矩 Q_e	N·m	3 100			

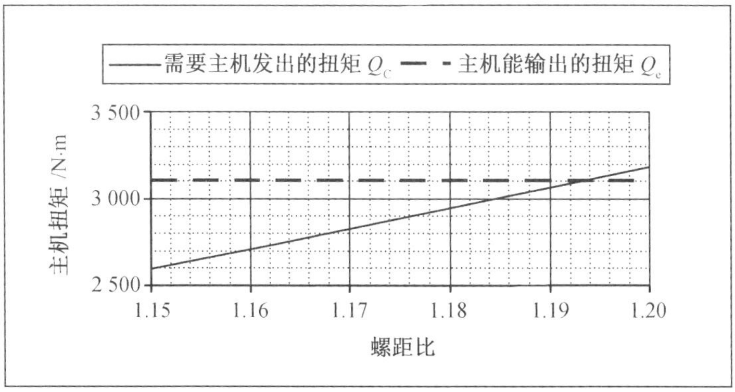

图 8－13 主机扭矩平衡曲线

从表 8－6 和图 8－14(a)可知，该游艇的设计航速 $V_0 \approx 35.05$ kn，然后，从图 8－14(b)可得螺旋桨的敞水效率 $\eta_0 \approx 0.664$、螺距比 $P/D \approx 1.218$，而螺距 $P \approx 1.05$ m。

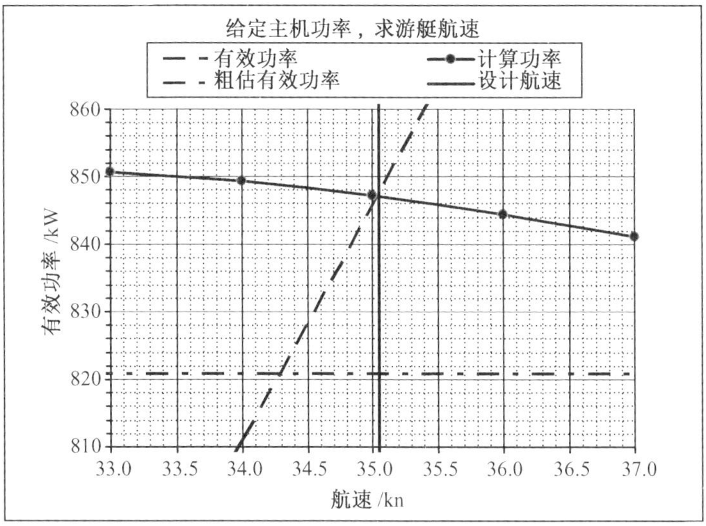

图 8－14(a) 设计航速的求取

②在给定游艇的设计航速 V_0、主机转速 N、齿轮箱减速比 i、螺旋桨的叶数、盘面比以及游艇的有效功率－航速数据或曲线时，选择能使游艇达到设计航速 V_0 的主机功率 P_B、螺旋桨的最佳直径 D_{opt} 和与之相对应的螺距比 P/D。

设计步骤与上例相似：

a. 在游艇的有效功率－航速曲线图上，找到与设计航速相对应的有效功率 P_E；

b. 假设几个螺旋桨直径，按给出的设计航速和伴流分数求出相应航速下的螺旋桨进速系数 J；

c. 在每个螺旋桨直径下再假设几个螺距比 P/D，查图谱可得相应的推力系数 K_T，并计算出相应的螺旋桨推力 T，然后，求出相应的计算有效功率 P_E；

d. 将此计算有效功率 P_E 和设计航速下的有效功率 P_E 绘在以螺距比 P/D 为横坐标的

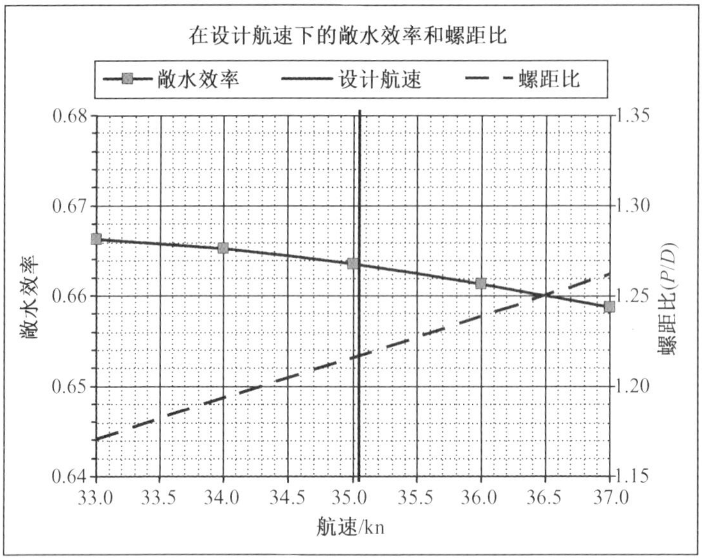

图 8-14(b) 设计航速下的螺旋桨参数

曲线图上,两条曲线交点所对应的 P/D 即为该直径下的螺距比;

e. 按此螺距比 P/D 和进速系数 J,可在图谱上查得推力系数 K_T、扭矩系数 K_Q,从而可求得螺旋桨的敞水效率 η_0;

f. 求总推进系数 OPC,然后,可计算出各个螺旋桨直径下的主机功率 P_B;

g. 将它们绘在有效功率-螺旋桨直径曲线图上,从图上可得出在各个螺旋桨直径下能使游艇达到设计航速的主机功率。

再举例说明用高恩(AEW)系列图谱选择主机的功率 P_B 如下:

例 3:基本参数与例 2 相同,但不同之处是此例先给定游艇设计航速 V_0,再来选择主机的功率 P_B 和与之相对应的螺距比 P/D。

已知:

主机转速——N		2 300	r/min
齿轮箱减速比——i		1.964	
设计航速	给定	35.00	kn
有效功率	(在设计航速下)	846.0	kW

有效功率(见表 8-5)

螺旋桨设计(见表 8-7)。

表 8－7

游艇航速 V_0/kn	给定	35.0	35.0	35.0	35.0
螺旋桨进速 V_a/kn	$V(1-w)$	34.0	34.0	34.0	34.0
螺旋桨进速 V_a/(m/s)		17.5	17.5	17.5	17.5
螺旋桨转速 n_p/(r/s)	$N/(60i)$	19.5	19.5	19.5	19.5
螺旋桨直径 D/m	假设	0.813	0.838	0.864	0.889
进速系数 J	$V_a/(n_pD)$	1.101	1.067	1.036	1.006
螺距比 P/D * *	由图 8－15 可得	1.345	1.275	1.212	1.155
推力系数 K_T	查出	0.156	0.138	0.123	0.109
扭矩系数 K_Q	查出	0.041	0.036	0.031	0.027
螺旋桨敞水效率 η_0	$J/(2\pi)K_T/K_Q$	0.665	0.660	0.653	0.644
准推进系数 QPC	$\eta_0\eta_r(1-t)/(1-w)$	0.599	0.594	0.588	0.580
总推进系数 OPC	$OPC\eta_s\eta_g$	0.569	0.565	0.559	0.551
螺距 P(m)		1.09	1.07	1.05	1.03
主机功率 P_B(kW)	$P_E/OPC/Z_p$	743.0	748.9	756.9	767.8

* * 当螺旋桨直径 $D=0.813$(m)(其他直径与此类似)

螺距比 P/D	假设	1.300	1.350	1.400	1.450
推力系数 K_T	查出	0.135	0.16	0.186	0.211
螺旋桨推力 T/N	$K_T\rho n_p^2D^4$	23 007	27 319	31 699	35 942
计算有效功率 P_E/kW	$TV_a/1\,000\eta_hZ_p$	723	859	996	1 130
设计航速下有效功率 P_E	kW	846.0	846.0	846.0	846.0

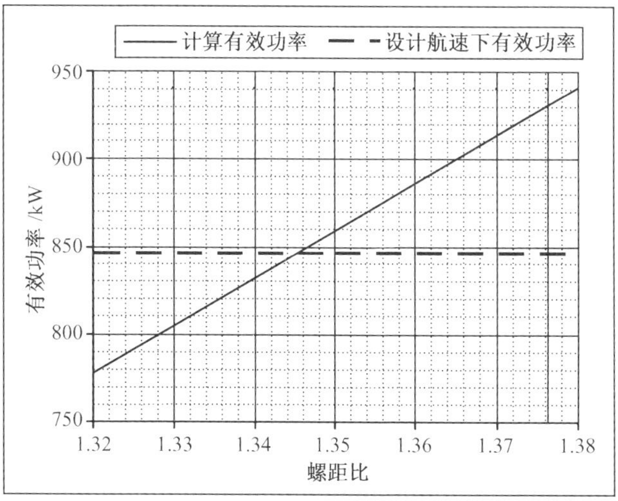

图 8－15 有效功率平衡曲线

从表8-7和图8-16可看出,在设计航速 $V=35$ kn时,螺旋桨的直径越小,其敞水效率 η_0 越高,所需主机功率也越小。这主要是只考虑螺旋桨的敞水效率而没有考虑其空泡性能的缘故。实际上,螺旋桨的直径太小,会产生严重的空泡,这不但会使其效率大大降低,而且会产生其他严重的问题。所以,在螺旋桨设计中,不仅要考虑螺旋桨的敞水效率而且要对其进行空泡校核。

至于如何用高恩-勃立尔(KCA)系列图谱来设计螺旋桨,其实与上述方法基本相似,只不过是需要在不同空泡数下查取推力系数和扭矩系数,更加繁杂而已。由于篇幅有限,此处不再重复。

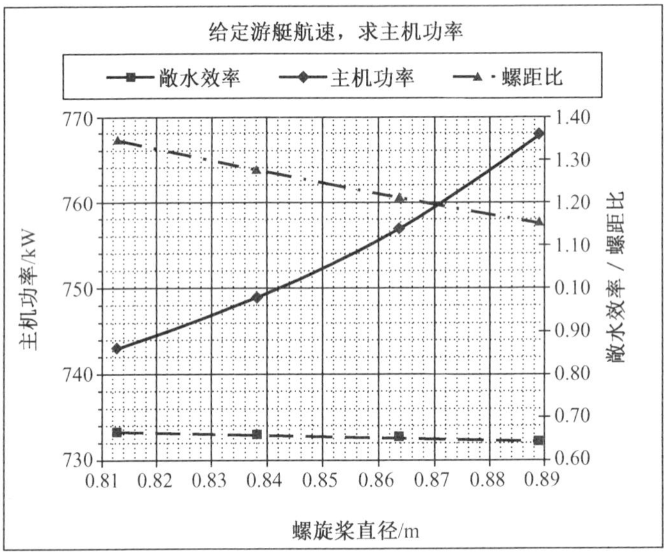

图8-16 主机功率螺旋桨参数曲线

8.3.3 螺旋桨空泡校核

螺旋桨在高载荷下,当桨叶上某处的压力下降到水的饱和蒸气压时,会有空泡出现(见图8-17)。随后,如果这些空泡到达压力较高的区域,就会在瞬间坍塌从而产生强大的冲击力,这样会在桨上或邻近的附体上发生空泡剥蚀现象。少量的空泡对中高速游艇来说是不可避免的,也不会对螺旋桨的性能有太大的影响。然而,如果在B系列、高恩(AEW)或高恩-勃立尔(KCA)系列螺旋桨上出现大量的空泡,不仅会使桨的性能恶化,而且会引起强烈的噪声和振动,甚至会产生更严重的问题,即螺旋桨的某处会被空蚀掉(见图8-18)。

1. B系列桨空泡检查

对该系列的螺旋桨,要求伸展盘面比 EAR 要满足以下公式[8]:

$$EAR \geq (1.3+0.3Z_B)T/[(P_0-P_V)D^2]+K \tag{8-25}$$

式中 Z_B——螺旋桨的叶数;

T——螺旋桨推力,(N);

P_0——桨中心处的静压力(包括大气压),(N/m^2);

P_V——饱和蒸气压,(2 335N/m^2);

D——螺旋桨直径,(m);

K——常数,中速以上双桨游艇 $K=0$;中低速以下双桨游艇 $K=0.1$;单桨游艇 $K=0.2$。

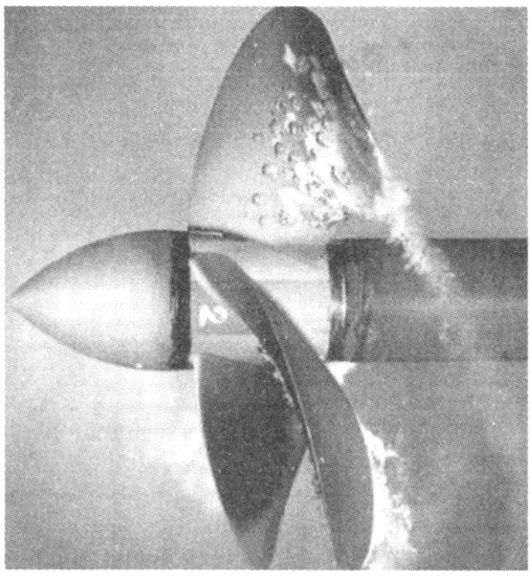

图 8－17　螺旋桨上的空泡

图 8－18　螺旋桨的空泡剥蚀

2. 高恩(AEW)与高恩－勃立尔(KCA)桨空泡检查

就中高速游艇来说,在螺旋桨的设计点上一般以不大于10%叶背空泡为设计标准,在其他操作条件下,叶背空泡可以大于10%的设计标准,但要以推力不出现溃降(Breakdown)为界限。高恩－勃立尔为此给出了以推力载荷系数 τ_c 和局部空泡数 $\sigma_{0.7R}$ 为参数的判断空泡是否超过标准的曲线(见图8－19)。

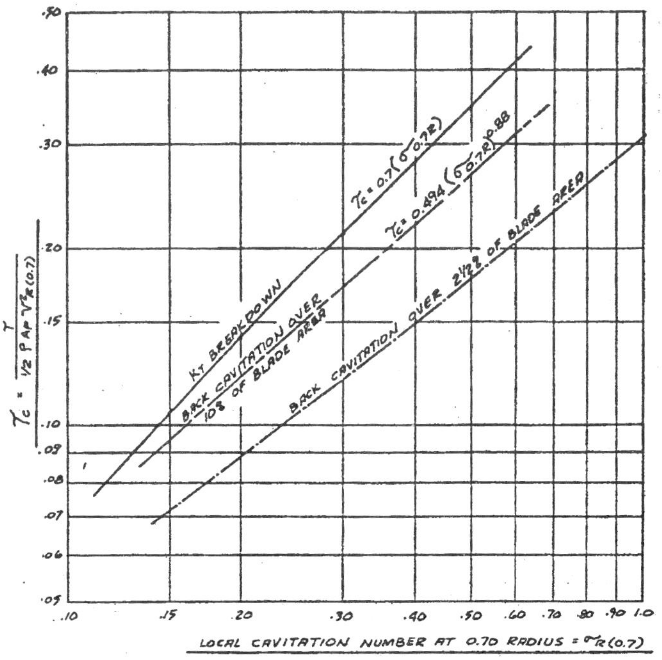

图 8－19　空泡判断标准曲线[4]

图 8－19 中,在设计点需满足 10% 叶背空泡的设计标准为[4]:

$$\tau_c \leqslant 0.494\sigma_{0.7R}^{0.88} \quad (8-26)$$

如果要使螺旋桨的背空泡不大于 10%,该桨的展开面积比 DAR 就应该满足下列表达式[8]:

$$DAR \geqslant K_T / \{0.1937[\sigma_0/(1-w)^2]^{0.88}(1.067-0.229P/D)(J^2+4.84)^{0.12}J^{1.76}\} \quad (8-27)$$

桨中心处的空泡数 σ_o 定义为:

$$\sigma_o = (P_o - P_v)/\left(\frac{1}{2}\rho V_a^2\right) \quad (8-28)$$

在设计点以外的区域,叶背空泡应满足下式:

$$\tau_c \leqslant 0.70\sigma_{0.7R} \quad (8-29)$$

式(8－26)和(8－29)的适用范围如下:

螺距比 P/D:0.6 至 2.0;

盘面比 DAR:0.5 至 1.1;

螺旋桨叶数:3 叶,4 叶。

判断空泡的推力载荷系数 τ_c 定义为:

$$\tau_c = T/(1/2\rho A_{PP}V_{0.7R}^2) \quad (8-30)$$

桨 0.7R 半径处的局部空泡数 $\sigma_{0.7R}$ 定义为:

$$\sigma_{0.7R} = (P_0 - P_V)/(1/2\rho V_{0.7R}^2) \quad (8-31)$$

$$V_{0.7R} = [V_a^2 + (0.7\pi n_p D)^2]^{1/2} \quad (8-32)$$

式中 $V_{0.7R}$——0.7 半径处的流速,(m/s);

A_{pp}——桨投影面积,(m^2);

T——螺旋桨推力,(N)。

现在,我们来考查例 2 中选定的螺旋桨是否达到 10% 背空泡的设计标准,见表 8－8。

表 8－8

桨中心至水面距离 $H=0.81$		m	$DAR=0.80$	
游艇航速 V_0/kn	见例 2	34.0	35.0	36.0
螺旋桨进速 V_a/(m/s)	见例 2	17.0	17.5	18.0
螺旋桨转速 n_p/(r/s)	见例 2	19.5	19.5	19.5
(P_0-P_V)	N/m^2	107 206	107 206	107 206
桨中心的空泡数 σ_0	$(P_0-Pv)/(1/2\rho V_a^2)$	0.727	0.686	0.648
螺旋桨直径 D/m	见例 2	0.864	0.864	0.864
螺距比 P/D	见例 2	1.193	1.216	1.239
螺旋桨盘面积 A_0/m^2	$\pi D^2/4$	0.586	0.586	0.586
桨叶投影面积 A_{PP}/m^2	$A_0(1.067-0.229P/D)DAR$	0.372	0.370	0.367
推力系数 K_T	见例 2	0.128	0.124	0.120

表 8-8(续)

推力 T/N	$K_T\rho n_p^2D^4$	27 844	26 981	26 145
0.7 半径处 $V_{0.7R}$/(m/s)	$[V_a^2+(0.7\pi n_pD)^2]^{0.5}$	40.8	41.0	41.2
桨的局部空泡数 $\sigma_{0.7R}$	$(P_0-Pv)/(1/2\rho V_{0.7R}^2)$	0.126	0.125	0.123
推力载荷系数 τ_c	$T/(1/2\rho A_{PP}V_{0.7R}^2)$	0.088	0.085	0.082
10% 背空泡标准 τ_{cs}	$0.494(\sigma_{0.7R})^{0.88}$	0.080	0.079	0.078
满足 10% 背空泡标准?	$\tau_c\leqslant\tau_{cs}$?	No	No	No
桨中心至水面距离 $H=0.81$		m	$DAR=0.90$	
桨叶投影面积 A_{PP}/m^2	$A_0(1.067-0.229P/D)DAR$	0.419	0.417	0.414
推力载荷系数 τ_c	$T/(1/2\rho A_{PP}V_{0.7R}^2)$	0.077	0.074	0.071
10% 背空泡标准 τ_{cs}	$0.494(\sigma_{0.7R})^{0.88}$	0.080	0.079	0.078
满足 10% 背空泡标准?	$\tau_c\leqslant\tau_{cs}$?	yes	yes	yes

从表 8-8 可知,当 $DAR=0.8$ 时,例 2 给出的螺旋桨不能满足 10% 背空泡的设计要求,为此,建议将 DAR 增加到 0.90,这样就可以满足 10% 背空泡的设计要求,但其设计航速会下降到 34.6 kn。

8.3.4 螺旋桨系列的数学表达

从上面计算可知,用图谱设计螺旋桨非常费时,而且精度也不高,如果要在多种条件下找出最佳螺旋桨尺寸实非易事。为此,奥斯特维尔德(Oosterveld)等在 1975 年给出了 B 系列图谱 K_T,K_Q 的数学回归表达式;在 1981 年,布朗特(Blount)等按 B 系列图谱的数学形式对高恩(Gawn)系列图谱作了数学回归,并扩大了其应用范围;1988 年,拉道杰西克(Radojcic)给出了高恩-勃立尔(KCA)系列图谱的回归表达式。用这些公式,我们可以快捷方便地设计出最佳尺寸的螺旋桨。

1. B 系列的回归公式[8]

该系列螺旋桨的雷诺数 R_n 用桨叶在 0.75 半径处的雷诺数来表示:

$$R_n=C_{0.75R}[V_A^2+(0.75\pi n_pD)^2]^{1/2}/\nu \tag{8-33}$$

式中 $C_{0.75R}$——桨叶 0.75 半径处的弦长,(m);

ν——海水运动黏性系数,(m^2/s)。

当 $R_n=2\times10^6$ 时,该图谱可用下列回归公式表示:

推力系数 K_T

$$K_T=\sum C_{Ti}(J)_i^s(P/D)_i^t(EAR)_i^u(Z_B)_i^v \tag{8-34}$$

扭矩系数 K_Q

$$K_Q=\sum C_{Qi}(J)_i^s(P/D)_i^t(EAR)_i^u(Z_B)_i^v \tag{8-35}$$

式中 P/D——螺距比;

EAR——伸展盘面比;

J——进速系数;

Z_B——螺旋桨叶数。

回归系数 C_{Ti},C_{Qi}和指数 s,t,u,v 见附录 D 中的表 D-1 和表 D-2。

在 $R_n > 2\times10^6$ 时,需要用下列回归公式修正:

推力系数 δK_T

$$\delta K_T = \sum \delta C_{Ti}(J)_i^{k1}(P/D)_i^{k2}(EAR)_i^{k3}(Z_B)_i^{k4}(\log R_n - 0.301)_i^{k5} \tag{8-36}$$

扭矩系数 δK_Q

$$\delta K_Q = \sum \delta C_{Qi}(J)_i^{k1}(P/D)_i^{k2}(EAR)_i^{k3}(Z_B)_i^{k4}(\log R_n - 0.301)_i^{k5} \tag{8-37}$$

回归系数 δC_{Ti},δC_{Qi}和指数 $k1,k2,k3,k4,k5$ 见附录 D 中的表 D-3 和表 D-4。

2. 高恩(AEW)系列的回归公式[9]

该系列的图谱可用下列回归公式表示:

推力系数 K_T

$$K_T = \sum C_{Ti}(J)_i^s(P/D)_i^t(EAR)_i^u(Z_B)_i^v \tag{8-38}$$

扭矩系数 K_Q

$$K_Q = \sum C_{Qi}(J)_i^s(P/D)_i^t(EAR)_i^u(Z_B)_i^v \tag{8-39}$$

式中 P/D——螺距比;

EAR——伸展盘面比;

J——进速系数;

Z_B——螺旋桨叶数。

回归系数 C_{Ti},C_{Qi}和指数 s,t,u,v 见附录 E 中的表 E-1 和表 E-2。

值得注意的是,高恩(AWE)系列原本只是 3 叶桨,布朗特等将该图谱做了扩展,使其数学回归公式不仅适应用于 3 叶桨,而且对 4 叶桨也适用。

另外,用式(8-38)和式(8-39)计算出的 K_T,K_Q 值和高恩(AWE)系列、高恩-勃立尔(KCA)敞水系列试验值相比,它们之间的误差很小(参见图 8-20),所以,在中高速游艇的螺旋桨设计中,我们可以利用这两个数学表达式来计算螺旋桨的性能,也能设计出合适的螺旋桨。但要注意它们的适用范围,其适用范围如下:

螺距比 P/D:0.8 至 1.4;

盘面比 EAR:0.5 至 1.1;

螺旋桨叶数:3 叶,4 叶。

3. 高恩-勃立尔(KCA)系列的回归公式[8]

当背空泡小于等于 10% 时的回归表达式:

$$K_T = \sum C_{Ti}(10)^e(DAR)_i^x(P/D)_i^y(J)_i^z \tag{8-40}$$

$$K_Q = \sum C_{Qi}(10)^e(DAR)_i^x(P/D)_i^y(J)_i^z \tag{8-41}$$

回归系数 C_{Ti},C_{Qi}和指数 e,x,y,z 见附录 F 中的表 F-1 和表 F-2。

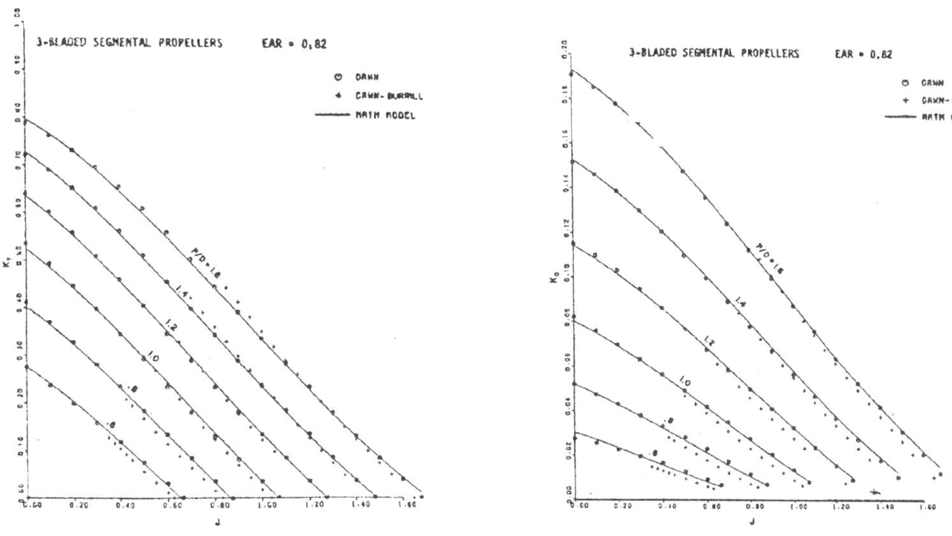

图 8－20　回归表达式计算值与敞水试验数据比较

当背空泡大于10%时需要对式(8－40)和式(8－41)进行修正,其修正系数的回归表达式为:

推力系数修正 δK_T:

$$\delta K_T = \sum d_{Ti}(10)^e(DAR)_i^s(\sigma_{0.7R})_i^t(K_T)_i^u(P/D)_i^v \tag{8-42}$$

扭矩系数修正 δK_Q:

$$\delta K_Q = \sum d_{Qi}(10)^e(DAR)_i^s(\sigma_{0.7R})_i^t(K_Q)_i^u(P/D)_i^v \tag{8-43}$$

回归系数 d_{Ti},d_{Qi}和指数 e,s,t,u,v 见附录 F 中的附表 F－3 和附表 F－4。

经过修正的推力系数 K'_T(>10%空泡)和扭矩系数 K'_Q(>10%空泡)可表达为:

$$K'_T(>10\%空泡) = K_T - \delta K_T \tag{8-44}$$

$$K'_Q(>10\%空泡) = K_Q - \delta K_Q \tag{8-45}$$

8.3.5　对转螺旋桨的应用

在游艇的 IPS 和 Zeus 推进系统中,一般都采用对转螺旋桨(CRP)。对转桨是在同心轴上并列安装两个大小相近、旋转方向相反的螺旋桨。这样,一台主机的负荷可由两个桨来共同承担,从而可减小螺旋桨的直径。此外,由于前后两个桨的转向相反,后桨可以把前桨产生的旋转能量转换成有效的推力,结果能使桨的效率提高10%左右,并可减小空泡产生的风险。为了使后桨能充分吸收前桨的旋转水流,后桨的直径一般会比前桨小一些。

目前,对转螺旋桨的性能计算在游艇界还不是很成熟。在考虑对转螺旋桨在这一领域的应用时,作者的做法是先参照普通螺旋桨的性能计算方法,然后再做出一些修正。具体的做法如下,不一定合适,这里提出来供读者参考。

1. 主机的功率和转速

将游艇的每台主机当成两台小型主机,其原有的转速保持不变,功率平均一分为二。例如,我们把例2中的两台746 kW、2 300 r/min 的主机分成四台373 kW、2 300 r/min 的小型机。

2. 螺旋桨参数的选取

把每套对转桨分成两个单独的、参数完全相同的螺旋桨。这些参数选取如下:

(1)直径 D:取后桨原来的尺寸;

(2) 螺距 P:取前桨原来的尺寸;

(3)盘面比 DAR 或 EAR:取前后桨的平均值;

(4)叶数 Z_B:取后桨原来的叶数;

(5)相对旋转效率:取 $\eta_r = 1.04$;

(6)推力减额:取 $t = 0.0$。

有了这些参数,我们可以参照例 2 中的计算过程,求出游艇的航速。注意,当应用对转螺旋桨时,其粗估总推进系数(OPC)可假定成 0.65。

作业

作业 1:根据例 1 中的已知条件,假定螺旋桨的直径没有限制,求螺旋桨的最佳直径。

作业 2:根据下列游艇和主机参数,选择适合的图谱,设计一对最佳直径的螺旋桨。

假定某新设计的游艇的有关参数如下:

设计排水量	$\Delta = 36\ 950$	(kg)
艇的航速	$V_0 = 21$	(kn)
主机功率	$P_B = 526$	(kW)
主机转速	$N = 2\ 500$	(r/min)
齿轮箱减速比	$i = 2.417$	
减速齿轮箱效率	$\eta_g = 0.97$	
轴系效率	$\eta_s = 0.98$	
相对旋转效率	$\eta_r = 0.970$	
伴流分数	$w = 0.030$	
推力减额系数	$t = 0.100$	
螺旋桨数	$Z_p = 2$	
螺旋桨展开盘面比	$DAR = 0.85$	
螺旋桨叶数	$Z_B = 4$	

作业 3:根据下列所列游艇和主机参数,并按第 7 章中作业 5 所计算的有效功率,选择适合的图谱求取该游艇的设计航速、设计相应的螺旋桨并做空泡校核。

假定某新设计的游艇的有关参数如下:

设计排水量	$\Delta = 36\ 950$	(kg)
主机功率	$P_B = 848$	(kW)
主机转速	$N = 2\ 300$	(r/min)
齿轮箱减速比	$i = 2.00$	
减速齿轮箱效率	$\eta_g = 0.97$	
轴系效率	$\eta_s = 0.98$	
相对旋转效率	$\eta_r = 0.970$	

伴流分数	$w=0.030$	
推力减额系数	$t=0.100$	
螺旋桨数	$Z_p=2$	
螺旋桨展开盘面比	$DAR=1.00$	
螺旋桨叶数	$Z_B=4$	
桨轴倾角	$\varepsilon=10$	(°)
桨中心至水面距离	$H=1.3$	(m)

8.4 螺旋桨、主机和游艇的匹配

8.4.1 简介

上一章我们已经介绍了游艇的阻力和有效功率的计算方法,在本章也学会了用三种图谱和数学表达式来计算单独螺旋桨的性能,现在已经有能力设计出具有最高效率的螺旋桨,但这还远远不够。假设一条具有良好阻力性能的游艇配备了一型不合适的主机(功率太大或太小)及齿轮箱(减速比太大或太小),或者选择了一种不相匹配的螺旋桨(太重或太轻),该艇都不能达到其设计要求。所以,在游艇的设计中我们必须把游艇、主机以及螺旋桨当作一个整体来考虑,它们三者之间的"匹配"与否对游艇推进系统的设计至关重要。另外,在设计中要明白什么是我们真正想要的:只是追求艇的最高航速,还是牺牲一点航速而兼顾整个速度范围内的性能。例如,有时减小螺距会降低一点最大航速,但在巡航速度下螺旋桨的效率会有所增加,艇的续航力会加大,也能改进低速下桨的推力,使艇能尽快越过阻力峰。所以,在设计中,不要片面追求某个指标最好,而要综合权衡,使整个系统最优。

图8-21为游艇、主机以及螺旋桨之间相互影响的一个关系图[10]。

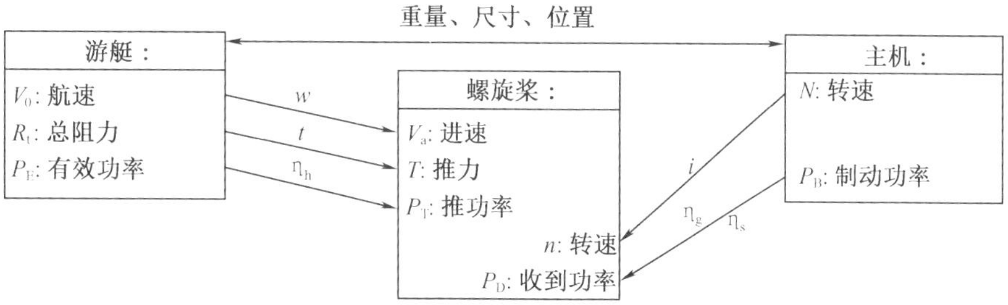

图8-21 游艇、主机、螺旋桨关系图

游艇、主机以及螺旋桨作为一个整体,三者之间根据不同的已知条件和所求参数可以产生许多不同的组合情况,表8-9给出了典型的组合。

表 8-9 艇机桨的组合情况

	已知	求取	说明
1	$P_E=f(V_0),P_B,N$	$V_0,D,P/D$	由艇阻曲线、主机功率和转速,求艇速、桨径和螺距比
2	$P_E=f(V_0),P_B,D$	$V_0,N,P/D$	由艇阻曲线、主机功率和桨径,求艇速、转速和螺距比
3	$D,P/D,P_B,N$	V_0	由桨径和螺距比、主机功率和转速,求艇速
4	V_0,P_E,D	$N,P_B,P/D$	由艇速、阻力和桨径,求主机功率、转速和螺距比
5	V_0,P_E,N	$D,P_B,P/D$	由艇速、阻力和主机转速,求主机功率、桨径和螺距比
6	V_0,P_B,D	$N,P_E,P/D$	由艇速、主机功率和桨径,求艇阻力、主机转速和螺距比
7	V_0,P_B,N	$D,P_E,P/D$	由艇速、主机功率和转速,求艇阻力、桨径和螺距比
8	$V_0,P_E,D,P/D$	P_B,N	由艇速和阻力、桨径和螺距比,求主机功率和主机转速
9	$V_0=0,D,P/D,P_B$	T,N	由桨径和螺距比、主机功率,求系缆推力和主机转速

8.4.2 游艇用主机、齿轮箱介绍

1. 主机种类和性能

船用柴油机按其载荷一般分成三类:重载荷、中载荷以及轻载荷机。对于中小型中高速游艇来说,由于艇的排水量对其性能影响很大,所以,在选择主机时,一般都选择重量轻、功率大(即比重量小)的高速柴油机。这一类型柴油机在额定转速下的功率通常为主机的最大功率,在额定转速下主机不可连续运行,只能在一定时限内操作(比如每运行 8 h 只能在额定转速下运行 1 h)。如果要连续运转,就需要降低转速,通常连续运行的转速为额定转速的 85% 左右。另外要注意,在额定转速下全年运行的时间不要大于某个百分比(比如 10%),同时,在一定的载荷因子(比如 30%)下,每年运转不得超过某个时限(比如 1 000 h)等。

所谓的载荷因子是指主机在全年运行时间内其功率载荷百分比与相应运行时间百分比的乘积之和。例如,"海豚号"游艇在某年内主机总的运行时间是 1000 小时,其中在最大功率载荷(100%)下运行 100 小时(10%),其乘积是 10%;在半功率载荷(50%)下运行 300 小时(30%),其乘积是 15%;在低功率载荷(30%)下运行 600 小时(60%),其乘积是 18%。这样,将这些乘积加在一起,该主机的载荷因子就是 43%。

对游艇设计师来说,了解主机的性能曲线是十分必要的。图 8-22 为一典型的主机性能曲线。

图 8-22 中,曲线 1 是主机在不同转速下可输出的功率;曲线 4 是不同转速下可产生的扭矩;曲线 3 为主机在不同转速下耗油率。图中的曲线 2(虚线)代表典型的螺旋桨理论功率曲线。其功率可用下列公式近似表示:

$$P_p = C \times N^x \tag{8-46}$$

式中 P_p——螺旋桨吸收主机的功率,(kW);

C——常数,可由额定功率和额定转速用此公式导出;

x——主机规格书中给出,通常在 2.5 ~ 3.0 范围内,一般取 2.7;

N——主机转速,(r/min)。

注意,该曲线只是一种理论上的近似,对直观了解主机可输出的功率和螺旋桨能吸收主机的功率两者之间的关系非常有用。此处,主机可输出的功率并不是主机真正发出的功率,而是其产生功率的能力,实际上,主机只发出螺旋桨吸收的功率。主机可输出的功率与

螺旋桨能吸收的功率之差即为游艇的功率储备,该差值越大,游艇的超载能力就越强,对油门调节的反应就越灵敏,从低速加速到最大航速的时间也越短,反之,如果该值太小,其反应就迟钝,有时可能在风浪中出现越不过阻力峰的情形,甚至会导致主机熄火。所以,在选择主机和设计螺旋桨时,一定要注意这个问题。除了主机的功率外,也要考虑主机的耗油率、安装尺寸、购买价格、维修间隔、零部件配备等。

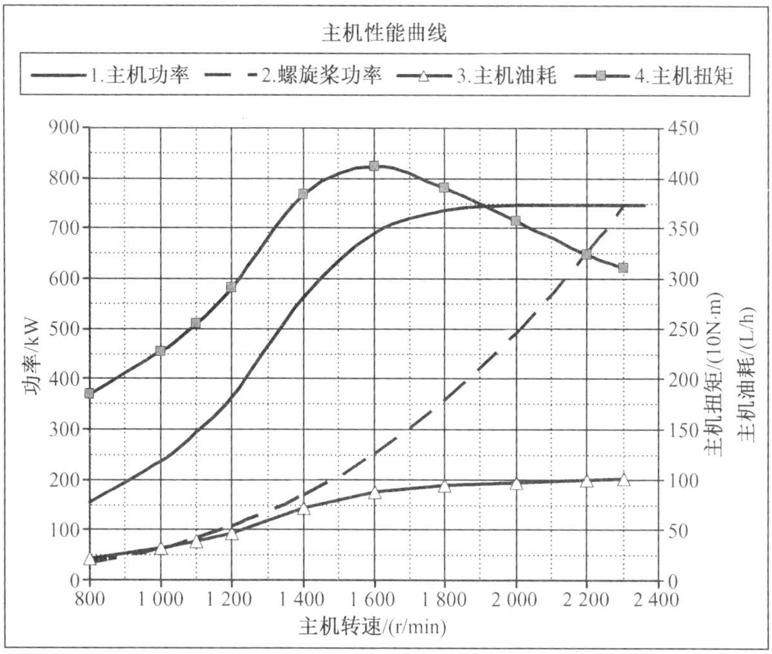

图 8-22 典型的主机性能曲线

2. 齿轮箱种类和减速比

与船用柴油机类似,减速齿轮箱按其载荷分成四类:重载、中载、轻载以及“游艇用”载荷。在选择齿轮箱时,当然要选择重量较轻、功率较大的“游艇用”减速齿轮箱。该类齿轮箱有几种不同的传动形式:同心平行传动、偏心平行传动、偏心倾斜传动、V 形传动等,要根据游艇的不同要求选择不同的传动形式。一旦选定了传动形式,就要按主机的额定转速和额定功率选择齿轮箱的型号,再根据游艇和螺旋桨的设计要求选择一个合适的减速比。注意,减速比的选择对游艇的航速影响很大,同样要把它和游艇、主机、螺旋桨作为一个整体来考虑,有时需要重复几次才能选定一个最佳值。

8.4.3 机、桨、艇的匹配

主机旋转产生扭矩,然后经过减速齿轮箱及桨轴将扭矩传送到螺旋桨使其旋转从而产生推力,该推力克服游艇的阻力而使其航行。在机、桨、艇的“匹配”中要考虑的因素包括:

(1)主机产生的扭矩与其功率、转速以及燃油的耗油率有关;

(2)减速齿轮箱传送的扭矩与主机以及齿轮箱的减速比有关;

(3)螺旋桨所需要的扭矩则取决于桨的设计参数、转速和艇的航速;

(4)艇的阻力与艇型和航速有关。

如果在某个航速下主机经过齿轮箱传送后产生的扭矩大于螺旋桨所吸收的扭矩,这时,桨的转速会加快,推力将会变大,从而使游艇的航速增加。此时,若主机转速仍处于最大转速之内,最终,主机和桨的扭矩、桨的推力和艇的阻力会在某个更高的航速下达到平衡。若在此平衡点主机的转速仍然小于其额定转速,则表明设计的螺旋桨太重,主机会过载,其寿命也会受到严重影响。相反,如果主机已达到最大转速但其载荷比额定值低许多,这就代表螺旋桨太轻,没能吸收主机的最大功率,当然游艇也就无法达到最大航速。

何谓游艇、主机以及螺旋桨之间的"匹配"? 以作者的体会,这三者之间的良好"匹配"应包括以下几个方面:

(1)就艇体本身来说,艇的重量和重心与设计状态基本相符,在设计状态下,游艇能达到其设计航速;在巡航速度下,有较大的续航力(Range);在越过阻力峰时,游艇显得轻松自在;

(2)就主机方面来说,在阻力峰附近,主机还有足够的功率储备;游艇在半载状态下,主机可达到其额定转速的102%左右,此时,功率仍有一定的储备(3%上下);游艇在满载状态下,主机仍然可达到其额定转速,有时为了使游艇在风浪中航行时主机仍不过载,在该装载状态下功率和转速也留有一些储备;

(3)在设计状态下,螺旋桨的效率接近峰值且背空泡小于10%,此时,螺旋桨能全部吸收主机的额定功率,从而产生足够的推力使游艇达到设计航速;在巡航状态下,其效率虽有所下降,但下降不大,空泡略大于10%,但没有造成推力溃降。

此外,螺旋桨本身应有很好的静、动平衡;它与艇底、舵、轴支架之间要有足够的间隙而轴倾角不能太大。

从图8-23可知,曲线2表示螺旋桨的设计与主机、游艇匹配良好,不仅主机的转速略高于额定转速(大约高2%),而且吸收的主机功率也接近其额定值,另外,在其他范围内也有足够的功率储备。而曲线1表示螺旋桨设计太重,主机无法达到其额定转速。另一方面,曲线3

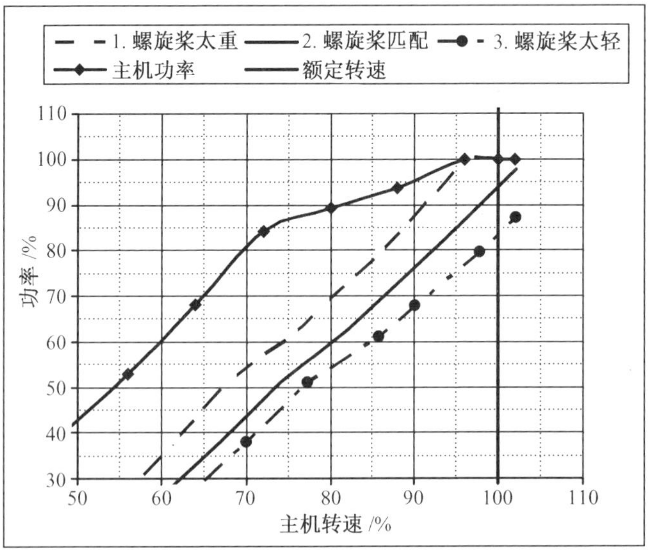

图8-23 艇型、主机和螺旋桨的匹配曲线

表示螺旋桨设计太轻，不能充分吸收主机发出的功率，致使游艇很难达到其设计航速。

现在，我们就最常见的第一种组合，即给定游艇的有效功率曲线、主机的功率和转速，求取游艇可达到的航速以及螺旋桨的直径、螺距比、盘面比等，用一个完整的螺旋桨设计范例来了解整个设计过程。

1. 螺旋桨的设计流程（如图8－24所示）

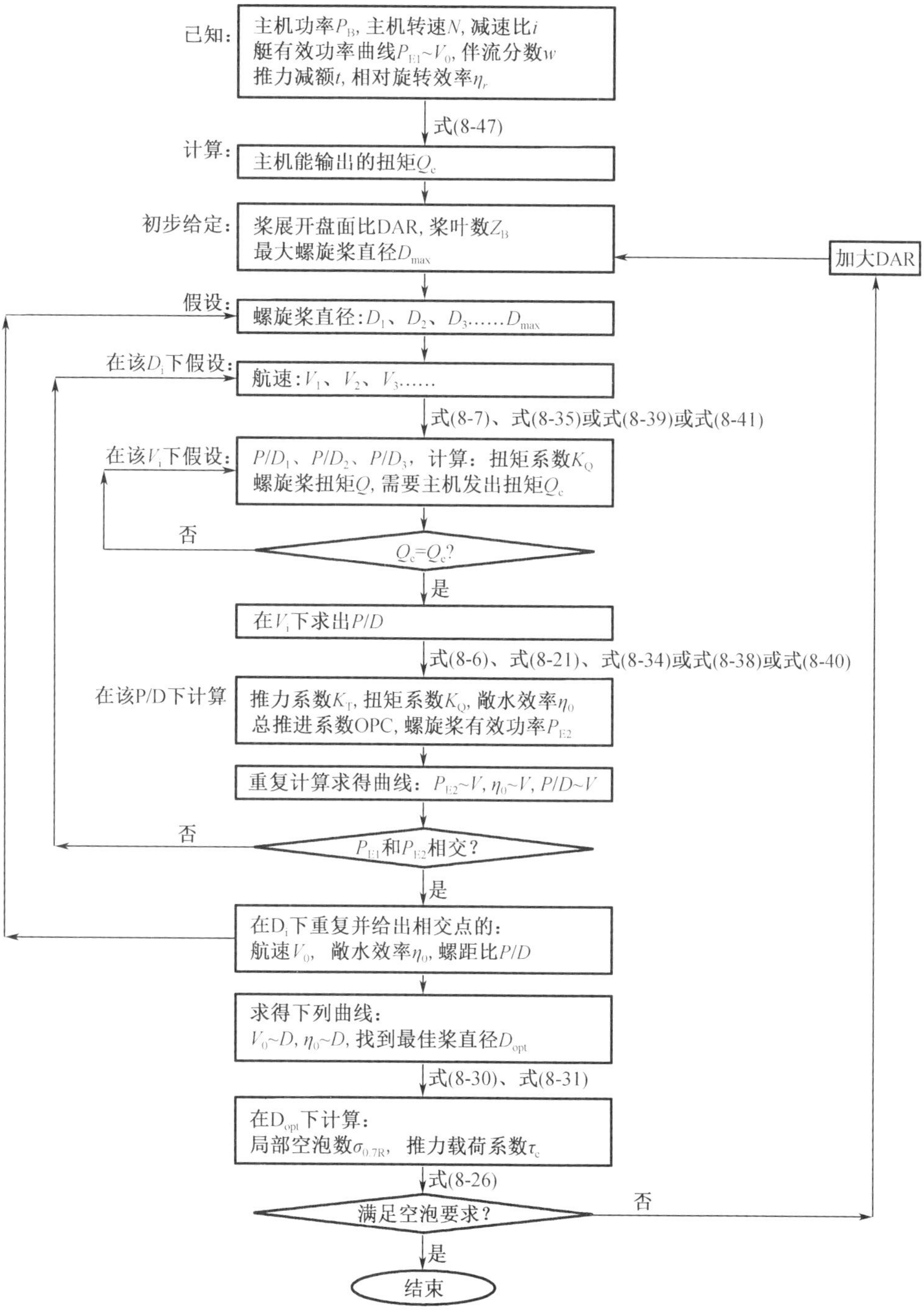

图8－24　螺旋桨设计流程图

2. 游艇的有效功率计算

设计螺旋桨最困难的部分是如何比较精确地预测游艇的总阻力和有效功率。用上一章所学的内容,就能基本解决这个难题。现在,我们的任务是为一条航速不小于 34 kn 的游艇来选择一型合适的主机和减速齿轮箱,并设计一个与之相匹配的最佳螺旋桨。我们仍以上一章例 2 所给的“海豚号”游艇的参数为例,为简单起见,不再重复整个计算过程,而是直接引用第 7 章表 7 - 4 中的数据。

3. 主机和齿轮箱的选择

从第 7 章表 7 - 4 可知,该游艇航速在 34 kn 的有效功率为 811 kW,其体积弗氏数 F_V 是3.23,属于中高速滑行艇的范围。先假设推进系统总的效率为 0.55,这样,总的主机制动功率应该在 1 475 kW 左右。如果选用两台主机,每台主机的功率应在 736 kW 上下。为此,我们初步选用两台 Caterpillar C18 Acert 轻型高速船用柴油机作为该艇的推进主机。

该机主要参数如下[11]:

额定功率:746 kW;
额定转速:2 300 r/min;
主机重量:1 234 kg;
主机尺寸:1.59 m(长)×1.13 m(宽)×1.20 m(高)。

表 8 - 10 是该主机的性能数据。

表 8 - 10　主机性能数据

主机转速 r/min	800	1 000	1 100	1 200	1 400	1 600	1 800	2 000	2 200	2 300
主机功率 kW	154	237	294	365	563	689	735	746	746	746
主机耗油率/(L/h)	42.2	62.8	76.6	93.9	143.3	175.9	188.6	193.6	197.8	203.0

根据所选主机的参数,我们初步选择 ZF500 - 1 IV 为该艇的减速齿轮箱。该齿轮箱的主要参数如下[12]:

最大转速:3 000 r/min;
输出轴倾角:14°;
齿轮箱重量:230 kg。

表 8 - 11 为齿轮箱性能数据。

表 8 - 11　齿轮箱性能数据

	输入轴的转速和功率	转速/(r/min)	功率/kW	转速/(r/min)	功率/kW	转速/(r/min)	功率/kW
减速比 i	1.485,1.767,1.964	2 100	822	2 300	900	2 450	959
减速比 i	2.200	2 100	801	2 300	878	2 450	935

对于减速比的选择,我们通常遵循一个原则,游艇航速越高,选择减速比就越小。该游艇要求的设计航速要不小于 34 kn,属于中高速艇,所以,我们先选择 1.964 的减速比来设计螺旋桨,然后,再试其他减速比的情况。

从上面选定的主机功率和减速比,再考虑到齿轮箱效率 η_g 和轴系效率 η_s 以及一定的功率储备 δP 和转速储备 δN,我们可求得主机在最大转速下能输出的扭矩 Q_e 为:

$$Q_e = 1\,000 P_B (1-\delta P)/[2\pi(N+\delta N)/60] \tag{8-47}$$

其中 Q_e——主机在最大转速下能输出的扭矩,(N·m);

P_B——主机的额定功率,(kW);

δP——主机功率储备,(%);

δN——主机转速储备,(r/min)。

由于该艇的航速比较高,所以用高恩系列图谱来为该艇选择螺旋桨。上一节已经给出了该图谱的数学表达式,由此,我们可以编成计算程序来求取螺旋桨的各个参数并进行空泡检查。编程时可参考图 8-24。

4. 计算范例

例 4:仍然利用例 2 给的基本参数,并要求"海豚号"游艇的航速能达到 34 kn。

由于该艇航行的区域是在风浪较大的海上,所以,当设计螺旋桨时,需要在功率和转速两方面都留一定的储备,也要考虑轴倾角的影响。下面,我们应用螺旋桨设计程序[13],给出螺旋桨的各个参数,并进行空泡检查。

已知:

设计排水量(满载)——Δ	27 223	kg
主机功率——P_B	746	kW
主机功率储备	3	%
减速齿轮箱效率——η_g	0.97	
轴系效率——η_s	0.98	
螺旋桨收到功率——P_D	724.6	kW
主机转速——N	2 360	r/min
主机能输出的扭矩 Q_e	2 705	N·m
齿轮箱减速比——i	1.964	
螺旋桨转速——n	1 202	r/min
相对旋转效率——η_r	0.970	
伴流分数——w	0.030	
推力减额系数——t	0.100	
螺旋桨数——Z_p	2	
螺旋桨展开盘面比——DAR	0.85	
螺旋桨叶数——Z_B	4	

螺旋桨轴倾角——ε	8	(°)
螺旋桨轴倾角效率——η_ε	0.958	
桨中心深度——H	0.81	m
螺旋桨最大直径 D_{max}	0.864	m

计算结果(表 8-12,图 8-25):

表 8-12

螺旋桨直径 D/m	0.711	0.737	0.762	0.787	0.813	0.838	0.864	0.889
桨展开盘面比 DAR	0.850	0.850	0.850	0.850	0.850	0.850	0.850	0.850
螺旋桨叶数 Z_B	4	4	4	4	4	4	4	4
设计航速 V_0/kn	32.9	33.4	33.8	34.0	34.15	34.1	33.9	33.6
进速系数 J	1.150	1.127	1.103	1.076	1.046	1.014	0.978	0.940
螺距 P/m	1.112	1.085	1.061	1.038	1.014	0.989	0.963	0.935
桨敞水效率 η_0	0.654	0.666	0.677	0.684	0.687	0.686	0.681	0.672
总推进系数 OPC	0.537	0.546	0.554	0.560	0.562	0.562	0.558	0.551
螺距比 P/D	1.564	1.473	1.393	1.318	1.247	1.180	1.115	1.052
满足10%背空泡标准?	否	否	否	否	否	否	是	是

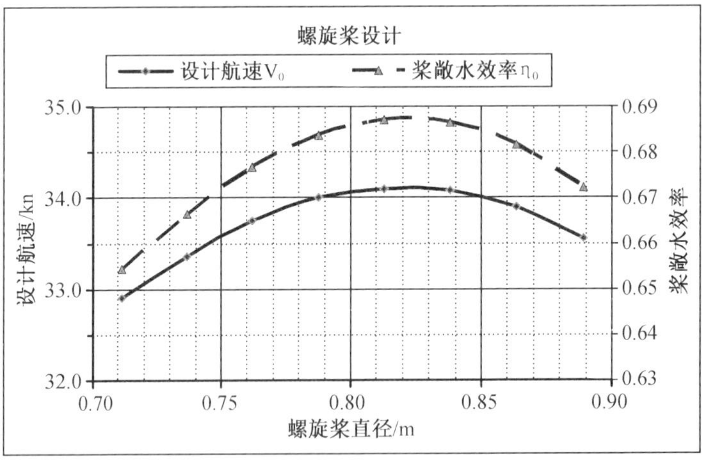

图 8-25 计算结果比较

从表 8-12 和图 8-25 可知,单就螺旋桨的效率而言,当螺旋桨直径 D = 0.813 m 时其敞水效率最高(η_0 = 0.687),相应地,游艇的航速也最快(V_0 = 34.15 kn),但由于它不能满足 10% 的空泡要求,所以,我们取直径 D 等于 0.864 m 以满足空泡要求,况且这个直径也没有超过直径 D_{max} 的限制。虽然其航速(33.93 kn)略小于所要求的设计航速($V_0 \geq 34.0$ kn),但若把额外 3% 的功率储备加上后,其航速完全可以满足要求。最终,我们为该游艇所选定的螺旋桨参数为：

直径 $D=0.864$ m；

螺距 $P=0.963$ m；

螺距比 $P/D=1.12$；

桨盘面比 $DAR=0.85$；

桨叶数 $Z_B=4$。

对于中速、中高速游艇而言，只在最大航速这个设计点有好的性能还不够，也要考虑在其他速度下的性能，特别是巡航速度和阻力峰附近。下面，我们应用上例所选定的螺旋桨参数，并按油箱储备量 3 500 L 的 90% 可用量来计算出在不同主机转速下游艇的航速、续航力，主机耗油量，螺旋桨吸收主机的功率、螺旋桨效率等（见表 8－13 和图 8－26、图 8－27）。

表 8－13

主机转速 N(r/min)	1 200	1 400	1 600	1 800	2 000	2 100	2 200	2 360
游艇航速 V_0/kn	12.0	14.6	18.1	22.3	26.9	29.0	31.0	33.9
吸收主机功率/kW	167	256	357	450	538	584	635	724
进速系数 J	0.738	0.756	0.795	0.848	0.907	0.931	0.952	0.978
桨敞水效率 η_0	0.622	0.632	0.652	0.673	0.687	0.689	0.687	0.681
总推进系数 OPC	0.469	0.486	0.517	0.550	0.569	0.570	0.567	0.558
单位耗油量(L/n mile)	5.00	8.87	10.11	10.69	10.53	10.57	10.80	11.51
游艇续航力(n mile)	630	355	312	295	299	298	292	274
主机可产生功率/kW	294.0	364.9	563.4	689.6	735.8	747.0	747.0	747.0
满足 10% 背空泡标准?	是	是	是	是	是	是	是	是

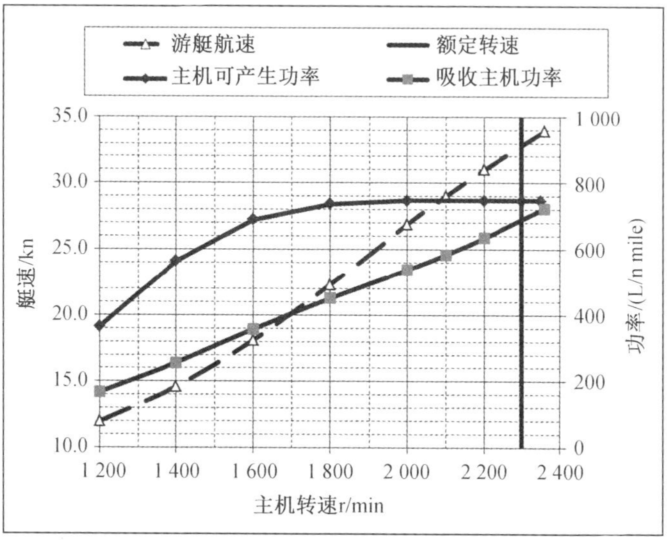

图 8－26　航速、功率与转速关系图

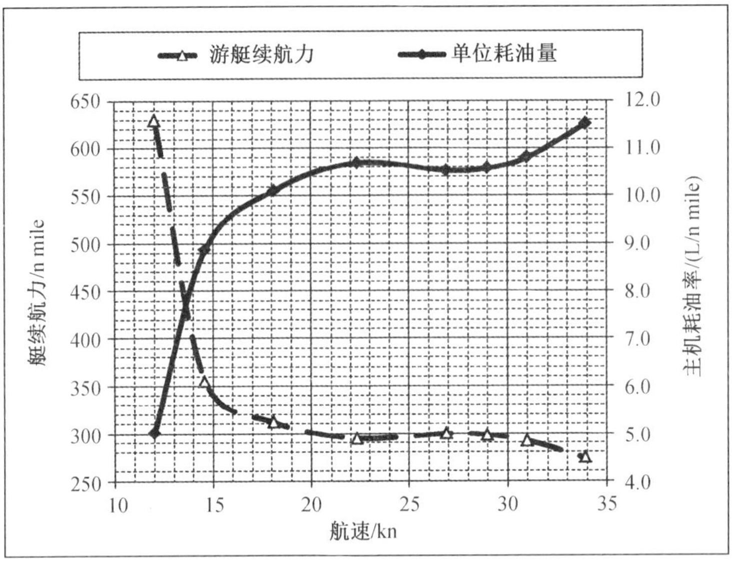

图 8-27 续航力、油耗与航速关系图

从表 8-13 和图 8-26、图 8-27 我们发现：

(1)该游艇可达到预期的设计航速 34 kn。

(2)在最大航速这个设计点，螺旋桨所吸收的功率略低于主机可输出的功率(3% 左右)，而最大转速略高于额定转速(约 2.6%)。所设计的螺旋桨没有过重也不是太轻，匹配良好。

(3)在额定转速下，螺旋桨所吸收的功率比主机可输出的功率小 7% 左右，这主要是考虑在风浪中或超载时，主机仍可以达到额定转速。

(4)在阻力峰附近(18 ~ 22 kn)，主机的可输出的功率是螺旋桨所吸收功率的 1.5 ~ 1.6 倍，即使在大风浪下，游艇也能顺利越过峰值。

(5)在整个速度区域内，都有足够的功率储备，从而使得该艇对油门的反应灵敏，加速性能优越。

(6)巡航速度(约 27.0 kn)下的单位耗油率低(约 10.6 L/n mile)，续航力较大。

总之，这是一个游艇、主机以及螺旋桨三者之间“匹配”良好的例子。

8.4.4 常见问题和解决办法

虽然在上面给出的例子中，艇、机、桨的“匹配”良好，但实际上不匹配的例子比比皆是，特别是新设计的游艇或改装后换桨的游艇，多少会有一点问题，不是艇太重，就是桨太轻。如果只是轻微不匹配，问题并不大，还有办法补救，但如果不匹配很严重，那就只能重新设计新的螺旋桨了。

下面是在游艇试航时比较常见的几个有关螺旋桨设计的问题。

1. 螺旋桨太重

其最明显的表现是主机达不到额定转速。主要原因可能是实际艇的排水量比预估的重很多或者是桨的直径或螺距太大。这个问题一定要想办法解决，否则，后果会很严重。

改变艇的排水量可能性不大,通常只能设法减小桨的直径或螺距。减小螺距一般比较复杂,而切掉一些直径就相对容易些,但要重新进行空泡校核。如果处理得好,主机的转速会提高,而艇的航速也不会下降。一个很粗糙的估算公式是:

$$\delta D = \delta N / N_n D_O \tag{8-48}$$

式中 δD——螺旋桨直径减小量,(m);

δN——希望主机转速增加量,(r/min);

D_0——原始螺旋桨的直径,(m);

N_n——希望主机的转速,(r/min)。

2. 螺旋桨太轻

其主要表现是主机达到最大转速后,其载荷仍然太轻,螺旋桨没有吸收主机的最大功率,结果导致游艇达不到设计航速。其原因与上面的正好相反。如果载荷不是轻得太多,而且艇主对设计航速的要求也不是很严,那么就不需要做什么。螺旋桨稍微轻一点有几个好处:(1)在低速下,特别是阻力峰附近的性能反而更好些;(2)在全速时,即使游艇过载,像遇到风浪或排水量增加时仍然能达到同样的航速。但是,如果螺旋桨真的太轻,则需要增加桨的螺距,然而,这并不是一件容易的事。通常的做法是在桨叶0.4～0.95R的范围内将随边向叶面方向倒个“小弯”(Cup),以便增加桨叶的有效螺距(参见图8-28),一个近似估算倒弯后增加有效螺距的公式是[14]:

$$P_e = P_g + CX \tag{8-49}$$

式中 P_e——螺旋桨有效螺距,(m);

P_g——螺旋桨几何螺距,(m);

X——桨叶随边倒弯量,(mm);

C——经验常数,取21～25。

桨叶随边“倒弯”的另一个优点是其空泡性能要优于非“倒弯”桨。但是,这种“倒弯”只适用于中高速桨,对低速桨并不适用。

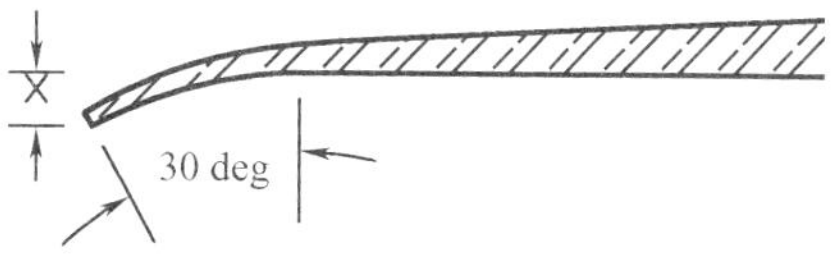

图8-28 桨叶随边倒弯示意图

3. 螺旋桨振动太大

引起游艇振动的因素很多,其中,螺旋桨是最常见的振源之一。螺旋桨产生振动的原因通常可能是:

(1)桨叶不平衡

如果怀疑振动是由桨叶不平衡引起的,就需将螺旋桨送到有关厂商进行静、动平衡试验,也要检查每个叶片的螺距是否相同。

(2)叶梢间隙太小

螺旋桨产生的激振力与叶梢间隙成反比,随着叶梢间隙的减小,螺旋桨激振力就会大大增加。对于无艉隧道游艇,螺旋桨叶梢与艇底的间隙应大于15%螺旋桨的直径;对于带艉隧道游艇,该间隙可减小到12%。

(3)桨轴倾角太大

螺旋桨轴倾角太大,在桨盘面上将产生斜流,该斜流会使各个叶片上的来流攻角不断变化,所产生的推力和扭矩也会周期性地改变,结果引起振动。由此,对于普通游艇来说,该倾角应控制在12°之内。

(4)桨面积太小

螺旋桨面积太小,在叶片上会产生过量的空泡,这不但会使桨的推力下降,而且也会使各个叶片上产生的推力不同,这种推力差异也会引起振动。严重的话,过量的空泡会对叶片造成损伤,这当然会引起更大的振动。

4. 螺旋桨谐鸣

在试航时有时会听到螺旋桨发出有节奏的鸣音,称之为谐鸣。这种声音会使游艇上的乘员感到很不舒服。谐鸣产生主要是因为桨叶随边产生的涡流频率正好与桨叶的固有频率相近而产生了共鸣的缘故[15]。

消除谐鸣的方法其实很简单,只要将叶背随边在0.4～0.9半径范围内倒成18°～30°的尖角即可(参见图8－29),目的是干扰涡流的形成。

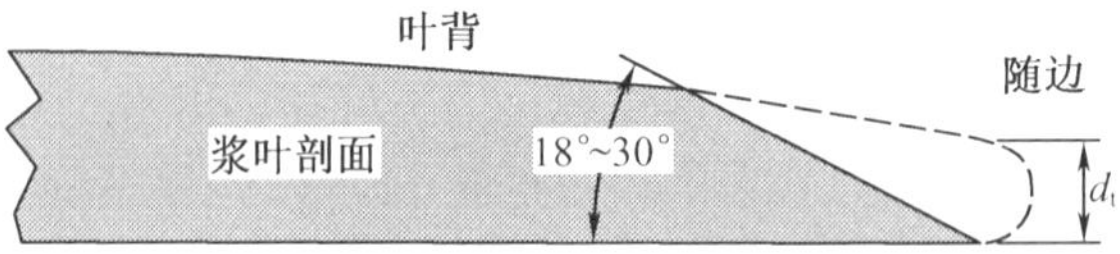

图8－29 叶片随边倒角参考图

8.4.5 螺旋桨的间隙

螺旋桨与轴支架、艇底以及艉舵之间的间隙不易太小,以免引起螺旋桨的激振和效率降低。图8－30是一个典型的螺旋桨最小间隙参考图。

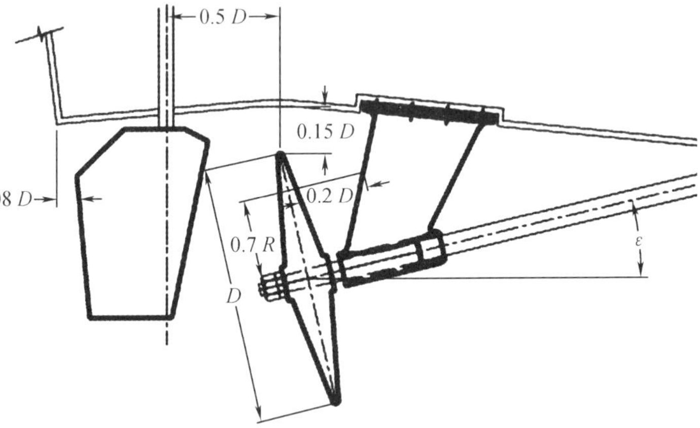

图8－30 螺旋桨的最小间隙参考图

作业

作业 3:根据所列游艇的参数,并要求游艇的航速不得小于 31 kn。

请按第 7 章中作业 5 所计算的有效功率,应用高恩(AEW)图谱,为该游艇选取合适的主机和齿轮箱参数、设计相应的螺旋桨并做空泡校核。

假定某新设计的游艇的有关参数如下:

设计排水量	$\Delta=36\ 950$	(kg)
主机功率	$P_B=?$	(kW)
主机转速	$N=?$	(r/min)
齿轮箱减速比	$i=?$	
减速齿轮箱效率	$\eta_g=0.97$	
轴系效率	$\eta_s=0.98$	
相对旋转效率	$\eta_r=0.970$	
伴流分数	$w=0.030$	
推力减额系数	$t=0.100$	
螺旋桨数	$Z_p=2$	
螺旋桨展开盘面比	$DAR=1.00$	
螺旋桨叶数	$Z_B=4$	
桨轴倾角	$\varepsilon=10(°)$	
桨中心至水面距离	$H=1.3(m)$	

8.5 实 艇 试 航

8.5.1 简介

套用一句政治术语:“实践是检验真理的唯一标准”。在游艇的设计中,实艇试验是检验理论正确的唯一标准。一条游艇的设计成功与否,一定要经过实艇试航才能确定。

实艇试航报告对游艇设计师来说是一份非常宝贵的资料[16]。该报告应包括这些数据:(1)游艇的性能(航速、续航力、航行纵倾角、排水量等);(2) 主机的资料(转速、载荷、油耗等);(3) 螺旋桨的参数(直径、螺距、盘面比、叶数等)。从试航报告中不仅可以知道上述试验艇的数据,而且也能从这些数据中反推出游艇的阻力、主机的输出功率、螺旋桨的效率等。这也会为以后的设计积累一些宝贵的经验。

8.5.2 试航前的准备

1. 记录重量

我们知道,排水量是游艇设计中的一个关键因素。所以,试航前的主要任务是如何精确地获取其排水量,为此,要做到以下几点:

(1)尽量将所有的设备和舾装件安装在其合适的位置;

(2)如果某些设备一时无法安装,要用相等的压载代替,但要放在艇上同样的位置;

(3)对于可变载荷,像燃油、淡水、污水等,可加成满载或半载;
(4)要考虑艇主和艇员本身的重量和所有用品的重量,并用压载代之;
(5)移去所有不属于艇上的多余物品;
(6)如果有些多余物品无法移去,要做详细记录;
(7)记录下参加试航人员的重量。

2. 测量吃水

精确地测量游艇的吃水是计算其排水量的基础。为此,要做到:
(1)游艇下水前,要在艇艏部、艉部左右两侧设好吃水标志,如果是大型游艇,也要在艇舯部两侧设好吃水标志;
(2)用密度计测量下水区域内水的密度;
(3)游艇下水后,在艏、舯、艉处测量艇的吃水,此时,艇上应该无人;
(4)检查艇的纵倾、横倾,如果横倾超过 10 mm,应移动一些压载使艇回复到正浮状态。

3. 试验准备

在试航前,准备好:
(1)记录试航数据的表格。要预先填好这些内容:主机的型号、额定功率、额定转速,减速齿轮箱的型号、减速比,螺旋桨的参数,像直径、螺距等;
(2)根据所测量的吃水,计算出参试游艇的排水量、重心纵向位置;对于可变载荷,如燃油、淡水、污水等,可加成满载或半载;
(3)准备好所有的试验仪器。

8.5.3 试航时需测量的内容

1. 试航环境

试航环境对试验结果有很大的影响。对试航区的环境要求包括:
(1)尽量选在天气比较清朗、风平浪静的日子进行试航;
(2)试航区的最小水深要大于 0.8 倍艇的总长或 3 倍最大舭部宽度,否则,水深太浅,所测数据就不准确;
(3)试航区的水流速度不能太大。

2. 试航测量的数据

试航时,要在两个相反航向上精确测量试验数据并记录出现的问题:
(1)主机的转速、耗油率、载荷百分比;
(2)游艇的航速、航行纵倾角、相应的压浪板偏转量;
(3)游艇从低速到全速的加速时间;
(4)艇上重要舱室的噪音和关键位置的振动;
(5)机舱的温度和主机的排气压力;
(6)观察艇艏部水流飞溅情况和艉部伴流轨迹;
(7)其他在试航时出现的所有问题;
(8)如果有条件,就直接测量轴扭矩和燃油流量。测量前者可得出轴功率,后者可帮助求得主机功率。要注意，主机发出的功率会受到外界环境，如温度、通风、排气压力的影响。

3. 试航的结果呈现

为直观起见，游艇的试航结果一般以图表形式呈现，表 8－14 和图 8－31、图 8－32 是一个游艇的试航范例。由于篇幅所限，该范例没有给出所有试航资料，只是给出部分与本章内容有关的试航结果。

表 8－14　实艇试航报告

游艇型号：	xx 艇		试航日期：			试航地点：		
游艇参数：		单位			单位			单位
总长 L_{oa}：	15.5	m	总宽 B_{oa}：	4.88	m	设计吃水 d：	1.6	m
艉板斜升角 β：	18.0	(°)	轴倾角 ε：	10.0	(°)	设计排水量 Δ_d：	27 200	kg
测量值：								
测量吃水 d：	1.56	m	测量纵倾 δt：	16	cm			
计算排水量 Δ：	26 800	kg	纵向重心 L_{cg}：	6.6	m	（从艉部量起）		
主机：								
型号：	CatC18Acert		主机数：	2				
额定功率：	746		kW	额定转速：	2 300	(r/min)		
减速箱：								
型号：	ZF550A		减速比：	1.971				
螺旋桨：								
制造厂商：	××厂		螺旋桨：	高恩(AEW)		直径 D：	0.864	(m)
螺距 P：	0.98	m	盘面比 DAR：	0.85		叶数：	4	
试航环境：								
天气：	晴		温度：	28	℃	湿度：	70	%
风速：	7.0	m/s	波高：	0.1	m	水深：	15	m
试航条件：								
燃油量：	3 875	L	淡水量：	400	L	污水量：	0	L
人数：	8		人员重量：	660	kg			
试航排水量：	27 460	kg	油箱总容积：	3 875	L			

试航结果:

转速	航速/kn			压浪板	纵倾角	耗油率	主机载荷		单位续航力	续航力
r/min	顺水	逆水	平均	%	°	L/h	(左)%	(右)%	n mile/L	n mile
1 000	11.5	11.0	11.3	0.0	1.00	35.0	16.0	16.0	0.321	1 095
1 200	13.5	12.8	13.2	0.0	2.50	87.0	29.0	28.0	0.151	515
1 400	15.9	15.0	15.5	0.0	3.50	125.0	39.0	40.0	0.124	421
1 600	19.6	18.6	19.1	0.0	4.10	173.0	50.0	51.0	0.110	376
1 800	24.0	23.0	23.5	0.0	4.50	229.0	61.0	65.0	0.103	350
2 000	28.0	26.8	27.4	0.0	4.80	279.3	71.0	73.0	0.098	334
2 200	31.6	30.5	31.1	0.0	4.78	333.5	77.0	79.0	0.093	317
2 300	33.6	32.2	32.9	0.0	4.67	370.0	86.0	88.0	0.089	303
2 350	34.1	33.2	33.7	0.0	4.55	397.0	93.0	94.0	0.085	289

转速	航速(压浪板工作)/kn			压浪板	纵倾角	耗油率	主机载荷		单位续航力	续航力
r/min	顺水	逆水	平均	%	°	L/h	(左)%	(右)%	n mile/L	n mile
1 600	19.9	18.9	19.4	20	4.00	163.0	49	50	0.119	405
1 800	25.0	23.6	24.3	50	4.00	225.0	60	63	0.108	368
2 000	28.5	27.6	28.1	70	4.00	277.0	70	72	0.101	345
2 200	32.0	31.5	31.8	70	4.00	330.0	76	77	0.096	328
2 300	34.0	32.9	33.5	40	4.00	367.0	85	86	0.091	310
2 350	34.7	33.8	34.3	20	4.00	395.0	93	93	0.087	295

注意:

(1)试航艇是满载排水量;

(2)航速是由 GPS 测量的;

(3)燃油耗油率和主机载荷是从主机仪表板上读取的;

(4)续航力是用90%油箱容积计算的,没考虑发电机的用油量。

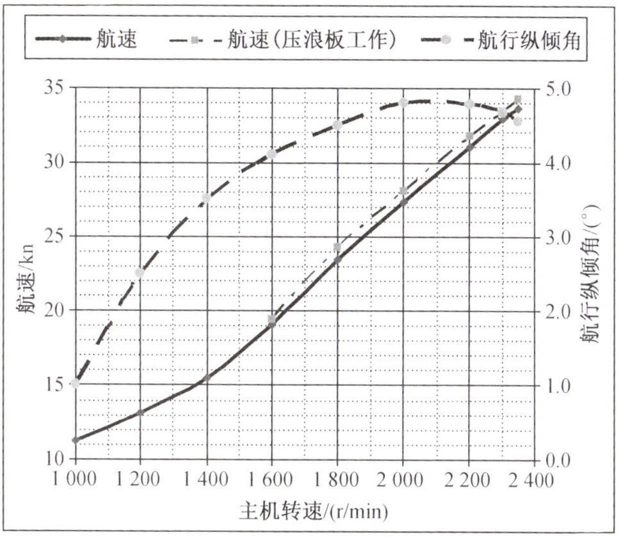

图 8-31 航速、纵倾角随主机转速变化

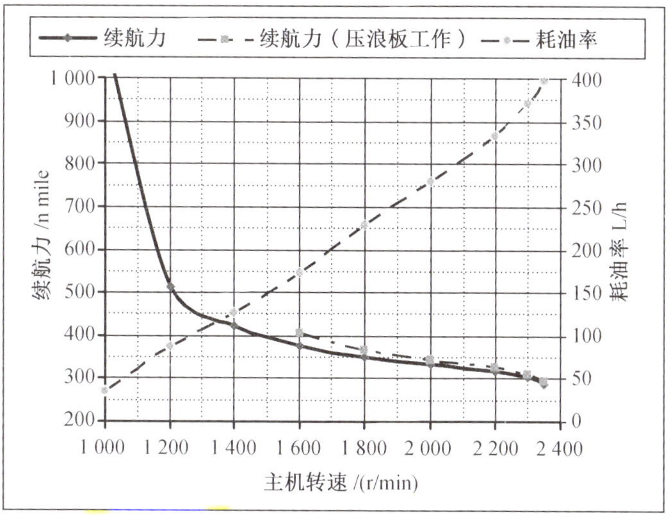

图 8-32 续航力、耗油率随主机转速变化

8.5.4 试航后对结果的分析

一次试航的结束并不等于任务已全部完成,试航中肯定会出现许多问题,我们要对这些问题进行认真研究、找到问题发生的原因、给出解决问题的办法。有时,需要多次试航才能最终解决问题。

通过试航测量数据,我们很容易就能知道以下几点:

(1)游艇的重量和重心是否和原来设计值相符;

(2)游艇的航速是否达到了设计要求;

(3)主机是否达到其最大转速；

(4)游艇在高速下是否会出现动态不平衡(详见第6章)；

(5)游艇在巡航速度下的续航力是否能达到要求；

(6)其他性能，诸如噪声、振动、操纵性、航向稳定性等等。

有了这些试航数据，再假定一些螺旋桨的推进因子，像伴流分数 w、推力减额系数 t 以及相对旋转效率 η_r，我们可以求得螺旋桨的性能，从而反推出游艇的总阻力和有效功率、主机发出的功率等(见表8－15)。这对改装艇很有必要，对将来游艇的设计也非常有用。注意，螺旋桨的推进因子，特别是伴流分数 w，对计算结果有很大的影响，如果这些假定值不是很准确，其计算结果与游艇测量的结果就会相差较大，有时，可能需要调整伴流分数 w 才能使计算值和试验值相匹配[17]。

通过分析测量的数据和反推螺旋桨的性能，我们就能知道以下几点[18]：

(1)主机是否发出其最大功率；

(2)螺旋桨的设计是否与游艇、主机相匹配；

(3)螺旋桨的效率是否足够高；

(4)空泡是否满足10%背空泡标准；

(5)游艇在阻力峰速度下是否有足够的功率储备。

表8－15 用试航结果反求艇的阻力

转速/(r/min)	航速/kn	体积弗氏数	敞水效率	总阻力/kN	有效功率/kW	吸收功率/kW	运送效率	满足空泡标准?
1 000	11.3	1.07	0.694	14.6	85	84	9.70	是
1 200	13.2	1.25	0.680	22.9	155	155	6.15	是
1 400	15.5	1.47	0.675	31.9	255	251	4.46	是
1 600	19.4	1.84	0.697	36.8	367	340	4.12	是
1 800	24.3	2.31	0.716	37.6	470	411	4.27	是
2 000	28.1	2.66	0.718	41.2	596	518	3.92	是
2 200	31.8	3.01	0.713	43.5	712	627	3.67	是
2 300	33.5	3.18	0.710	45.1	777	691	3.51	是
2 350	34.3	3.25	0.708	46.2	816	728	3.41	是

从表8－15和图8－33、图8－34我们知道，在最大转速下螺旋桨吸收的功率略小于主机能输出的最大功率，此外，其他各项也都令人满意。注意，这些试航数据是在满载排水量下所测得，已经为超载状态留了一定的储备。

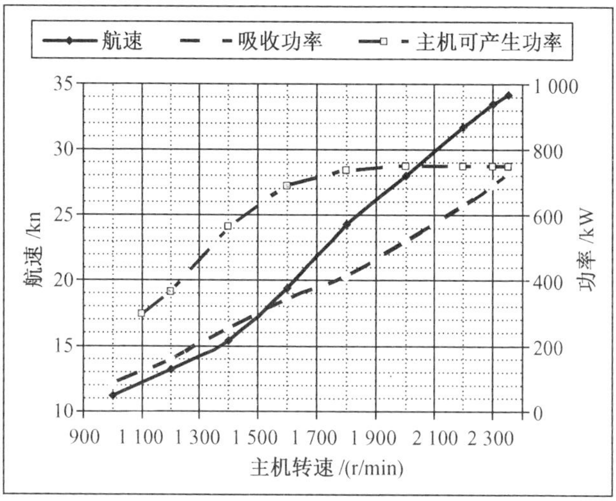

图 8－33 试航艇的轴功率

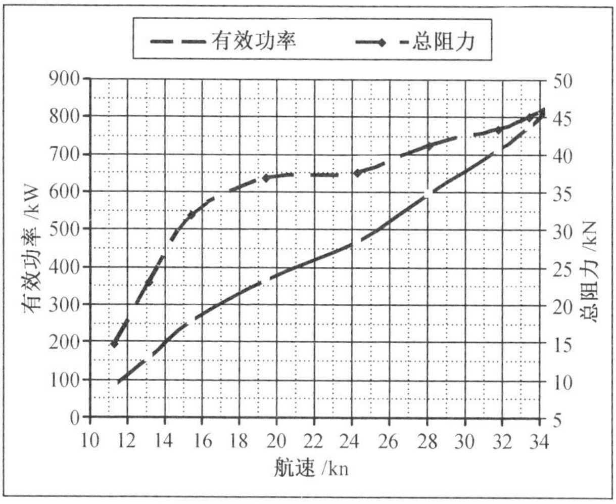

图 8－34 试航艇的阻力和有效功率

参 考 资 料

[1] BLOUNT D L,BARTEE R J. Design of Propulsion Systems for High - Speed Craft[C]. New York:Meeting of the Hampton Roads Section of SNAME,1996
[2] 王国强,董事汤. 船舶螺旋桨理论与应用[M]. 哈尔滨:哈尔滨工程大学出版社,2009.
[3] BLOUNT D L,FOX D L. Design Consideration for Propellers in a Cavitating Environment [J]. Marine Technology,1978,15(2).
[4] BLOUNT D L,FOX D L. Small - Craft Power Prediction[J]. Marine Technology,1976,13 (1).
[5] HARBAUGH K H,BLOUNT D L. An Experimental Study of A High Performance Tunnel Hull Craft[C]. New York:the Spring Meeting of SNAME,1973.
[6] TODD F H. Principles of Naval Architcture[M]. New York:SNAME,1967.
[7] CANE P D. High - Speed Small Craft[M]. London:John de Graff Inc,1972.
[8] DAIDOLA J C,JOHNSON F M. Propellers Selection and Optimization[C]. New York:Paper for Presentation before the SNAME Hampton Roads Section,1974.
[9] BLOUNT D L,HUBBLE N. Sizing Segmentl Section Commercially Available Propellers for Small Craft[C]. New York:the Propellers'81 Symposium of SNAME,1981.
[10] MACPHERSON D M. Reliable Speed Prediction: Propulsion Analysis and a Calculation Example[C]. New York:IBEX,2004.
[11] CATERPILLAR C18 ACERT,Marine Propulsion Specification,Jan. 2010
[12] ZF 2013 Product Selection Guide.
[13] 薄林. 中高速游艇的螺旋桨设计程序.(内部资料)
[14] MACPHERSON D M. Small Propeller Cup: A Proposed Geometry Standard and a New Performance Model[C]. New York:the Propellers/Shafting'97 Symposium of SNAME,1997.
[15] FIXCHER R. Singing Propellers—Solution and Case Histories[J]. Marine Technology, 2008,45(4).
[16] BLOUNT D L. Powerboat Performance Tests[J]. professional boatbuilder,2002,(79).
[17] DEBORD F. Repower[J]. professional boatbuilder,2009,(116).
[18] MACPHERSON D M. Sea Trial Analysis: The Value In The Data[C]. New York: IBEX,2003.

本章符号表

A_0——桨盘面积,(m^2);
A_D——桨展开面积,(m^2);
A_E——桨伸展面积,(m^2);
A_{pp}——桨投影面积,(m^2);
$C_{0.75R}$——桨叶 0.75 半径处的弦长,(m);
C_T——桨推力载荷系数;
C_p——桨功率载荷系数;
D——桨直径,(m 或英尺);
DAR——桨展开盘面比;
EAR——桨伸展盘面比;
E_T——运送效率;
F_V——体积弗氏数;
g——重力加速度,(m/s^2);
H——桨中心在水下的深度,(m);
i——齿轮箱减速比;
J——桨进速系数;
K_T——桨推力系数;
δK_T——推力系数修正;
K_Q——扭矩系数;
δK_Q——扭矩系数修正;
N——主机转速,(r/min);
n——螺旋桨转速,(r/min);
n_e——主机转速,(r/s);
n_p——螺旋桨转速,(r/s);
OPC——总推进系数;
P——桨螺距,(m);
P/D——桨螺距比;
P_0——桨中心处的压力,(N/m^2);
P_a——大气压,(101 325 N/m^2);
P_B——主机制动功率,(kW);
P_D——螺旋桨收到功率,(kW 或 hp);
P_E——有效功率,(kW);
P_p——螺旋桨吸收主机的功率,(kW);
P_S——轴功率,(kW);
P_T——推功率,(kW);
P_V——饱和蒸气压,(2 335 N/m^2);
Q——螺旋桨在艇底所需扭矩,(N·m);

Q_0——螺旋桨在敞水中所需扭矩,(N·m);
Q_e——主机输出扭矩,(N·m);
QPC——准推进系数;
R_n——螺旋桨的雷诺数;
R_t——游艇的总阻力,(N);
t——推力减额系数;
T——螺旋桨推力,(N);
V_0——游艇的航速,(kn);
V——游艇的速度,(m/s);
V_a——螺旋桨进速,(m/s 或 kn);
$V_{0.7R}$——0.7 半径处的流速,(m/s);
w——伴流分数;
Z_B——桨叶数;
Z_p——螺旋桨数;
η_0——桨敞水效率;
η_b——船后螺旋桨效率;
η_g——齿轮箱效率;
η_h——船身效率;
η_r——相对旋转效率;
η_s——轴系效率;
η_ε——桨轴倾斜效率;
Δ——艇的排水量,(kg);
δ——δ 系数;
σ_0——桨中心处的空泡数;
$\sigma_{0.7R}$——桨 0.7R 半径处的局部空泡数;
τ_c——判断空泡的推力载荷系数;
ν——海水运动黏性系数,(m^2/s);
ε——轴倾角,(°);
ρ——流体密度,(kg/m^3)。

第 9 章　游艇的适航性能

9.1　概　　述

我们已经介绍了游艇在静水中的性能，包括稳性、阻力、推进等，但是，一条在静水中表现优异的游艇在波浪中并不一定会同样优秀。在现实中，除了少数游艇在风平浪静的水域航行外，大多数都运行在有风浪的海域，所以，对各方面要求都很高的游艇来说，其适航性能的要求自然也不例外。

像普通排水型船舶一样，游艇在风浪中的适航性能内容非常广泛，也很复杂，当游艇在低速排水航行时，可借鉴排水型船舶比较成熟的适航性理论（本章不打算详细介绍这些内容，读者如有兴趣可参考有关专著[1]），但在半滑行和滑行阶段，这些理论就不是很适用，其适航性的计算更加复杂，目前，还没有发现一个非常适合用于游艇的适航性计算且精度较高的计算程序，多数仍用传统的水池试验。如果在概念或初步设计阶段，可用比较粗略但非常简便的经验公式。

游艇的适航性能评估应包括以下一些内容：

（1）游艇在航行区的风浪特征，诸如波高、波长、波速、周期、波谱、波能等；

（2）游艇在风浪中的性能，包括横摇、纵摇、升沉、垂向加速度、阻力增值等，这些都跟艇的尺度、形状、重量分布和艇型有关；

（3）游艇在随浪中的性能，包括陷行（Trapping）、纵荡（Surging）、冲浪（Surfing）、艏潜（Bow Diving）、甩横（Broaching）等；

（4）游艇在风浪中的其他问题，如甲板上浪、艏部拍击、浪花飞溅等；

（5）对游艇上乘员的舒适性和安全性做出定性和定量的要求。

为了内容的连贯性，本章首先给出一些最常见的与游艇适航性能有关的波浪基本特征，然后，扼要介绍一下游艇在风浪中的横摇运动，并给出几个估算游艇在波浪中的阻力增值和垂向加速度的经验公式，也给出一种评价游艇舒适性的方法供大家参考。最后，对游艇在随浪中较常出现的一些现象，特别是最危险的甩横进行比较详细地分析并给出一些预防措施。

本章内容比较简单，主要是为游艇设计初学者提供一个定性的设计方向而不是一些定量的计算方法，只要大家明白在游艇设计中哪些参数对艇的适航性能有较大的影响以及这些影响究竟是有利或有弊就可以了。

9.2 波浪的基本特征

9.2.1 简介

在考虑游艇的适航性能时，首先需要对波浪的特征有一定的了解。在游艇航行区域所见到的海浪一般为不规则波，从统计学的观点，这些不规则波可以看成是由无数不同波幅和波长的单元规则波叠加而组成。

9.2.2 规则波的主要参数

规则波的主要参数见图 9-1 和图 9-2。

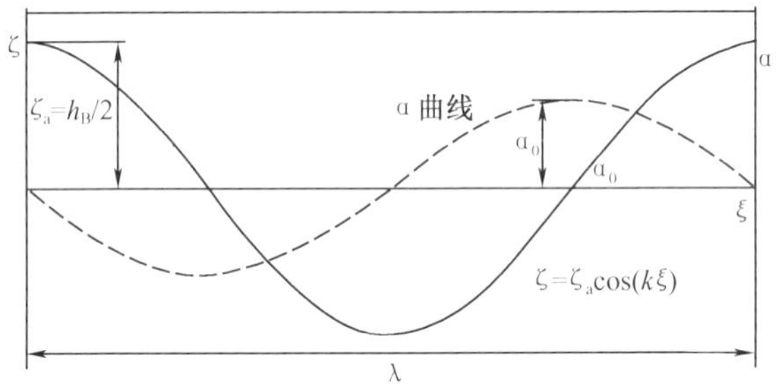

图 9-1 在某一时刻 t 波形随空间的变化

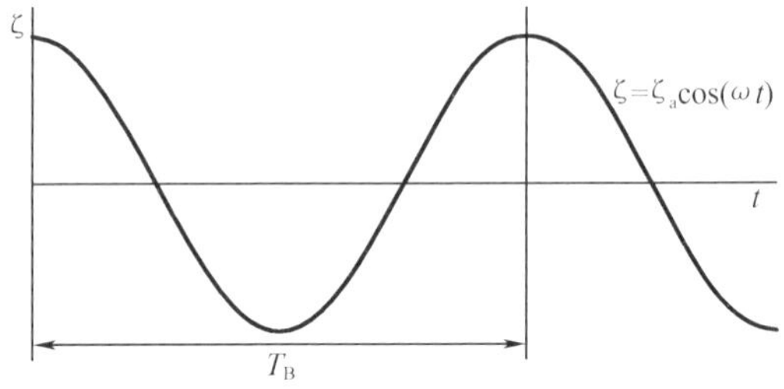

图 9-2 在某一空间波形随时间 t 的变化

自由表面波形方程：

$$\zeta = \zeta_a \cos(k\xi \pm \omega t) \qquad (9-1)$$

式中 ξ——空间固定横坐标；

ζ——空间固定竖坐标；

ζ_a——波幅，从静水面到波峰或波谷的垂向距离，(m)；

ω——波的圆频率，(s^{-1})；

k——波形数，表示在 2π 间距内波数，也称波形的频率

$$k = 2\pi/\lambda = \omega^2/g;$$

λ——波长，表示相邻波峰或波谷间的距离，(m)；

α——波面角，表示波形的切线与水平线间的夹角，(rad)；

α_0——最大波面角，(rad)。

$$\alpha_0 = k\zeta_\alpha = \omega^2/g\zeta_\alpha$$

图中：

h_B——波高，表示从波峰到波谷的垂向距离，(m)；

T_B——波的周期 $T_B = 2\pi/\omega$，表示某空间点相继出现波峰或波谷的时间间隔，(s)；

$$T_B = \sqrt{2\pi\lambda/g} \approx 0.8\sqrt{\lambda} \qquad (9-2)$$

式中，g 为重力加速度，(9.81 m/s^2)。

此外,有下列几个常用参数:

V_w——波的传播速度,(m/s);

$$V_w = \lambda/T_B = \sqrt{g\lambda/2\pi} \approx 1.25\sqrt{\lambda} \quad (9-3)$$

V_h——波粒子在水平方向上的运动速度,(m/s);

$$V_h = \zeta_\alpha\omega = \zeta_\alpha 2\pi V_w/\lambda = \pi V_w h_B/\lambda \quad (9-4)$$

E_λ——波能,表示在一个波长范围内单位宽度上波的总能量,(N · m/m);

$$E_\lambda = 1/2\rho g\zeta_\alpha^{\ 2}\lambda \quad (9-5)$$

E—单位面积的波能,(N · m/m^2);

$$E = E_\lambda/\lambda = 1/2\rho g\zeta_a^2 \quad (9-6)$$

式中,ρ 为海水的密度,(1 025 kg/m^3)。

9.2.3　不规则波的特征要素

不规则波的特征要素见图 9-3 和图 9-4。

h'——表观波高,表示相邻波峰与波谷的垂向距离,(m);

ζ'_a——表观波幅,从静水面到波峰或波谷的垂向距离,(m);

T'——表观跨零周期,表示任意相邻上穿节点在时间基线上的间隔,(s);

T'_{max}——表观峰峰周期,表示任意相邻波峰在时间基线上的间隔,(s)。

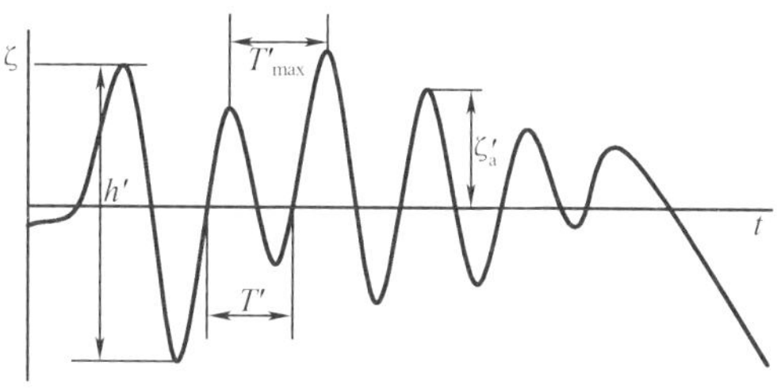

图 9-3　不规则波随时间变化的曲线

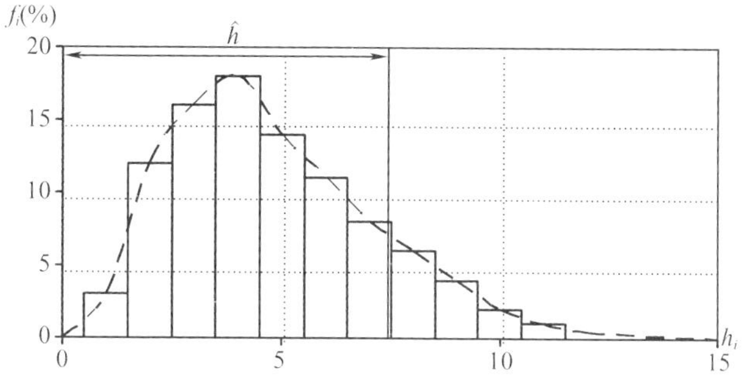

图 9-4　不规则波波高频率直方图

图 9-4 中横坐标为波高值,将所测波高按一定的间隔 δh 分成若干小段,假设该间隔内的波高均等于 h_i,同时,计算每个间隔内波高的个数 n_i,然后,按下式计算出相对频率 f_i 和平均波高 $\hat{h}$:

$$f_i = n_i/(N\,\delta h) \quad (9-7)$$

式中　N——波高总数;

δh——波高的间隔(m);

n_i——每个间隔内波高的个数。

$$\hat{h} = 1/N(\sum_{i=1}^{n} h_i n_i) \quad (9-8)$$

式中 $\hat{h}$——平均波高,(m);

h_i——每个间隔内的波高,(m)。

9.2.4 不规则波的波能谱密度和能量

1. 波能谱密度

图9-5为一典型的不规则波波能谱密度图。图中横坐标为不同的波频值 ω_n,纵坐标是波幅 $\zeta_{\alpha n}$ 平方之半除以波频增量 dω 后的值,该值定义为波能谱密度函数 $S_\zeta(\omega)$:

$$S_\zeta(\omega) = (\sum_{\omega}^{\omega+d\omega} \frac{1}{2}\zeta_{\alpha n}^2)/d\omega \quad (9-9)$$

式中 $S_\zeta(\omega)$——波能谱密度,(m^2s);

ζ_{an}——波幅,(m);

dω——波频增量,(s^{-1})。

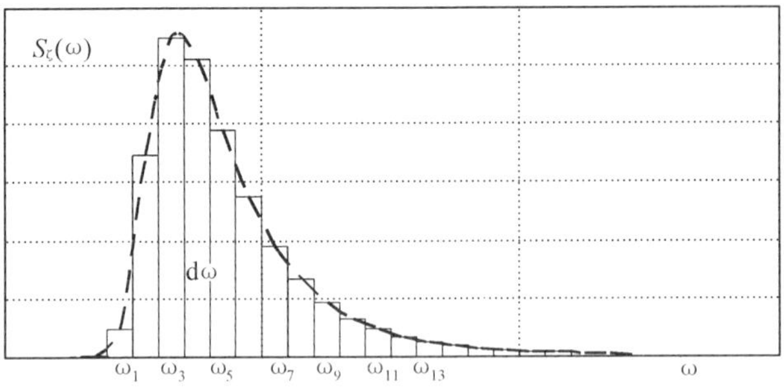

图9-5 不规则波波能谱密度

在游艇设计中,常用的波能谱公式包括:

(1)皮尔逊-莫斯科维奇(Pierson-Moskowitz)波能谱,简称(P/M)波能谱(见图9-6)

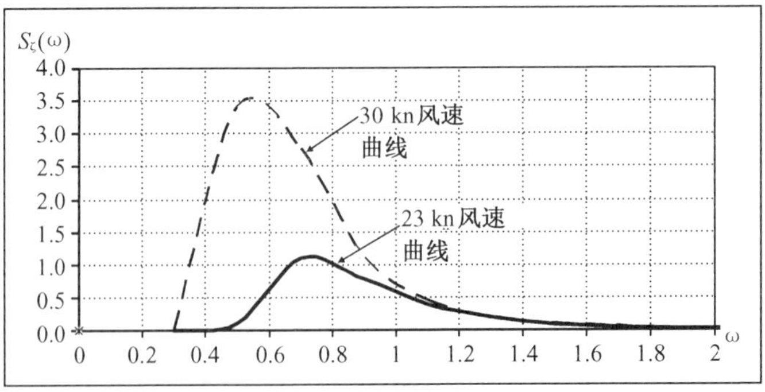

图9-6 皮尔逊-莫斯科维奇波能谱密度

$$S_{\zeta}(\omega)=(ag^2/\omega^5)\exp\{-b[g/(U\omega)]^4\} \tag{9-10}$$

式中 $S_{\zeta}(\omega)$——P/M 波能谱密度,(m^2s);

$a=8.1/1000$;

$b=0.74$;

U——海面 19.5 m 高空处的风速(m/s)。

风速 U 可近似表达成下列公式

$$U\approx 6.85\sqrt{\hat{h}_{1/3}} \tag{9-11}$$

(2)ITTC 单参数波能谱

在 1969 年第 12 届 ITTC 会议上将 P/M 波能谱中的参数风速 U 换成有义波高 $\hat{h}_{1/3}$,给出另外一种形式的波能谱,即 ITTC 单参数波能谱:

$$S_{\zeta}(\omega)=(A/\omega^5)\exp(-B/\omega^4) \tag{9-12}$$

式中 A——8.1/1 000 g^2;

B——$3.11/\hat{h}_{1/3}^2$。

2. 波能谱能量

波能谱密度曲线下的总面积即为波面具有的总能量 m_0:

$$m_0=\int_0^{\infty}S_{\zeta}(\omega)\mathrm{d}\omega=\sigma^2 \tag{9-13}$$

式中 m_0——波面具有的总能量,(m^2);

σ——波幅 ζ_{α} 的均方差,(m)。

P/M 波能谱的总能量 m_0:

$$m_0=\int_0^{\infty}S_{\zeta}(\omega)\mathrm{d}\omega=0.062\,5\,\hat{h}_{1/3}^2 \tag{9-14}$$

9.2.5 不规则波的统计特性

由耐波性理论可知,在不规则波中,波幅的分布近似于雷利(Rayleigh)分布,为此,有下列统计特性:

1. 1/10 最大波高(m)

$$\hat{h}_{1/10}=5.1\sigma \tag{9-15}$$

2. 1/3 最大波高(m)

将所有测量的波高按大小依次排列,然后取最大的 1/3 波高进行平均,其平均值就定义为我们常用的有义波高:

$$\hat{h}_{1/3}=4.0\sigma \tag{9-16}$$

3. 平均波高(m)

$$\hat{h}_{a}=2.5\sigma \tag{9-17}$$

9.3 适航性的计算和分析

9.3.1 简介

过去,游艇设计师大多把设计重点放在艇的静水性能,但是,现代游艇并不总是航行在风平浪静的水域,而大部分时间会在风浪中航行。这样,除了要求游艇具有良好的静水性能外,也要有优越的适航性能。值得注意的是,设计出同时兼具这两种优秀性能的游艇并不容易。例如,单就静水性能而言,舭部斜升角越小,其静水中的阻力就越低,但在风浪中的性能却会变差。所以,作为一位设计师,就应该在两者之间适当裁剪,取得平衡。

在低速下,游艇主要靠静水浮力来支承,此时,游艇的运动可用计算普通船舶的耐波性程序求得,但在中高速下,游艇的支承主要是动升力,所以,其运动就会完全不同,而且会随航速的增加而不断变化,此时,这些程序就不再适用,这就需要用到船模试验。如果在设计初始阶段,可用一些回归统计公式。

9.3.2 横摇运动和减摇装置

为了提高乘客的舒适性,设计师一般会把注意力放在减小游艇在排水状态下的横摇运动上,主要原因是:(1)在低速下艇的横摇阻尼较小,其横摇幅值远比高速航行时的横摇大;(2)游艇在低速下的横摇符合线性假设,可用排水型船舶的适航性程序来计算。而在中高速下,就得考虑更为复杂的非线性横摇。

另外,圆舭艇与尖舭艇本身的水动力横摇阻尼都很小。为了增加横摇阻尼,有些中低速、中速游艇在艇底中心线上设有中龙骨,这样,除了能加大游艇的横摇阻尼外,也有利于艇的航向稳定性。有些圆舭艇设有舭龙骨,同样能减小艇的横摇。中高速尖舭艇一般不设大尺寸的中龙骨,也没有舭龙骨,而是将舭部设计成一个平面形尖舭,这样不但可以增加艇的横摇阻尼,而且还能增加动升力,更重要的是可以有效地减少艏部的飞溅。当然,减少横摇运动最有效的方法还是加装某种主动式减摇装置。

1. 横摇能谱密度函数 $S_{\Phi}(\omega)$

波浪中的横摇能谱密度函数 $S_{\Phi}(\omega)$ 与波能谱密度函数 $S_{\zeta}(\omega)$ 的关系可表示成:

$$S_{\Phi}(\omega) = |W_{\Phi}(i\omega)|^2 S_{\zeta}(\omega) \tag{9-18}$$

式中,$|W_{\Phi}(i\omega)|$ 为游艇的横摇频率响应函数(RAO)

$$|W_{\Phi}(i\omega)| = \Phi_a/\zeta_a = \Phi_a/\alpha_0\omega^2/g \tag{9-19}$$

这样,横摇能谱密度函数可变成:

$$S_{\Phi}(\omega) = \omega^4/g^2(\Phi_a/\alpha_0)^2 S_{\zeta}(\omega) \tag{9-20}$$

游艇在波浪中的横摇角幅值 Φ_a 与波面角 α_0 的关系可用下式表示:

$$\Phi_a/\alpha_0 = 1/\sqrt{[1-(\omega/n_{\Phi})^2]^2 + (2\mu_{\Phi}\omega/n_{\Phi})^2} \tag{9-21}$$

式中 Φ_a——横摇角幅值,(rad);

n_{Φ}——艇的横摇固有频率。(s^{-1});

μ_{Φ}——横摇无因次衰减系数;

α_0——波面角(rad)。

2. 横摇固有频率 n_Φ

游艇的横摇固有频率 n_Φ 是艇横摇运动中的一个重要参数。由式(9-21)可知,当波的圆频率 ω 等于横摇固有频率 n_Φ 时,横摇角 Φ_a 与波面角 α_0 的比值最大,此时,表示游艇在波浪中产生了共振。

游艇的横摇固有周期 T_Φ 可由下式给出:

$$T_\Phi = 2\pi\sqrt{(J_\Phi + \delta J_\Phi)/(\Delta GM)} \tag{9-22}$$

式中 T_Φ——艇的横摇固有周期,(s);

GM——艇的初稳性高,(m);

J_Φ——艇的转动惯量,(kg·m²);

δJ_Φ——艇的附加转动惯量,(kg·m²)。

游艇横摇固有频率 n_Φ 和固有周期 T_Φ 的关系可表达成:

$$n_\Phi = 2\pi/T_\Phi \tag{9-23}$$

游艇的横摇固有周期有一个合适范围,如果该周期太小,游艇摇摆得太快,乘员会感到不舒服,反之,摇摆太慢,稳性可能出现问题。图9-7给出了一个游艇横摇固有周期的合理范围($T_\Phi/B_{wl}=0.59\sim0.89$),供大家设计游艇时参考。

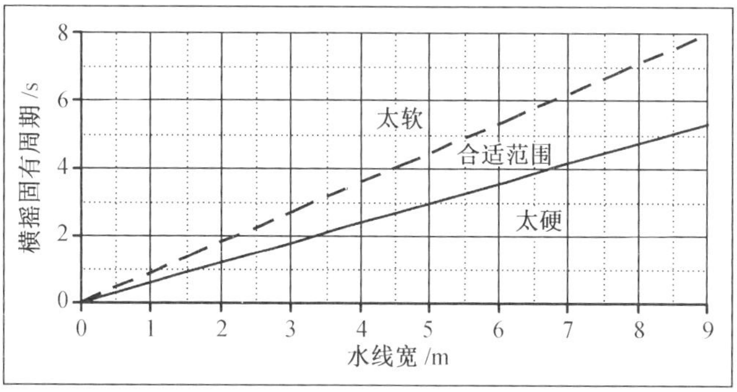

图9-7 横摇固有周期的范围[3]

游艇的排水量和初稳性高可以在初步设计中计算出,也可以在艇下水后由倾斜试验确定,但其转动惯量和附加转动惯量不容易求出,所以,在倾斜试验中一般会做自由横摇衰减试验来测量艇的横摇固有周期 T_Φ,然后,再确定其固有频率 n_Φ。

至于新艇横摇固有周期的确定,可用下列经验公式近似给出:

$$T_\Phi = cB_{wl}/\sqrt{GM} \tag{9-24}$$

式中 B_{wl}——艇的水线宽度,(m);

c——横摇常数。

上式中的 c 可由相似艇的试验资料确定,如果没有类似的资料,可在0.73~0.90范围内选取一个合适的值。

3. 横摇衰减系数 μ_Φ

当游艇在波浪中产生共振时,横摇角 Φ_a 与波面角 α_0 的比值等于 $1/(2\mu_\Phi)$,横摇角 Φ_a 只取决于衰减系数 μ_Φ。该系数跟艇型和艇速有关,而且会随着航速的增加而加大,一般不易求出,主要通过模型试验来测得。普通尖舭艇的横摇衰减系数 μ_Φ 与艇宽弗氏数 C_V 有关,可参考表 9-1 和图 9-8 近似给出。

表 9-1 衰减系数 μ_Φ[4]

艇宽弗氏数 C_V	0.00	1.50	3.00	4.00
衰减系数 μ_Φ	0.07	0.29	0.35	0.40

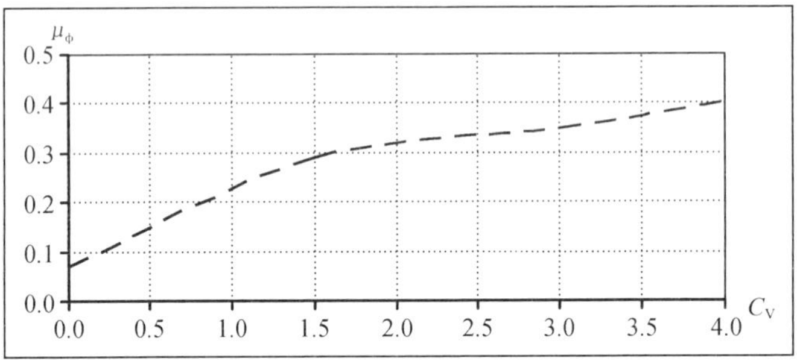

图 9-8 衰减系数 μ_Φ 曲线

由图 9-8 可见,当艇停止时,衰减系数 μ_Φ 最小,如果此时与波浪发生共振,横摇最为严重。与此相似,游艇在航行时如果发生共振,其横摇也很大,所以,要尽量避免与波浪共振,这可通过用增减航速的方法来做到。但在不规则波中,这种共振现象并不是很明显。

4. 横摇角的确定 Φ

按式(9-20)可将 P/M 波能谱 $S_\zeta(\omega)$ 换算成横摇能谱 $S_\Phi(\omega)$,然后,可用下式求出横摇能谱密度曲线下的总面积,此即为横摇的总能量 $m_{0\Phi}$:

$$m_{0\Phi} = \int_0^\infty S_\Phi(\omega)\,d\omega = \sigma_\Phi^2 \tag{9-25}$$

式中,σ_Φ 为横摇角幅值 Φ 的均方差,(rad)。

这样,可方便地求出游艇在波浪中横摇角的 1/10 最大值、有义值、平均值:

(1)1/10 最大横摇角幅值:$\Phi_{1/10} = 2.55\sigma_\Phi$(rad);

(2)有义横摇角幅值:$\Phi_{1/3} = 2.0\sigma_\Phi$(rad);

(3)平均横摇角幅值:$\Phi_{are} = 1.25\sigma_\Phi$(rad)。

5.横摇角的确定步骤:

(1)给定游艇的主要参数和航速;

(2)选取合适的波能谱 $S_\zeta(\omega)$;

(3)计算游艇的横摇固有频率 n_Φ 和衰减系数 μ_Φ;

(4)按相同的小间隔(比如0.1)给定一系列波的圆频率 ω,计算各个圆频率下相对应的波能谱 $S_\zeta(\omega)$值;

(5)计算各个圆频率下相对应的横摇频率响应函数 $|W_\Phi(i\omega)|$;

(6)计算各个圆频率下相对应的横摇能谱 $S_\Phi(\omega)$;

(7)求出横摇能谱密度曲线下总面积即为横摇的总能量 $m_{0\Phi}$;

(8)求出游艇在波浪中横摇角幅值的1/10最大值、有义值、平均值。

例1

已知:“海豚号”的参数如下:

Δ——排水量	27 223	kg
L_{oa}——游艇总长	16.33	m
$\hat{h}_{1/3}$——有义波高	1.0	m
L_{wl}——静止水线长	14.92	m
B_{px}——舭部最大宽度	4.50	m
V_0——航行速度	10	kn
μ_Φ——衰减系数	0.2	
T_Φ——横摇固有周期	4	s
n_Φ——横摇固有频率	1.57	s^{-1}

求取:游艇在波浪中的横摇幅值。

ω/s^{-1}	$S_\zeta^*/(m^2 s)$	$\omega^2/g/m^{-1}$	$\Phi a/\alpha_0$	$W_\Phi(i\omega)^{**}/m^{-1}$	S_Φ^{**}/s
0.5	0.000 0	0.025 5	1.101 9	0.028 1	0.000 0
0.6	0.000 0	0.036 7	1.152 7	0.042 3	0.000 0
0.7	0.000 0	0.049 9	1.218 3	0.060 9	0.000 0
0.8	0.001 2	0.065 2	1.302 3	0.085 0	0.000 0
0.9	0.011 5	0.082 6	1.409 5	0.116 4	0.000 2
1.0	0.034 7	0.101 9	1.546 5	0.157 6	0.000 9
1.1	0.057 7	0.123 3	1.720 7	0.212 2	0.002 6
1.2	0.069 8	0.146 8	1.937 6	0.284 4	0.005 6
1.3	0.070 6	0.172 3	2.189 9	0.377 3	0.010 0

（续）

ω/s^{-1}	$S_{\zeta}^{*}/(m^2 s)$	$\omega^2/g/m^{-1}$	$\Phi a/\alpha_0$	$W_{\Phi}(i\omega)^{**}/m^{-1}$	S_{Φ}^{**}/s
1.4	0.064 5	0.199 8	2.431 2	0.485 7	0.015 2
1.5	0.055 5	0.229 4	2.551 1	0.585 1	0.019 0
1.6	0.046 2	0.261 0	2.442 2	0.637 3	0.018 8
1.7	0.037 8	0.294 6	2.145 0	0.631 9	0.015 1
1.8	0.030 7	0.330 3	1.798 4	0.594 0	0.010 8
1.9	0.024 8	0.368 0	1.490 5	0.548 5	0.007 5
2.0	0.020 1	0.407 7	1.242 7	0.506 7	0.005 1
2.1	0.016 3	0.449 5	1.048 9	0.471 5	0.003 6
2.2	0.013 2	0.493 4	0.897 1	0.442 6	0.002 6
2.3	0.010 8	0.539 2	0.776 9	0.418 9	0.001 9
2.4	0.008 9	0.587 2	0.680 3	0.399 4	0.001 4
2.5	0.007 4	0.637 1	0.601 5	0.383 2	0.001 1
2.6	0.006 1	0.689 1	0.536 4	0.369 7	0.000 8
2.7	0.005 1	0.743 1	0.482 0	0.358 2	0.000 7
2.8	0.004 3	0.799 2	0.435 8	0.348 3	0.000 5
2.9	0.003 6	0.857 3	0.396 4	0.339 9	0.000 4
3.0	0.003 1	0.917 4	0.362 4	0.332 5	0.000 3
注意：* 见图 9－9，* * 见图 9－10。				$m_{\Phi 0}=\sum S_{\Phi}d\omega=$	0.012 4

计算结果

1/10 最大横摇幅值	$\Phi_{1/10}$	16.25	(°)
有义横摇幅值	$\Phi_{1/3}$	12.75	(°)
平均横摇幅值	Φ_{ave}	7.97	(°)

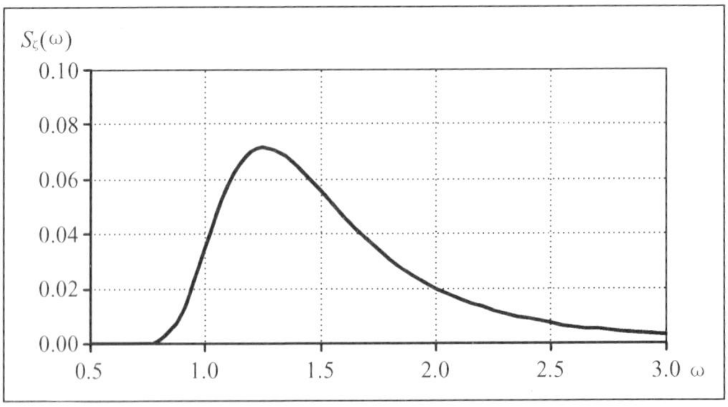

图 9－9　P/M 波能谱 $S_{\zeta}(\omega)$

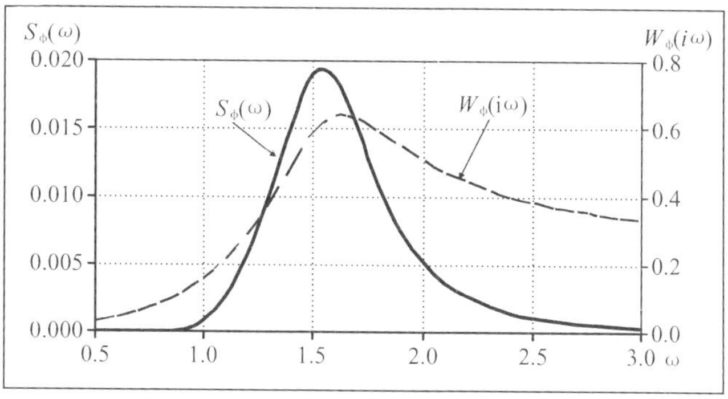

图9－10　横摇频率响应函数 $W_\Phi(i\omega)$ 和横摇能谱 $S_\Phi(\omega)$

有些情况下，艇的最大横摇会出现在艉斜浪中，主要原因是此时艇与波浪的遭遇频率比较容易接近艇的固有频率。

6. 减摇装置

减摇装置一般分成两个类型，即主动式和被动式。两者的主要区别在于，前者在横摇还未出现或刚出现一个很小的幅值时，就能主动采取行动以“抵制”这种横摇，这样效果往往更好。而后者一般是等到横摇有一定的幅值时才能产生阻尼以阻止横摇的进一步扩大，但这种类型的优点是成本低。主动式减摇装置包括减摇鳍、减摇陀螺、挡水板、压浪板、甚至艉舵；而被动式减摇装置有中龙骨、舭龙骨、防溅条、减摇水舱等。

在游艇界，最常用而且最有效的装置有两种：(1) 主动式减摇鳍；(2) 主动式减摇陀螺。现代中型以上的游艇多数装有一种主动式减摇装置。

(1) 主动式减摇鳍[5]（图9－11）

图9－11　主动式减摇鳍

这种主动式减摇鳍在游艇航行时通过转动双鳍而产生两个方向相反的升力,这对升力产生的力矩与横摇方向相反,从而取得减小横摇幅值的效果。该力矩与鳍的尺寸和转角有关,而且会随艇的航速成平方增加。在游艇航行时,其减摇效果非常明显,一般情况下,减摇效果可达60%以上。但它有一缺点,就是艇在停止时,减摇效果很小。这个缺点近年来已经克服,现在市场上已经有停泊时仍能产生减摇效果的减摇鳍,但这种装置尺寸相当大,在航行时增加的阻力不可忽略。

主动式减摇鳍应尽量布置在靠近艇纵向重心的区域。

(2)主动式减摇陀螺[6](图9-12)

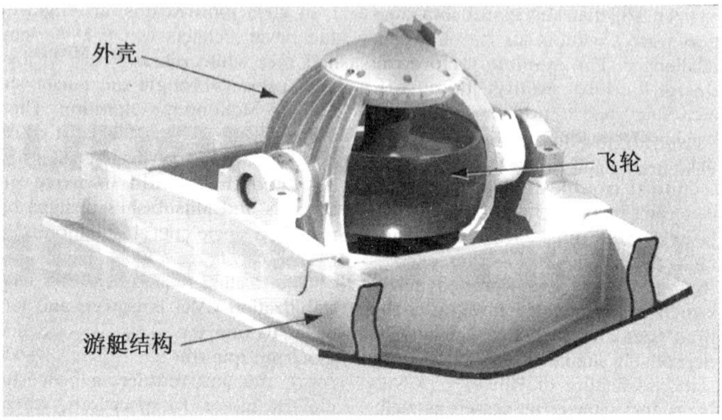

图9-12 主动式减摇陀螺

这种主动式减摇陀螺是通过游艇上高速旋转陀螺产生的转动惯量来达到减小横摇的目的,其最大优点是游艇在停止航行时仍有很强的减摇效果。它的转动惯量与陀螺的质量分布以及转速有关,决定其减摇力矩大小的是艇的摇摆角速率而不是摇摆幅值,所以,在游艇摇摆幅度很大但摇摆速率很慢时效果不好,这在随浪航行时会非常明显。

一般情况下,主动式减摇陀螺的减摇效果不错,图9-13给出一条游艇的减摇效果比较曲线,由图可见,其减摇效果十分明显。另外,这种装置由于布置在舱内,不会在艇外增加额外的阻力,而且布置比较灵活,但重量较重,所占舱室空间也较大。

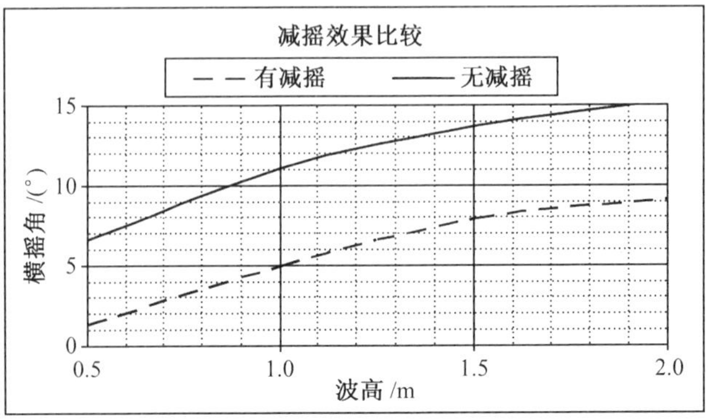

图9-13 某游艇的减摇效果比较曲线

9.3.3　升沉和纵摇运动

图9-14是游艇升沉/纵摇幅值响应函数的示意图。由图可见，如果游艇的阻尼系数 μ 太小，当其固有频率与波浪的遭遇频率 ω_e 相近时游艇的升沉/纵摇运动急速增加，在两者相等时达到最大值。然而，随着两者之间的差距加大，它们会迅速减小。所以，在游艇的设计中，设计师要尽量避免将艇的固有频率设计在与波浪的遭遇频率相近的范围内，以免共振产生严重的升沉和纵摇运动。为此，我们简要给出这两种运动有关参数的估算方法。

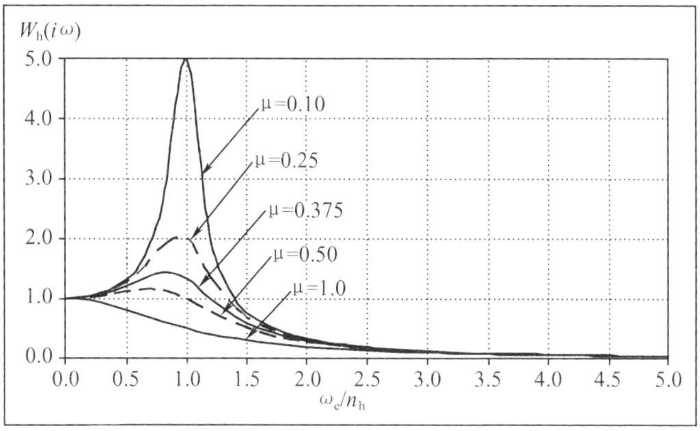

图9-14　升沉/纵摇幅值响应函数示意图

对于在风浪中以航速 V_0 航行的游艇，一般用游艇与波浪的遭遇频率 ω_e。该遭遇频率 ω_e 可用下式计算：

$$\omega_e = \omega + 0.514\,4\omega^2/gV_0\cos(\chi) \tag{9-26}$$

式中　ω_e——遭遇频率(s^{-1})；

ω——波的圆频率，(s^{-1})；

χ——游艇航向与波传递方向间夹角，(°)。

1. 升沉/纵摇固有频率 n_h 和 n_θ

(1)在速长比 $V_0/\sqrt{L_{wl}}<3.62$ 时，艇的升沉固有周期可表达为：

$$T_h = 2\pi\sqrt{(M_h+\delta M_h)/(\rho g A_{wp})} \tag{9-27}$$

式中　T_h——艇的升沉固有周期，(s)；

A_{wp}——艇的水线面面积，(m^2)；

M_h——艇的质量，(kg)；

δM_h——艇的附加质量，(kg)。

假设艇的质量 M_h 等于艇的附加质量 δM_h，这样就有：

$$T_h = 0.089\sqrt{(M_h/A_{wp})} \tag{9-28}$$

游艇升沉固有频率 n_h 可表达成：

$$n_h = 70.91\sqrt{(A_{wp}/M_h)} \tag{9-29}$$

式中,n_h 为艇的升沉固有频率,(s^{-1})。

游艇纵摇固有频率 n_θ 与其升沉固有频率 n_h 比较接近,可认为 $n_\theta \approx n_h$。

(2)在速长比 $V_0/\sqrt{L_{wl}} \geqslant 3.62$ 时,艇的升沉固有频率与艇的航速有关,要用动升力方程[4]来估算,在估算时,由于高速下艇的吃水很小,其附加质量 δM_h 可以忽略。在计算艇的升沉固有频率时会用到一个升沉"僵硬"(Stiffness)指标函数 $s(C_V)$,其概念与横摇运动中的初稳性高 GM 有点类似,它与艇速和斜升角有关(见图 9-15)。

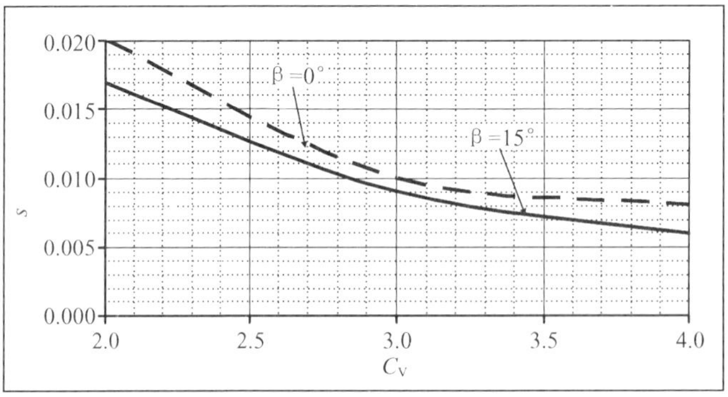

图 9-15 艇升沉的"僵硬"指标

这样,艇在高速航行时的升沉固有频率可表达成:

$$n_h(C_V) = 23.71\sqrt{s(C_V)/(C_L B_{px})} \tag{9-30}$$

式中,C_L 为艇滑行面的升力系数。

虽然由图 9-15 看,游艇升沉的"僵硬"指标会随航速的增加而降低,但是,其动升力系数 C_L 却降得更快,所以,游艇的升沉固有频率 n_h 会随航速的增加而有所增加。

艇在高速航行时的纵摇固有频率 n_θ 随航速的变化也有类似趋势。

2. 升沉/纵摇阻尼系数 μ_h 和 μ_θ

(1)在速长比 $V_0/\sqrt{L_{wl}} < 3.62$ 时,艇的升沉阻尼系数 $\mu_h \approx 0.4$;

(2)在速长比 $V_0/\sqrt{L_{wl}} = 7.24$ 时,μ_h 取 0.5;

(3)艇的纵摇阻尼系数 μ_θ 介于 0.4 ~ 0.5 之间。

例 2

已知:"海豚号"的参数如下:

Δ——排水量	27 223	kg
L_{wl}——静止水线长	14.92	m
V_{cg}——垂向重心高(龙骨之上)	1.829	m

A_{WL}——水线面面积	55.9	m^2
B_{px}——舭部最大宽度	4.50	m
β——舯部斜升角	21.4	(°)
β_T——艉板斜升角	14.9	(°)
χ——波浪与航向夹角(迎浪)	0	(°)
L_{w1}——波长 1	36	m
ω_1——相应波浪圆频率 1	1.31	s^{-1}
L_{w2}——波长 2	20	m
ω_2——相应波浪圆频率 2	1.75	s^{-1}
V_0——设计航速	34	kn

求取:游艇在不同速度下的升沉固有频率和周期。

计算结果:

遭遇频率 1 $\omega_{e1}=\omega_1+0.514\,4\omega_1/gV_0\cos(\chi)=$ 4.37 s^{-1}

遭遇频率 2 $\omega_{e2}=\omega_2+0.514\,4\omega_2/gV_0\cos(\chi)=$ 7.21 s^{-1}

航速 V_0/kn	0.0	26.0	28.0	30.0	32.0	34.0
固有频率 n_h/s^{-1}	3.213	3.735	3.975	4.214	4.451	4.686
固有周期 T_h/s	1.956	1.682	1.580	1.490	1.411	1.340

由例 2 计算可知,如果该艇迎浪航行在波长等于 36 m 的波浪中,其固有频率与波浪的遭遇频率 ω_{e1} 相近,很可能发生“共振”,此时,艇的升沉和纵摇都会相当厉害。如果航行在 20 m 的波浪中时,由于避开了“共振”区域,其升沉和纵摇都大大减小。所以,游艇在波浪中航行时要尽量设法避免“共振”的发生。

9.3.4 垂向加速度

沙维斯基和布朗(Brown)[7]给出了游艇在不规则迎浪中冲击加速度的半经验性的近似公式如下:

1. 重心处的冲击加速度

$$\tilde{a}_{CG}=0.003\,17(\hat{h}_{1/3}/B_{px}+0.084)\tau/4(5/3-\beta/30)(V_0/\sqrt{L_{wl}})^2(L_{wl}/B_{px})/C_B \tag{9-31}$$

式中 $\tilde{a}_{CG}$——重心处的平均冲击加速度,(g);

L_{wl}——艇的水线长,(m);

B_{px}——艇舭部最大宽度,(m);

τ——艇的航行纵倾角,(°);

C_B——艇宽载荷系数。

$$C_B = \Delta/(\rho B_{px}^3) \tag{9-32}$$

ρ——海水的密度($\rho = 1\ 025\ \mathrm{kg/m^3}$)。

2. 艏部的冲击加速度

$$\tilde{a}_{bow} = \tilde{a}_{CG}[1 + 6.88(L_{wl}/B_{px} - 2.25)/(V_0/\sqrt{L_{wl}})] \tag{9-33}$$

式中,$\tilde{a}_{bow}$为艏部的平均冲击加速度,(g)。

此处1/3(有义)冲击加速度$\tilde{a}_{1/3}$和1/10冲击加速度$\tilde{a}_{1/10}$分别是上述相应平均值的2.1倍和3.3倍。

这些公式是半经验性的,其适用范围包括:

$\hat{h}_{1/3}/B_{px} = 0.2 \sim 0.7$;

$L_{wl}/B_{px} = 3 \sim 5$;

$\beta = 10 \sim 30°$;

$V_0/\sqrt{L_{wl}} = 3.62 \sim 10.86$;

$L_{wl}/\nabla^{1/3} = 4.85 \sim 6.59$;

$\tau = 3° \sim 7°$。

注意,这些公式的精度不是很高,只可在初步设计阶段作为一般的分析和比较。如果要求较高,就需要进行船模水池试验。

例3

已知:"海豚号"的参数如下:

Δ——排水量	27 223	kg
$\hat{h}_{1/3}$——有义波高	1.00	m
L_{wl}——静止水线长	14.92	m
V_{cg}——重心垂向高度(龙骨之上)	1.829	m
B_{px}——舭部最大宽度	4.50	m
V_0——设计航速	34	kn
$V_0/\sqrt{L_{wl}}$ =	8.8	

求取:游艇在不同舭部斜升角时重心处的平均加速度随航行纵倾角的变化。

计算结果:(见图9-16)

$\beta = 30°$	$\tau/(°)$	3.00	3.40	3.80	4.20	4.60	5.00	5.40	5.80
	$\tilde{a}_{CG}/g$	0.428	0.485	0.542	0.599	0.656	0.713	0.770	0.827
$\beta = 25°$	$\tau/(°)$	3.00	3.40	3.80	4.20	4.60	5.00	5.40	5.80
	$\tilde{a}_{CG}/g$	0.535	0.606	0.678	0.749	0.820	0.892	0.963	1.034
$\beta = 20°$	$\tau/(°)$	3.00	3.40	3.80	4.20	4.60	5.00	5.40	5.80
	$\tilde{a}_{CG}/g$	0.642	0.728	0.813	0.899	0.984	1.070	1.156	1.240

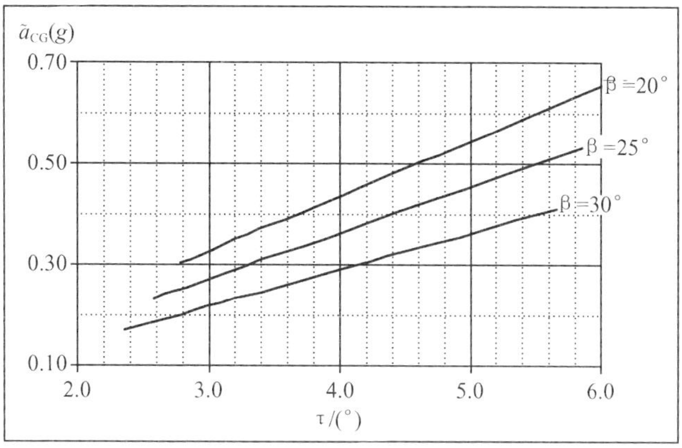

图9－16　重心处加速度的变化趋势(1)

例4

已知:“海豚号”的参数如下:

Δ——排水量	27 223	kg
L_{wl}——静止水线长	14.92	m
V_{cg}——重心垂向高度(龙骨之上)	1.829	m
B_{px}——舭部最大宽度	4.50	m
β——舯部斜升角	21.4	(°)

求取:游艇在不同有义波高下重心处的加速度随航速的变化。

计算结果:(见图9－17)

$\hat{h}_{1/3}=0.50$ m						
航速 V_0/kn	24.0	26.0	28.0	30.0	32.0	34.0
加速度 $\tilde{a}_{CG}$/g	0.280	0.318	0.353	0.383	0.409	0.433
加速度 $\tilde{a}_{1/10}$/g	0.925	1.051	1.164	1.263	1.351	1.428

$\hat{h}_{1/3}=1.00$ m						
航速 V_0/kn	24.0	26.0	28.0	30.0	32.0	34.0
加速度 $\tilde{a}_{CG}$/g	0.440	0.500	0.553	0.601	0.642	0.679
加速度 $\tilde{a}_{1/10}$/g	1.452	1.650	1.825	1.983	2.119	2.241

从式(9－31),(9－33)和图9－16,图9－17可知[8]:

(1)游艇在波浪中的冲击加速度与其航行纵倾角 τ 成正比,减小航行纵倾角能有效地减小冲击加速度,例如,在有义波高约1.00 m的波浪中,一条静止水线长等于14.92 m、舯部斜升角为25°的游艇,在以34 kn的航速航行时,如果其航行纵倾角从5.0度减小到3.0°,

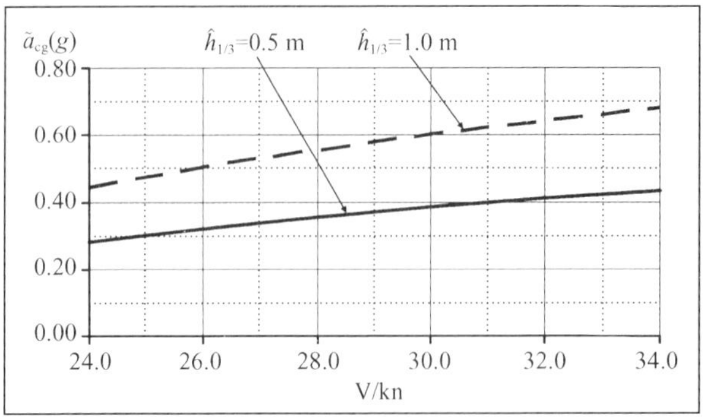

图 9-17　重心处加速度的变化趋势(2)

冲击加速度可从 0.892 g 下降到 0.535 g,减小约 40%。在游艇设计中,只要控制好航行纵倾角,减小波浪的冲击加速度并不难,但太小的航行纵倾角也会带来其他问题,像飞溅、动态不稳定等。

(2)在航行纵倾角相同时,冲击加速度与其舭部斜升角 β 成反比,增加斜升角可大大地减小冲击加速度。例如,把同样一条艇的斜升角从 20°增加到 30°,在 34 kn 的航速下,如果保持航行纵倾角在 4.2°,冲击加速度可从 0.899 g 减小到 0.599 g,减小约 33%。但是,太大的舭部斜升角不利于游艇在静水中的性能。

(3)冲击加速度随舭部最大宽度 B_{px} 的增加而增加,与 B_{px} 大致成正比关系。例如,当舭部最大宽度增加 10% 时,其冲击加速度就会增加约 13%,可见减小 B_{px} 可大大地减小冲击加速度。但是,这和稳性又产生矛盾。在艇体设计时,要适当兼顾这两种性能,不可偏废。

(4)表面看来,增加游艇的长宽比 L_{wl}/B_{px} 似乎会增加其冲击加速度,但实际上,如果排水量一定,增加 L_{wl}/B_{px} 会使 B_{px} 减小,从而减小其冲击加速度。

(5)游艇的冲击加速度随有义波高 $\hat{h}_{1/3}$ 和艇速 V_0 的平方而增加。此外,增加排水量也能减小游艇的冲击加速度。

9.3.5　阻力增值

我们在第 7 章中已经学会了如何估算游艇在静水中的阻力,现在,我们主要考虑波浪中的阻力增值。

中高速艇在不规则迎浪中阻力增值的半经验性的近似计算公式有两类,一类可作为定性分析,另一类可用于定量计算。

1. 定性分析近似公式[4]

在中低速下(速长比 $V_0/\sqrt{L_{wl}} \leqslant 3.62$),游艇仍航行在阻力峰之前,艇主要由浮力支承,此时,其行为与排水型船相类似。在中速时($3.62 < V_0/\sqrt{L_{wl}} \leqslant 7.24$),艇已越过了阻力峰,动升力逐渐增加而和浮力并驾齐驱,多数游艇落在这个速度域。在中高速下($V_0/\sqrt{L_{wl}} > 7.24$),动升力占主导地位而浮力变得较小,此时,游艇呈滑行状态,一些中高速游艇属于这个范畴。

(1)在速长比 $V_0/\sqrt{L_{wl}}=3.62$ 时,中低速艇在波浪中阻力增值 R_{aw} 公式为:

$$R_{aw}=[66\times10^{-6}(\hat{h}_{1/3}/B_{px}+0.5)(L_{wl}/B_{px})^3/C_B+0.0043(\tau-4)](\rho g B_{px}^3) \quad (9-34)$$

式中,R_{aw} 为艇在波浪中阻力增值,(N)。

(2)在速长比 $V_0/\sqrt{L_{wl}}=7.24$ 时,中速艇在波浪中阻力增值 R_{aw} 公式为:

$$R_{aw}=0.3(\hat{h}_{1/3}/B_{px})/(1+2\hat{h}_{1/3}/B_{px})(1.76-\tau/6-2\tan^3\beta)\Delta g \quad (9-35)$$

式中,β 为艇的舭部斜升角,(°)。

(3)在速长比 $V_0/\sqrt{L_{wl}}=10.86$ 时,中高速艇在波浪中阻力增值 R_{aw} 公式为:

$$R_{aw}=0.158(\hat{h}_{1/3}/B_{px})/\{1+\hat{h}_{1/3}/B_{px}[0.12\beta-21C_B(5.6-L_{wl}/B_{px})+$$
$$+7.5(6-L_{wl}/B_{px})]\}(\rho g B_{px}^3) \quad (9-36)$$

当游艇航行在其他速长比时,可用线性插值法求得该艇在波浪中的阻力增值。值得注意的是,上面三个公式给出的结果在定量上误差较大,但在定性方面却较为合理,所以,设计师一般用它们分析艇型参数对游艇的影响。

从式(9-34),式(9-35),式(9-36)中以及第7章所学内容可知:

(1)不管在静水中还是在波浪中,游艇的阻力都与航行纵倾角 τ 密切相关。在静水中,存在一个最佳航行纵倾角,此时,阻力最小。而在波浪中,当游艇的航速较低时,其阻力增值会随着航行纵倾角 τ 的增加而升高,但在中速下,它的增加反而会使阻力增值减小,在中高速下,其影响变得很小。

(2)游艇在波浪中的阻力增值会随舭部斜升角 β 的增加而减小,例如,一条艇的斜升角从20°增加到30°,其在中速下阻力的增值会减少20%左右。然而,静水中的阻力与舭部斜升角的关系正好相反。总的来讲,增加斜升角有利于艇在波浪中的性能,而不利于其在静水中的性能。

(3)游艇的长宽比 L_{wl}/B_{px} 对波浪中阻力的增值在不同的速度下有不同的影响。在中低速下,增加长宽比会加大阻力增值,而在中高速下,情形正好相反,在中速下,它的影响甚微。

2. 定量计算近似公式

游艇在波浪中阻力增值的定量计算,可用霍加德(Hoggard)近似公式[4]:

$$R_{aw}=1.3(\hat{h}_{1/3}/B_{px})^{0.5}/(L_p/\nabla^{1/3})^{2.5}\Delta g F_V \quad (9-37)$$

式中 R_{aw}——艇在波浪中阻力增值,(N);

L_p——艇舭部长,(m);

F_V——体积弗氏数。

由于这个公式也是半经验性的,其适用范围包括:

$$\hat{h}_{1/3}/B_{px}=0.13\sim0.77;$$
$$L_p/B_{px}=2.82\sim6.43;$$
$$\beta=0\sim24°;$$
$$V_0/\sqrt{L_p}=1.81\sim10.86;$$
$$C_B=0.15\sim1.27$$

例 5

已知:“海豚号”的参数如下:

Δ——排水量	27 223	kg
L_{oa}——游艇总长	16.33	m
L_p——舭部长	15.34	m
L_{wl}——静止水线长	14.92	m
B_{oa}——游艇总宽	5.17	m
B_{px}——舭部最大宽度	4.50	m
V_{cg}——重心垂向高度(龙骨之上)	1.829	m
L_{cg}——重心纵向位置(艉板之前)	6.172	m
$\hat{h}_{1/3}$——有义波高	1.00	m
V_0——设计航速	34	kn
F_V =	3.23	

求取:游艇在波浪中的阻力增值、总阻力及有效功率。

计算结果:

动倾角	τ =	3.89	(°)
静水总阻力	R_t =	46 740	N
波浪阻力增值	R_{wa} =	9 429	N
总阻力	R_T =	56 169	N
有效功率	P_E =	982	kW

图 9-18 为某艇的模型试验值与式(9-37)计算值在 2、3 级海情下的比较。由该图可见,计算值与试验值的最大误差在 11% 以内[9]。

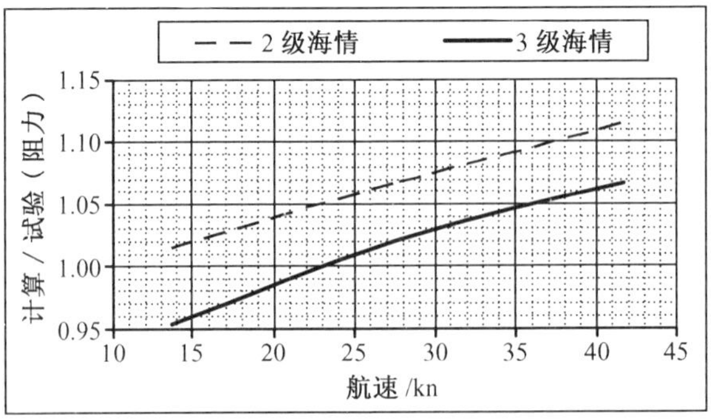

图 9-18 某艇波浪中阻力计算/试验比较

9.3.6 适居性

游艇在波浪中的适居性指艇在航行期间,其摇摆运动及加速度低于规定值的时间占整个航行期间的比率。该比率越高,游艇的适居性就越好,艇上乘员的舒适性也会相应地提高,直白一点,就是人们不容易晕船。

游艇在风浪中使人感到不舒服主要与艇的垂向加速度值、艇运动的频率有关,实际上,在很低或很高的频率下,即使加速度高点,艇上的乘客也不会晕船。人们对某一特定频率范围内的加速度异常敏感,在这个范围内很容易出现晕船,另外,承受加速度的时间长短也是一个因素。由此,相应的标准一般将不适的边界表示成垂向加速度、运动频率以及人员承受期限的函数。

1997 年,国际标准化组织(ISO)提出了一个人类承受垂向运动产生严重不适的标准[10]。该标准给出了一个运动晕船剂量值(Motion Sickness Dosage Value)用来衡量艇上人员晕船的比例。

1. 频率-加权垂向加速度公式

$$\tilde{a}_w = \sqrt{\sum (w_i \tilde{a}_i)^2} \tag{9-38}$$

式中 $\tilde{a}_w$ -频率—加权垂向加速度,(g);

w_i——在某个频率下的加权因子(见图 9-19);

$\tilde{a}_i$——在某个频率下的垂向加速度均方根(rms),(g)。

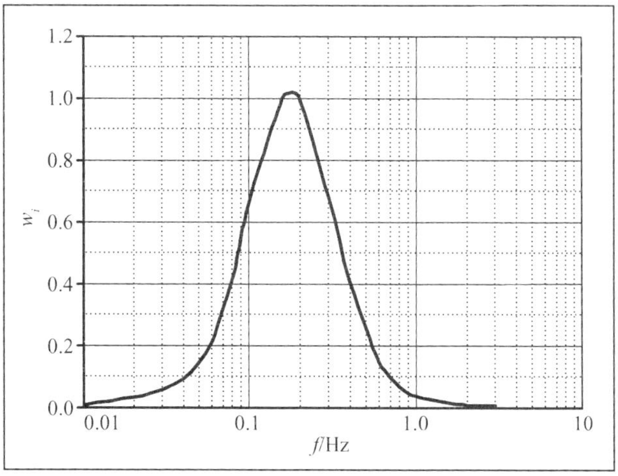

图 9-19 不同频率下的加权因子

从图 9-19 可知,在频率等于 0.1 ~ 0.3 Hz 的范围内,频率加权因子较大(>0.6),特别是在 0.2 Hz 附近,该因子达到最大值(≈1.02)。所以,在航行时要设法控制艇的航向和航速以避开该频率范围,从而减少晕船的可能。

2. 运动晕船剂量值公式

$$MSDV_z = K_m \tilde{a}_w \sqrt{T_0} \tag{9-39}$$

式中 $MSDV_z$——运动晕船剂量值;

K_m——常数(取 1/3);

T_0——承受加速度的时间,(s)。

运动晕船剂量值大约与成年男性在承受加速度期间可能呕吐的百分比相近。例如,一条在波浪中航行的游艇,假设其重心处 1 h 内承受的频率 - 加权垂向加速度是 0.5 g,那么,$MSDV_z = 1/3 \times 0.5 \times \sqrt{3\ 600} = 10$,代表在该艇的乘客大约有 10% 可能会呕吐。

3. 乘员可忍耐曲线

试验也表明,人们对垂向加速度敏感的频率在 0.1 ~ 0.3 Hz 范围之间,这相当于周期为 3.3 ~ 10.0 s 的范围,最敏感的频率在 0.2 Hz 左右。随着频率的加大或减小,其敏感度迅速下降。所以,人们在周期相对较短的波浪(像短峰波)中不容易晕船,反而在周期较长的波浪(像涌等长峰波)中更容易引起不适。

图 9 - 20 给出了一些曲线,代表在不同的频率下,艇上 1/3 成年男性乘客呕吐前,在某个垂向加速度下可忍耐的期限。例如:在频率等于 0.20 Hz 下,如果要求 2/3 的乘员没有晕船,在垂向加速度($\tilde{a}_i$)等于 0.09 g 时,只能忍耐 20 min。但在频率 0.60 Hz 下,同样垂向加速度下可承受 6 h 以上,另一方面,如果只要求忍耐 20 min,其垂向加速度可加大到 0.63 g。

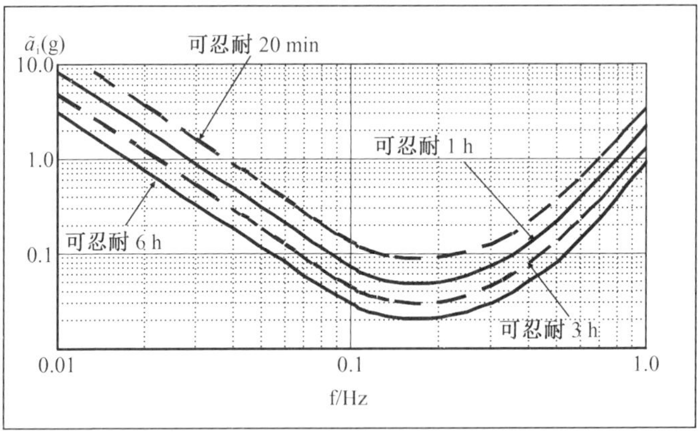

图 9 - 20 2/3 乘员呕吐前可忍耐曲线

在游艇设计中,可用表 9 - 2 简单判断该艇的适居性。

表 9-2 运动限制值[11]

运动参数	符号	限制值	单位	位置
横摇角幅值	Φ_{rms}	4.0	(°)	
纵摇角幅值	θ_{rms}	1.5	(°)	
垂向加速度	$\tilde{a}_{Vrms}$	0.2	g	重心处
水平加速度	$\tilde{a}_{Hrms}$	0.1	g	重心处

9.3.7 适航性设计考虑

游艇设计师的目标之一是从下面几个参数着手提高游艇在风浪中的适航性。

1. 艇的长宽比

艇的长宽比是一个影响游艇适航性能的重要参数,在游艇设计中,设计师在某种程度上可控制该参数的大小。一般来说,增加长宽比可改善艇的适航性能,因为在保持排水量不变的情况下,较窄的艇其加速度也较小。但是,如果太窄,艇的稳性就会太小,而且,艇的内部空间也可能不够。另外,游艇长度的增加也能改善纵摇性能,但艇的长度常常会受到艇主的制约,因为艇的长度与艇的价格密切相关。

2. 艇的舭部斜升角

艇的舭部斜升角也是一个设计师可以控制的参数。游艇的斜升角越大,其冲击加速度也越小,但是,斜升角并不是越大越好,太大的斜升角会使艇的吃水增加,或使舭部升高到水线之上,这样,会使艇的水线面积减小从而使艇的稳性降低。此外,由第7章可知,增加艇的斜升角也会增大艇在静水中的阻力。

3. 艇的纵向重心位置

艇的纵向重心位置对游艇适航性能的影响有些矛盾。大家知道,重心位置靠前可减小纵倾,而纵倾的减小会降低冲击加速度。对阻力增值的影响与航速有关,在低速下,重心前移会使波浪中的阻力增值减小,但在中速下正好相反,重心前移会加大波浪中的阻力增值。重心位置太靠前也会带来一些别的问题:像艏部淹湿性加大、随浪安全性较小等。为此,设计师可将重心适当后移,然后用压浪板或阻流板自由控制艇的纵倾,从而使艇处在最佳的航行状态。

4. 艇的初稳性高

毫无疑问,艇的初稳性高对游艇的适航性能影响甚大。对尺度比较大的游艇,初稳性高 *GM* 能满足稳性要求即可,没必要太大。但对中小尺度的游艇,情形并非如此,客户和驾驶员比较喜欢游艇“硬”一点,也就是初稳性高 *GM* 要大一些。主要原因是这样给人的感觉比较安全。

作业

作业1:

已知:某游艇的主要参数如下:

设计排水量	$\Delta = 36\ 950$	(kg)
设计水线长	$L_{wl} = 17.9$	(m)
艇舭部宽度	$B_{px} = 5.00$	(m)
有义波高	$\hat{h}_{1/3} = 1.20$	(m)
艇舭部斜升角	$\beta = 22$	(°)
横摇固有周期	$T_{\Phi} = 4.0$	(s)
艇的航速	$V_0 = 31$	(kn)
艇的航行纵倾角	$\tau = 4.5$	(°)

(1)计算上述游艇在波浪中的横摇幅值;

(2)计算上述游艇在波浪中的阻力增值;

(3)计算上述游艇在波浪中的重心处、艏部垂向冲击加速度。

9.4 在随浪和艉斜浪中的性能

9.4.1 简介

像许多小型中高速艇一样,游艇在随浪或艉斜浪中航行时总会有某种问题,其表现行为包括陷行(Trapping)、纵荡(Surging)、冲浪(Surfing)、艏潜(Bow Diving)、甩横(Broaching)等。其中,冲浪、艏潜、甩横比较危险。

当游艇在随浪中航行时,如果波长等于或大于艇的长度而艇速与波速又比较接近,那么,一旦艇处于下坡位置时,艇会迅速加速而容易失去控制,这就是所谓的冲浪现象。该现象往往是艏潜或甩横的前奏。

艏潜指在游艇随浪航行时,艇艏埋在波里的现象。一般在波长与艇长相近,同时,波速也接近于艇速时发生。它会使艇的航向失去控制,严重的话,还可能引起结构损坏和人员受伤。

这些形象的出现表示游艇存在着一定的危险,尤其以甩横为甚,控制不当甚至会出现倾覆的可能。

9.4.2 甩横(Broaching)

甩横是游艇在随浪或艉斜浪中航行时发生的一种严重的、常常是不可控制的艏摇现象,此时,尽管用舵角来调整,但艇仍然会偏离其预定的航向而突然横摆并伴随着危险的横摇和横向滑坡。如果艇的稳性储备不足,很可能会导致翻覆而沉没。所以,在游艇设计中,要特别留意这种现象。

从数学上可以这样来定义甩横[12]:艇一旦偏离了其预定的航向(Ψ_0),在使用满舵($\pm\delta_{max}$)后,仍然无法阻止该艇继续偏离($d\Psi/dt > 0, d^2\Psi/dt^2 > 0$),最终,与预定的航向偏离达25°以上($\Psi > \Psi_0 + 25°$)。

1. 发生的条件

甩横实际上是多种因素，如操纵性、适航性、艇的控制特性等组合作用的结果，多数是在下列情况下出现：

(1)航向　随浪或艉斜浪；

(2)艇速　与波速相等或相近(±15%)；

(3)艇的位置　艇处于波面(下坡)艏倾状态(图9-21)；

(4)波长　大约是艇水线长的1～1.5倍；

(5)波高　大于4%艇的水线长。

图9-21　某艇在艉斜浪中航行

2. 发生的原因

甩横的发生主要是因为游艇在随浪或艉斜浪中航行时舵所产生的恢复力矩不能够抵消波浪作用于艇上的艏摇力矩(见图9-22)。一方面，艇在波浪中由于某种原因导致艏摇力矩增加，另一方面，由于艇速和波速的接近，艉舵的来流速度相对减小，从而大大降低了舵的作用，这有点像方向盘失效而闸又失灵的汽车斜着下坡的情形，如稍遇障碍很容易就人仰车翻。

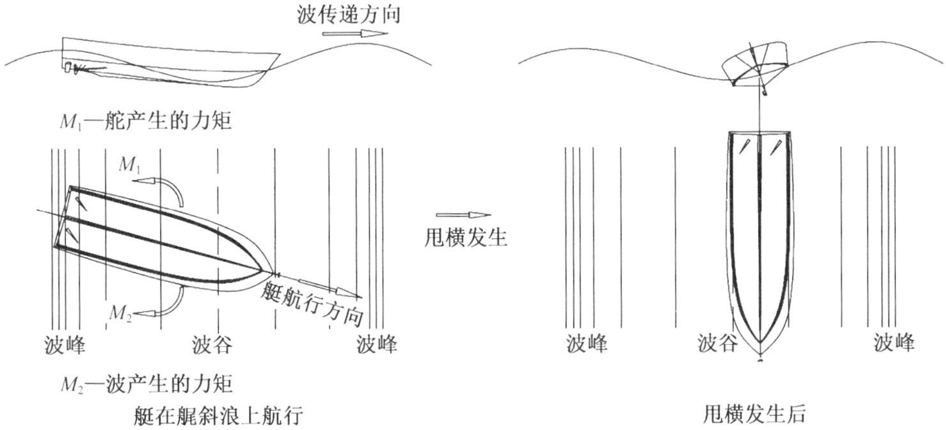

图9-22　甩横发生示意图

一般来说，在随浪中艇的航向与波传播方向大致相同，当艇速与波速相近而艇处于下坡面时，艇会加速冲向波谷，当艇艏滑行到波谷后，它可能会埋艏在前面的波中受到阻碍而突然减速，这样，艇后尾随的波会赶上艇艉，如果艇艉比较宽，它会迅速抬升，同时艏部也会进一步下埋。在这种状态下，处于波峰的艉部很容易被推向左舷或右舷而导致严重的艏摇，而此时，由于来流速度很小，艉舵起不了多大作用，结果，伴随着强烈的横摇，整个游艇可能会突然横摆在波谷中。

在艉斜浪中当艇艉处于波峰、艏部处于波谷(即下坡面)而艇速与波速正好相近时，问题就更容易出现。在艉斜浪中由于艇两侧波浪的不对称会引起两边的压力不同，该压力差会在艇上产生一个很大的艏摇力矩，另外，同样由于艉舵的来流速度相对减小而舵效大大降低，其产生的恢复力矩不足以抵消波浪作用于艇上的艏摇力矩,结果,也会出现类似的情况。

其实,甩横并不意味着艇就会翻覆,它只是引起航向的突变,从而产生了很大的横摇,翻覆真正的罪魁祸首是艇的稳性储备不够(参见第6章)。值得注意的是:在随浪或艉斜浪中,游艇的稳性与艇、波的相对位置有关,当艇的舯部在波峰附近时,稳性会变差[13]。

3. 如何避免

游艇在随浪或艉斜浪中甩横与艇速和波速之间的关系非常密切。图9-23是一个沿海和远海波浪的波速估算图,它大致给出了波速和波高的关系,供大家参考。

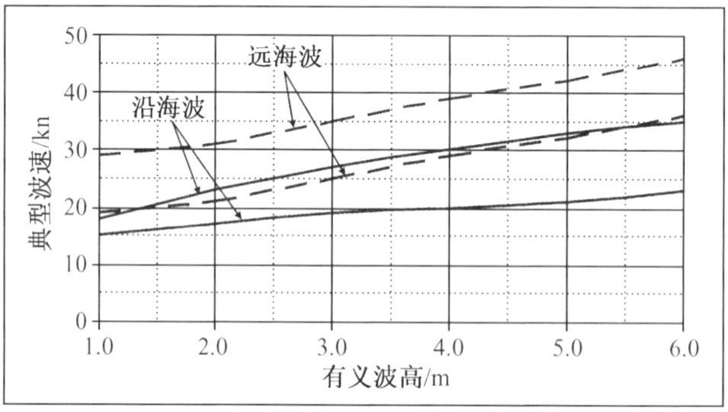

图9-23 波速估算图

在随浪或艉斜浪中航行时,游艇的安全与艇的设计、操作都有关系,单就驾驶员的操作来说,如果能做到下列几点,就有可能避免甩横现象的出现:

(1)尽量避开在危险的随浪或艉斜浪航向上航行;

(2)在波长与艇的水线长相近的海浪中,避免将艇的航速设定在波速附近;

(3)将艇的航速降低到波速的70%以下;

4. 设计考虑

作为一名游艇设计师,虽然不可能控制艇的操作,但却可以在游艇的设计和建造中控制设计参数,以确保在特殊的操作条件下游艇航行仍然是安全的。

在游艇设计时要考虑与甩横现象有关的下列几个参数:

(1)游艇的宽度

游艇在随浪或艉斜浪中航行时的行为与波浪的作用力、艇的方向稳定性关系密切,加大游艇的宽度会增加波浪作用于艇上的力和力矩,也会减弱艇的方向稳定性。由此,如果要降低甩横出现的概率,就需要减小游艇的宽度,特别是减小艉部的宽度,但是,宽度的减小又会使艇的稳性变差,反而会增加甩横出现后艇翻覆的可能。这里,又会面临一个权衡问题。至于艏部,加大水线以上的外飘比较有利,这可以增加艏部的储备浮力以便减小埋艏的机会,而埋艏也是造成甩横的一个原因。

(2)游艇的吃水

游艇的吃水对甩横的影响趋势与宽度的影响类似,但影响没有后者大。增加吃水虽然会增加波浪对艇的作用力,但却会增强艇的方向稳定性。这样,使得其影响相对减小。

(3)游艇的重心高

游艇的重心高对甩横本身的影响不大,但提高游艇的重心会大大增加甩横过程中和甩横结束时的横倾角,而这对甩横后的安全至关重要。所以,在设计时应尽量降低游艇的重心高。

(4)游艇的舵面积

我们知道,舵面积增加不仅影响到操艇能力,而且也能提高游艇的动态航向稳定性。而这两种能力又与游艇在随浪或艉斜浪中航行时的行为息息相关。上面已经提过,游艇发生甩横的原因主要是舵的最大恢复力矩不能够抵消波浪作用力矩的缘故。

舵的侧向力 F 可表达成:

$$F = 1/2\rho C_N A_r V_r^2 \qquad (9-40)$$

式中 F——舵叶侧向力,(N);

C_N——舵叶侧力系数;

A_r——舵叶侧面积,(m^2);

V_r——舵的进速,(m/s)。

从式(9-40)可知,舵叶侧向力与舵叶侧力系数 C_N、侧面积 A_r 以及进速 V_r 的平方成正比,而侧力系数又与舵角有关。当游艇在随浪或艉斜浪中航行而艇速和波速接近时,一旦艇艏偏离航向,驾驶员就会设法转动艉舵来使其回到预定的航向,但由于此时舵的进速相当小,舵叶的侧向力矩也很小,结果,往往不能够克服艏摇力矩而回到正确轨道,唯一的办法是将舵角打满,如果仍然无效,则艇的甩横就很难避免。

大家不禁会问,为什么不能增大舵叶侧面积 A_r 而加大舵的恢复力矩呢?是的,这是解决此问题的一个答案,但在甩横发生时才想到这一点可能已经太迟。所以,在设计阶段就应该对此有所考虑。

图9-24是一个甩横发生与舵叶侧面积的关系示意图,图中各曲线下方的区域为甩横不大可能发生区,而各曲线上方为甩横可能发生区。

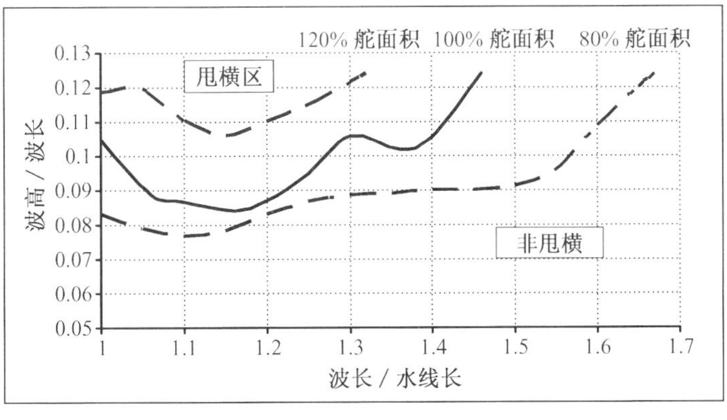

图9-24 甩横与舵面积的关系示意图

从图中可见,舵叶侧面积的大小对甩横的影响很大,增加舵叶侧面积可大大减少甩横发生的机会,也即可以大幅降低甩横现象的出现,所以,在游艇的设计阶段,就要考虑舵面积 A_r 是否足够。但是,舵面积也不是越大越好,太大的舵面积也会带来一些问题,诸如产生更大的附体阻力、需要更大的操作功率等。另外,再好的舵也得应用得当,否则,不但不能减小危险,反而有加大危险的可能。例如,当一条艇在随浪中向右横倾的同时艏部向左偏离航向,在此情况下,驾驶员一般会打右舵来调整,如果此时操舵太急,由于舵的位置远低于艇的重心,这样会产生一个相当大的右倾力矩,结果使得横倾角迅速加大,从而增加了游艇翻覆的可能[14]。

为了更直观起见,在给定波长/艇长等于1.1时,把上述几个参数对甩横的影响综合成几条曲线并绘制成一个示意图(见图9-25)。同样,各曲线下方的区域代表甩横不大可能发生区,而各曲线上方为甩横可能发生区。

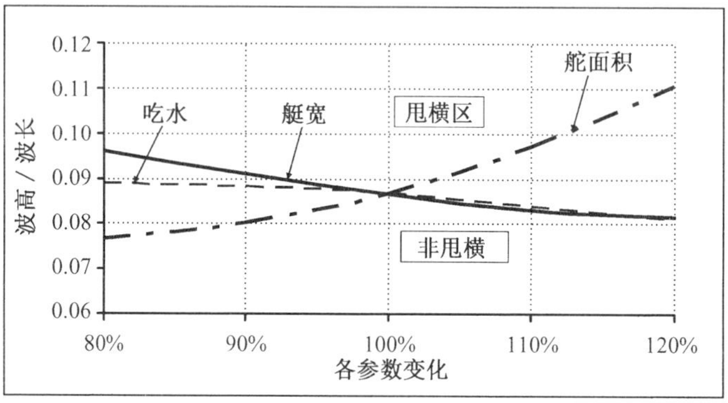

图9-25 甩横与各参数变化的关系图

参考资料

[1] LEWIS E V. Principles of Naval Architectur[M]. New York: SNAME, 1967.
[2] 李积德. 船舶耐波性[M]. 哈尔滨:哈尔滨工程大学出版社, 2007.
[3] BOWLES J. Weight Watcher[J]. professional boatbuilder, 2005, (93).
[4] SAVITSKY D, JOSEPH G K. Seakeeping of Hard Chine Planning Hulls[R]. New York: SNAME T & R42, 1992.
[5] Richard R. Managing the Ride[J]. professional boatbuilder, 1999, (61).
[6] D'ANTONIO S. The Stability of Spin[J]. professional boatbuilder, 2008, (113).
[7] SAVITSKY D, BROWN P W. Procedures for Hydrodynamic Evaluation of Planing Hulls in Smooth and Rough Water[J]. Marine Technology, 1976, 13(4).
[8] SAVITSKY D. On the Subject of High - Speed Monohulls[C]. New York: Greek Section of the SNAME, Athens, Greece, 2003.
[9] SOLETIC L. Seakeeping of Systematic Series of Planing Hulls[C]. New York: The 2nd Chesapeake Power Boat Symposium, 2010.
[10] AKERS R. Motion Control[J]. professional boatbuilder, 1999. (61).
[11] SCHLEICHER D. Regarding Small Craft Seakeeping[C]. New York: The 1st Chesapeake Power Boat Symposium, 2008.
[12] TUITE A J, RENILSON M R. The Effect of Principal Design Parameters on Broaching - to of a Fishing Vessel in Following Seas[C]. New York: RINA Transactions Spring Meetings Journal, 1997.
[13] ZBORROWSKI A, CHU H S. Hard Chine Versus Round Bottom - Comparison of Stability in Wave and Seakeeping Performance of Small Displacement Ships[J]. SNAME Transactions, 1992, 100.
[14] RUTGERSSON O, OTTOSSON P. Model Tests and Computer Simulations—An Effective Combination for Investigation of Broaching Phenomena[J]. SNAME Transactions, 1987, 95.

本章符号表

$\tilde{a}_{bow}$——艏部的平均冲击加速度,(g);
$\tilde{a}_{CG}$——重心处的平均冲击加速度,(g);
$\tilde{a}_{i}$——在某个频率下垂向加速度的均方根(rms),(g);
$\tilde{a}_{w}$——频率-加权垂向加速度,(g);
A_{r}——舵叶侧面积,(m^2);
A_{wp}——艇的水线面面积,(m^2);
B_{wl}——艇的水线宽度,(m);
B_{px}——艇舭部最大宽度,(m);
c——横摇常数;
C_{L}——艇滑行面的升力系数;
C_{N}——舵叶侧力系数;
C_{V}——艇宽弗氏数 $=V/\sqrt{gB_p}$;
C_{B}——静载荷系数;
E——单位面积的波能,($N\cdot m/m^2$);
E_{λ}——波能,表示在一个波长范围内单位宽度上波的总能量,($N\cdot m/m$);
F——舵叶侧向力,(N);
g——重力加速度,($9.81 m/s^2$);
GM——艇的初稳性高,(m);
h'——表观波高,表示相邻波峰与波谷的垂向距离,(m);
Δh——波高的间隔,(m);
$\hat{h}_{1/10}$——1/10 最大波高,(m);
$\hat{h}_{1/3}$——1/3 最大波高,(m);
$\hat{h}_{a}$——平均波高,(m);
h_{i}——每个间隔内的波高,(m);
J_{Φ}——艇的转动惯量,($kg\cdot m^2$);
δJ_{Φ}——艇的附加转动惯量,($kg\cdot m^2$);
k——波形数,表示在 2π 间距内有几个波,也称波形的频率;
KG——重心距基线高,(m);
K_{m}——常数(取 1/3);
L_{wl}——艇的水线长,(m);
m_{0}——波面具有的总能量,(m^2);
M_{h}——艇的质量,(kg);
δM_{h}——艇的附加质量,(kg);
$MSDV_{z}$——运动晕船剂量值;
N——波高总数;
n_{i}——每个间隔内波高的个数;
n_{h}——艇的升沉固有频率,(s^{-1});

n_θ——艇的纵摇固有频率，(s^{-1})；
n_Φ——艇的横摇固有频率，(s^{-1})；
R_{aw}——艇在波浪中阻力增值，(N)；
$S_\zeta(\omega)$——波能谱密度，(m^2s)；
$S_\Phi(\omega)$——横摇能谱密度函数，(s)；
T'——波表观跨零周期，表示任意相邻上穿节点在时间基线上的时间间隔，(s)；
T_0——承受加速度的时间，(s)；
T_h——艇的升沉固有周期，(s)；
T'_{max}——波表观峰峰周期，表示任意相邻波峰在时间基线上的时间间隔，(s)；
T_Φ——艇的横摇固有周期，(s)；
V_0——艇的航速，(kn)；
V_h——波粒子在水平方向上的运动速度，(m/s)；
V_r——舵的进速，(m/s)；
V_w——波的传播速度，(m/s)；
w_i——在某个频率下的加权因子；
$|W_\Phi(i\omega)|$——游艇的横摇频率响应函数，(RAO)；
α——波面角，表示波形的切线与水平线间的夹角，(rad)；
α_0——最大波面角，(rad)；
β——艇的舭部斜升角，(°)；
Φ——横摇角，(rad)；
$\Phi_{1/10}$——1/10 最大横摇角幅值，(rad)；
$\Phi_{1/3}$——有义横摇角幅值，(rad)；
Φ_{ave}——平均横摇角幅值，(rad)；
ρ——液体的密度，(kg/m^3)；
　　淡水：$\rho = 1\ 000(kg/m^3)$；
　　海水：$\rho = 1\ 025(kg/m^3)$
　　柴油：$\rho = 850(kg/m^3)$
τ——艇的航行纵倾角，(°)；
Δ——游艇排水量，(kg)；
∇——艇的排水体积，(m^3)；
ω——波的圆频率，(s^{-1})；
ω_e——遭遇频率，(s^{-1})；
$d\omega$——波频增量，(s^{-1})；
σ——波幅 ζ_a 的均方差，(m)；
σ_Φ——横摇角 Φ 的均方差，(rad)；
μ_h——升沉无因次衰减系数；
μ_θ——纵摇无因次衰减系数；
μ_Φ——横摇无因次衰减系数；
ζ_a——波幅，从静水面到波峰或波谷的垂向距离，(m)；
χ——游艇航向与波传递方向间夹角，(°)。

第 10 章　游艇的附体设计

10.1　概　　述

随着游艇的不断发展，现代游艇的装机功率越来越大，而所要求的速度也越来越高，从而使得附体对游艇性能的影响变得更加显著。首先，就游艇的阻力性能来说，当艇的航速达到 30 kn 时，其附体阻力和喷溅阻力之和能占到总阻力的 15% 以上，可见附体设计的好坏对阻力性能的影响不小。其次，就游艇的推进性能而言，某些附体，像艉隧道、轴倾角、轴支架等对推进性能的影响也很大。另外，在游艇的操纵性能方面，舵等附体的设计更是影响游艇操纵性能的关键因素之一。

那么，游艇的附体究竟包括哪些呢？笼统而言，除过艇体本身以外的所有水下部件都可称为附体，包括中龙骨、舭龙骨、艉舵、桨轴、轴支架、减摇鳍、艏推器、艉推器、压浪板、楔形板、海底阀等。

本章主要以艉舵的设计，防溅条的设置、压浪板以及楔形板的布置为重点，也会简单提到其他附体的选择和应用。

至于艉隧道的设计，本来把它放在第 2 章和艇体一起来考虑似乎更合适，但由于它的设计与推进性能息息相关，所以，放在本章内容显得比较连贯一些。

10.2　螺旋桨艉隧道(Tunnel)设计

10.2.1　简介

在游艇设计中，先估算出艇的重量重心、阻力及有效功率，接着，根据设计航速选定主机的功率和传动系统的减速比，然后，就是螺旋桨的设计。我们知道，在螺旋桨设计中，直径的大小是一个非常重要的因素。如果直径太小而桨的面积不足，就会产生过量的空泡，从而带来一系列的问题：太低的螺旋桨效率、过大的振动和噪声、螺旋桨和艉舵的空蚀等。一般来说，解决这些问题的一个有效方法是加大螺旋桨直径。然而，这会带来两个结果：(1)增加艇的吃水 d_1；(2)加大桨轴的倾斜角 ε_1(参见图 10 - 1)。前者会使游艇在浅水区航行困难，后者会使螺旋桨的效率降低，也可能产生过量的空泡、振动和噪声。这样，好像处在两难境地：螺旋桨直径太小不行，加大直径也可能带来其他问题，怎么办？

面对上述问题，一个有效的方法就是在艇的底部靠近螺旋桨的上方设计一个艉隧道。

艉隧道指螺旋桨上方艇底的型线局部设计成隧道状的弧形曲面。该曲面向前延伸的部分与艇底表面要平顺连接(参见图 10 - 1)。

在游艇设计中利用螺旋桨艉隧道可取得的效果包括：(1)减小桨轴的倾斜角 ε_2，从而降低螺旋桨叶片的水动力变化；(2)减小艇的吃水 d_2 使其可以在较浅的水中航行；(3)增加螺旋桨的直径使空泡产生的机会减少；(4)推进系统布置灵活；(5)改进舱室布置。

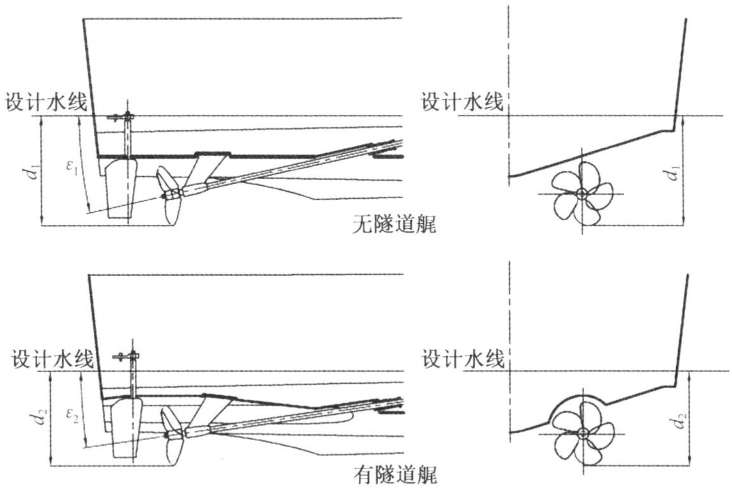

图 10-1 艉隧道游艇桨轴示意图

需要指出的是中高速游艇的艉隧道设计并不容易。好的设计会减小艇的阻力,增加螺旋桨的推进效率,提高游艇的航行性能[1],而一个差的设计将会带来许多不利后果。所以,我们应该把艉隧道和推进系统作为一个整体与游艇的设计一起来综合考虑。

与无隧道游艇相比,有隧道游艇的性能一般有下列变化:(1)航行纵倾角增加 7% ~10%,主要原因是后部浮力以及滑行面减少之故;(2)裸体阻力会增加,但由于隧道对附体的遮蔽作用,导致隧道内的附体阻力相对较小,这意味着总的阻力相差不大[2]。

10.2.2 艉隧道的构成和分类

艉隧道是由多个曲面组合在一起与艇底相交而形成的,主要由三部分构成:(1)入水区。指前段曲面的前缘和后缘之间的区域;(2)工作区。指前段曲面的后缘到螺旋桨叶稍之间的区域;(3)出水区。指螺旋桨叶稍到艇艉出水口之间的区域(参见图 10-2)。

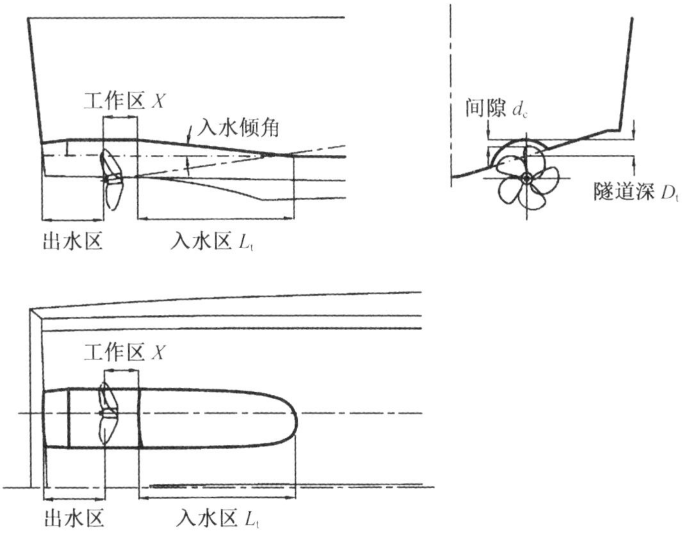

图 10-2 游艇艉隧道构成图

艉隧道的深度 D_t 是指在螺旋桨轴线垂直平面内艉隧道的深度。常按其所占该处艉隧道直径的百分比来表示。例如30%隧道深是指 D_t 与隧道直径的比值为30%。

根据不同的艇型和速度以及不同的推进装置,艉隧道一般可分为下列四种类型:(1)拱顶形;(2)平顶形;(3)混合形;(4)六面形。(参见图10-3)

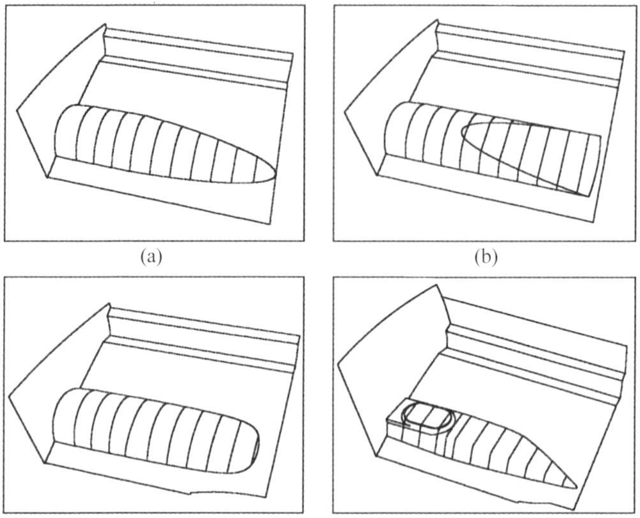

(a)　(b)　(c)　(d)

图10-3　游艇艉隧道类型示意图

(a)拱顶形;(b)平顶形;(c)混合形;(d)六面形;

(1)拱顶形艉隧道

拱顶形艉隧道由两个直径相同的弧形面与艇底表面相交而成,主要适用低速、中低速(一般低于20 kn)游艇。

(2)平顶形艉隧道

平顶形艉隧道由一个弧形面(桨工作区)与一个平面(入水区)组合在一起与艇底表面相交而成,主要适用中高速、高速(一般高于35 kn)游艇。

(3)混合形艉隧道

混合形艉隧道由一个直径相同的弧形面(桨工作区)与一个直径变化的弧形面(入水区)与艇底表面相交而成,该变径弧形面的前端近似平面而后端与工作区弧形面相接。主要适用中速、中高速(一般介于20～35 kn)游艇。

(4)六面形艉隧道

六面形艉隧道由两个正六边形面组合在一起与艇底相交而成,主要适用于某些特殊推进装置,像"宙斯"(ZEUS)垂直传动的游艇。

10.2.3　艉隧道的设计指导

在游艇艉隧道设计过程中,一定要把它和螺旋桨的水动力交互作用当作一个整体来考虑。艉隧道形状会影响到螺旋桨的性能,而螺旋桨的设计和布置也会显著影响艉隧道表面的压力分布。由于中高速游艇在艉半段的水流和艇底纵剖线的方向大体一致,所以艉隧道的纵向形状对游艇性能的影响很大。

正如上面所提到的，艉隧道由三个区域构成，即入水区，桨工作区，出水区。每个区域按游艇的设计速度有着不同的设计要求，而螺旋桨在艉隧道内的纵向位置对游艇的性能也有很大的影响。

1. 入水区的设计指导

该区域的设计影响到水流从艇底表面向艉隧道表面的平稳过渡。这个过渡要适中。太长会使艉部损失太多的浮力和动升力，太短会使纵向倾斜太大而造成水流分离。对于中速游艇($1.5 \leqslant F_V \leqslant 3.0$)，有人建议[3]入水段长度 L_t 要等于7倍的艉隧道深度(D_t)，也有人推荐该斜度与艇底纵剖线的夹角不大于15°。根据作者自己的设计经验，建议该夹角要小于12°，入水段长度 L_t 取在(5 ~ 10) D_t 的范围。艇的速度越高，这个夹角应该越小，相应地，入水段的长度也应加长。此外，入水区的宽度应不大于螺旋桨处艉隧道的宽度。入水段横剖面形状可根据游艇的设计速度和推进装置的不同而选择拱顶形、平顶形、混合形或六面形。

2. 桨工作区的设计

桨工作区上方的曲面呈弧形，其中心要与螺旋桨的轴心重合，这样可使螺旋桨叶梢与艉隧道之间的间隙基本上保持一致。在该区域内，曲面的轴线一般应与游艇的设计水线平行。

该工作区的设计对螺旋桨的效率有很大的影响。特别要注意螺旋桨离入水区后缘的纵向距离(X)，该距离若是太小，则意味着螺旋桨太靠近入水区，由桨的吸力造成的低压可能增加艉隧道的阻力。但是，该距离也不可太大，以免入水段倾斜太大而造成水流的分离和损失的浮力太多。设计者要根据艇的速度以及桨的性能来决定。图10-4给出了一个在艉隧道内螺旋桨位置的设计指导[4]。在图10-4中，D 是螺旋桨的直径，K_T 和 J 分别是螺旋桨的推力系数和进速系数。

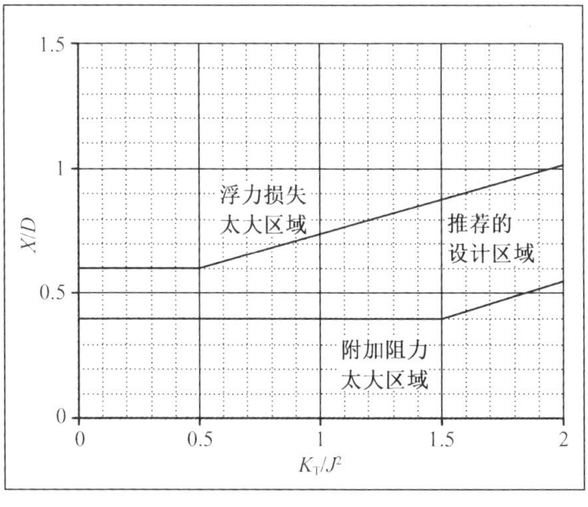

图10-4 螺旋桨在艉隧道内合适的位置

螺旋桨在艉隧道内的叶梢间隙(d_c)可以小于无隧道时的间隙。随着间隙的减小,螺旋桨的效率会增加,这主要是因为叶梢能量在隧道内损失减小以及伴流比较均匀的缘故。当间隙较小时,也容易控制隧道内的叶频压力。有设计师认为只要情况允许,该间隙越小越好,甚至可以小到螺旋桨直径(D)的0.5%,即 $d_c/D = 0.5\%$。作者曾试过将 d_c/D 减小至5%,虽然桨的效率不错,但艉部振动太大,结果得不偿失。根据格利高莱(Gregory)[5]和作者的经验,$d_c/D \geqslant 10\%$ 比较合适。此外,要注意桨叶数与隧道侧边的配合,避免在螺旋桨旋转过程中一个叶片进入隧道的同时,另一个叶片正好从隧道内转出。

3. 出水区出口的设计

该出口区的横向截面的纵向分布对艇的航行纵倾角影响很大。对于处于半滑行速度($1.0 \leqslant F_V \leqslant 3.0$)的中速艇来说,在隧道出口缩小其横截面可以增加螺旋桨后面的水流压力。这个压力的增加可使桨的推力增加,隧道的阻力减小,从而有效地减小艇的有效功率[6]和航行纵倾角,提高艇的速度。

游艇的艉隧道出口横截面缩小的形状一般有三种:(1)双边圆弧形;(2)双边直线形;(3)等距圆弧形。

一般来说,当截面缩小量相同时,第1种效果最好,但第3种更容易取得较小的横截面。图10-5是隧道出口缩小对游艇的功率和航行纵倾角的影响效果图。

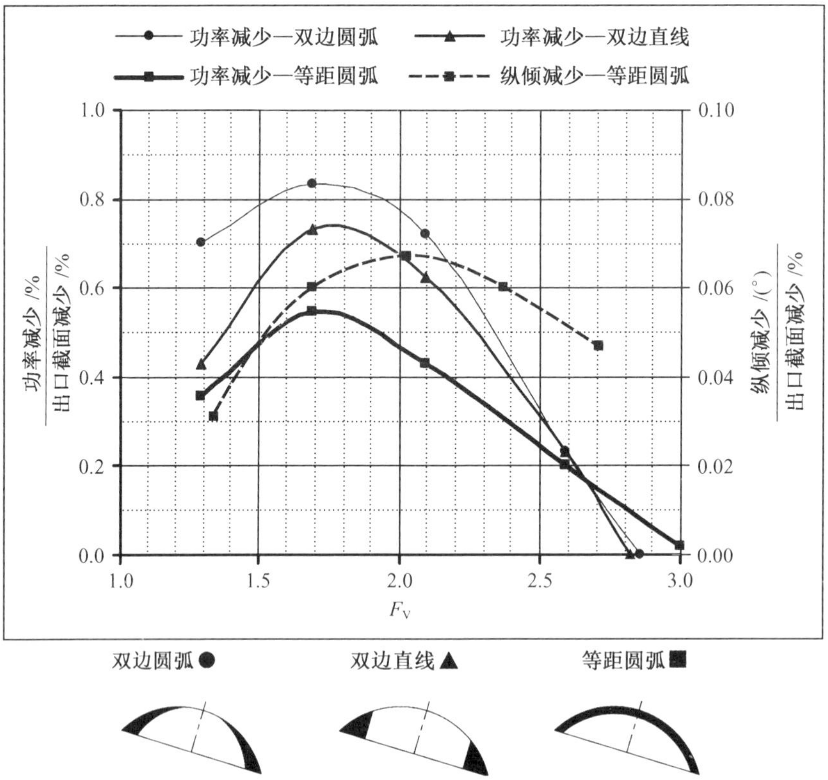

图10-5 功率/纵倾减小效果图

假设一条艇的艉隧道出口横截面是等距圆弧形，由图 10－5 可知，当 $F_V=2.0$ 时，左边纵坐标值为 0.47，是指如果其截面缩小 15%，功率的减少大约在 7% 左右（$=0.47\times15\%$）。同样，航行纵倾角的改变可从右边纵坐标查得，当 $F_V=2.0$ 时约为 0.069，由此，该艇的航行纵倾角的减小也可算出，大约在 1°左右（$=0.069\times15$）。

图 10－6 和图 10－7 分别为一条游艇在艉隧道出口横截面减少 18% 前后的对比试验结果。从图中可以看出，当艉隧道出口横截面减少 18% 后，艇的航行纵倾角减小 1°，有效功率减少 10% 左右，而速度增加大约 1kn。

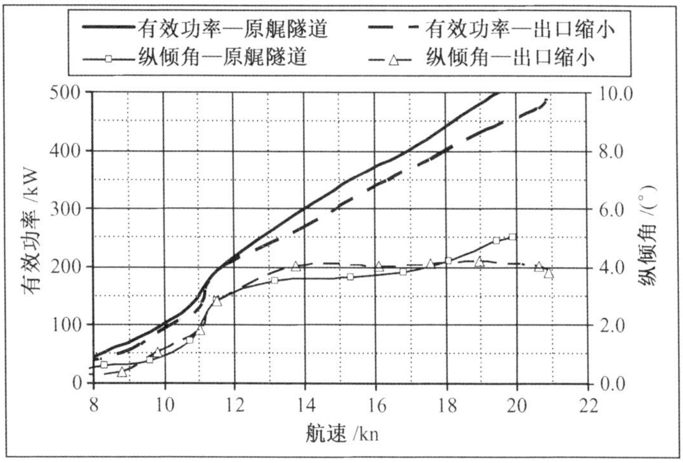

图 10－6 纵倾角和有效功率减小

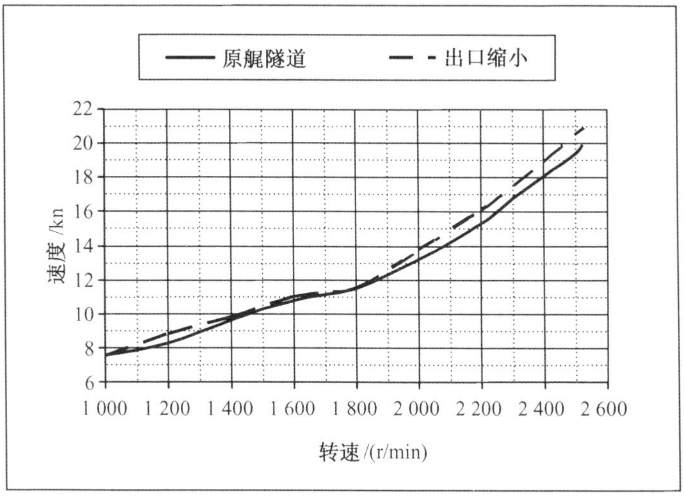

图 10－7 速度增加

然而，对于中高速（$F_V>3.0$）游艇来说，缩小该截面时要格外小心，因为在螺旋桨后面的水流加速会产生一个艏倾力矩，该力矩会导致阻力过大，也可能诱导艇产生摇艏以及动态不稳定横倾。

在游艇艉隧道设计过程中,也要考虑它对艇后退性能的影响。当艇低速后退时,如果隧道太深就有可能把艉部水表面的空气吸进来。此外,也应考虑舵在艉隧道内的位置和最大舵角,当艇后退时,应避免它们挡住螺旋桨的来流。

游艇艉隧道的深度设计应该综合考虑游艇的尺寸和推进系统。一般来说,中高速游艇的隧道深度不应大于螺旋桨处隧道直径的40%。

10.2.4 艉隧道的设计步骤

游艇艉隧道的设计可分成下列几个步骤:

(1)根据游艇的航行区域给出游艇的最大吃水;

(2)根据游艇的重量重心、有效功率以及设计航速,选定主机和传动系统;

(3)设计螺旋桨的参数:直径、螺距、面积、叶数等;

(4)由艇的吃水要求、桨轴倾角(≤12°)以及螺旋桨的直径、叶梢间隙($d_c/D \geq 10\%$)决定螺旋桨处艉隧道的直径;

(5)按此直径在纵向设计一个轴线平行于游艇水线的圆柱面;

(6)根据螺旋桨的进速系数(J)和推力系数(K_T)给出螺旋桨到入水段后缘之间的纵向距离(X);

(7)由艇的速度决定隧道入水段的类型、长度、倾角(≤12°);

(8)由艇的速度和航行纵倾角决定隧道出水段出口横截面的缩小量。

按上述步骤完成后,还应仔细检查该艉隧道的深度是否太深、入水区的宽度是否小于螺旋桨处艉隧道的宽度、入水段倾角是否太大、出口段横截面是否收缩太多。此外还要注意,在艉隧道内的水流尽量不应受到干扰以免破坏隧道内水流的连续性。像海底阀等就不应布置在隧道正前方,艉轴管不要突出艇底或隧道表面,轴支架固定面板应收到隧道内以保持与表面平齐等。

10.2.5 艉隧道设计范例

例1:"海豚号"游艇的设计参数如下:

已知:

Δ——满载排水量	27 223	kg
∇——满载排水量体积	26.56	m^3
d_{max}——艇最大吃水	1.50	m
V_0——设计航速	34.0	kn
D——设计螺旋桨的直径	0.864	m
P——设计螺旋桨的螺距	0.963	m
EAR——螺旋桨的盘面比	0.85	
Z——螺旋桨的叶数	4	
n——设计螺旋桨的转速	1 202	r/min
ε——螺旋桨轴的倾斜角	8.00	(°)

从上述参数可求得下列重要系数：

艇的体积弗氏数 F_V =	3.23
桨的进速系数 J =	0.978
桨的推力系数 K_T =	0.117

根据这些系数，我们给出“海豚号”艉隧道设计的完整过程：

(1)设计螺旋桨的直径 D(0.864 m)，如果我们取叶梢间隙 d_c 为螺旋桨直径的10%，那么，d_c 就是0.086 m，由此得出螺旋桨上方的艉隧道直径为1.04 m，其深度 D_t 为0.23 m；

(2)按此直径在纵向设计一个轴线平行于游艇水线的圆柱面；

(3)根据螺旋桨的进速系数 J 和推力系数 K_T，得出的 K_T/J^2(=0.122)，取 X 为0.457 m(X/D =0.546)；

(4)由艇的设计航速(34 kn)决定隧道形状为混合形、入水段长度 L_t 为2.087 m(=9.9 D_t)、轴倾角取为8°(≤12°)；

(5)由艇的设计航速(34 kn)和航行纵倾角(<5°)，决定隧道出水段出口横截面缩小15%。

图10-8为根据上述设计步骤为“海豚号”艇绘制的艉隧道设计草图。从此图可知，该艇的最大吃水大约是1.264 m，可以满足设计要求。

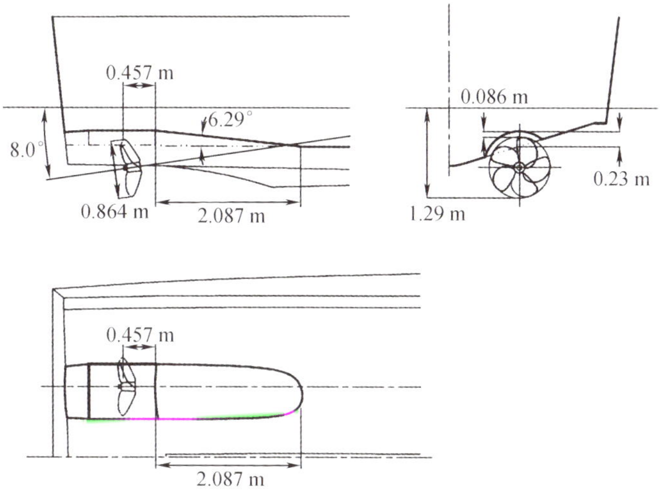

图10-8　假想艇艉隧道设计草图

作业

作业1：假设一条游艇的设计参数如下：

游艇最大吃水 <1.6 m；

设计航速 V_0 =31 kn；

满载排水量 Δ =36 950 kg；

设计螺旋桨的直径 $D=0.889$ m;
螺距 $P=0.963$ m;
盘面比 $EAR=1.00$;
叶数 $Z_B=4$;
设计螺旋桨的转速 $n=1\ 050$ r/min;
螺旋桨轴的倾斜角 $\varepsilon=10°$。
试根据上述参数给出艉隧道主要设计参数。

10.3 艉舵(Rudder)设计

10.3.1 简介

一条游艇,不管是在广阔无垠的大海里保持航向航行,还是在狭窄拥挤的航道内左右回转,都必须依靠某种控制装置才能实现,艉舵正是这样一种常用装置。

艉舵的设计也不简单,不仅要考虑舵叶本身的尺寸、构形、动力性能,而且要考虑它的安装、与艇和桨的相对位置,甚至某些细节都不能忽略,否则会带来严重的后果。

这里有一个小故事与大家分享。多年前,某游艇公司在试航中发现:每当游艇全速回转到某点时就完全失控。尽管做了种种尝试,但都无济于事,鉴于第二天就得按合同交货,事情已迫在眉睫,无奈之下,求助于作者。根据他们的描述,作者感到应该是舵出了问题,但究竟是什么原因造成的呢?为此,我们进行了一次实艇试验。那次试航的经历真是惊心动魄,终生难忘。那天,湛蓝的天空浮着几朵白云,清澈的海水泛着微微涟漪,是一个难得的试航好天气。开始时,漂亮的游艇航行平稳,像一匹训练有素的战马,随着艇长的指挥左旋右转,非常温顺,似乎一切都还正常。但在全速回转时,战马突然变成了发狂的野马,刹那间,头上被汹涌的海水覆盖而看不到蓝天。心想"完了",时间好像一下子定格在那里……感觉上仿佛过了许久,我们才终于"重见天日"。这时,只见该游艇正全速向岸边冲去,好在离岸还有一段距离,更幸运的是周围没有其他船只,否则后果不堪设想。

针对上述失控情况并根据自己的经验,我们很快就找到了原因,其实,原因很简单,"肇事者"只是舵轴管内一个小小的橡胶密封圈,重新更换这个"罪魁祸首"后再试,问题就迎刃而解了。

大家不禁要问,为何一个小小的密封圈会引起这么严重的后果呢?在学完本节的内容后,结果自有分晓。

10.3.2 艉舵的构成和种类

在了解游艇艉舵的性能之前,有必要重新复习一下其基本知识。

1. 艉舵的基本参数

艉舵的基本参数可划成两类:
(1)几何参数(见图 10-9)
S——舵叶翼展,(m);
C——舵叶平均弦长,A_r/S,(m);

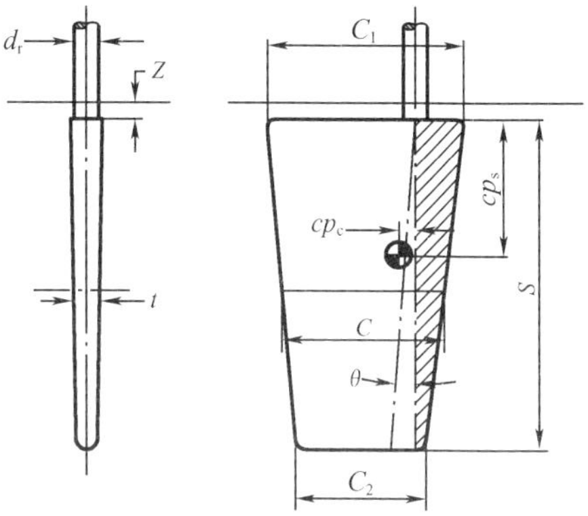

图 10-9　艉舵的几何参数

C_1——舵叶根部弦长,(m);
C_2——舵叶梢部弦长,(m);
t——舵叶厚度,(m);
A_r——舵叶侧面积,(m^2);
A_f——舵轴前的平衡面积,(m^2);
AR——舵叶展弦比,S/C;
cp_s——压力中心到舵顶的距离,(m);
cp_c——压力中心到舵轴的距离,(m);
t/C——舵叶厚度比;
θ_r——后掠角,(°);
λ——收缩比,(C_2/C_1);
d_r——舵轴直径,(mm);
z——舵叶与艇底的间隙离,(mm)。

(2)动力参数

①升力系数 C_L

$$C_L = L_r/(1/2\rho A_r V_r^2) \tag{10-1}$$

式中　L_r——舵升力,(N);
ρ——流体密度,(kg/m^3);
V_r——舵的进速,(m/s);
A_r——舵叶侧面积,(m^2)。

②阻力系数 C_D

$$C_D = D_r/(1/2\rho A_r V_r^2) \tag{10-2}$$

式中,D_r 为舵叶阻力,(N)。

③侧向力系数 C_N

$$C_N = F/(1/2\rho A_r V_r^2) = C_L \cos\alpha_r + C_D \sin\alpha_r \tag{10-3}$$

式中　F——舵叶侧向力,(N);
α_r——舵叶转角,(°)。

④扭矩系数 C_M

$$C_M = Q/(1/2\rho A_r V_r^2 C) \tag{10-4}$$

式中,Q 为相对于舵轴的扭矩,(N·m)。

2. 舵的种类和特点

根据剖面形状游艇的舵叶可分成下列几种:

(1)翼形(NACA)舵　其优点是在中低速下升力大、阻力小,舵效好。但它在中高速下容易失速,其空泡性能也差。所以,最适合应用于中低航速下的游艇。

(2)楔形(Wedge)舵　其优点是在中高速下升力大、失速角大,空泡性能佳。它的缺点是阻力大,需要的转动力矩也大。对中高速游艇比较适用。

(3)平板形舵　其主要优点是制造成本低。此外,其升力较小、阻力适中,空泡性能也不是太差,对于价格比较低廉的游艇,这型舵是一个不错的选择,但对豪华游艇来说,最好不要选用。

(4)抛物线形舵　该型舵的特点与楔形舵相差不大,只是其阻力比前者稍低一些,但是制造成本可能更高,也适用于中高速游艇。

就现代中小型私人豪华游艇来说,中低速艇一般用翼形舵,而中高速艇则多用楔形舵,至于中速艇,则要视具体情况而定。下面的内容主要针对这两种不同的舵来展开。

10.3.3　艉舵的设计

在设计游艇的艉舵时,为了避免危险的舵叶“失速”,舵叶的最大舵角一般都限制在35°之内。

1.舵叶面积决定

舵叶面积对游艇的操纵性有很大的影响。在决定舵的面积时,不仅要考虑它对游艇的操纵能力,而且也要确保在全速回转时游艇仍能向内倾斜。假如我们仅考虑游艇的阻力性能,舵的尺寸当然是越小越好,但是如果舵的尺寸太小,艇的操纵性就会很差。另一方面,尺寸太大也似乎没有必要,因为这会产生过大的阻力从而影响游艇的航速,也需要更大的操舵功率来驱动它。

DaveGerr[7]给出了一个计算动力游艇在不同设计条件下所需舵叶侧总面积 A 的公式:

$$A = K_m [0.5134\Delta / (V_0 L_{wl}^{2.5})]^{0.5} \tag{10-5}$$

式中　K_m——舵叶面积系数;

L_{wl}——艇的设计水线长,(m);

Δ——艇的设计排水量,(kg);

V_0——艇的设计航速,(kn)。

$$K_m = (L_{wl})^{1.5} / 90.56 \tag{10-6}$$

Blount 等[8]给出了另一个决定游艇在不同载荷、不同航速下所需舵叶总面积的图表,为应用方便,作者对此做了一些改动。改动后的结果呈现在图 10-10 中。

从图中可知,在相同排水量下,游艇的航速越高,所需舵叶面积越小。例如,一条50 000 kg排水量的游艇,如果设计航速是 15 kn,其需要的舵叶面积至少要 0.83 m^2,但若设计航速提高到 40 kn,只需要 0.57 m^2 即可。

注意,式(10-5)和图 10-10 中的舵叶面积指所有舵叶加在一起的侧总面积,如果是双舵,每个舵叶所需的面积只是总面积的一半。

两者给出的结果如有不同,可取它们的平均值,有时为了保险起见,取二者之中较大者。

在概念设计阶段,可用下列几个近似公式粗估所需舵叶的侧总面积 A:

(1)对中速高段、中高速游艇(半滑行高段、滑行)

$$A = (1.8\% \sim 3.0\%) L_{wl} d \tag{10-7}$$

(2)对中低速、中速低段游艇(高速排水、半滑行低段)

$$A = (3.0\% \sim 4.0\%) L_{wl} d \tag{10-8}$$

式中 L_{wl}——艇的设计水线长,(m);
d——艇的主艇体吃水,(m)。

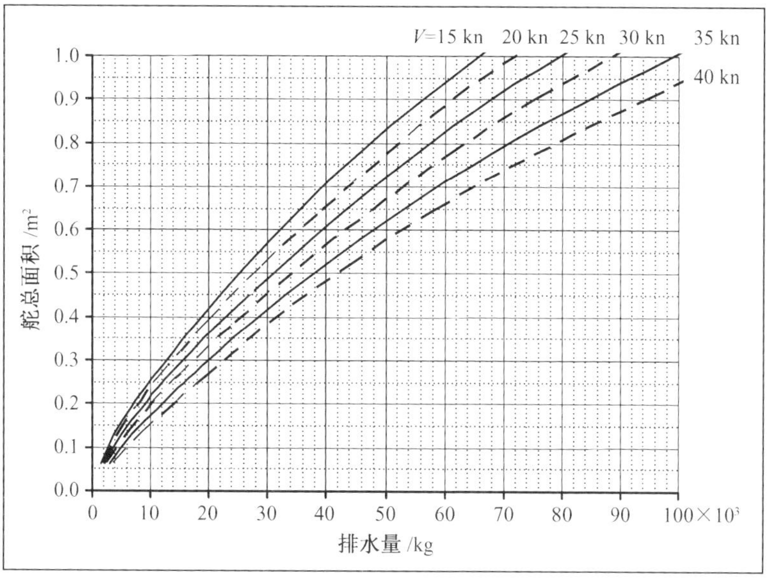

图 10-10 艉舵的舵叶面积选择参考

2. 舵叶剖面形状的决定

(1)翼形(NACA)剖面(见图 10-11)

NACA 剖面有许多种,就舵效来说,NACA0010 剖面的效果最优,但其厚度比 t/C 太小(=0.1),例如,一个平均弦长 C 等于 0.35 m 的舵板,其最大厚度只有 35 mm,在舵轴位置的厚度仅是 30 mm,无法容得下一个强度足够的舵轴。为此,在为中低速游艇设计舵时,多选用 NACA0015 剖面,该剖面的厚度等于弦长的 15%,最大厚度在弦长的 30% 处,导边半径为舷长的 2.48%。

NACA 剖面舵的压力中心比较靠近导边,在小角度摆动时,其压力中心近似取 20% C[9],但在最大 35°舵角下,向后移到 35% C 附近[10]。在考虑舵轴的位置时,按小舵角时的压力中心位置决定。在计算舵的扭矩时,则按最大舵角时的压力中心计算。

(2)楔形(Wedge)剖面(见图 10-12)

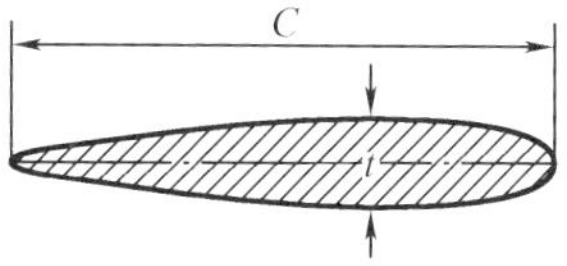

图 10-11 NACA0015 剖面示意图

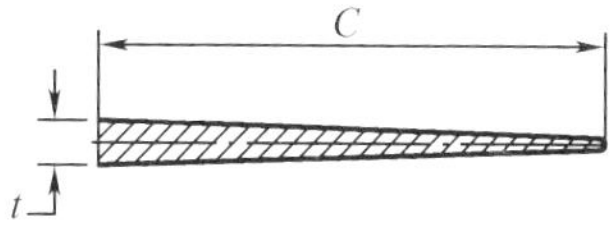

图 10-12 6°楔形剖面示意图

楔形剖面角取 4°为最佳,但考虑到舵板强度等因素,也有取 6°的。比起 NACA 剖面,该剖面对导边的厚度更加敏感,导边一般比较尖瘦,但也不太尖。厚度保持在 0.2% 弦长以下即可。其随边应保持尖角,最大厚度在随边处,其厚度值由剖面角决定。

楔形剖面的压力中心比 NACA 剖面靠后,在小舵角和最大 35°舵角下分别近似取弦长的 25% 和 40%[11]。

(3)舵叶剖面形状的选取

舵叶剖面的形状和游艇的航速有很大的关系。对中小型游艇来说,在艇的设计航速小于 25 kn 时,选用翼形(NACA)剖面舵较佳,但对于设计航速大于 25 kn 的游艇,楔形剖面舵更适合。

由图 10-13 可知,在中低速(20 kn)下,当舵角小于 15°时,两种剖面的升力系数相近,但 NACA 剖面的阻力系数比楔形剖面的小许多,只是后者的 1/4 ~ 1/2,这就是 NACA 剖面的优势所在。在舵角大于 20°时,虽然楔形剖面的升力系数较高,但它的阻力系数也较大,考虑到大舵角的使用率比小舵角要低得多,所以,翼形(NACA)剖面舵比较适合应用在中低速、中速低段的游艇上。

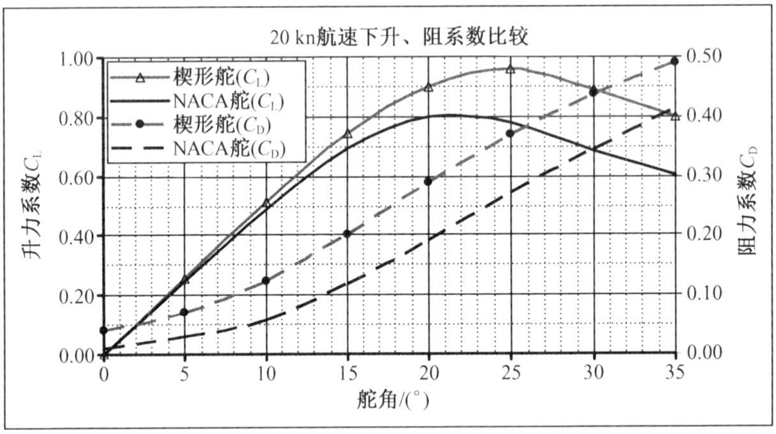

图 10-13　两种舵在 20 kn 时的性能比较

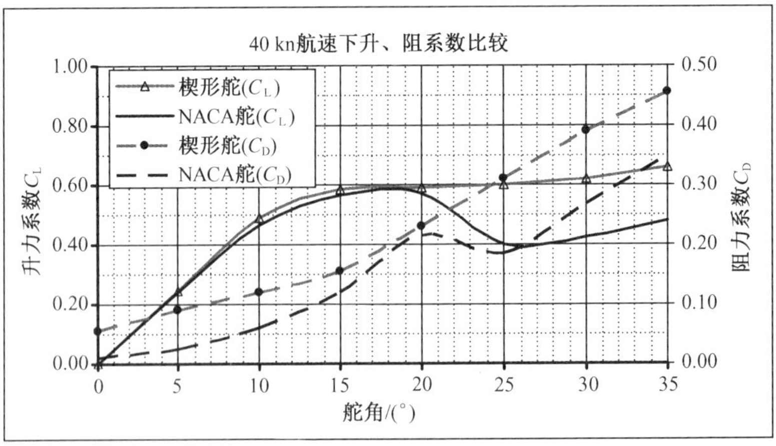

图 10-14　两种舵在 40 kn 时的性能比较

而在中高速下,虽然,NACA 剖面的阻力系数仍然较低,但它的致命缺点是失速角比楔形剖面的要小许多。一旦舵出现失速,其升力就会急剧下降,舵将失去操纵游艇的能力。可以想象,一条高速航行但无法操纵的游艇会有多么危险。从图 10－14 可看出,在 40 kn 的高速下,NACA 剖面舵从 20°舵角就开始失速,但楔形剖面舵的升力可一直维持到 35°。由此可见,楔形剖面舵更适用于中高速游艇。

3. 舵叶侧面形状的决定

舵叶的侧面形状与"倒"梯形有点相似,靠近艇体的根部较大,往下逐渐收缩直至叶梢。舵叶的导边一般从上到下向后倾斜,随边有的垂直,有的略微前倾。对于双舵来说,为了防止转动时碰到艇底,其叶根前后两个角都需要处理,在导边处可设计成一个圆弧(中低速艇)或切成小斜角(中高速艇),在随边处可切去一大块斜角,后者除了避免碰到艇底外,还有防止舵进气的功能。对于 NACA 形舵,为了减少横向流带来的阻力,其叶梢会修成圆弧形(参见图 10－15)。

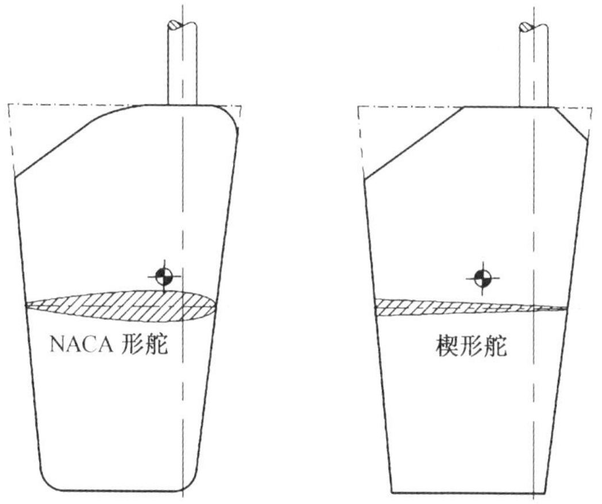

图 10－15 舵的侧面形状

(1)展弦比

舵叶的展弦比对舵的性能影响较大,一般来说,展弦比越大,在相同舵角下的升力系数就越高,舵的性能也越好。但大展弦比的失速角比较小,阻力也会有所增加。以 NACA 剖面为例(见图 10－16),在舵角等于 20°时,若展弦比从 1.0 增加到 2.0,其升力系数将增加约 30%。但是,后者的失速角比前者的小 8°左右。另一方面,如果展弦比太大,舵板会变得瘦长,这可能会给舵轴、轴承、甚至舵叶本身带来强度问题。此外,太大的展弦比也会增加游艇的吃水,在浅水区航行比较困难。所以,在游艇的设计中,舵叶的展弦比一般控制在 1.5～2.0 之间。在某些特殊情况下,可超出此范围,但不得大于 2.4,也不要小于 1.0。

(2)平衡面积比

舵叶的平衡面积比指舵轴前面的面积与总面积之比值,所以,它与舵轴的位置直接相关。在给定舵叶侧面形状的情况下,选择舵叶的平衡面积就是决定舵轴的位置。选择的原则是:舵叶上的压力中心应该在舵轴后面一个适当的距离内。应当注意,该压力中心并不在一个固定位置,而是会随着舵角而变动,当舵角加大时向后移动,反之则向前。在决定舵轴的位置时,一般先计算小舵角下压力中心的位置,然后给出该中心至舵轴的距离。该压

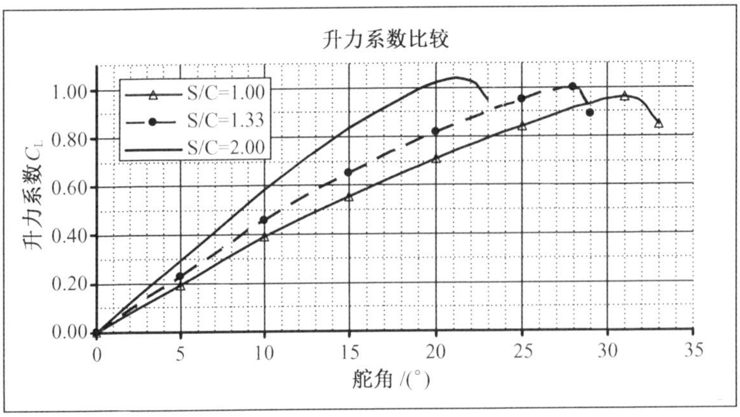

图 10-16　不同展弦比对舵的升力系数影响

力中心不能在舵轴的前面,不然舵叶上的扭矩将成为负值,会产生危险的舵“失稳”形象,即舵角不能自动保持在0°,而是向左或向右“漂”一个角度,从而使得游艇忽左忽右,来回晃荡,无法进行直航。另外,最大舵角下压力中心的位置将影响舵叶上的扭矩,它和舵轴之间的距离不能太大,否则会大大增加舵叶上的扭矩,从而需要更大功率的操舵装置来控制舵的转动。

舵叶平衡面积的选取与舵叶的剖面形状有关。如果是 NACA 剖面,由于它的压力中心比较靠近导边,所以,其平衡面积应该小一点。但若是楔形剖面,其平衡面积则要取大一些,这主要是因为它的压力中心比较靠后的缘故。具有上述两种剖面形状的舵叶,其平衡面积的取法如下:

NACA 剖面:取 15% 左右;

楔形剖面:取 20% 上下。

(3)收缩比

舵叶的收缩比对舵的性能影响不是很大,只是收缩比大的舵叶其最大升力系数和失速角都大一些(见图 10-17),相应地,其阻力也会有所增加。用于游艇的舵叶收缩比可以选在 0.5 ~ 0.8 之间。

10.3.4　艉舵的布置

上面我们已经知道了各个参数对舵叶性能的影响,也学会了在设计艉舵时如何选择这些参数。这是否就意味着我们能为游艇设计出一型性能优异的艉舵呢?也许能,但不一定。如果把这所谓“优异”的艉舵布置在一个不合适的位置上,答案就是否定的,不但舵的优异性能发挥不了,而且会使其性能恶化。由此可知,艉舵的位置也是十分重要的。

1. 艉舵的纵向位置

从理论上来讲,游艇的艉舵越靠后,其产生的回转力矩就越大,舵效也越好。但如果舵叶的随边延伸出艇艉板,在游艇全速回转时舵叶产生的负压可能会将水面的空气抽吸到舵叶上来,此时,艉舵会突然失去效用,出现像本节开头小故事里那样惊心动魄的情形。为了防止发生这种吸气现象,游艇的艉舵大多布置在艇体艉板内,由艉板覆盖,其随边收进艉板

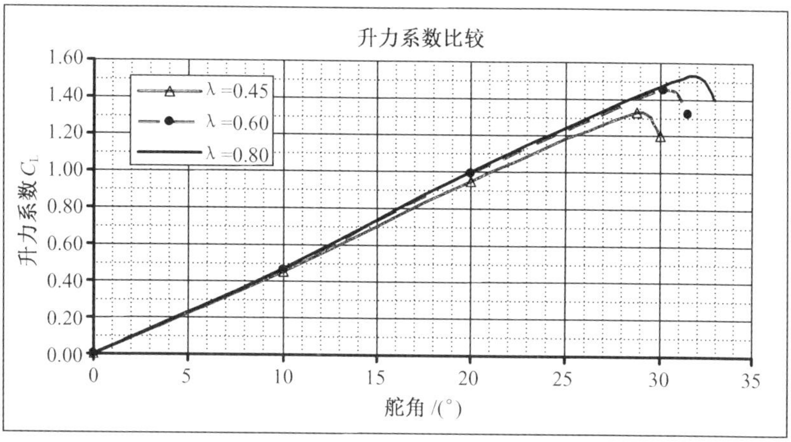

图 10－17 不同收缩比对舵的升力系数影响

内约 0.08D（D 为桨径）。另外，为了充分利用螺旋桨的加速尾流而提高舵效，艉舵一般在螺旋桨之后，舵轴中心线与桨叶梢部的距离要保持 0.5D 以上，这样做的目的有两个：(1)拆除螺旋桨时不用移去艉舵；(2)避免产生太大的振动。图 10－18 是一个典型的艉舵布置参考图[12]。有时，为了减小轴倾角，需要将螺旋桨往后移动，这样，艉舵就不得不延伸出艇艉板之外，此时，可在艉舵上方沿着艇底加一遮盖板，可防止艉舵吸气。如果将艉舵的随边靠近叶根的部分切去一角，也可减少吸气的可能，此时，艉舵的随边可以和艉板对齐，有时还可以少许延出艉板外。

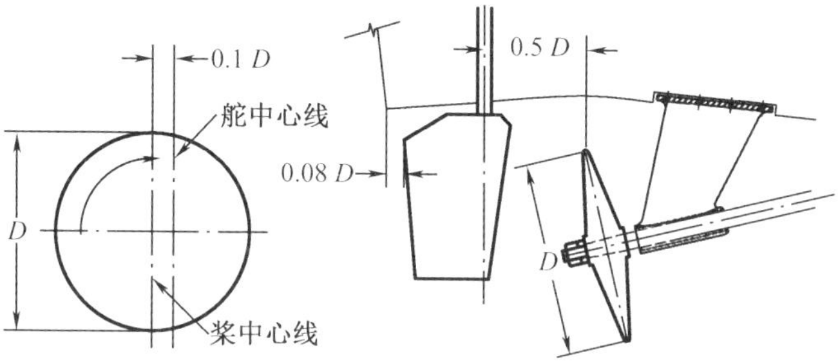

图 10－18 典型的艉舵布置参考图

2. 艉舵的横向和垂向位置

对装有双桨的游艇来说，为了避免游艇航行时由于摇摆而使螺旋桨吸气，一般都将桨的旋转方向设成外旋。这样，桨外侧 15°～30°范围内的尾流速度最大，所以，艉舵大多布置在桨的外侧，以便更有效地利用尾流来增加舵的效率，特别是艇在低速航行时更有必要。舵轴和桨轴在横向的间距可设定在 0.1D 左右，以拆除桨轴时不需要移去艉舵为宜。

至于艉舵的垂向位置，理论上如果舵叶根部与艇底无间隙，其有效展弦比就会是几何展弦比的两倍，这样，舵叶上的升力会加大，而叶根横向绕流的阻力也会消失。但在实际上，考虑到艇底的形状、舵叶的转动，此间隙不可能完全没有，但是在设计时要想办法尽量减小它。

3. 艉舵的零升力角设置

如果问大家在什么情况下舵的阻力最小?大部分人可能会回答:当舵叶平行于艇的中心线时它的阻力最小。其实不然,由于舵处在螺旋桨的旋转尾流内,舵叶上来流的有效攻角与其几何舵角并不相同,而是有点偏差,也就是说舵叶与艇中心线平行时其有效攻角并不为零。我们知道,只有当来流的有效攻角为零时,它的阻力才是最小。在一般双桨(外旋)、双舵游艇上,为使游艇直航时舵叶阻力降至最低,往往预先将舵叶导边向内设定一个小舵角(1°～3°),然后在艇试航时再来调整,或干脆就在试航时才确定。

10.3.5 设计艉舵时注意几点

当游艇全速稳定回转时,有几种情况需要引起大家的注意(见图10-19):

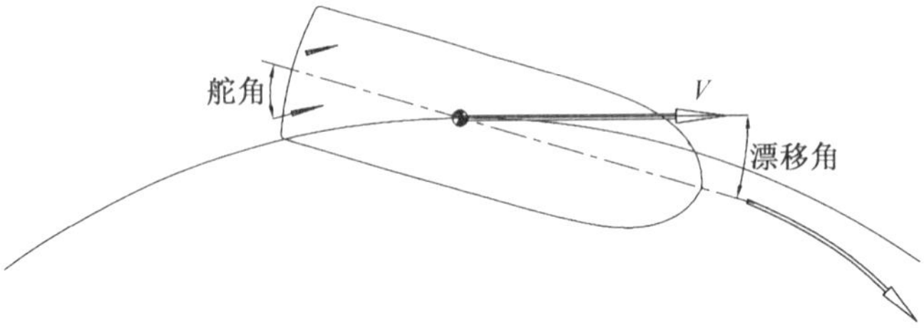

图10-19 游艇全速稳定回转示意图

(1)艇在回转时,艇的中心线并不在回转半径的切线上,而是艏部向内漂移一个角度,其漂移角与艇的航速有关[13],在0～12°之间。

(2)舵叶上流体的有效攻角 α_e 与其几何舵角 α_r 的关系可用下式表达[13]:

$$\alpha_e = [5/7 + (2/7)(35 - \alpha_r)/35]\alpha_r \tag{10-9}$$

式中 α_e——舵叶上流体的有效攻角,(°);

α_r——舵叶的几何舵角,(°)。

(3)游艇全速回转时的航速大约是直航的80%,由此可估算全速回转时的半径:

$$R = L_{oa}V_t\sqrt{K_c/(V^2 - V_t^2)} \tag{10-10}$$

式中 K_c——经验系数;

V——艇直航时的速度,(m/s);

V_t——全速回转时速度,(m/s);

R——回转半径,(m)。

$$K_c = F_V^2 30/\alpha_{rm} \tag{10-11}$$

式中,α_{rm}为最大几何舵角,(°)。

(4)螺旋桨尾流加速很少超过艇速的20%,考虑到全速回转时航速减少大约是20%,在舵的性能计算中用艇的航速比较合适。

(5)在舵角大约30°时,舵叶上的扭矩最大。

(6)在艇的最高航速下,一般不用最大舵角,除非出现紧急情况或在新艇试航中偶尔用之。

(7)最大应力出现在舵轴承的最下边,所以,应计算并校核该处舵轴的强度。

10.3.6 艉舵的性能计算

艉舵的性能主要包括舵叶上的升力、阻力、正向侧力、压力中心位置以及扭矩和舵轴上的弯矩等。有些公式可以比较精确地计算 NACA 剖面的阻力、升力等,这需要精确给定剖面的形状、来流的速度和攻角。但由于游艇的艉舵一般处于螺旋桨的加速尾流中,而且艇在回转时速度也有所降低,所以,在舵叶上的来流速度很难精确确定。同样,舵叶上真正的来流攻角也由于游艇回转时的漂移以及螺旋桨尾流的旋转而与几何舵角不同,也无法给出确定值,所以,在游艇艉舵设计中,一般采用近似公式来计算上述几个性能的参数。

下面所有的计算都是针对适用于中高速游艇的楔形舵在舵角等于30°时进行的。至于适用于低速游艇的 NACA 舵的性能计算,可参考[9]。

1. 舵叶的升力

$$L_r = 1/2\rho C_L A_r (V_r)^2 \tag{10-12}$$

式中 L_r——舵叶升力,(N);

C_L——舵叶升力系数(取0.6);

ρ——流体密度,(kg/m^3);

V_r——舵的进速,(m/s)。

2. 舵叶的阻力

$$D_r = 1/2\rho C_D A_r (V_r)^2 \tag{10-13}$$

式中 D_r——舵叶阻力,(N);

C_D——舵叶阻力系数(取0.35)。

3. 舵叶的侧向力

$$F = 1/2\rho C_N A_r (V_r)^2 \tag{10-14}$$

式中 F——舵叶侧向力,(N);

C_N——舵叶侧向力系数;

$$C_N = C_L \cos\alpha_r + C_D \sin\alpha_r \tag{10-15}$$

式中 α_r——舵叶转角,(°)。

4. 舵叶上的扭矩

$$Q = Fcp_c \tag{10-16}$$

式中 Q——舵叶扭矩,(N·m);

cp_c——舵叶压力中心至舵轴的水平距离,(m)。

$$cp_c = Y_r - X_r \tag{10-17}$$

式中,Y_r 为压力中心至导边的距离,(m):

NACA 剖面:Y_r 近似取 0.35C;

楔形剖面：Y_r 近似取 $0.40C$；

X_r——压力中心处舵轴至导边的距离，(m)。

5. 舵轴在轴承处的弯矩

$$M_r = F(cp_s + z/1\ 000) \tag{10-18}$$

式中 M_r——舵轴在轴承处的弯矩，(N·m)；

cp_s——舵叶压力中心至叶根的垂向距离，(m)；

cp_s 一般取 0.45 S，(m)；

z——舵顶与艇底的间隙距离，(mm)。

6. 舵轴在轴承处的剪切应力计算

$$\tau_r = 16Q/(\pi d_r^3)1\ 000 \tag{10-19}$$

式中 τ_r——舵轴在轴承处的剪切应力，(MPa)；

d_r——舵轴的直径，(mm)。

7. 舵轴在轴承处的弯曲应力

$$\sigma_r = 32M_r/(\pi d_r^3)1000 \tag{10-20}$$

式中，σ_r 为舵轴在轴承处的弯曲应力，(MPa)。

8. 舵轴在轴承处的组合应力

$$\sigma_c = \sigma_r/2 + \sqrt{\sigma_r^2/4 + \tau_r^2} \tag{10-21}$$

式中，σ_c 为舵轴在轴承处的组合应力，(MPa)。

9. 舵轴的强度校核

$$\sigma_c \leqslant \sigma_u/SF \tag{10-22}$$

式中 σ_u——舵轴的极限强度，(MPa)；

SF——舵轴的安全系数(一般取 3.0)。

10.3.7 艉舵的性能计算范例

例 2：

已知："海豚号"游艇的设计参数如下：

艇的参数

Δ——艇排水量	27 223	kg
L_{wl}——艇静止水线长	14.92	m
B_{px}——艇舭部最大宽度	4.50	m
d——设计艇吃水	1.11	m
V_0——设计航速	34.0	kn

按图 10 - 10 求出所需总的舵面积要大于 0.40 m^2。此游艇为双桨双舵，每个舵侧面积应大于 0.20 m^2，为此，我们采用楔形舵，其舵叶参数如下：

舵叶参数

S——舵翼展	0.68	m
A_r——舵侧面积	0.23	m^2
A_f——舵杆前的平衡面积	0.046	m^2
t——舵厚度	0.043	m
C——舵平均弦长，A_r/S	0.34	m
A_f/A_r——舵杆前的平衡面积比	0.20	
AR——舵展弦比，S/C	2.01	
t/C——舵厚度比	0.13	
d_r——舵轴直径	64.0	mm
z——舵顶到艇底的距离	13.0	mm

常数：

ρ——海水密度	1 025.0	kg/m^3

求取：舵叶扭矩 Q 及轴承处的组合剪切应力。

计算结果：

步骤	变量	公式	结果
1	舵叶升力 L_r/N	式(10 - 12)	21 634
2	舵叶阻力 D_r/N	式(10 - 13)	12 620
3	舵叶侧向力 F/N	式(10 - 14)	25 045
4	舵叶扭矩 Q/N · m	式(10 - 16)	1 818
5	轴承处的弯矩 M/N · m	式(10 - 18)	7 888
6	舵轴的剪切应力 τ_r/(N/mm^2)	式(10 - 19)	35.3
6	舵轴的弯曲应力 σ_r/(N/mm^2)	式(10 - 20)	306.7
7	舵轴的组合应力 σ_c/(N/mm^2)	式(10 - 21)	314.6

舵轴的强度校核：

σ_u——舵轴的极限强度	948	N/mm^2
SF——舵轴的安全系数(≥3.0)	3.01	

舵轴的安全系数大于 3.0，可满足要求。

作业

作业 2:计算下列游艇的舵轴在轴承处的组合应力和舵轴的强度:

排水量	$\Delta =$	36 950	kg
静止水线长	$L_{wl} =$	17.9	m
舭部最大宽度	$B_x =$	5.00	m
设计艇吃水	$d =$	1.38	m
舵翼展	$S =$	0.75	m
舵侧面积	$A_r =$	0.28	m^2
舵杆前的平衡面积	$A_f =$	0.054	m^2
厚度	$t =$	0.047	m
平均弦长,	$C = A_r/S$	0.37	m
舵杆前的平衡面积比	$A_f/A_r =$	19	%
展弦比,	$AR =$	2.01	
厚度比	$t/C =$	0.13	
舵轴直径	$d_r =$	68	mm
舵顶到艇底的距离	$z =$	13.0	mm
设计航速	$V_0 =$	31.0	kn

10.4 防溅条(Spray Strip)设计

10.4.1 简介

从第 7 章所述内容可知,游艇在高速航行时,喷溅阻力占总阻力的比例不可忽略,在游艇喷溅区配备纵向防溅条是减小喷溅阻力的有效方法。但是,如果防溅条的尺寸和位置不合适,也可能使阻力增加,甚至本身会产生飞溅[14]。

其实,防溅条的作用除了减少游艇的喷溅区面积从而减小喷溅阻力外,还可以产生额外的升力,使游艇更容易达到滑行速度。其他作用包括防止水流飞溅,增加游艇的横摇阻尼。它的缺点是在波浪中产生过多的碰击和噪声,容易引起艇上乘员的不适。

10.4.2 喷溅区的位置和面积

喷溅区的位置和面积见图 10-20。

我们已经可以应用第 7 章所学内容计算出游艇喷溅区的位置和面积。

(1)在不同的航速下,可求得艇的龙骨浸湿长度 L_k 和舭部浸湿长度 L_c,将二者在艇底连成一条直线,此直线即为喷溅区的后缘(驻点线)。然后,将它们投影在平面图上,量取该直线与艇中心线的夹角 α。

(2)在平面图上,从龙骨浸湿前缘画一条与中心线的夹角为 2α 的直线,此直线就是喷溅区的前缘。

(3)以这两条直线和舭部为边界所包围的面积就是喷溅区的一侧面积。喷溅区的总面积 S_{ws} 可用第 7 章式(7-13)给出。

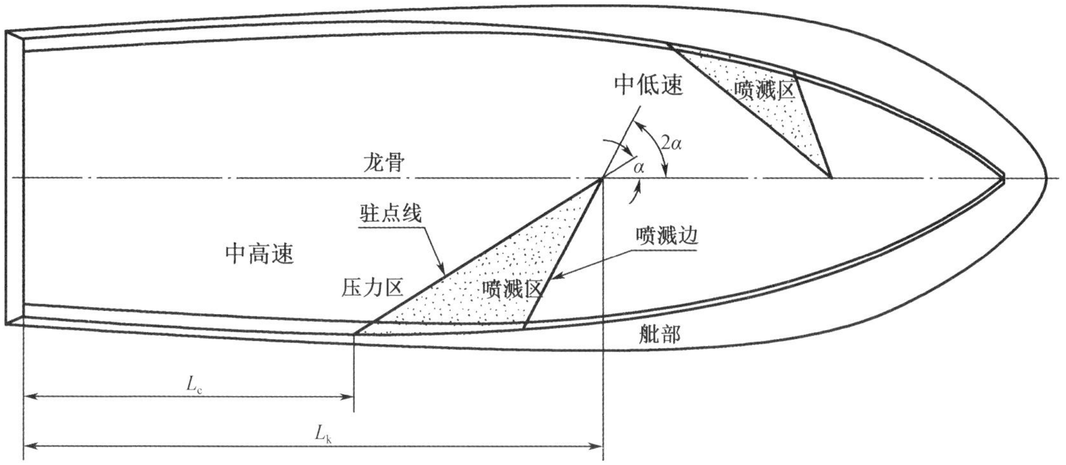

图 10－20　喷溅区的位置和面积

10.4.3　防溅条的位置和尺寸

知道了喷溅区的位置和面积，我们就能“有的放矢”，将防溅条安排在喷溅区域内。

1. 防溅条的纵向布置

防溅条的纵向长度与游艇的航速有关。一般来说，防溅条的后缘要穿过驻点线而进入压力区内，但不要进入太多，以免增加阻力。对于中高速游艇来说，由于喷溅区后移，防溅条后缘的位置也比较靠后，而且航速越高，向后延伸的距离就越长。

在确定防溅条的后缘位置时，要按游艇的最大航速来设计，而前缘位置要根据最低常用航速而定。如果选用一对防溅条，其前缘要向前延伸出喷溅边一段距离。如果是两对，下面的一对依然相同，而上面的一对则不必如此，但它们的前缘要略高于静止水线。

装上防溅条后，游艇的喷溅区将大大缩减，区内只剩下一部分区域仍然与水接触（这里称作湿喷溅区）。如果是一对防溅条，减少的喷溅面积约为 55%，两对减少约 66%，三对减少 80% 左右。相应地，喷溅阻力也大致以相同的比例减少。在计算装有防溅条游艇的总阻力时，先不考虑防溅条的作用而求出游艇包括全部喷溅阻力在内的总阻力，然后，减去上述比例的喷溅阻力即可。

图 10.21 给出了一种常见防溅条纵向布置示意图。

2. 防溅条的横向分布

中高速游艇普通装有两对或三对防溅条。如果是两对式布置，在每个剖面上，其横向一般布置在舭部半宽的 1/2 和 3/4 处，若是三对式布置，在舭半宽 1/4 处的位置再增加一对。在艇艏区域，防溅条的横向布置可做适当调整。

3. 防溅条的剖面形状

防溅条的剖面形状可参见图 10－22[15]。

下面几个建议值可供设计师参考：

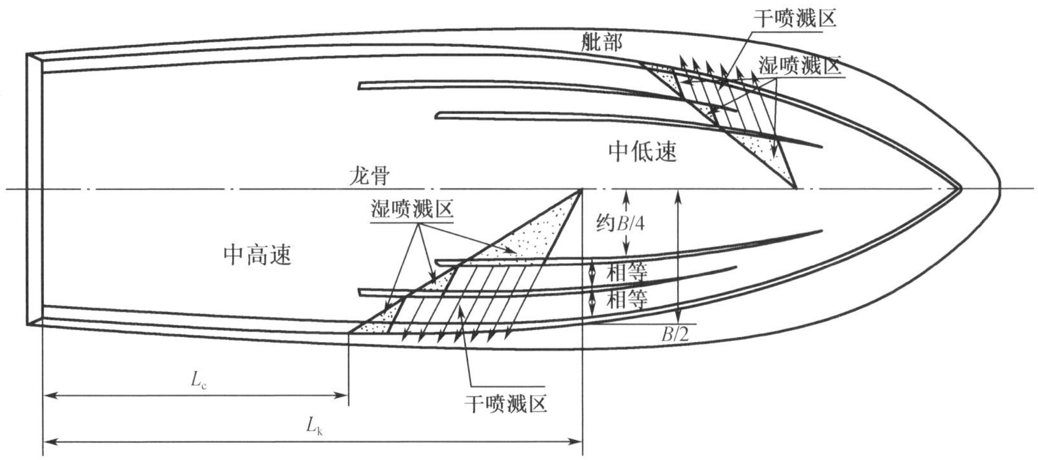

图 10－21 防溅条的纵向布置示意图

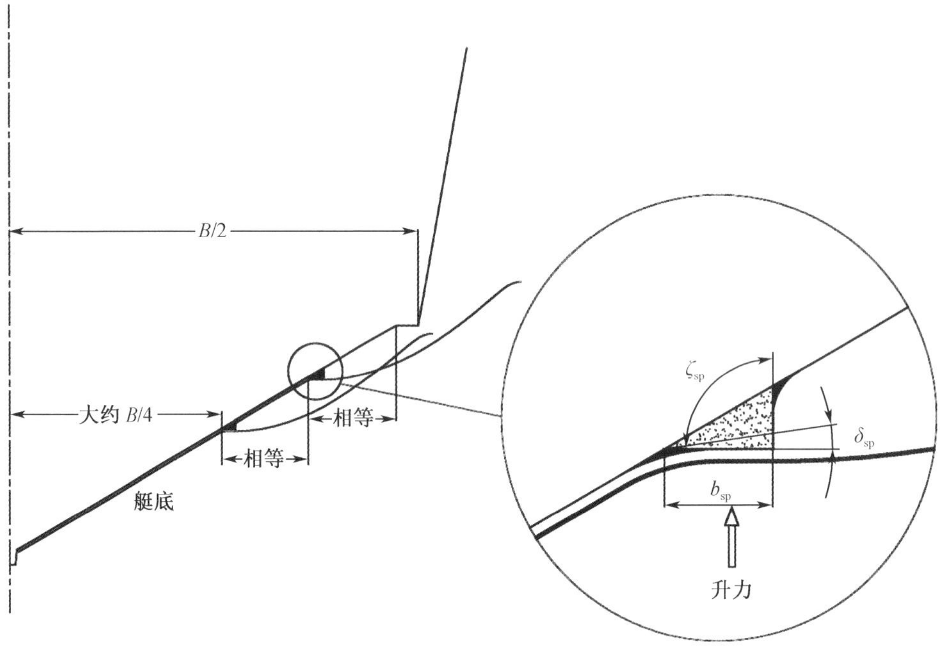

图 10－22 防溅条的剖面形状

底边宽度 $b_{sp} \approx 0.5\% \ L_{wl}$

底边水平角 $\delta_{sp} \approx -10° \sim +8°$(建议取 0°)

侧边与底边夹角 $\zeta_{sp} \leqslant 90°$(建议取 90°)

在玻璃钢游艇上配置防溅条时,要注意以下几点:①防溅条底边与侧边的交点处要尽可能保持尖角,这样可使水流更容易分离。如果此处有很小的圆弧,防溅条的作用就会大大降低;②防溅条与艇底的相接处要有圆弧过渡以减少航行时的阻力;③底边宽度要基本保持一致,只是在靠近前端的一段距离内逐渐减少为零。

10.5　航行纵倾角调节装置的设计

10.5.1　简介

在水上航行时，为了使驾驶员有足够的视界，控制游艇的航行纵倾角是非常重要的。如果该航行纵倾角太大，不仅艇的阻力增加，而且会使驾驶员的操纵“盲区”扩大，从而可能产生像撞船之类的灾难。另一方面，该航行纵倾角也不能太小，若果真如此，虽然驾驶员的“盲区”会减小，但阻力也会增加，还有可能产生严重的动态横向不稳定的问题（见第6章）。当然，我们可以在游艇的设计中，通过调整艇的型线、控制艇的重量和重心从而使其处于一个最佳的航行状态，但游艇在实际航行时，不仅其重量和重心一直都在变化，而且外界的因素，像风浪、航向、航道等也不一样，不可能一直保持在最佳状态，所以，有必要在艇上设置某种能调节航行纵倾角的装置，这样，不仅可以避免上述问题，同时也能提高游艇的航速，特别是当高速游艇穿越阻力峰时，这种装置尤其显得必要。

10.5.2　调节装置的选择

通常用于控制游艇航行纵倾角的装置有三种：压浪板（Trim Tab）、楔形板（Wedge）和阻流板（Interceptor）。压浪板是在艉部沿艇底向后延伸的可偏转的平板，楔形板是在艇底艉部加装的固定楔形板，而阻流板是在艉部沿着艉板向下延伸的一段平板，它可以固定或上下伸缩（参见图10－23）。

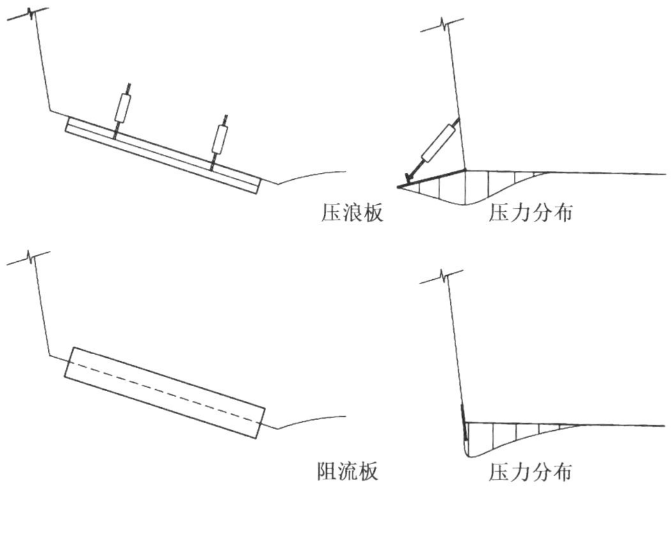

图10－23　压浪板和阻流板示意图

这三种装置的主要作用基本相同，都是在艇的艉部产生一些附加动升力，使艇产生一个艏倾力矩，从而减小游艇的航行纵倾角。除了楔形板外，其他两种装置是可调的，在不同的航速下都能把艇调整到最佳的航行状态。在有些情况下，它们还能像减摇装置那样减小游艇在风浪中产生的横摇。

这三种装置也有一些区别,主要表现在:

(1)压力分布明显不同。压浪板的压力峰刚好在铰链后面,在此峰值前后逐渐递减,而阻流板的压力峰则刚好在艉板之前,向前逐渐减小,向后突然消失;

(2)前者的压力中心比后两者更靠后一点,在同等升力下,艏倾力矩会更大一些;

(3)相对来说,阻流板产生的升力最大,其改善航行纵倾角的效果也最好,然而,在中高速时,其阻力会急剧增加;

(4)如果压浪板和楔形板的尺寸和角度一样,它们产生的升力就相差无几,只是压浪板可以调整偏转角,而楔形板则不能调整,它的优点是安装成本低,更加简单实用。

图 10-24 给出了一型游艇在 30 kn 的设计航速下压浪板偏转角对阻力的影响。而阻流板也有类似的效果。

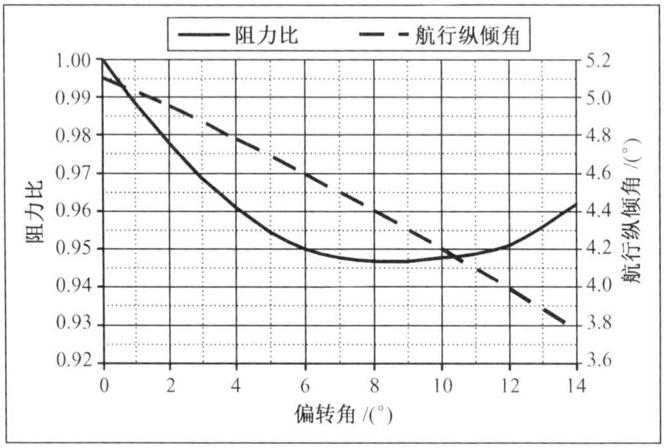

图 10-24　压浪板偏转角对阻力的影响

由图可知:

(1)在设计航速下,增加压浪板的偏转角可以减小该艇的航行纵倾角,对兴波阻力的影响也是如此。但对总阻力的影响则不同,开始时总阻力随偏转角的增加而减小,当达到某一点时总阻力又开始增加。

(2)在设计航速下,该艇的压浪板存在一个最佳偏转角,此时,相应的总阻力最小,与零偏转角时的阻力相比,减小约 5% 左右。

从实艇试航中我们知道:

(1)压浪板的尺寸对阻力也有影响,但与偏转角的影响相比要小得多。

(2)在不同的航速下,最佳偏转角也有变化,一般来说,航速越高,最佳偏转角越小。

10.5.3　压浪板的设计

设计压浪板的一个标准是:能使游艇的最大航行纵倾角减小 1.0°~1.5°[16]。其设计过程包括:(1)计算减少游艇航行纵倾角所需的力矩;(2)推导出艉板处需要的升力;(3)设计压浪板的尺寸以便在给定的航速下能产生同样的升力。

1. 游艇航行纵倾角减少所需的力矩 M

$$M=\delta\tau(\Delta/4\,537.2)^{4/3}(L_p/B_{PX})[664.9(L_p/\nabla^{1/3})^2/(L_p/B_{PX})-2\,035.5] \tag{10-23}$$

式中 M——游艇航行纵倾角减少所需力矩,(N·m);

$\delta\tau$——需要减少的航行纵倾角,(°);

Δ——游艇的排水量,(kg);

L_p——舭部侧投影线长,(m);

B_{PX}——舭部最大宽度,(m);

∇——游艇的排水体积,(m^3)。

2. 艉板处需要的升力 N_t

$$N_t=M/L_{cg}\quad (在艇底) \tag{10-24}$$

式中 N_t——艉板处需要的升力,(N);

L_{cg}——游艇的纵向重心到艉板的距离,(m)。

3. 压浪板产生的升力 N_{tr}

压浪板产生的升力可用下列近似公式:

$$N_{tr}=5.986\alpha_t A_t V_0^2 \tag{10-25}$$

式中 N_{tr}——压浪板产生的升力,(N);

α_t——压浪板的偏转角≤15.0,(°);

A_t——压浪板在水平面总的投影面积,(m^2);

V_0——游艇的航速,(kn)。

4. 压浪板的偏转角 α_t 应选择

$$\alpha_t=N_{tr}/(5.986A_t V_0^2) \tag{10-26}$$

压浪板的设计就是在给定的航速 V_0 下选择合适的压浪板偏转角 α_t 和总的投影面积 A_t,使其产生的升力等于调节游艇航行纵倾角所需的升力。

10.5.4 阻流板的设计

至于阻流板,应先计算相应于压浪板偏转角 α_t 的等效下延角 α_i,然后再求得下延长度 d_i。

在下面的计算中,假定阻流板的翼展与压浪板的相同。

(1)阻流板的等效下延角 α_i

$$\alpha_i=0.175\alpha_t+0.015\,4\alpha_t^2 \tag{10-27}$$

式中 α_i——阻流板的等效下延角,(°);

α_t——压浪板的偏转角(≤15°);

(2)阻流板的下延长度 d_i

$$d_i = C\sin\alpha_i 100 \tag{10-28}$$

式中 d_i——阻流板的下延长度,(cm);

C——相应于压浪板的弦长,(m)。

10.5.5 楔形板的设计

此外,还有一种非常简单且有效的方法,即在艇艉底部加楔形板,其效果与压浪板类似,但其角度是固定的,需要设计师有足够的经验给出合适的尺寸和角度。

楔形板的角度是设计的关键,在不同的设计航速下,要选择不同的楔形板角度。同压浪板相似,航速越高,楔形板的最佳角度就越小。在最佳角度下,游艇的有效功率可减小5%左右[17]。如果将楔形板加在艉隧道内,因为隧道内的水流速度更高,所以效果会更好。

对于普通中高速游艇来说,如果其航行纵倾角太高(大于6°),可先在艇底加4°～5°的楔形板将该纵倾角减小到5°左右,然后在不同航速、不同装载状态下,再用压浪板来对它进行微调。

图10－25为一型游艇在艉隧道内加楔形板后的试验结果。由图可见,在航速17 kn以上,该艇的航速增加约0.8 kn。

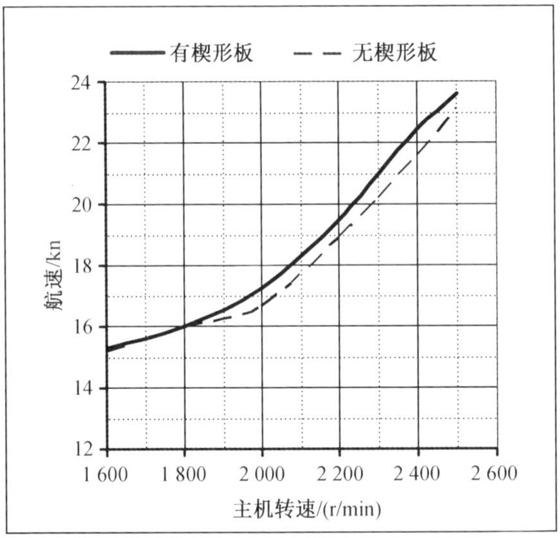

图10－25 有无楔形板试验结果对比

10.5.6 调节装置的布置

在游艇的设计阶段,就要考虑这些调节装置的安装位置和细节。在横向,它们应该尽量向外舷布置,以提高调整横倾的能力。相反,如果将它们布置在靠近艇中线的地方,可能会加重游艇高速航行时的动态不稳定性。在前后方向上,为了加大动态纵倾的回复力矩,要尽量向后布置。压浪板多数设在艉板处沿艇底延伸的方向上。如果艇上没有跳水板,压浪板就应放在艉板前面的艇底下面,以防缠上鱼线或后退时被撞坏。此时,在压浪板上面的艇底要挖掉一些,以便能使压浪板和艇底齐平。至于阻流板,直接将其装在艉板上即可。

如果艉板呈弧形面，就需要将它处理成平面。

当艇有水下排气时，要注意这些调节装置的位置要避开水下排出的气体，不然，它们会影响调节装置的功用。另外，当艇有艉隧道时，要将此装置布置在隧道的外侧。如果外侧长度不够长，就要增加压浪板的弦长或阻流板的下延长度。注意，当压浪板在艇底下面且与艉隧道相邻时，压浪板与艉隧道要保持一定的距离，以免艉隧道进气而引起艇的航行纵倾角突然加大。此外，如果游艇的艉板舭部有折角面，压浪板的外沿就不应停在折角面的内侧，而是要延伸到艇的侧面，以免在它的外缘上出现像“喷泉”一样的现象。

例 3

已知：“海豚号”游艇的设计参数如下：

Δ—试航排水量	27 223	kg
L_p——艇舭部长	15.34	m
B_{px}——舭部最大宽度	4.50	m
β_t——艉板舭部斜升角	14.9	(°)
L_{cg}——纵向重心位置(艉板之前)	6.17	m
τ——艇的最大航行纵倾角	5.5	(°)
S——压浪板的翼展	0.915	m
压浪板的数目	2	
V_t——最大航行纵倾角对应的航速	20.0	kn
V_0——设计航速	34.0	kn

如果要减少航行纵倾角 1.0°，请选择：

α_t——压浪板的角度	?	(°)
C——压浪板的弦长	?	m

计算结果：

M——减少航行纵倾角 1.0°所需力矩	115 949	N · m
N_t——艉板处所需升力	18 790	N
α_t——压浪板的角度	14	(°)
C——压浪板的弦长	0.317	m

如果换成同样翼展的阻流板，请选择：

α_i——阻流板的等效下延角	?	(°)
d_i——阻流板的下延长度	?	cm

计算结果:

α_i——阻流板的等效下延角	5.47	(°)
d_i——阻流板的下延长度	3.02	cm

作业

作业 3:如果要减少航行纵倾角 1.0°,请选择压浪板的角度和弦长:

排水量	$\Delta =$	36 950	kg
艇艏部长	$L_p =$	18.4	m
艏部最大宽度	$B_x =$	5.00	m
艉板艏部斜升角	$\beta_t =$	15.0	(°)
纵向重心位置(艉板之前)	$L_{cg} =$	7.52	m
艇的最大航行纵倾角	$\tau =$	5.6	(°)
压浪板的翼展	$S =$	0.95	m
压浪板的数目		2	
最大航行纵倾角对应的航速	$V_t =$	20.0	kn
设计航速	$V_0 =$	31.0	kn

10.6 其他附体的选择

10.6.1 简介

上面,我们已经比较详细地介绍了游艇的艉隧道、艉舵、防溅条、压浪板等附体的设计。由于篇幅所限,下面只简单介绍一下在游艇设计中如何选择螺旋桨轴、轴支架、侧推器以及水下排气导流罩。

10.6.2 螺旋桨轴的选择

主机输出的功率只有在经过螺旋桨轴的传递后才能使螺旋桨产生推力从而驱动游艇。为了使游艇不仅可以在静水中有效操作而且在风浪中也能安全航行,桨轴的选择就变得非常必要。

在游艇设计中,螺旋桨轴一般采用美国小艇和游艇协会(ABYC)所给公式来计算其最小直径以及最大、最小支承间的距离[18]。

1. 螺旋桨轴的最小直径 d_{min}

$$d_{min} = [48\ 612 P_S C_d / (n\tau_{sy})]^{1/3} \tag{10-29}$$

式中 d_{min}——螺旋桨轴的最小直径,(cm);

P_S——轴功率,(kW);

τ_{sy}——桨轴的扭转剪切屈服应力,(MPa);

按不同材料、直径取不同的值；

C_d——桨轴的设计系数(3 至 5，轻型艇取 3，重型艇取 5)；

n——桨轴的转速，(r/min)。

2. 轴支承间的最大距离 L_{max}

$$L_{max}=(1.264\ d_o/n)^{1/2}(34\ 680E/\rho_m)^{1/4} \tag{10-30}$$

式中 L_{max}——轴支承间的最大距离，(m)；

d_o——桨轴的实际直径，(cm)；

E——桨轴的弹性模数，(MPa)；

ρ_m——桨轴的密度，(kg/m^3)。

3. 轴支承间的最小距离 L_{min}

$$L_{min}\geqslant 20d_o/100 \tag{10-31}$$

式中，L_{min}为轴支承间的最小距离，(m)。

4. 螺旋桨轴的固有频率 f_n[2]

除上述几个因素外，也需要考虑螺旋桨轴的旋转振动。当桨轴的转速和它的固有频率相近时，会引起桨轴共振。桨轴的固有频率与它的直径成正比，与支承间距离的平方成反比。一个估算实心桨轴固有频率的近似公式如下式表示：

$$f_n=235.1d_0/L_0^2(E/\rho_m)^{1/2} \tag{10-32}$$

式中 f_n——螺旋桨轴的固有频率，(r/min)；

L_0——螺旋桨轴的支承间距离，(m)。

例 4：

已知 "海豚号"游艇的设计参数如下：

排水量——Δ	27 223	kg
主机功率——P_B	746	kW
减速齿轮箱效率——η_g	0.97	
螺旋桨轴功率——P_S	724	kW
主机转速——N	2 300	r/min
齿轮箱减速比——i	1.964	
螺旋桨转速——n	1 171	r/min
桨轴扭转剪切屈服应力——τ_{sy}	483	MPa
桨轴弹性模数——E	199 310	MPa
桨轴材料密度——ρ_m	7 889	kg/m^3
设计安全系数——C_d	5.0	

计算结果:

	桨轴最小直径——d_{min}	6.78	cm
	桨轴实际直径——d_0	6.86	cm
	桨轴支承之间的最大距离——L_{max}	2.632	m
	桨轴支承之间的最小距离——L_{min}	1.372	m
假如:	桨轴支承之间的实际距离——L_0	2.632	m
那么:	桨轴固有频率——f_n	1 170	r/min

此时,桨轴固有频率与其转速(1 171 r/min)相当接近,很可能会引起螺旋桨轴的旋转振动。所以,有必要减小桨轴支承之间的实际距离 L_0,比如取 $L_0=2.5$ m,其固有频率就变成 $f_n=1\ 300$ r/min,这样,就可避开这种振动。

10.6.3 轴支架的选择

在游艇的设计中,轴支架常常被认为不是那么重要。其实,轴支架并不仅仅只是支撑轴和螺旋桨而已,它也会影响进入螺旋桨的水流。如果轴支架强度不够,就很容易引起轴系振动,甚至有可能断裂。另外,如果轴支架不光顺,常会形成涡流后进入螺旋桨,结果,在引起振动的同时还可能降低螺旋桨的效率。所以,不能忽视轴支架的作用。

常用轴支架可分为两种:V 形双臂支架和 I 形单臂支架。前者多用于中低速无艉隧道游艇,而后者常在中高速有艉隧道游艇上见到。图 10-26 给出了这两种轴支架的示意图[2]。

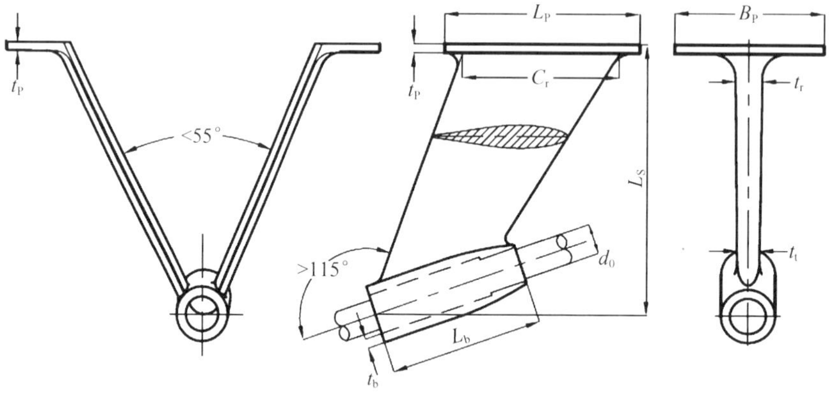

图 10-26 V 形、I 形支架参考图

V 形支架和 I 形支架的设计可参考图 10-26。V 形支架双臂之间的夹角要避免和螺旋桨叶间夹角相同,以免引起螺旋桨的振动。该夹角一般取小于 55°为宜。

轴支架的基本设计要求如下[18]:

1. 轴支架根部最小剖面模数 Z_{min}

I 形单臂支架

$$Z_{min}=158\ 970P_SL_sC_d/(\sigma_a d_0 n) \tag{10-33}$$

V 形双臂支架

$$Z_{min}=79\ 485P_SL_sC_d/(\sigma_a d_0 n) \quad (10-34)$$

式中　Z_{min}——轴支架根部最小剖面模数,(cm^3);
d_0——螺旋桨轴直径,(cm);
P_S——轴功率,(kW);
L_s——轴支架长度,(cm);
σ_a——轴支架许用应力,($=\sigma_t/2$),MPa;
σ_t——轴支架屈服应力,(MPa);
C_d——轴支架的设计系数(一般取 1.5);
n——桨轴的转速,(r/min)。

2. 轴支架根部实际剖面模数 Z_0

$$Z_0=0.089\ 1C_rt_r^2 \quad \text{(NACA 剖面)} \quad (10-35)$$

式中　Z_0——轴支架根部实际剖面模数,(cm^3);
C_r——轴支架根部弦长,(cm);
t_r——轴支架根部厚度,(cm)。

3. 轴支架根部弦长厚度比

$$C_r/t_r=4.5\sim6.7 \quad (10-36)$$

4 轴支架轴套长度 L_b 和厚度 t_b

$$L_b\geqslant4.0\ d_0 \quad (10-37)$$

$$t_b\geqslant0.25d_0 \quad (10-38)$$

5. 轴支架根部厚度

$$t_r\geqslant0.75\ d_0 \quad (10-39)$$

6. 轴支架梢部厚度

$$t_t\geqslant0.25\ d_0 \quad (10-40)$$

7. 轴支架基座板厚度

$$t_p\geqslant0.20\ d_0 \quad (10-41)$$

轴支架的横剖面形状多选 NACA 剖面,在一些中低速艇上(小于 20 kn),为了减少成本,有时也选用矩形剖面。单就阻力而言,两者相差不大,但后者对螺旋桨的来流干扰较大,为了减少这种干扰,常常需要把这种剖面的导边和随边做“倒圆”处理。

轴支架与螺旋桨的间隙不可太小,一般在螺旋桨 0.7 半径处,桨叶导边与轴支架随边的间隙要大于 0.2 倍桨直径。

例5:

已知 “海豚号”游艇的设计参数如下:

排水量——Δ	27 223	kg
主机功率——P_B	746	kW
减速齿轮箱效率——η_g	0.97	
轴功率——P_S	724	kW
主机转速——N	2 300	r/min
齿轮箱减速比——i	1.964	
螺旋桨转速——n	1 171	r/min
轴支架长度——L_s	0.578	m
轴支架根部弦长——C_r	30.48	cm
轴支架根部厚度——t_r	5.08	cm
桨轴实际直径——d_0	6.86	cm
轴支架屈服应力——σ_t	448	MPa
轴支架许用应力——σ_a	224	MPa
设计安全系数——C_d	1.50	

计算结果:

轴支架根部最小剖面模数——Z_{min}	55.38	cm^3
轴支架根部实际剖面模数——Z_0	70.08	cm^3

在例5中,虽然轴支架根部实际剖面模数可满足式(10-33)的要求,但其厚度只等于0.74 d_0,并没有满足式(10-39)的要求,所以应适当加厚到5.20 cm才行。

10.6.4 侧推器的设计

现代游艇大多装有侧推器以改善其停靠码头和低速航行时的操纵能力。大家知道,此时由于航速很低,艉舵的作用非常有限,而当今的航道和码头又非常拥挤,这样,侧推器就有了用武之地。装有侧推器的游艇在狭窄的航道和拥挤的码头航行时就如鱼得水,甚至可以“横行”。所以,这种装置在游艇界已得到了广泛的应用。

但是,侧推器在游艇上的安装不仅要考虑游艇低速时的操纵性,也要兼顾游艇在中高航速下的性能。如果侧推器的位置不对,或是艏侧推器的导流设计不当,就会在中高航速下出现严重的飞溅、额外的阻力和噪声等问题,所以,有必要对侧推器的位置和导流设计有所了解。

侧推器一般分成艏侧推器和艉侧推器两种,前者在游艇上的安装比较普遍,而后者也越来越受到欢迎。图 10－27 是一个侧推器的简单示意图。

1. 侧推器的位置

侧推器的纵向布置应尽量向游艇前后两头布置以提高侧推效率。它们在水面下的垂向距离不要太小，以免吸进空气，但也不能太深。如果艏侧推器的位置太靠下，其隧道长度就会缩短，这样，艏侧推器的性能就会受到影响。而艉侧推器的位置如果太靠下，其外围管道就可能会突出到艇底表面之下，阻挡水流的流动，从而增加航行时的阻力。具体的详细规定可参考有关侧推器的安装说明。

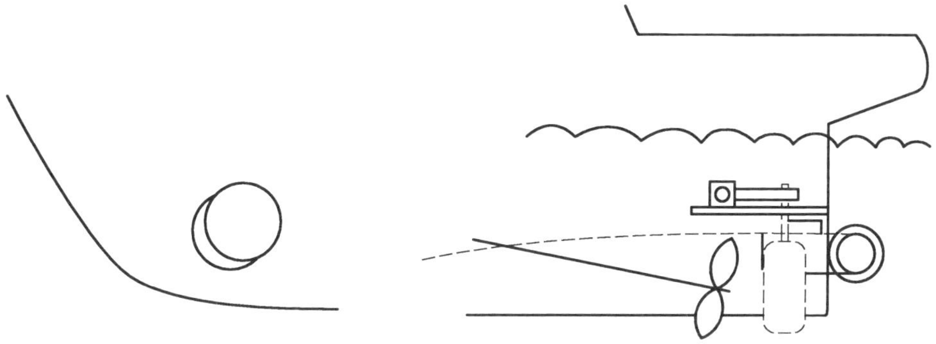

图 10－27 艏、艉侧推器简单示意图

2. 艏侧推器的导流设计[19]

在设计艏侧推器的隧道时，隧道两端与艇底的结合处不允许有尖角，要修成一定的圆弧，圆弧半径应不小于 $0.1D_b$（D_b 为艏侧推器隧道的直径），不然的话，边缘太尖（见图 10－28左）会使水流产生空泡从而降低推进器的性能，也能引起令人讨厌的噪声。

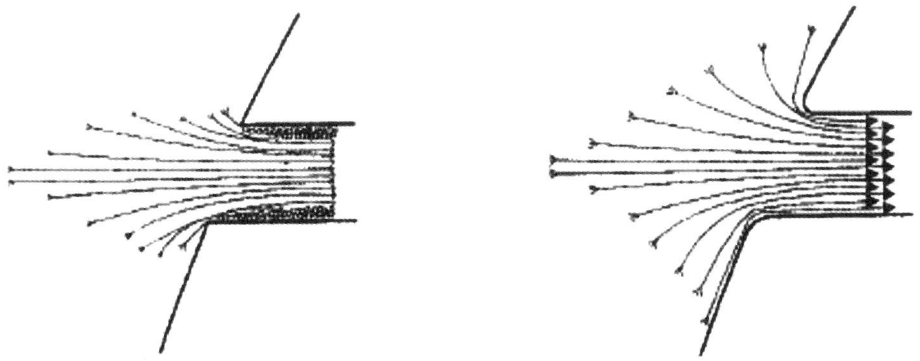

图 10－28 侧推器的边缘设计

艏推进器的导流设计对游艇的性能有明显的影响。由于艏部艇体的形状，艏推进器隧道的前缘一般比后缘窄，如果不作处理，前缘的水流会喷溅到后缘（见图 10－29）从而产生阻力和噪声。为了避免出现这种形象,在设计艏推进器的隧道时要进行导流处理,以免前面的水流碰到隧道的后缘。

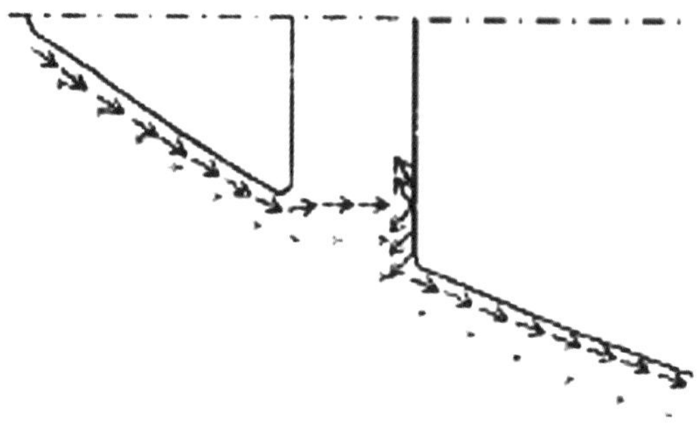

图 10－29 侧推器的水流冲击

导流的方法有两种:

(1)加导流鼻

在安装艏侧推器的隧道时,在其前缘(5:30 ～ 11:30 的时针方向)凸出一段,然后再向前光顺延伸,形成一个导流鼻从而使前面的水流避开隧道后缘。这种方法比较灵活,一般在游艇建造早期施行(见图 10－30)。

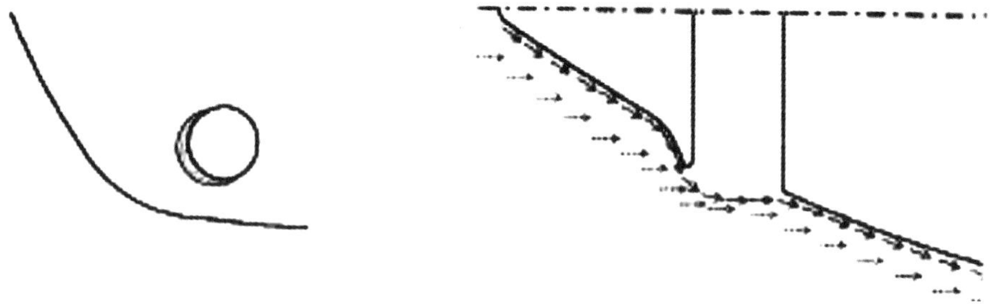

图 10－30 艏侧推器的导流鼻

(2)设导流槽

在游艇模子上准备安装艏侧推器的位置,加一个扇形模块(Plug),当艇体脱模后,艏侧推器隧道的后缘(0:30 ～6:30 的时针方向)会形成一导流槽,游艇航行时前面的水流能越过隧道的后缘而从该导流槽流出。该方法的优点是一劳永逸(见图 10－31)。

3. 艉侧推器的整流罩(Cowling)

相对来说,艉侧推器的布置要简单一些,但如果由于某种原因,艉侧推器不得不布置在水面附近时,为了防止侧推器吸进空气而失去效用,往往在侧推器上部加一整流罩(见图 10－32)。加整流罩后的艉侧推器虽然工作良好,但性能会有所下降。

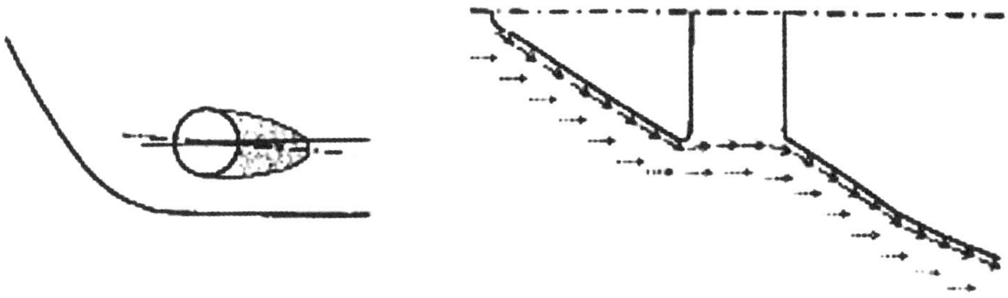

图 10-31 艏侧推器的导流槽

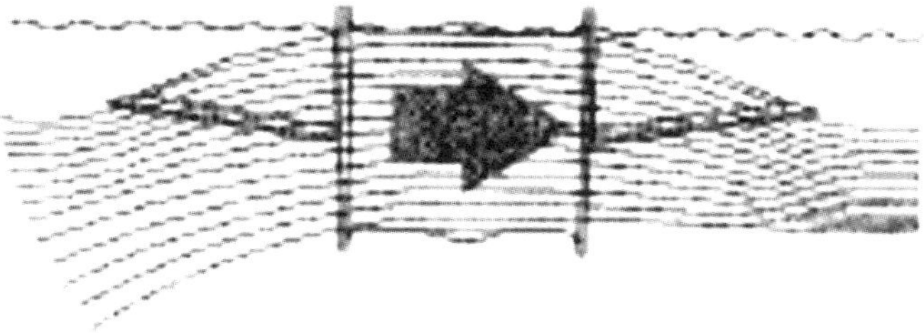

图 10-32 艉侧推器的整流罩

10.6.5 水下排气导流罩的设计

现在越来越多的游艇采用水下排气装置。比起普通水上排气,水下排气系统有许多优点,包括产生的噪声较低、排出的烟味较少,如果水下排气导流罩设计得好,还能在水下排气口产生一定的吸力,从而有利于主机性能的发挥。

水下排气口位置的选择非常重要,如果选得不对,排出的废气就有可能被吸进螺旋桨和艉舵,引起推力的损失和艉舵的失效,甚至在某些高速游艇上还可能会导致动态横向不稳定[20]。水下排气口的位置要尽量靠近艉部外侧,且要在排气口内侧设一个挡板,挡住流向内侧的气流。导流罩的形状要设计成流线型以减少附体阻力。常用导流罩的设计有下面两种。

1. 导流罩 I 型

如图 10-33 所示,该型导流罩设计简单,游艇在中高速航行时,其出口处可形成负压,有利于废气的排放,而且阻力增加也小,但是,由于出口后面没有挡板,排出的废气容易进入螺旋桨,尤其在艇回转时更是如此。所以,应把这型导流罩的出口尽量设在艉部螺旋桨的后方。

2. 导流罩 II 型

如图 10-34 所示,该型导流罩设计稍许复杂一些,在中高速下,其出口处同样能形成负压,更重要的是出口后面设有挡板,可将废气排放到艇的外侧,减少了废气进入螺旋桨的风险。这型导流罩的出口位置没有严格要求,可根据主机的位置灵活安排。

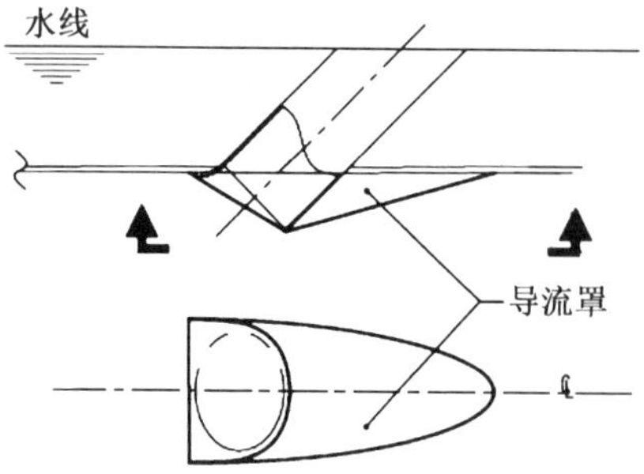

图 10－33　水下排气导流罩 I 型

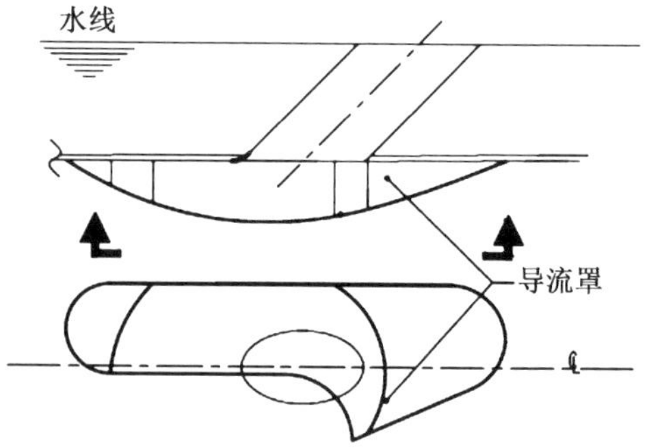

图 10－34　水下排气导流罩 II 型

作业

作业 4:计算桨轴最小直径、桨轴支承间的最大距离、最小距离,和桨轴固有频率。

排水量	Δ =	36 950	kg
主机功率	P_B =	848	kW
减速齿轮箱效率	η_g =	0.97	
螺旋桨轴功率	P_S =	806	kW
主机转速	N	2 300	r/min
齿轮箱减速比	i =	2.00	
螺旋桨转速	n =	1 150	r/min
桨轴扭转剪切屈服应力	τ_{Sy} =	483	MPa
桨轴弹性模数	E =	199 310	MPa
桨轴材料密度	ρ_m =	7 889	kg/cm^3
设计安全系数	C_d =	5	

作业 5:请计算 I 形单臂支架根部最小剖面模数 Z_{min}、实际剖面模数 Z_0

排水量	Δ =	36 950	kg
主机功率	P_B =	848	kW
减速齿轮箱效率	η_g =	0.97	
螺旋桨收到功率	P_S =	806	kW
主机转速	N =	2 300	r/min
齿轮箱减速比	i =	2.00	
螺旋桨转速	n =	1 150	r/min
轴支架长度	L_s =	0.693	m
轴支架根部弦长	C_r =	36.6	cm
轴支架根部厚度	t_r =	6.2	cm
桨轴实际直径	d_0 =	8.92	cm
轴支架屈服应力	σ_t =	448	MPa
轴支架许用应力	σ_a =	224	MPa
设计安全系数	C_d =	1.50	

参考资料

[1] SUBRAMANIAN V A,SUBRAMANYM P V V. Effect of tunnel on the resistance of high - speed planning craft[J]. Journal of Naval Architecture & Marine Engineering,2005.

[2] GERR D. Drivetrain fundamentals[J]. professional boatbuilder,2001,(72).

[3] BLOUNT D L. Design of propeller tunnels of high - speed craft[C]. Sydney: FAST' 97,1997.

[4] PLATZER G P. The effects of propeller tunnels on propeller performance for high speed yachts[C]. Local Section Paper,2001.

[5] HANKLEY D W. Tunnel Wedge[P]. U. S. Patent,No. 4622016,1986.

[6] HARBAUGH K H,BLOUNT D L. An Experimental study of a high performance tunnel hull craft[C]. New York:SNAME Spring Meeting,1973.

[7] GERR D. Steering System Fundamentals[J]. professional boatbuilder,2006,98.

[8] BLOUNT D L,DAWSON D. Rudder Design for High - Performance Boats[J]. professional boatbuilder,2002,72.

[9] MANDEL F. Principles of Naval Architecture[M]. New York: SNAME,1967.

[10] GERR D. More on the Fundamentals of Steering System[J]. professional boatbuilder,2006,(99).

[11] LORD L. Naval Architecture of Planing Hulls[M]. New York:Cornell Marine Press,1963.

[12] BLOUNT D L. Tuning a Twin - Screw Rudder Installation[J]. professional boatbuilder,1997.

[13] DENNY S B,HUBBLE E N. Prediction of Craft Turning Characteristics[J]. New York: Marine Technology,1991,26(1).

[14] MARTIN C. Optimizing the Design[J]. professional boatbuilder,2004,(89).

[15] SAVITSKY D, DELORME M F, DATLA R. Inclusion of "Whisker Spray" Drag in Performance Prediction Method for High - Speed Planing Hulls[R]. Technical Report SIT - DL - 06 - 9 - 2845,2006.

[16] DAWSON D,BLOUNT D L. Trim Control[J]. professional boatbuilder,2002,(75).

[17] JENSEN N,LATORRE R. Prediction of Influences of Stern Wedges on Power Boat Performance [C]. New York:SNAME 3rd Biennial Power Symposium,Miami Power Boat Show,1989.

[18] P - 6 Propeller Shafting Systems[S]. American Boat and Yacht Council,1997.

[19] Boat Designers Guide to Hull Design for Thruster Tunnels[Z]. Side - Power,Thruster Systems

[20] GERR D. Exhaust System Fundamentals Part Two[J]. professional boatbuilder,2004,90.

本章符号表

A——舵叶侧总面积,(m^2);
A_f——舵轴前的平衡面积,(m^2);
A_r——舵叶侧面积,(m^2);
AR——舵叶展弦比,S/C;
A_t——压浪板在水平面的投影总面积,(m^2);
b_{sp}——防溅条底边宽度,(m);
B_{px}——舭部最大宽度,(m);
C——平均弦长,(m);
C_1——舵叶根部弦长,(m);
C_2——舵叶梢部弦长,(m);
C_r——轴支架根部弦长,(cm);
C_D——舵叶阻力系数;
C_L——舵叶升力系数;
C_M——舵叶扭矩系数;
C_N——舵叶侧向力系数;
cp_c——舵叶压力中心到舵轴的距离,(m);
cp_s——舵叶压力中心到舵顶的距离,(m);
C_d——设计系数,
d——艇的主艇体吃水,(m);
d_0——螺旋桨轴直径,(cm);
d_c——螺旋桨在艉隧道内的叶梢间隙,(m);
d_i——阻流板的下延长度,(cm);
d_r——舵轴直径,(mm);
D——螺旋桨的直径,(m);
D_t——艉隧道深度,(m);
D_r——舵叶阻力,(N);
F——舵叶侧向力,(N);
F_V——体积弗氏数;
f_n——螺旋桨轴的固有频率,(r/min);
g——重力加速度,(m/s^2);
K_m——舵叶面积系数;
K_T——桨推力系数;
L_p——舭部侧投影线长,(m);
L_{cg}——游艇的纵向重心到艉板的距离,(m);
L_{wl}——艇的设计水线长,(m);
L_r——艉隧道入水段长度,(m);
M——游艇航行纵倾角减少所需力矩,(N·m);
M_c——舵轴在轴承处的组合弯矩,(N·m);

M_r——舵轴在轴承处的弯矩,(N·m);
N_t——艉板处需要压浪板的升力,(N);
N_{tr}——压浪板产生的升力,(N);
Q——相对于舵轴的扭矩,(N·m);
S——舵叶翼展,(m);
SF——舵轴的安全系数(一般取3.0);
t——舵叶厚度,(m);
t/C——舵叶厚度比;
t_r——轴支架根部厚度,(cm);
V_0——艇的设计航速,(kn);
V_r——舵的进速,(m/s);
X——螺旋桨的位置和入水段之间的纵向距离,(m);
X_r——舵叶压力中心处舵轴至导边的距离,(m);
Y_r——舵叶压力中心至导边的距离,(m);
z——舵顶与艇底的间隙距离,(mm);
Z_0——轴支架根部实际剖面模数,(cm^3);
α_r——舵叶几何转角,(°);
α_e——舵叶上流体的有效攻角,(°);
α_{rm}——最大几何舵角,(°);
α_i——阻流板的等效下延角,(°);
α_t——压浪板的偏转角,(°);
θ——舵叶后掠角,(°);
λ——舵叶收缩比,(C_2/C_1);
ρ——流体密度,(kg/m^3);
ρ_m——桨轴的密度,(kg/m^3);
σ_a——轴支架许用应力,(MPa);
σ_t——轴支架屈服应力,(MPa);
σ_c——舵轴在轴承处的组合应力,(MPa);
σ_r——舵轴在轴承处的弯曲应力,(MPa);
σ_u——舵轴的极限强度,(MPa);
τ_r——舵轴在轴承处的剪切应力,(MPa);
τ_{sy}——桨轴的扭转剪切屈服应力,(MPa);
τ——艇的最大航行纵倾角,(°);
δ_{sp}——防溅条底边水平角,(°);
$\delta\tau$——需要减少的航行纵倾角,(°);
ζ_{sp}——防溅条侧边与底边夹角,(°);
Δ——游艇的排水量,(kg);
∇——游艇的排水体积,(m^3)。

附录 A　单位对照、换算和常用常数

A1　单位对照

类别	单位	符号	注释
长度	米	m	
	厘米	cm	
	毫米	mm	
	英尺	ft	（英制）
	英寸	in	（英制）
距离	米	m	
	公里	km	
	海里	n mile	Nautical Mile
重量	千克	kg	
	克	g	
	磅	lb	（英制）
排水量	千克	kg	
	吨	t	
	磅	lb	（英制）
时间	小时	h	
	分	min	
	秒	s	
面积	米^2	m^2	
体积	米^3	m^3	
容积	升	L	
	毫升	mL	
	加仑	usg	（美制）
惯性矩	毫米^4	mm^4	
航速	节	kn	
速度	米/秒	m/s	
转速	转/分	r/min	
	转/秒	r/s	

（续）

类别	单位	符号	注释
频率	赫兹(1/秒)	Hz	
周期	秒	s	
加速度	米/秒^2	m/s^2	
	重力加速度	g	
流量	米^3/分	m^3/min	
运动黏性系数	米^2/秒	m^2/s	
单位面积重量	千克/米^2	kg/m^2	
密度	千克/米^3	kg/m^3	
力	牛顿	N	
力矩/弯矩	牛顿·米	N·m	
刚度	牛顿·毫米^2	N·mm^2	
压力	牛顿/平方米	N/m^2	
应力/强度/弹性模量	帕斯卡	Pa	
	兆帕	MPa	
	吉帕	GPa	
功率	千瓦	kW	
	瓦特	W	
	公制马力	mhp	
	英制马力	hp	（英制）
夹角	角度	°	
	弧度	rad	

A2 单位换算

1 m = 100 cm = 1 000 mm

1 m = 3.281 ft

1 ft = 12 in

1 in = 25.4 mm

1 n mile = 1 852 m

1 kn = 1 n mile/h = 0.514 4 m/s

1 kg = 2.204 lbs

1 L = 1 000 cm^3 = 0.264 2 usg

1 rad = 57.3°

1 Pa = 1 N/m^2

1 MPa = 1 N/mm^2

1 GPa = 1 000 MPa

1 kW = 1.360 mhp = 1.341 hp

1 mhp = 0.986 hp

A3 本书所用常数

重力加速度 g = 9.81 m/s^2

淡水密度 = 1 000 kg/m^3

海水密度 = 1 025 kg/m^3

空气密度 = 1.226 kg/m^3

玻璃纤维的密度：

E 纤维≈2 550 kg/m^3

碳纤维≈1 800 kg/m^3

固化后树脂的密度：

不饱和聚酯树脂≈1 220 kg/m^3

乙烯基树脂≈1 120 kg/m^3

环氧树脂≈1 200 kg/m^3

淡水运动黏性系数 = 1.106×10^{-6} m^2/s

海水运动黏性系数 = 1.054×10^{-6} m^2/s

饱和蒸气压力 = 2 335 N/m^2

大气压 = 101 325 N/m^2

附录B　游艇结构设计规范（ISO 12215－5）（节录）

B1　应用范围和基本参数

本部分规范主要用来决定中小型玻璃钢游艇的设计压力和应力、铺层厚度、构件尺寸。对于中小型(2.5～24 m) 玻璃钢单体游艇,只要它的局部强度可以满足要求,其整体强度一般没有问题,所以,本规范主要是针对中小型游艇的局部强度给出要求并以此进行校核。

1. 设计类型和航行分类

根据游艇在风浪中的承受能力,本规范将游艇分成四种类型:(1) A 型(大洋型);(2) B 型(离岸型);(3) C 型(近岸型);(4) D 型(遮蔽型)。各类型游艇承受风浪的能力见表B－1。

表B－1　各类型游艇承受风浪的能力

类型	A 型	B 型	C 型	D 型
风级/蒲氏	≤10	≤8	≤6	≤4
有义波高/m	≤7	≤4	≤2	≤0.3

本规范按游艇航速的大小分成排水式和滑行式。

(1)排水式游艇。游艇在满载排水量下最大静水速度满足条件:$V_0/\sqrt{L_{wl}}<5$。

(2)滑行式游艇。游艇在满载排水量下最大静水速度满足条件:$V_0/\sqrt{L_{wl}}\geqslant 5$。

2. 重要参数的定义

(1)L_h——艇体长度,(m);

(2)B_h——艇体宽度,(m);

(3)Δ——满载排水量,(kg);

(4)L_{wl}——满载排水量下游艇的静止水线长度,(m);

(5)B_c——从艉部量起 $0.4L_{wl}$ 处游艇的舭部宽度,(m)(见图B－1);

(6)$\beta_{0.4}$——从艉部量起 $0.4L_{wl}$ 处游艇的舭部斜升角,(°),$10°<\beta_{0.4}<30°$,对于圆舭艇,取某点为参考点,过该点艇壳的切线与水平线的夹角为50°;

(7)V_0——满载排水量下游艇的最大静水速度,(kn),$V_0\geqslant 2.36\sqrt{L_{wl}}$。

3 承受压力区的定义

游艇承受压力的区域根据受力不同分成艇底、艇侧、甲板和上层建筑等区(见图B－2)。艇底区是满载水线以下的艇体所有部分,包括水线以下艇侧、艇艉。艇侧区包括其

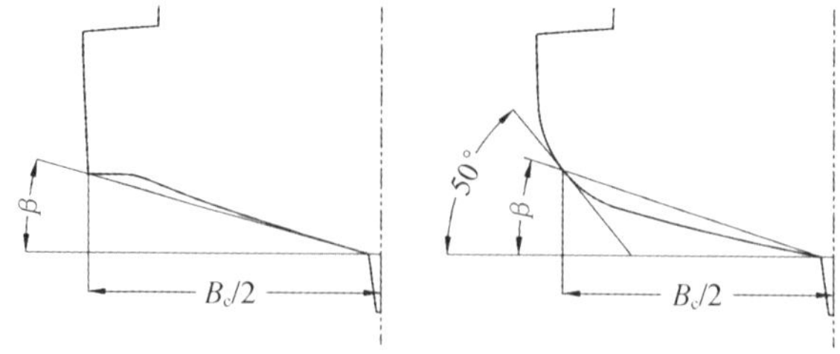

图 B-1 玻璃钢游艇艏部宽度、斜升角的定义

余艇体的所有部分。甲板区是指露天甲板和人员行走区。上层建筑包括主甲板层以上的所有区域。

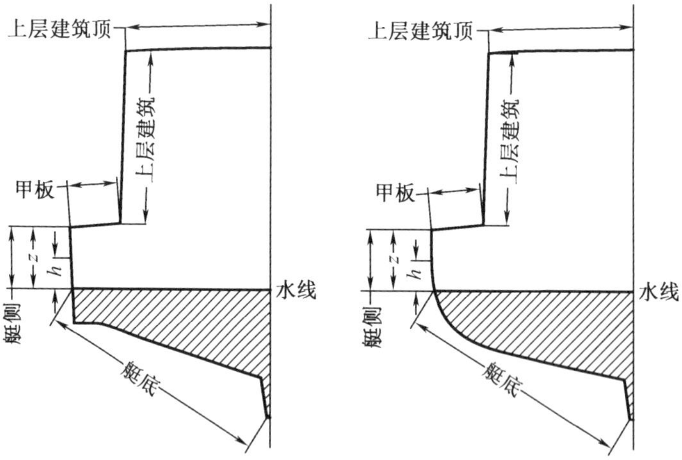

图 B-2 游艇承受压力区的定义

如果一块板或一个结构件只在一个压力区,它的设计压力应取该板或结构件中点的压力。但如果它们同时跨越两个区域,就要根据它们在各区内面积的大小来加权平均其压力,该平均压力即为设计压力。例如,某艇的艇侧板20%的面积在艇底区,80%的面积在艇侧区,它的平均压力 $P_a = 0.2P_b + 0.8P_s$。其中,P_b 为艇底压力,P_s 为该板在水线以上艇侧区中点的压力。

4. 外板和结构件的尺寸

图 B-3 中,b 是外板的短边尺寸,l 是长边尺寸(mm),分别从结构件内侧量起;l_u 是结构件的跨度尺寸,s 是间隔尺寸,如果结构件两边的间隔不同,取其平均值(mm),它们都是从结构件的中心线量起。游艇的中心龙骨和尖舭艇的舭部可当作支撑外板的自然结构件,它们自身要有足够的强度和刚度。

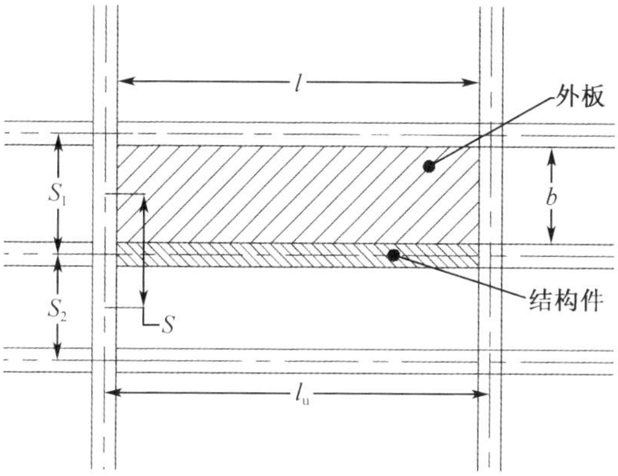

图 B－3　外板和结构件尺寸的定义

B2　设计压力

1. 压力调整因子

根据游艇不同的设计类型、艇型、艇上的位置等，该规范有一套完整的因子用来调整设计压力。

（1）k_{DC}——设计类型因子（见表 B－2）

表 B－2　设计类型调整因子

	A 型	B 型	C 型	D 型
k_{DC}	1	0.8	0.6	0.4

（2）n_{CG}——动态载荷调整因子（g）

对于在滑行模式下的滑行式游艇

$$n_{CG}=0.32[L_{wl}/(10B_c)+0.084](50-\beta_{0.4})V_0^2\,B_c^2/\Delta\leqslant 3.0 \quad (B-1)$$

如果 $n_{CG}>3.0$，用式（B－2），但 n_{CG}不得大于 7.0。

$$n_{CG}=0.5V_0/\Delta^{0.17} \quad (B-2)$$

对于排水式游艇，n_{CG}仍用式（B－1）来计算，但如果 $n_{CG}<3.0$，在下面 k_L 的计算中，取 $n_{CG}=3.0$。

（3）k_L——纵向压力分布调整因子

$$k_L=(1-0.167n_{CG})/0.6(x/L_{wl})+0.167n_{CG} \quad 3.0\leqslant n_{CG}\leqslant 6.0 \quad (B-3)$$

式中，x/L_{wl}为外板或结构件中心到艉板的相对位置。

如果 $x/L_{wl}=0$，代表在满载静止水线的艉端点。

对于 $x/L_{wl}\leqslant 0.6$，k_L不得大于 1，对于 $x/L_{wl}>0.6$，$k_L=1$。

（4）k_{AR}——面积压力减小调整因子

$$k_{AR}=k_R 0.1\Delta^{0.15}/A_D{}^{0.3} \tag{B-4}$$

式中 k_R——结构部件和艇型因子：

$k_R=1$（对于在滑行模式下游艇的艇底、艇侧、甲板的外板和结构件）；

$k_R=1.5-3\times10^{-4}b$（对于在排水模式下的滑行式游艇和排水式游艇的艇底、艇侧、甲板的外板）；

$k_R=1-2\times10^{-4}l_u$（对于在排水模式下的滑行式游艇和排水式游艇的艇底、艇侧、甲板的结构件）。

A_D——设计面积（m^2）：

$A_D=(l\times b)\times10^{-6}$（对于外板，$A_D\leqslant2.5\times b^2\times10^{-6}$）；

$A_D=(l_u\times s)\times10^{-6}$（对于结构件，$A_D\geqslant0.33\times l_u^2\times10^{-6}$）；

在所有情况下，k_{AR}不得大于1。最小k_{AR}根据各个部位取不同的值。

对于艇底、艇侧、甲板和上层建筑的外板和结构件，最小k_{AR}见表B-3。

表B-3 艇底、艇侧的最小k_{AR}值

	单板、结构件	夹层板（艇底、艇侧）		
类型	夹层板（甲板和上层建筑）	$x/L_{wl}\leqslant0.4$	$0.4<x/L_{wl}<0.6$	$x/L_{wl}\geqslant0.6$
A型	0.25	0.4	线性插值	0.5底板，0.4侧板
B型	0.25	0.4		0.4
C和D型	0.25	0.4		

（5）k_Z——艇侧压力减小调整因子

$$k_Z=(Z-h)/Z \tag{B-5}$$

式中 Z——艇侧顶部到满载水线的距离，（m）；

h——艇侧外板或结构件中点到满载水线的距离，（m）。

（6）k_{SUP}——艇上层建筑和甲板室压力减小调整因子，见表B-4。

表B-4 上层建筑和甲板室压力减小调整因子k_{SUP}

外板位置	k_{SUP}	应用
前面	1	任何区域
侧面1	0.67	行走区域
侧面2	0.5	非行走区域
后面	0.5	任何区域
顶部，甲板以上≤800 mm	0.5	行走区域
顶部，甲板以上>800 mm和更高层	0.35	行走区域
更高层（露天的不在此列）	最小甲板压力5 kN/m^2	非行走区域

2. 艇底部的设计压力

游艇底部的设计压力应取下列公式计算值中较大者：

(1)在排水模式下的游艇底部设计压力 P_{BMD}(kPa)

$$P_{BMD} = P_{BMD\ BASE} \times k_{AR} \times k_{DC} \times k_{L} \tag{B-6}$$

$$P_{BMD\ BASE} = 2.4\Delta^{0.33} + 20 \tag{B-7}$$

(2)在滑行模式下的游艇底部设计压力 P_{BMP}(kPa)

$$P_{BMP} = P_{BMP\ BASE} \times k_{AR} \times k_{L} \tag{B-8}$$

$$P_{BMP\ BASE} = 0.1\Delta/(L_{wl}B_{C})(1 + k_{DC}^{0.5} \times n_{CG}) \tag{B-9}$$

(3)底部的最小设计压力 $P_{BM\ MIN}$(kPa)

$$P_{BM\ MIN} = 0.45\Delta^{0.33} + (0.9L_{wl} \times k_{DC}) \tag{B-10}$$

3. 艇侧面的设计压力

游艇侧面的设计压力应取下列公式计算值中较大者：

(1)在排水模式下的游艇侧面设计压力 P_{SMD}(kPa)

$$P_{SMD} = [P_{DM\ BASE} + k_{Z}(P_{BMD\ BASE} - P_{DM\ BASE})]\ k_{AR} \times k_{DC} \times k_{L} \tag{B-11}$$

$$P_{DM\ BASE} = 0.35L_{wl} + 14.6 \tag{B-12}$$

(2)在滑行模式下的游艇侧面设计压力 P_{SMP}(kPa)

$$P_{SMP} = [P_{DM\ BASE} + k_{Z}(P_{BMP\ BASE}/4 - P_{DM\ BASE})]k_{AR} \times k_{DC} \times k_{L} \tag{B-13}$$

$$P_{BMP\ BASE} = 0.1\Delta/(L_{wl}B_{C})(1 + k_{DC}^{0.5} \times n_{CG}) \tag{B-14}$$

(3)游艇侧面的最小设计压力 $P_{SM\ MIN}$(kPa)

$$P_{SM\ MIN} = 0.9L_{wl} \times k_{DC} \tag{B-15}$$

游艇舷墙的设计压力取 $P_{SM\ MIN}$。

4. 艇主甲板和上层建筑的设计压力

(1)游艇主甲板设计压力 P_{DM}(kPa)

游艇露天主甲板的设计压力应取公式(B-16),公式(B-18)计算值中较大者：

$$P_{DM} = P_{DM\ BASE} \times k_{AR} \times k_{DC} \times k_{L} \tag{B-16}$$

(2)游艇上层建筑设计压力 P_{SUP}(kPa)

游艇上层建筑的设计压力应取公式(B-17),公式(B-18)计算值中较大者：

$$P_{SUP} = P_{DM\ BASE} \times k_{AR} \times k_{DC} \times k_{SUP} \tag{B-17}$$

(3)游艇主甲板和上层建筑的最小设计压力 $P_{DM\ MIN}$(kPa)

$$P_{DM\ MIN} = 5 \tag{B-18}$$

5. 艇水密舱壁和液体箱的设计压力

(1)水密舱壁设计压力 P_{WB}(kPa)

$$P_{WB} = 7h_{B} \tag{B-19}$$

式中，h_B 为水压头高度(从顶部量起),(m),参见图 B-4。

舱壁板：向下到舱壁高的 2/3；

垂向结构件:向下到结构件长度的2/3;
横向结构件:向下到结构件的位置。

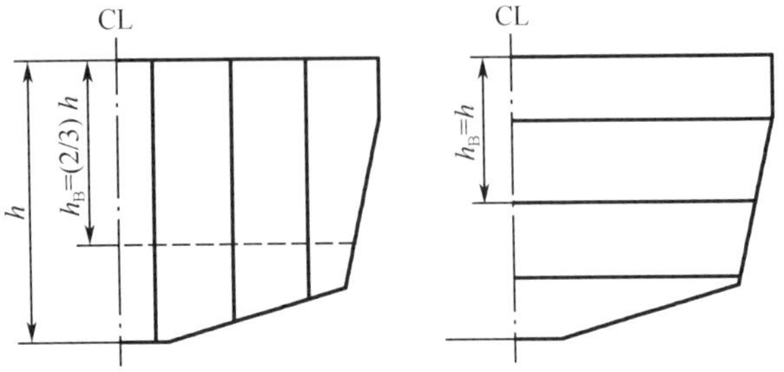

图 B-4 水密舱壁水压头高度的定义

(2)液体箱设计压力 P_{TB}(kPa)

$$P_{TB}=10\,h_B \tag{B-20}$$

式中,h_B 为水压头高度(从溢流孔量起),(m),参见图 B-5。

箱壁板:向下到箱壁高的2/3,若该箱壁厚度不同,向下到箱壁最低点;
垂向结构件:向下到结构件长度的2/3;
横向结构件:向下到结构件位置。

注意,在决定液体箱设计压力时,溢流孔到箱顶的距离不得小于2 m。

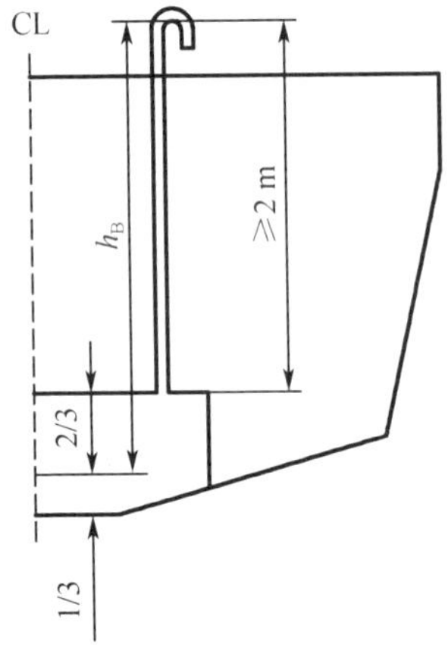

图 B-5 液体箱水压头高度的定义

B3 外板和结构件的尺寸要求

最终的结构设计体现在:(1) 单板的厚度;(2) 夹层板的剖面模数和惯性矩以及厚度等;(3)结构件的腹板面积、剖面模数和惯性矩等。

1. 调整因子

与压力调整相似,外板和结构件的尺寸也有几个调整因子:

(1) k_1，夹层板挠曲因子：$k_1=0.017$；

(2) k_2，k_3 分别为有关外板强度、刚度的展弦比因子

当外板主轴方向的力学性能差异不大时

$$k_2=[0.271(l/b)^2+0.91(l/b)-0.554]/[(l/b)^2-0.313(l/b)+1.351] \quad (B-21)$$

$$k_3=[0.027(l/b)^2-0.029(l/b)+0.011]/[(l/b)^2-1.463(l/b)+1.108] \quad (B-22)$$

(3) k_C，k_{CS}分别为外板、结构件拱高修正因子（见表 B－5）

表 B－5　拱高修正因子 k_C 和 k_{CS} 值

c/b 或 c_u/l_u	0～0.03	0.03～0.18	>0.18
k_C	1.0	$1.1-3.33c/b$	0.5
k_{CS}	1.0	$1.1-3.33c_u/l_u$	0.5

表 B－5 中，c 和 c_u 分别是外板和结构件的拱高（mm）。

(4) k_{SHC}——有关外板剪切强度的展弦比因子

$$k_{SHC}=0.035+0.394(l/b)-0.09(l/b)^2 \quad (l/b<2.0) \quad (B-23)$$

当夹层板内外面板主轴方向的力学性能差异超过 25% 时，$k_{SHC}\geqslant 0.465$。

(5) k_{SA}——结构件的剪切面积因子

当结构件附在外板上时：$k_{SA}=5$，其他：$k_{SA}=7.5$。

2. 复合物和夹芯材的力学性能

(1) 玻璃钢力学性能（见表 B－6）

表 B－6　本规范中 E 型玻璃钢的力学性能

玻璃纤维 / 性能	短切毡/缝纱布 0°，90°	单向布 0°	单向布 90°
拉伸强度 σ_{ut}/MPa	$800\psi^2-80\psi+37$	$880\psi^2+140\psi+140$	42
压缩强度 σ_{uc}/MPa	$150\psi+72$	$250\psi+190$	105
弯曲强度 σ_{uf}/MPa	$502\psi^2+107$		
面内弹性模量 E/MPa	$38\,000\psi-5\,000$	$46\,600\psi^2+7\,200\psi+7\,250$	$48\,600\psi^2-39\,000\psi+12\,500$
面内剪切强度 τ_u/MPa	$80\psi+38$	50	
面内剪切模量 G/MPa	$1\,700\psi+2\,240$	$14\,380\psi^2-10\,560\psi+3\,840$	
层间剪切强度 τ_{ui}/MPa	$22.5-17.5\psi$		

如果使用±45°的双层缝纱布,它们在0°和90°的方向上的拉伸、压缩性能很差,但其剪切性能大大增加,所以,多用在像结构件腹板等承受剪切载荷较大的特殊地方。现在,游艇的铺层也使用四层(0°,+45°,90°,-45°)缝纱布,它们的性能介于双层(0°,90°)和(±45°)缝纱布之间(见表B-7)。

表B-7 含有(±45°)缝纱布的力学性能值($0.5<\psi<0.6$)

性能的方向	双层(±45°)	四层(0°,+45°,90°,-45°)
拉伸强度 σ'_{ut}/MPa	95	$0.75\sigma_{ut}^*$
压缩强度 σ'_{uc}/MPa	95	$1.0\sigma_{uc}$
面内弹性模量 E'_t/MPa	$0.45E_t$	$0.75E_t$
面内剪切强度 τ'_u/MPa	$1.8\tau_u$	$1.1\tau_u$

*注意:σ_{ut},E_t等是0°,90°缝纱布的性能。

(2)碳纤维复合物力学性能(见表B-8和表B-9)

表B-8 本规范中碳纤维复合物的力学性能

碳纤维			缝纱布0°,90°	单向布0°	单向布90°
性能	符号	单位			
拉伸强度	σ_{ut}	MPa	$990\psi^2-90$	$2\,000\psi^2-200$	42
压缩强度	σ_{uc}	MPa	$610\psi-55$	$1\,100\psi^2-110$	105
面内弹性模量	E	MPa	$100\,000\psi-9\,000$	$202\,000\psi^2-21\,000$	$10\,700\psi^2-4\,200\psi+4\,400$
弯曲强度	σ_{uf}	MPa		$2.5\sigma_{ut}/(1+\sigma_{ut}/\sigma_{uc})$	
面内剪切强度	τ_u	MPa	$40\psi+31$	$310\psi^2-240\psi+80$	
面内剪切模数	G	MPa	5 100	$22\,000\psi^2-17\,300\psi+5\,700$	

表B-9 含有(±45°)缝纱布的力学性能值($0.4<\psi<0.5$)

性能的方向	单位	双层(±45°)	四层(0°,+45°,90°,-45°)
拉伸强度 σ'_{ut}	MPa	$0.2\sigma_{ut}^*$	$0.6\sigma_{ut}$
压缩强度 σ'_{uc}	MPa	$0.3\sigma_{uc}$	$0.6\sigma_{uc}$
面内弹性模量 E'_t	MPa	$0.25E_t$	$0.7E_t$
面内剪切强度 τ'_u	MPa	$4.0\tau_u$	$2.5\tau_u$

*注意:σ_{ut}、E_t等是0°,90°缝纱布的性能。

(3)夹芯材的力学性能(见表 B－10)

表 B－10　高强度夹芯材的力学性能值

夹芯材	密度	断裂延伸	剪切强度	剪切模量	压缩强度	压缩模量
高强度	$\rho/(kg/m^3)$	%	τ_u/MPa	G_c/MPa	σ_{uc}/MPa	E_{co}/MPa
交联 PVC 1	36～250	30	$0.002\,4\rho^{1.334}$	$0.163\,3\rho^{1.136}$	$0.001\,4\rho^{1.487}$	$0.113\,8\rho^{1.449}$
交联 PVC 2	33～250	20	$0.017\rho-0.29$	$0.33\rho-1.00$	$0.025\rho-0.69$	$1.2\rho-18$
线性 PVC	50～140	55	$0.014\rho-0.33$	$0.29\rho-5.3$	$0.012\rho-0.24$	$0.84\rho-19$

3. 玻璃钢单板

当 $l/b\geqslant 2.0$ 时,玻璃钢单板取短边 b 方向上的力学性能。当 $l/b<2.0$ 时,玻璃钢单板的力学性能取 l 或 b 方向上的最小值。

(1)设计应力 σ_d

$$\sigma_d = 0.5\sigma_{uf} \quad (B-24)$$

式中,σ_{uf}为弯曲强度(MPa)(见表 B－6)。

(2)单板厚度要求 t

$$t = bk_C\sqrt{Pk_2/(1\,000\sigma_d)} \quad (B-25)$$

式中　t——单板最小厚度,(mm);

P——设计压力,(kPa)。

上式只有在 2 个方向的力学性能差别 <25% 才适用。

(3)艇体的最小纤维重量 w_{min}

$$w_{min}=0.43k_5(1.5+k_7V_0+0.15\Delta^{0.33}) \quad (B-26)$$

式中　w_{min}——单板的最小纤维重量(艇底、艇侧、艇艉),(kg/m^2);

k_5——最小纤维种类因子;

$k_5=1.0$(E 型:短切毡重量占总纤维重量≤50%);

0.9(E 型:连续纤维),0.7(高强度碳纤维等);

k_7——最小厚度因子:

$k_7=0.03$(艇底),0.0(艇侧/艇艉)。

(4)甲板的最小厚度 t_{min}

$$t_{min}=k_5(1.45+0.14L_{wl}) \quad (B-27)$$

式中,t_{min}为甲板的最小厚度,(mm)。

4. 玻璃钢夹层板

当内外面板的力学性能差异在 25% 以内时,可以假设它们的强度和弹性模量类似,这样,就可用下面的公式。不然,就得参考第 4 章 4.3 节内容详细分析。

(1)设计应力 σ_d

$$\sigma_{dt}=0.5\sigma_{ut}(外面板) \quad (B-28)$$

$$\sigma_{dc}=0.5\sigma_{uc}(内面板) \quad (B-29)$$

或 $\sigma_{dc} = 0.3(E_c E_{co} G_c)^{1/3}$(取两者中小者) (B-30)

式中 σ_{ut},σ_{uc}——分别为最小拉伸、压缩强度,(MPa);

E_c——内面板在0°、90°方向上的压缩模量,(MPa)(见表B-6);

E_{co}——夹芯材在垂直于面板方向上的压缩模量,(MPa)(见表B-10);

G_c——夹芯材与载荷平行方向的剪切模量,(MPa)。

(2)最小剖面模数 SM 和惯性矩 I

单位宽度夹层板关于形心轴的最小剖面模数应该取下列公式所得结果:

$$SM_o = b^2 k_C^2 Pk_2/(6\times10^5\times\sigma_{dt}) \quad (B-31)$$

$$SM_i = b^2 k_C^2 Pk_2/(6\times10^5\times\sigma_{dc}) \quad (B-32)$$

$$I = b^3 k_C^3 Pk_3/(12\times10^6\times k_1\times E_{io}) \quad (B-33)$$

式中 SM_o——单位宽度外面板最小剖面模数,(cm^3/cm);

SM_i——单位宽度内面板最小剖面模数,(cm^3/cm);

I——单位宽度夹层板最小惯性矩,(cm^4/cm);

E_{io}——内外面板弹性模量的平均值,(MPa)。

(3)传递剪切载荷要求的厚度 t_s

为了传递剪切载荷,夹层板的有效厚度应该满足下列公式:

$$t_s \geqslant \sqrt{k_C}\, k_{SHC} Pb/(1\,000\tau_d) \quad (B-34)$$

式中 t_s——夹层板内外面板中心间的距离,(mm)。

$$t_s = t_c + (t_i + t_o)/2 \quad (B-35)$$

t_o,t_i——分别为外面板、内面板的厚度,(mm);

t_c——夹芯材的厚度,(mm);

τ_d——夹芯材的设计剪切应力,(MPa)。

$$\tau_d = 0.55\tau_u \text{(夹芯材的断裂剪切应变<35\%)} \quad (B-36)$$

$$\tau_d = 0.65\tau_u \text{(夹芯材的断裂剪切应变>35\%)} \quad (B-37)$$

式中,τ_u 为夹芯材的剪切强度(MPa)(见表B-10):

(4)夹芯材的最小设计剪切应力

对于艇底板,夹芯材的最小设计剪切应力应不小于表B-11给定的值。

表B-11 夹芯材的最小设计剪切应力

L_h/m	<10	10~15	>15
τ_d/MPa	0.25	$0.25+0.03(L_h-10)$	0.4

(5)面板的最小纤维重量 w_s

为了减少面板碰撞后被击穿的风险,面板的最小纤维重量要大于下列最小值

$$w_{os} = k_{DC}k_4k_5k_6(0.1L_{wl}+0.15) \quad (B-38)$$

$$w_{is} = 0.7w_{os} \quad (B-39)$$

式中 w_{os}——外面板的纤维重量,(kg/m^2);

w_{is}——内面板的纤维重量,(kg/m^2);

k_4——夹层板最小厚度的位置因子:

$k_4 = 1.0$(艇底),0.9(艇侧),0.7(甲板);

k_6——夹层板最小面板厚度的保护因子:

$k_6 = 0.9$(对于碰撞后面板预期被击穿的艇),1.0(对于其他艇)。

5. 结构件

结构件分有主次,主要的结构件有纵龙骨、横肋板等,次要的结构件有纵、横肋骨。对结构件设计的要求是能有效地将载荷从次要构件传递到主要构件,然后,再传到主舱壁上。

(1)设计应力 σ_d

$$\sigma_d = 0.5\sigma_u(\text{拉伸或压缩}) \tag{B-40}$$

$$\tau_d = 0.5\tau_u(\text{剪切}) \tag{B-41}$$

式中,τ_u 为面内剪切强度,(MPa)。

(2)腹板面积 A_W 和剖面模数 SM

当结构件各部分的力学性能差异在25%以内时,腹板面积和剖面模数应大于

$$A_W = 5Psl_u/(\tau_d \times 10^6) \tag{B-42}$$

$$SM = 83.33k_{CS}Psl_u^2/(\sigma_d \times 10^9) \tag{B-43}$$

$$I = 26k_{CS}{}^{1.5}Psl_u^3/(E_{TC} \times 5 \times 10^9) \tag{B-44}$$

式中　A_W——最小腹板横截面积,(cm^2);

τ_d——腹板的设计剪切应力,(MPa);

SM——最小结构件剖面模数,(cm^3);

I——包括带板的最小惯性矩,(cm^4);

E_{TC}——结构件拉伸/压缩弹性模量的平均值,(MPa)。

(3)不同力学性能的结构件

当结构件各部分的力学性能差异>25%时,最大的应力不一定会出现在最外层,所以,上述公式不再适用,考核标准就变成许用弯矩、许用剪切载荷以及刚度要求。

对不同力学性能的结构件,在外界弯矩和剪力作用下的应力应分层考核计算,其过程请参照第4章4.3节内容。

对结构件的刚度考核为

$$\sum(E_{TC}I) \geqslant 26\,k_{CS}{}^{1.5}\,Psl_u^3/(5 \times 10^9) \tag{B-45}$$

式中,$\sum(E_{TC}I)$ 为结构件各部分刚度的总和,($N\cdot mm^2$)。

(4)结构件带板的有效宽度 b_a

单板:$b_a = 20t_p + b_b$(参见图4-23);

夹层板:$b_a = 20(t_1 + t_2) + b_b$;

带板的取向应和结构件方向一致。

(5)结构件尺寸的最大比例限制

结构件尺寸的最大比例有一个限制值。对于常用的帽形玻璃钢结构件,其面板的宽厚比 b_c/t_c 和腹板高厚比 $h/(t_w/2)$ 应遵循以下规定:

当计算应力和设计值相等时,$b_c/t_c \leqslant 21$, $h/(t_w/2) \leqslant 30$;

当计算应力小于设计值时, $b_c/t_c \leqslant 21\sqrt{k_{SM}}$, $h/(t_w/2) \leqslant 30\sqrt{k_{AS}}$;

k_{AS} = 实际腹板面积/最小腹板面积 A_W;

k_{SM} = 实际结构件剖面模数/最小结构件剖面模数 SM。

6. 结构舱壁

(1)实心三夹板舱壁

没有结构件支撑的三夹板舱壁的厚度应不小于

$$t_b = 7.0D_b \qquad (B-46)$$

式中 t_b——三夹板舱壁的厚度,(mm);

D_b——三夹板舱壁从最低点到甲板边的深度,(m)。

(2)玻璃钢夹层板舱壁

玻璃钢夹层板舱壁内外面板的厚度 t_i, t_o(mm)和夹芯材的厚度 t_c(mm)应满足下式:

$$t_c \geqslant 5.0\min(t_i,\ t_o) \qquad (B-47)$$

$$t_s = t_c + 0.5(t_i + t_o) \qquad (B-48)$$

$$t_s \times t_c \geqslant t_b^2/6(25/\sigma_d) \qquad (B-49)$$

并且

$$t_s \times t_c^2/2 \geqslant t_b^3/12\ (4\ 000/E_{io}) \qquad (B-50)$$

式中 σ_d——内或外面板的设计应力(取小者),(MPa);

E_{io}——内外面板弹性模量的平均值,(MPa)。

B4 外板和结构件的尺寸校核

运用该规范校核游艇外板和结构件的尺寸与第4章4.3节类似,只是由于假定了单板、夹层板的内外面板、结构件各部分在各个方向上的性能基本相同,其计算过程更简单,不再重复。

附录 C 游艇倾斜试验报告

1. 一般信息

a. 建造厂商：
b. 艇型号："海豚号"
c. 试验地方：
d. 试验日期：____年____月____日
e. 开始、结束时间：____点____分至____点____分
f. 天气：
g. 海况：
h. 风速：
i. 水深：

2. 负责人

3. 艇的主尺度

艇长（L_{oa}）：	16.33	(m)
艇宽（B_{oa}）：	5.17	(m)
设计吃水（d）：	1.113	(m)

4. 计算试验之前的排水量（Δ_1）和纵向重心（L_{cg1}）（见表 C－1）

试验场所水的密度	1 015	(kg/m^3)

表 C－1 测量的吃水（从基线量起） m

	艏吃水	艉吃水	平均吃水
	d_f	d_a	d_m
左舷	1.113	1.213	
右舷	1.113	1.213	
平均	1.113	1.213	1.163

水线长	L_{wl}	14.94	(m)
纵倾	$t = d_a - d_f$	10.00	(cm)
纵倾/水线长百分比	$t/(100L_{wl})$	0.67	%
漂心至0站的距离	L_{cf}	8.593	(m)
排水量	Δ_1	27 943	(kg)
浮心至0站的距离	L_{cb}	8.601	(m)
纵向重心至0站距离	L_{cg1}	8.601	(m)

5. 进行试验

(1)试验状态描述(见表C-2)

移动重物的重量(A组)(试验前已在艇上)	600	(kg)
移动重物的重量(B组)(试验前已在艇上)	600	(kg)
参试人员的重量(C组)(试验时才在艇上)	141	(kg)

表C-2 重物移动顺序

测点	重物A组的位置		重物B组的位置	
	A组1	A组2	B组1	B组2
0	左舷	左舷	右舷	右舷
1	右舷	左舷	右舷	右舷
2	右舷	右舷	右舷	右舷
3	左舷	右舷	右舷	右舷
4	左舷	左舷	右舷	右舷
5	左舷	左舷	左舷	右舷
6	左舷	左舷	左舷	左舷
7	左舷	左舷	右舷	左舷
8	左舷	左舷	右舷	右舷

(2)试验仪器(摆锤)

测量位置1(前舱):	摆锤长度 l_{p1}:	3.200	(m)
测量位置2(机舱):	摆锤长度 l_{p2}:	3.190	(m)

(3)试验数据(见表 C-3 和表 C-4)

表 C-3　i. 重物移动（从左舷到右舷）

测点	移动重物组	重量/kg(见表 C-7)	重物距中线/m	重物到中线力矩/(kg·m)	测量点	偏离值/cm	横倾角/(°)	平均 tanΦ
0	A1	300	-2.20	-660.00	1	0.00	0.000	0.000 0
	A2	300	-2.20	-660.00				
	B1	300	2.20	660.00	2	0.00	0.000	
	B2	300	2.20	660.00				
1	A1	300	2.20	660.00	1	7.10	1.271	0.022 2
	A2	300	-2.20	-660.00				
	B1	300	2.20	660.00	2	7.06	1.268	
	B2	300	2.20	660.00				
2	A1	300	2.20	660.00	1	14.30	2.559	0.044 4
	A2	300	2.20	660.00				
	B1	300	2.20	660.00	2	14.10	2.531	
	B2	300	2.20	660.00				
3	A1	300	-2.20	-660.00	1	7.00	1.253	0.021 9
	A2	300	2.20	660.00				
	B1	300	2.20	660.00	2	6.98	1.254	
	B2	300	2.20	660.00				
4	A1	300	-2.20	-660.00	1	0.00	0.000	0.000 0
	A2	300	-2.20	-660.00				
	B1	300	2.20	660.00	2	0.00	0.000	
	B2	300	2.20	660.00				
		总和	M_i	5 280.00			$\tan \Phi_i$	0.088 5

表 C-4　ii. 重物移动（从右舷到左舷）

5	A1	300	-2.20	-660.00	1	-7.16	-1.282	-0.0222
	A2	300	-2.20	-660.00				
	B1	300	-2.20	-660.00	2	-7.02	-1.261	
	B2	300	2.20	660.00				

表 C-4(续)

6	A1	300	-2.20	-660.00	1	-14.41	-2.578	-0.0449
	A2	300	-2.20	-660.00				
	B1	300	-2.20	-660.00	2	-14.26	-2.560	
	B2	300	-2.20	-660.00				
7	A1	300	-2.20	-660.00	1	-7.02	-1.257	-0.022 0
	A2	300	-2.20	-660.00				
	B1	300	2.20	660.00	2	-7.01	-1.259	
	B2	300	-2.20	-660.00				
8	A1	300	-2.20	-660.00	1	0.00	0.000	0.0000
	A2	300	-2.20	-660.00				
	B1	300	2.20	660.00	2	0.00	0.000	
	B2	300	2.20	660.00				
		总和	M_{ii}	-5 280.00			$\tan \Phi_{ii}$	-0.089 0

(4)试验效果检查(见图 C-1 和表 C-5)

表 C-5 试验效果检查

测点	移动力矩/kg·m	平均横倾角/(°)
0	0	0.000
1	1 320.00	1.270
2	2 640.00	2.545
3	1 320.00	1.253
4	0	0.000
5	-1 320.00	-1.271
6	-2 640.00	-2.569
7	-1 320.00	-1.258
8	0	0.000

(5)在试验时的排水量(Δ)

$$\delta w = \boxed{141} \ (\text{kg})$$

$$\Delta = \Delta_1 + \delta w = \boxed{28\ 084} \ (\text{kg})$$

δw——在试验时参试人员的重量(见表 C-8)。

(6)倾斜试验时的横稳心高(GM):

$$GM = (M_i - M_{ii}) / [\Delta(\tan\Phi_i - \tan\Phi_{ii})] = \boxed{2.118} \ (\text{m})$$

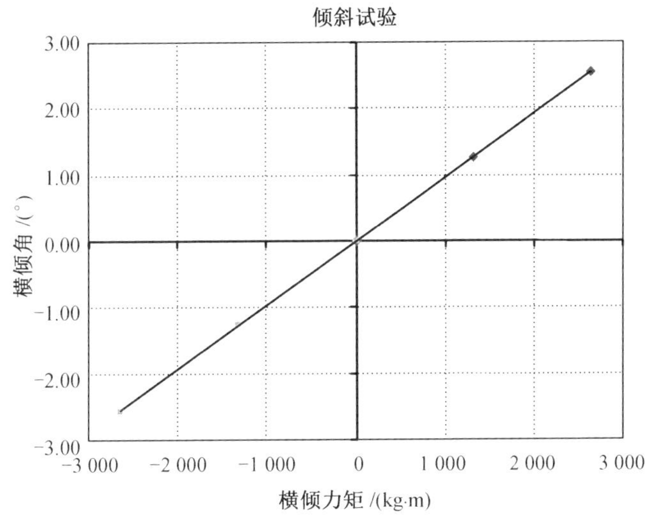

图 C－1　试验效果检查图

(7)在液体箱中的自由液面修正（见表 C－9）

$\delta GM = \mathrm{SUM}(\rho i)/\Delta =$　0.000 3　(m)

6. 计算基线 K 以上的重心高(ZG)：

基线 K 以上的横稳心高（Kmt）：　3.969　(m)　从静水力曲线可得

$ZG = Kmt - (GM + \delta GM) =$　1.850　(m)

7. 计算试验开始前的重心高（基线 K 以上）

Zg（参试人员的重心高）＝　1.20　(m)

$ZG_1 = (\Delta ZG - \delta wZg)/\Delta_1 =$　1.854　(m)

8. 计算轻载重量和重心高（基线 K 以上）

见表 C－6。

表 C－6　轻载重量和重心高

项目	重量/kg	重心高/m	垂向力矩/(kg·m)	纵向重心/m	纵向力矩/(kg·m)
试验前的艇重	27 943	1.854	51 794	8.601	240 338
多余重量,见表 C－10	4 899		7 674		34 090
缺少重量,见表 C－11	150		339		−76
轻载重量	23 194	1.917	44 459	8.889	206 173

9. 结果

轻载排水量:	Δ_0	23 194	(kg)
轻载重心高(基线 K 以上)	ZG_0	1.917	(m)
轻载纵向重心(0 号站线之后)	L_{cg0}	8.889	(m)

10. 附表

表 C-7 试验时移动重物的重量

序号		重量/kg	重心高/m	垂向力矩/(kg·m)	纵向重心/m	纵向力矩/(kg·m)
移动重物(A组)	A 组 1	300	2.99	897	3.2	960
	A 组 2	300	2.95	885	4.2	1 260
	A 组总和	600	2.97	1 782	3.7	2 220
移动重物(B组)	B 组 1	300	2.99	897	3.2	960
	B 组 2	300	2.95	885	4.2	1 260
	B 组总和	600	2.97	1 782	3.7	2 220
	A、B 组总和	1 200	2.97	3 564	3.70	4 440

表 C-8 参试人员的重量

序号		重量/kg	重心高/m	垂向力矩/(kg·m)
参试人员	C 组 1	66	1.2	79.2
	C 组 2	75	1.2	90
(C 组)	C 组总和	141	1.2	169.2

表 C-9 自由液面修正

液体	容积/%	长度/m	宽度/m	惯性矩 i/m^4	液体密度 $\rho/(kg/m^3)$	ρi /(kg·m)
摆锤箱内液体	50.0	0.293	0.544	0.004	900	3.54
摆锤箱内液体	50.0	0.293	0.544	0.004	900	3.54
总和						7.08

表 C－10　多余重量

项目	重量/kg	重心高/m	垂向力矩/(kg・m)	纵向重心/m	纵向力矩/(kg・m)
水箱（总）	700	0.65	455.00	5.13	3 591.00
燃油箱（左）	1 488	1.22	1 815.36	8.68	12 915.84
燃油箱（右）	1 488	1.22	1 815.36	8.68	12 915.84
摆锤箱内液体	10	1.12	11.20	5.00	50.00
摆锤箱内液体	13	1.00	13.00	13.61	176.93
移动压载	1 200	2.97	3 564.00	3.70	4 440.00
总和	4 899		7 674		34 090

表 C－11　缺少重量

项目	重量/kg	重心高/m	垂向力矩/(kg・m)	纵向重心/m	纵向力矩/(kg・m)
锚	30	2.94	88.20	－1.72	－51.60
锚链	120	2.09	250.80	－0.20	－24.00
总和	150		339.00	－0.504	－75.60

附录D　B系列图谱的数学回归

D1　推力、扭矩系数($R_n=2\times10^6$)

$$K_T = \sum C_{Ti}(J)_i^s(P/D)_i^t(EAR)_i^u(Z_B)_i^v \quad (D-1)$$

表D-1　式(8-34)K_T的回归系数和指数

	C_{Ti}	s	t	u	v
1	0.008 804 960	0	0	0	0
2	-0.204 554 000	1	0	0	0
3	0.166 351 000	0	1	0	0
4	0.158 114 000	0	2	0	0
5	-0.147 581 000	2	0	1	0
6	-0.481 497 000	1	1	1	0
7	0.415 437 000	0	2	1	0
8	0.014 404 300	0	0	0	1
9	-0.053 005 400	2	0	0	1
10	0.014 348 100	0	1	0	1
11	0.060 682 600	1	1	0	1
12	-0.012 589 400	0	0	1	1
13	0.010 968 900	1	0	1	1
14	-0.133 698 000	0	3	0	0
15	0.006 384 070	0	6	0	0
16	-0.001 327 180	2	6	0	0
17	0.168 496 000	3	0	1	0
18	-0.050 721 400	0	0	2	0
19	0.085 455 900	2	0	2	0
20	-0.050 447 500	3	0	2	0
21	0.010 465 000	1	6	2	0
22	-0.006 482 720	2	6	2	0
23	-0.008 417 280	0	3	0	1
24	0.016 842 400	1	3	0	1
25	-0.001 022 960	3	3	0	1

表 D－1(续)

	C_{Ti}	s	t	u	v
26	－0.031 779 100	0	3	1	1
27	0.018 604 000	1	0	2	1
28	－0.004 107 980	0	2	2	1
29	－0.000 606 848	0	0	0	2
30	－0.004 981 900	1	0	0	2
31	0.002 598 300	2	0	0	2
32	－0.000 560 528	3	0	0	2
33	－0.001 636 520	1	2	0	2
34	－0.000 328 787	1	6	0	2
35	0.000 116 502	2	6	0	2
36	0.000 690 904	0	0	1	2
37	0.004 217 490	0	3	1	2
38	0.000 056 523	3	6	1	2
39	－0.001 465 640	0	3	2	2

$$K_Q = \sum C_{Qi}(J)_i^s (P/D)_i^t (EAR)_i^u (Z_B)_i^v \tag{D-2}$$

表 D－2　式(8－35)K_Q的回归系数和指数

	C_{Qi}	s	t	u	v
1	0.003 793 680 0	0	0	0	0
2	0.008 865 230 0	2	0	0	0
3	－0.032 241 000 0	1	1	0	0
4	0.003 447 780 0	0	2	0	0
5	－0.040 881 100 0	0	1	1	0
6	－0.108 009 000 0	1	1	1	0
7	－0.088 538 100 0	2	1	1	0
8	0.188 561 000 0	0	2	1	0
9	－0.003 708 710 0	1	0	0	1
10	0.005 136 960 0	0	1	0	1
11	0.020 944 900 0	1	1	0	1
12	0.004 743 190 0	2	1	0	1
13	－0.007 234 080 0	2	0	1	1
14	0.004 383 880 0	1	1	1	1
15	－0.026 940 300 0	0	2	1	1

表 D-2(续)

	C_{Qi}	s	t	u	v
16	0.055 808 200 0	3	0	1	0
17	0.016 188 600 0	0	3	1	0
18	0.003 180 860 0	1	3	1	0
19	0.015 896 000 0	0	0	2	0
20	0.047 172 900 0	1	0	2	0
21	0.019 628 300 0	3	0	2	0
22	-0.050 278 200 0	0	1	2	0
23	-0.030 055 000 0	3	1	2	0
24	0.041 712 200 0	2	2	2	0
25	-0.039 772 200 0	0	3	2	0
26	-0.003 500 240 0	0	6	2	0
27	-0.010 685 400 0	3	0	0	1
28	0.001 109 030 0	3	3	0	1
29	-0.000 313 912 0	0	6	0	1
30	0.003 598 500 0	3	0	1	1
31	-0.001 421 210 0	0	6	1	1
32	-0.003 836 370 0	1	0	2	1
33	0.012 680 300 0	0	2	2	1
34	-0.003 182 780 0	2	3	2	1
35	0.003 342 680 0	0	6	2	1
36	-0.001 834 910 0	1	1	0	2
37	0.000 112 451 0	3	2	0	2
38	-0.000 029 722 8	3	6	0	2
39	0.000 269 551 0	1	0	1	2
40	0.000 832 650 0	2	0	1	2
41	0.001 553 340 0	0	2	1	2
42	0.000 302 683 0	0	6	1	2
43	-0.000 184 300 0	0	0	2	2
44	-0.000 425 399 0	0	3	2	2
45	0.000 086 924 3	3	3	2	2
46	-0.000 465 900 0	0	6	2	2
47	0.000 055 419 4	1	6	2	2

D2 推力、扭矩系数修正($R_n > 2 \times 10^6$)

$$\delta K_T = \sum \delta C_{Ti}(J)_i^{k1}(P/D)_i^{k2}(EAR)_i^{k3}(Z_B)_i^{k4}(\log R_n - 0.301)_i^{k5} \qquad (D-3)$$

表 D-3 式(8-36)δK_T的回归系数和指数

	δC_{Ti}	$k1$	$k2$	$k3$	$k4$	$k5$
1	0.000 353 485	0	0	0	0	0
2	-0.003 337 58	2	0	1	0	0
3	-0.004 781 25	1	1	1	0	0
4	0.000 257 792	2	0	1	0	2
5	0.000 064 139 2	2	6	0	0	1
6	-0.000 011 063 6	2	6	0	0	2
7	-0.000 027 630 5	2	0	1	1	2
8	0.000 095 4	1	1	1	1	1
9	0.000 003 204 9	1	3	1	2	1

$$\delta K_Q = \sum \delta C_{Qi}(J)_i^{k1}(P/D)_i^{k2}(EAR)_i^{k3}(Z_B)_i^{k4}(\log R_n - 0.301)_i^{k5} \qquad (D-4)$$

表 D-4 式(8-37)δK_Q的回归系数和指数

	δC_{Qi}	$k1$	$k2$	$k3$	$k4$	$k5$
1	-0.000 591 412 00	0	0	0	0	0
2	0.006 968 9800 0	0	1	0	0	0
3	-0.000 0666 654 0	0	6	0	1	0
4	0.016 081 800 00	0	0	2	0	0
5	-0.000 938 091 00	0	1	0	0	1
6	-0.000 595 930 00	0	2	0	0	1
7	0.000 078 209 90	0	2	0	0	2
8	0.000 005 219 90	2	0	1	1	1
9	-0.000 000 885 28	1	1	1	1	2
10	0.000 023 017 10	0	6	0	1	1
11	-0.000 001 843 41	0	6	0	1	2
12	-0.004 002 520 00	0	0	2	0	1
13	0.000 220 915 00	0	0	2	0	2

附录 E 高恩(AEW)图谱的数学回归

E1 推力系数

$$K_{\mathrm{T}} = \sum C_{Ti}(J)_i^s(P/D)_i^t(EAR)_i^u(Z_{\mathrm{B}})_i^v \tag{E-1}$$

表 E-1 式(8-38)K_{T}的回归系数和指数

	C_{Ti}	s	t	u	v
1	-0.055 863 630	0	0	0	0
2	-0.21 730 109 0	1	0	0	0
3	0.260 531 400	0	1	0	0
4	0.158 114 000	0	2	0	0
5	-0.147 581 000	2	0	1	0
6	-0.481 497 000	1	1	1	0
7	0.378 122 780	0	2	1	0
8	0.014 404 300	0	0	0	1
9	-0.053 005 400	2	0	0	1
10	0.014 348 100	0	1	0	1
11	0.060 682 600	1	1	0	1
12	-0.012 589 400	0	0	1	1
13	0.010 968 900	1	0	1	1
14	-0.133 698 000	0	3	0	0
15	0.002 411 570	0	6	0	0
16	-0.000 530 020	2	6	0	0
17	0.168 496 000	3	0	1	0
18	0.026 345 420	0	0	2	0
19	0.043 601 360	2	0	2	0
20	-0.031 184 930	3	0	2	0
21	0.012 492 150	1	6	2	0
22	-0.006 482 720	2	6	2	0
23	-0.008 417 280	0	3	0	1
24	0.016 842 400	1	3	0	1
25	-0.001 022 960	3	3	0	1

表 E－1(续)

	C_{Ti}	s	t	u	v
26	－0.031 779 100	0	3	1	1
27	0.018 604 000	1	0	2	1
28	－0.004 107 980	0	2	2	1
29	－0.000 606 848	0	0	0	2
30	－0.004 981 900	1	0	0	2
31	0.002 598 300	2	0	0	2
32	－0.000 560 528	3	0	0	2
33	－0.001 636 520	1	2	0	2
34	－0.000 328 787	1	6	0	2
35	0.000 116 502	2	6	0	2
36	0.000 690 904	0	0	1	2
37	0.004 217 490	0	3	1	2
38	0.000 056 523	3	6	1	2
39	－0.001 465 640	0	3	2	2

E2　扭矩系数

$$K_Q = \sum C_{Qi}(J)_i^s(P/D)_i^t(EAR)_i^u(Z_B)_i^v \qquad (E-2)$$

表 E－2　式(8－39) K_Q的回归系数和指数

	C_{Qi}	s	t	u	v
1	0.005 158 980 0	0	0	0	0
2	0.016 066 680 0	2	0	0	0
3	－0.044 115 300 0	1	1	0	0
4	0.006 822 230 0	0	2	0	0
5	－0.040 881 100 0	0	1	1	0
6	－0.077 329 670 0	1	1	1	0
7	－0.088 538 100 0	2	1	1	0
8	0.169 375 020 0	0	2	1	0
9	－0.003 708 710 0	1	0	0	1
10	0.005 136 960 0	0	1	0	1
11	0.020 944 900 0	1	1	0	1
12	0.004 743 190 0	2	1	0	1

表 E-2(续)

	C_{Qi}	s	t	u	v
13	-0.007 234 080 0	2	0	1	1
14	0.004 383 880 0	1	1	1	1
15	-0.026 940 300 0	0	2	1	1
16	0.0558 082 000	3	0	1	0
17	0.016 188 600 0	0	3	1	0
18	0.003 180 860 0	1	3	1	0
19	0.012 904 350 0	0	0	2	0
20	0.024 450 840 0	1	0	2	0
21	0.007 006 430 0	3	0	2	0
22	-0.0271 904 600	0	1	2	0
23	-0.016 645 860 0	3	1	2	0
24	0.030 044 900 0	2	2	2	0
25	-0.033 697 490 0	0	3	2	0
26	-0.003 500 240 0	0	6	2	0
27	-0.010 685 400 0	3	0	0	1
28	0.001 109 030 0	3	3	0	1
29	-0.000 313 912 0	0	6	0	1
30	0.003 589 500 0	3	0	1	1
31	-0.001 421 210 0	0	6	1	1
32	-0.003 836 370 0	1	0	2	1
33	0.012 680 300 0	0	2	2	1
34	-0.003 182 780 0	2	3	2	1
35	0.003 342 680 0	0	6	2	1
36	-0.001 834 910 0	1	1	0	2
37	0.000 112 451 0	3	2	0	2
38	-0.000 029 722 8	3	6	0	2
39	0.000 269 551 0	1	0	1	2
40	0.000 832 650 0	2	0	1	2
41	0.001 553 340 0	0	2	1	2
42	0.000 302 683 0	0	6	1	2
43	-0.000 184 300 0	0	0	2	2
44	-0.000 425 399 0	0	3	2	2
45	0.000 086 924 3	3	3	2	2
46	-0.000 4659 000	0	6	2	2
47	0.000 055 419 4	1	6	2	2

附录 F 高恩—勃立尔（KCA）图谱的数学回归

F1 推力、扭矩系数(背空泡≤10%)

$$K_T = \sum C_{Ti}(10)^e(DAR)_i^x(P/D)_i^y(J)_i^z \quad (F-1)$$

表 F-1 式(8-40) K_T的回归系数和指数

	C_{Ti}	e	x	y	z
1	0.119 385 2	0	0	0	0
2	-0.657 468 2	0	0	0	1
3	0.349 329 4	0	0	1	0
4	0.411 936 6	0	0	1	1
5	-0.199 192 7	0	0	2	1
6	5.863 051 0	-2	0	2	2
7	-1.107 735 0	-2	0	2	3
8	-0.134 167 9	0	1	0	0
9	0.262 883 9	0	1	0	1
10	-0.521 702 3	0	1	1	1
11	0.297 072 8	0	1	2	0
12	6.152 580 0	-2	2	1	3
13	-2.470 840 0	-2	2	2	3
14	-4.080 166 0	-3	1	6	0
15	4.154 201 0	-3	1	6	1
16	-1.136 452 0	-3	2	6	0

$$K_Q = \sum C_{Qi}(10)^e(DAR)_i^x(P/D)_i^y(J)_i^z \quad (F-2)$$

表 F-2 式(8-41) K_Q的回归系数和指数

	C_{Qi}	e	x	y	z
1	1.5411660	-3	0	0	0
2	0.109 168 8	0	0	0	1
3	-0.310 242 0	0	0	0	2
4	0.154 742 8	0	0	0	3

表 F-2(续)

	C_{Qi}	e	x	y	z
5	-4.370 615 0	-2	0	1	0
6	0.249 029 5	0	0	1	2
7	-0.159 460 2	0	0	1	3
8	8.536 747 0	-2	0	2	0
9	-9.512 163 0	-2	0	2	1
10	-9.320 307 0	-3	0	2	2
11	3.287 805 0	-2	0	2	3
12	5.496 034 0	-2	1	0	1
13	-4.865 063 0	-2	1	1	0
14	-0.106 250 0	0	1	1	1
15	8.529 955 0	-2	1	2	0
16	1.101 023 0	-2	2	0	3
17	-3.151 756 0	-3	2	2	2

F2 推力、扭矩系数修正(背空泡>10%)

$$\delta K_T = \sum d_{Ti}(10)^e(DAR)_i^s(\sigma_{0.7R})_i^t(K_T)_i^u(P/D)_i^v \quad (F-3)$$

表 F-3 式(8-42) δK_T 的回归系数和指数

	d_{Ti}	e	s	t	u	v
1	6.688 144	-2	0	0	0	0
2	3.579 195	0	0	0	2	0
3	-5.700 350	0	0	0	3	0
4	-1.359 994	0	1	1	0	0
5	-8.111 903	0	1	1	1	0
6	4.770 548	1	1	1	3	0
7	-2.313 208	-1	2	1	0	0
8	-1.387 858	1	2	1	2	0
9	4.992 201	1	2	1	3	0
10	-7.161 204	1	2	1	4	0
11	1.721 436	1	2	2	0	0
12	2.322 218	1	2	2	1	0
13	-1.156 897	2	2	2	2	0
14	5.014 178	-2	0	0	0	2

表 F-3(续)

	d_{Ti}	e	s	t	u	v
15	-6.555 364	-2	0	0	1	2
16	2.852 867	-1	1	0	1	1
17	-8.081 759	-1	1	1	0	1
18	8.671 852	1	3	2	5	0
19	-3.727 835	1	3	3	0	0
20	8.043 970	1	3	3	1	0

$$\delta K_Q = \sum d_{Qi}(10)^e(DAR)_i^s(\sigma_{0.7R})_i^t(K_Q)_i^u(P/D)_i^v \qquad (F-4)$$

表 F-4　式(8-43)δK_Q 的回归系数和指数

	d_{Qi}	e	s	t	u	v
1	4.024 475	-3	0	0	0	0
2	1.202 447	-1	0	0	2	0
3	-9.83 607	-2	1	1	0	0
4	-8.318 84	-1	1	1	1	0
5	5.098 177	0	1	1	3	0
6	-5.192 839	-1	2	1	1	0
7	2.641 109	0	2	2	0	0
8	-1.688 934	1	2	2	3	0
9	4.928 417	-2	0	0	1	1
10	1.024 274	-2	0	0	0	2
11	-1.194 521	-1	0	1	1	1
12	5.498 736	-2	1	0	1	1
13	-2.488 235	-1	1	1	0	1
14	-5.832 879	-1	0	0	5	0
15	1.503 955	-1	0	3	0	0
16	-3.316 121	0	3	3	0	0
17	3.890 792	0	3	3	1	0
18	1.682 032	1	3	3	3	0

附录 G　高速艇阻力性能估算——卡海法

G1　卡海法(CAHI)简介

当今国外设计师在进行高速游艇的阻力性能估算时,大多数都应用沙维斯基(Savitsky)提出的用于计算高速尖舭艇动升力和阻力的半理论半经验公式,这里简单介绍另外一种可以比较方便地估算高速游艇阻力性能的方法——莫斯科中央流体动力研究院 Central Aero-Hydrodynamical Institute 法,简称卡海(CAHI)法。

卡海法是伊果洛夫(Egolov) 等在 1978 年提出的,它与沙维斯基法基本类似,但也有些不同。该方法先计算平板滑行面的升力系数、浸湿长度和航行纵倾角,然后,再根据棱柱形滑行艇舭部斜升角的大小对浸湿长度和航行纵倾角进行修正,舭部斜升角越大,浸湿长度也越长。

在卡海法中,已知变量是棱柱形滑行艇的航速 V_0(kn)、排水量 Δ(kg)、舭部宽度 B(m)、舭部斜升角 β(rad)以及纵向重心 L_{cg}(m),未知变量是平板滑行面的平均浸湿长宽比 λ 和航行纵倾角 τ(rad)。艇的总阻力由兴波阻力和摩擦阻力两部分组成。该方法很容易编成程序供高速艇设计师预测艇的阻力。

G2　卡海法的计算公式

1. 基本参数

速度系数:$C_v = V/\sqrt{gB}$;

体积弗氏数:$F_V = V/\sqrt{g\nabla^{1/3}}$;

静载荷系数:$C_\Delta = \Delta g/(\rho g B^3)$;

平板升力系数:$C_{L0} = \Delta g/(\frac{1}{2}\rho V^2 B^2)$;

动力矩系数:$m_\Delta = M/(\Delta g B) = L_{cp}/B$。

动力矩系数中,M 是艇的重力 Δg(N)和纵向压力中心 L_{cp}(m)之积。当不考虑推力产生的纵向力矩的影响时,艇的纵向压力中心 L_{cp} 与艇的纵向重心 L_{cg}(从艉封板量起) 相等,即 $L_{cp} = L_{cg}$。

2. 平板滑行面基本方程

平板滑行面的升力系数:

$$C_{L0}/\tau = 0.7\pi\lambda/(1+1.4\lambda) + (\lambda-0.4)\lambda^2/[(\lambda+0.4)C_v^2] \quad (G-1)$$

平板滑行面动力矩系数:

$$m_{\Delta} = [K_1\lambda(0.75 + 0.08\lambda^{0.865}/\sqrt{C_v}) + (\lambda - 0.8)\lambda K_2/3]/[K_1 + (\lambda - 0.4)K_2] \tag{G-2}$$

式中　C_{Lo}——平板滑行面的升力系数；

m_{Δ}——平板滑行面动力矩系数；

λ——平板滑行面的平均浸湿长宽比 $=L/B$；

L——平板滑行面的平均浸湿长(m)；

τ——平板滑行面的航行纵倾角（rad）；

$K_1 = 0.7\pi/(1+1.4\lambda)$；

$K_2 = \lambda/[(\lambda+0.4)C_v^2]$。

在式(G-1)中,第一项为动力项,第二项为静水力或浮力项。

3. 棱柱形滑行艇方程

棱柱形艇的浸湿长宽比 λ_{β}：

$$\lambda_{\beta} = \lambda^{0.8}[1 - 0.29(\sin\beta)^{0.28}][1 + 1.35(\sin\beta)^{0.44}m_{\Delta}/\sqrt{C_v}]/\cos\beta \tag{G-3}$$

棱柱形艇的航行纵倾角 τ_{β}：

$$\tau_{\beta} = \tau + [0.15(\sin\beta)^{0.8}/C_v^{0.3}][1 - 0.17\sqrt{\lambda_{\beta}\cos\beta}]/\sqrt{\lambda_{\beta}\cos\beta} \tag{G-4}$$

式中　λ_{β}——棱柱形艇的平均浸湿长宽比；

β——舭部斜升角,(rad)；

τ_{β}——棱柱形艇的航行纵倾角 ,(rad)。

在给定排水量 Δ 和航速 V_0时,棱柱形艇的升力系数 $C_{L\beta}$和平板滑行面的升力系数 C_{Lo}相同。正像式(G-3)、(G-4)中显示的那样,棱柱形艇的的浸湿长宽比 λ_{β}和航行纵倾角 τ_{β}将随舭部斜升角 β 的增加而增加,最终的阻力也是如此。

4. 解方程

(1)由动力矩系数 m_{Δ}的定义和式(G-2)用插值法求出平板浸湿长宽比 λ。可先假定平板浸湿长度 L 等于 1.0 L_{cg}、1.1 L_{cg}、1.2 L_{cg}；

(2)由平板升力系数 C_{L0}、速度系数 C_v的定义和式(G-1)求出平板的航行纵倾角 τ；

(3)由式(G-3)、式(G-4)求出棱柱形艇的浸湿长宽比 λ_{β}航行纵倾角 τ_{β}；

(4)由式(G-5)求出棱柱形滑行艇的浸湿面积 S：

$$S = \lambda_{\beta} B^2/\cos\beta \tag{G-5}$$

式中,S 为棱柱形滑行艇的浸湿面积（m^2）。

(5)由式(G-6)求出棱柱形滑行艇底部的平均流速 V_m：

$$V_m = 0.5144V_0[1 - \tau/(1 + \lambda)] \tag{G-6}$$

式中　V_m——棱柱形滑行艇底部的平均流速 ,(m/s)；

V_0——棱柱形滑行艇的航速,(kn)。

(6)由式(G-7)求出棱柱形滑行艇的阻力 R：

$$R = \Delta g\tan\tau_{\beta} + \frac{1}{2}\rho(C_f + \delta C_f)SV_m^2/\cos\tau_{\beta} \tag{G-7}$$

式中　R——棱柱形滑行艇的阻力,(N)；

Δ——棱柱形滑行艇的排水量,(kg);

C_f——摩擦阻力系数;

δC_f——粗糙度补贴。

式(G-7)中右边第一项为垂向作用于表面压力产生的兴波阻力 R_p,第二项为摩擦阻力 R_f。

摩擦阻力系数 C_f 可用下式(G-8)和(G-9)之一来计算:

桑海(Schoenherr)公式:

$$0.242/\sqrt{C_f} = \lg(R_n C_f) \tag{G-8}$$

ITTC 1957 公式:

$$C_f = 0.075/[(\lg(R_n)-2]^2 \tag{G-9}$$

式中,R_n 为雷诺数:

$$R_n = V_m \lambda_\beta B/\nu \tag{G-10}$$

式中,ν 为运动黏性系数,(m^2/s)。

式(G-8)存在隐函数,应用不方便,现在多用(G-9)式来计算摩擦阻力系数。

(7)由式(G-11)求出棱柱形滑行艇的有效功率 P_E:

$$P_E = RV/1\,000 \tag{G-11}$$

式中 P_E——棱柱形滑行艇的有效功率,(kW);

V——棱柱形滑行艇的速度($0.514\,4V_0$),(m/s)。

(8)用下两式联解出棱柱形滑行艇的龙骨和舭部浸湿长度:

$$\lambda_\beta = (L_k + L_c)/(2B) \tag{G-12}$$

$$(L_k - L_c) = B\tan\beta/(\pi\tan\tau_\beta) \tag{G-13}$$

式中 L_k——棱柱形滑行艇的龙骨浸湿长度,(m);

L_c——棱柱形滑行艇的舭部浸湿长度,(m)。

G3 卡海法的结果比较

表G-1、G-2分别为在两种速度下的计算结果与模型试验值的比较。

1. 棱柱形艇航速 18.01 kn

已知:$L_{cg}=0.470$ m, $C_v=4.64$,$F_V=5.16$,$C_\Delta=0.53$。

结果:

表 G-1

	单位	沙维斯基法	卡海法	模型试验
浸湿长宽比 λ_β	—	1.59	1.68	2.31
航行纵倾角 τ_β	°	4.21	3.95	4.00
阻升比 $R/(\Delta g)$	—	0.19	0.19	0.19
阻力 R	N	67.30	67.52	67.66

2. 棱柱形艇航速 20.92 kn

已知：$L_{cg}=0.465$ m，$C_v=5.39$，$F_V=5.99$，$C_\Delta=0.53$。
结果：

表 G-2

	单位	沙维斯基法	卡海法	模型试验
浸湿长宽比 λ_β	—	1.56	1.62	1.81
航行纵倾角 τ_β	°	3.46	3.32	4.00
阻升比 $R/(\Delta g)$	—	0.21	0.21	0.20
阻力 R	N	74.60	75.18	71.22

由上述两表可知，用卡海法计算的结果和用沙维斯基法所求的结果以及由模型试验所得的结果比较接近，也可用来估算高速游艇的阻力和有效功率。

G4　卡海法的计算范例

已知：

Δ——排水量	27 223	kg
L_{wl}——静止水线长	14.92	m
V_{cg}——垂向重心高（龙骨之上）	1.829	m
L_{cg}——纵向重心位置（艉板之前）	6.170	m
B——舭部宽度	4.50	m
β——舭部斜升角	20	°
V——设计速度	34	kn
	17.49	m/s

几个常用常数：

g——重力加速度	9.81	m/s^2
ρ——海水密度	1 025	kg/m^3
ν——海水运动黏性系数	$1.053\,7\times10^{-6}$	m^2/s

$F_{nv}=\sqrt{g/\nabla^{1/3}}$	3.233
$C_v=V/\sqrt{gB}$	2.632
$C_{L0}=\Delta g/\left(\frac{1}{2}\rho V^2B^2\right)$	0.084
$m_\Delta=M/(\Delta gB)=L_{cg}/B$	1.371

求取：阻力及有效功率
计算过程：

G-3 棱柱形滑行艇动力性能计算过程

步骤	变量	假设 λ	$1.00L_{cg}/B$	$1.30L_{cg}/B$	$1.60L_{cg}/B$
1	λ	/	1.371	1.782	2.194
2	m_{Δ}	式(G-2)	1.010	1.264	1.486
3	用插值法求出平板浸湿长度比 λ:			1.976	
4	$C_{L0}/\tau=$	式(G-1)		1.049	
5	$\tau=$	$C_{L0}/(C_{L0}/\tau)\times57.3$		4.595	(°)
6	$\lambda_{\beta}=$	式(G-3)		2.318	
7	$\tau_{\beta}=$	式(G-4)		4.619	(°)
8	$S=$	式(G-5)		49.94	(m^2)
9	$V_m=$	式(G-6)		16.99	(m/s)
10	$R_n=$	式(G-10)		16.681E+08	
11	$C_f=$	式(G-9)		0.001 935	
12	$\delta C_f=$	粗糙度补贴		0.000 4	
13	$R_f=$	$\frac{1}{2}\rho(C_f+\delta C_f)SV_m^2\cos\tau_{\beta}$		17 299	(N)
14	$R_p=$	$\Delta g\tan\tau_{\beta}$		21 575	(N)
15	$R=$	R_p+R_f		38 875	(N)
16	$P_E=$	$RV/1\ 000$		680	(kW)